MARGARET HORSFIELD

Der letzte Dreck

Von den Freuden der Hausarbeit

Aus dem Englischen
von Dirk Muelder

RÜTTEN & LOENING
BERLIN

Die Originalausgabe
Biting the Dust. The Joys of Housework
erschien 1997 bei Fourth Estate, London.

Mit 55 Abbildungen

ISBN 3-352-00621-0

2. Auflage 1999
© Rütten & Loening, Berlin GmbH 1999
Biting the Dust © 1997 by Margaret Horsfield
Bildredaktion Britt Somann
Umschlaggestaltung Preuße & Hülpüsch Grafik Design
Druck und Binden Clausen & Bosse, Leck
Printed in Germany

Für meine Mutter, die putzt und poliert

Inhalt

Danksagung

Ohne die Geschichten anderer Leute wäre dieses Buch nicht entstanden. Viele Frauen haben mir ihre finsteren Geheimnisse von schmutzigen Herden enthüllt, ihren Abscheu vor übelriechenden Wischlappen gestanden, begeistert von spiegelblanken Fußböden berichtet. Ich danke all jenen herzlich, die Zeit fanden, mit mir zu reden oder mir zu schreiben, und meine Fragen danach, wie sie saubermachen, beantworteten.

Yvonne Hewett, Jean Snedegar und Jean Blackburn bin ich für ihre Hilfe bei meinen Recherchen dankbar. Sie haben tapfer manch sonderbare Fragen beantwortet und Forschungsgegenstände ergründet. Dank schulde ich auch all jenen, die mir Ideen und Vorschläge, Bücher, Artikel und Zeitschriften geschickt haben, insbesondere Christine Airey, Peter Buckland, Maria Coffey, Joan Coutu, Elizabeth Cowan, Sandra Gwynn, Mora Kelly, Eleanor Moorhouse, Liza Potvin, Brenda Silsbe, Gail Singer, Diane Stuart, Sarah Thring, Claudette Upton und Mary Wilkie. Elizabeth Scott verdanke ich mein Wissen über die im Haushalt vorkommenden Bakterien.

Mich inspiriert und mein Kind gehütet haben meine Nachbarinnen Cathy Hebb und Bernice Brown. Deirdre Gills, Clea Gelinas' und Megan und Zach Sprouts Hilfe war größer, als sie ahnen.

Für ihren finanziellen Beistand, während ich dieses Buch schrieb, möchte ich dem Canada Council und dem Cultural Services Branch von British Columbia danken.

Sandra Gwyn und Yvonne Hewett haben freundlicherweise Teile meines Manuskripts gelesen und mir weitergeholfen. Gordon Elliott war ein unermüdlicher Leser; er half mir, wie er es seit meinem sechzehnten Lebensjahr getan hat, als er mir Angst einjagte, so daß ich von da an bessere Schulaufsätze schrieb.

Ich danke meiner Agentin Carol Heaton für ihre Geduld und meiner Lektorin Sally Holloway. Mein besonderer Dank gehört Paul Gelinas – dieses Buch war seine Idee, und die Grundstruktur stammt von ihm.

Meinem Vater und meiner Mutter bin ich auch, wie immer, sehr dankbar. Sie sind meine treuesten Freunde.

Schließlich danke ich der lieben Emma, die so fröhlich Wände abgewischt, den Tisch gesäubert und den Abfluß gereinigt hat, während dieses Buch entstand. Lang lebe ihr Enthusiasmus.

Vorwort

Denken Sie mal einen Augenblick lang an Dreck, Haushaltsdreck. An das schmierige, fettige Zeug oben auf den Küchenschränken, an die schleimige Substanz im Geschirrständer, an die Staubknäuel in den Zimmerecken, an die klebrige Schicht auf den Fußböden und der Arbeitsfläche in der Küche. Überlegen Sie einmal, wie Sie diesen Schmutz loswerden, zum Beispiel von Ihrem Küchentresen. Wie oft wischen Sie ihn ab? Womit? Und warum? Oder stellen Sie sich vor, Sie wollen das Waschbecken im Badezimmer oder die Toilette reinigen. Was kosten diese Arbeiten an Zeit und Geld und Energie, was kostet der Streit darüber, oder das Hinauszögern dieser Tätigkeiten?

Wahrscheinlich haben Sie bisher noch nie so richtig über den Dreck in Ihrem Haushalt oder über das Putzen nachgedacht. Das tun nur wenige von uns. Im Gegensatz zu anderen häuslichen Tätigkeiten wie Kochen, Blumenpflege, Inneneinrichtung oder Kindererziehung spielt das Putzen überhaupt keine Rolle. Obwohl es ein wesentlicher Teil unseres täglichen Lebens ist, begegnet man ihm zumeist mit hochmütiger Verachtung. Eine solche Verachtung ist ungerecht.

Unsere Wohnungen sauberzuhalten erfordert eine Menge Zeit und Mühe. Diese Tätigkeit weckt starke Gefühle – Vorlieben und Vorurteile kommen ins Spiel. Seltsame Praktiken, tief verwurzelte Überzeugungen, Jahrzehnte mächtiger Konditionierungen werden bewußt. Wie wir unsere Haushaltsarbeiten verrichten – und wie wir sie verrichten sollen –, ist eine scheinbar simple Angelegenheit. Aber heben Sie nur mal eine Ecke des Teppichs an und sehen Sie, was darunter liegt.

Wer sich mit diesem ordinären Thema des Hausputzes befaßt, entdeckt einen Wirrwarr sozialer und kommerzieller Zwänge; gerät in ein Minenfeld von Motivationen, taucht ein in eine unendlich sprudelnde Quelle von Geschichten und in eine recht eigentümliche Vorgeschichte. Alle, die wir putzen – und die meisten von uns tun es, mehr oder weniger –, sind Erben einer langen, verwickelten Tradition, hauptsächlich von Frauen, die ihre Wohnungen geputzt und uns in unserer Putzweise beeinflußt haben. Dienstmädchen und Herrinnen, Hausfrauen und Hauswirtschaftlerinnen, Gesundheitsreformerinnen und feministische Kritikerinnen, sie alle haben an dieser Tradition mitgewirkt. Ihre Haltungen gegenüber dem Putzen und ihre diesbezüglichen Ratschläge sind nicht nur unterhaltsam und sonderbar, sie liefern uns auch eine Art soziales Barometer, das die sich verändernde Rolle der Frauen sowie die sich wandelnden wirtschaftlichen und sozialen Verhältnisse im Laufe der letzten eineinhalb Jahrhunderte aufzeigt.

Dieses Buch handelt, aus Gründen, die bald deutlich werden sollen, hauptsächlich von Frauen. Aus Fairneß den Männern gegenüber habe ich auch ihnen ein ganzes Kapitel gewidmet, und außerdem tauchen sie gelegentlich an anderen Stellen des Buches auf. Vor allem konzentriere ich mich auf Leute, die ihren Hausputz selbst bewältigen; das 15. Kapitel ist jedoch den Putzfrauen gewidmet – da ich selbst einmal eine war, konnte ich dieses Thema unmöglich vernachlässigen.

Es werden in diesem Buch sowohl die Gewohnheiten des Hausputzens und Haltungen gegenüber der Hausarbeit als auch die Geschichte des Putzens untersucht. Ich muß betonen, daß mein Thema das Sauberhalten des Hauses und nicht die persönliche Hygiene ist, obwohl die beiden Themen sich überschneiden können; auch, daß ich mich für private Haushalte, nicht für Einrichtungen wie Krankenhäuser, Schulen oder Restaurants interessiere. Deutlich machen muß ich außerdem, daß ich immer nur das Sauberhalten und Putzen meine, wenn ich von Hausarbeit oder Haushaltsführung spreche.

Das Material, das ich in diesem Buch verwerte, entstammt mannigfachen Quellen: aus Zeitschriften und Zeitungen, Ratgebern für die Hausfrau, aus der Werbung, aus gelehrten Abhandlungen über die Haushaltsführung, Sozialgeschichten, Unterrichtsmaterialien für Hauswirtschaftsschülerinnen, aus Romanen, Kinderbüchern und Gedichten. Vor allem habe ich meine über hundert Interviews über den Hausputz ausgewertet, von ungezählten Gesprächen mit Freunden, Kollegen und Fremden nicht zu reden. Die Leute, die sich über ihre Putzgewohnheiten ausfragen ließen, fand ich mal hier, mal dort. Ihr Alter und ihre wirtschaftlichen Verhältnisse variieren beträchtlich. Eines war ihnen allen gemeinsam: Sie wunderten sich sehr, wieviel sie über das Putzen zu sagen hatten, nachdem sie einmal ins Reden gekommen waren. Daß sie so gern darüber sprachen, war eine große Ermutigung für mich. Ich schulde ihnen eine Menge.

Vor Ihnen liegt keine gewichtige Abhandlung voll nüchterner Analysen und penibler Beurteilung von Daten. Im Gegenteil. Hier wird, einfach durch genaue Beobachtung des Hausputzens, eine allgemeine Beschäftigung endlich anerkannt, indem man Proteste hört, Ratschläge analysiert und Geschichten erzählt. Viele Stimmen erheben sich in diesem Buch, viele Gesichtspunkte werden erläutert, und das Hausputzen wird, hoffe ich, gerecht zelebriert und erhält die Anerkennung, die es als wichtige und aufschlußreiche Aktivität in unserem Leben verdient.

1
Verleugnung und Abwehr
Geständnisse über das Putzen

»Niemand möchte darüber reden«, verkündete Maria. »Alle wehren ab.« Maria
hatte versprochen, daß einige ihrer Freundinnen sich gemütlich zu einem Plausch
über das Putzen zusammensetzen würden, und ich wollte auch kommen. »Wir
stoßen hier auf eine ganz harte Abwehr. Sie behaupten alle, sie putzten nie, aber
ich kenne diese Frauen, sie putzen *stundenlang*, allesamt. Was geht hier vor?«

Verleugnung und Abwehr wieder einmal: das bekannte Muster. Auch hier
scheuten sich Frauen davor, von ihren Aschenputtelkünsten des Hausputzens zu
sprechen, und wieder überkam mich das Gefühl, daß das Thema einer Beachtung
nicht wert sei. Die Proteste waren die üblichen. »Was läßt sich denn darüber
sagen?« – »Ich mache fast nie sauber, du solltest meine Wohnung sehen!«

Diese Schwierigkeiten überwand ich im Lauf der Zeit. Sobald bei dieser oder
einer anderen Gruppe von Frauen das Eis gebrochen war, wurde die Diskussion
lebhaft. Putzgeschichten sind wie Geschichten über das Angeln – sobald eine
losredet, haben die anderen noch bessere Anekdoten zu erzählen. Auch diese
Gruppe war schließlich keine Ausnahme.

Ihr solltet meine Schwester sehen – ich mache keine Witze –, sie erlaubt nicht, daß mein
Bruder oder mein Neffe im Stehen pinkeln. Sie müssen sich hinsetzen, weil sie droht, daß
sie sie verläßt, wenn sie weiterhin stehen und alles vollspritzen. Und das Erstaunliche ist,
daß sie sich tatsächlich hinsetzen. Und sie sind darauf getrimmt, den Duschvorhang abzuwischen, nicht im Wohnzimmer zu essen, die Badewanne zu putzen – das Haus ist
tipptopp.

Was würdet *ihr* mit einem Gast machen, der darauf besteht, alle Fußböden aufzuwischen? Ich kam mir lächerlich vor. Sie hat es zweimal in einer Woche getan – und der
Fußboden war gar nicht so schmutzig, fand ich jedenfalls. Ich bin auch ziemlich sicher,
daß sie ein paarmal die Toilette geputzt hat.

Sie ist letztes Jahr in dem Haus gestorben, und ich schwöre, sie hat es, seit ihr Mann
1975 starb, nicht ein einziges Mal saubergemacht. Es war unglaublich – überall diese
Katzen und der Gestank von Zigarettenrauch, und alles an den Wänden war verfärbt und

das gute Porzellan pelzig vor Staub. Sie bot uns immer Tee in einer ihrer guten Tassen an, und es war schrecklich; man versuchte, nichts zu trinken, nichts zu essen, nichts zu berühren. Die Handtücher im Badezimmer waren grau vor Dreck. Das alles hat mir Angst gemacht.

Als ich noch zur Schule ging, war unsere Wohnung ganz unordentlich, und ich wollte in einer Traumwelt sauberer, weißer Häuser leben, in denen alles perfekt war. Und das wollte ich auch noch, als ich heiratete – ja, wirklich.

Ich möchte nicht über meinen Herd reden. Meine Mutter weigert sich, bei mir zu kochen; sie sagt, der Herd ist einfach zu dreckig. Dabei ist es gar nicht so schlimm, ich schätze, der meiste Dreck verbrennt eh. Über den Backofen mache ich mir keine Gedanken – ich schaue halt nie rein, wenn das Licht an ist.

Die Stimmen verschmelzen zu einem Gebrabbel – was wir tun und was wir nicht tun, wie wir uns fühlen, was wir kaufen, was wir machen. Pralle Geschichten werden erzählt, starke Gefühle entwickeln sich, das Lächerliche wird zuweilen deutlich. Aber während wir diese Geschichten erzählen, denkt kaum eine von uns darüber nach, was wir da über uns und unsere Wohnungen und unsere Erwartungen ausplaudern. Wir sind es nicht gewohnt zu analysieren, wie wir putzen und warum.

Wie denn auch? Niemand hat uns je ermutigt, über das Hausputzen nachzudenken. Es ist keine öffentliche Leistung wie eine Kandidatur, auch keine soziale Fähigkeit wie Kochen; das Putzen kann sich keiner langen, gut dokumentierten Geschichte rühmen; es wurde nicht von feministischen Historikern gerettet und mit Würde versehen. Es handelt sich um eine tägliche Betätigung, die Menschen in der ganzen Welt – meistens aber Frauen – obliegt. Sie ist ermüdend, man wird nie damit fertig, sie wird oft nicht bemerkt, und gedankt wird einem ohnehin meistens nicht. Viele von uns würden die Hausarbeit lieber nicht machen, aber wir müssen, wie schlecht oder sporadisch auch immer; manche von uns bezahlen andere dafür, daß sie uns die Hausarbeit abnehmen, manche von uns verrichten sie in leicht verrückten Ausbrüchen. Nur wenige von uns – wenn überhaupt – vermögen sie gänzlich zu ignorieren, wenngleich es einige von uns vielleicht versuchen.

Ich habe Hausarbeit zu ignorieren versucht. Jahrelang war Putzen das Letzte, was ich im Sinn hatte. Es gab unendlich bessere Dinge zu tun, es gab Riesen zu erschlagen da draußen in der Arbeitswelt, Radiosendungen zu konzipieren, Artikel und Bücher zu schreiben. Eine Beschäftigung mit häuslichen Dingen war unter meinem Niveau und das Letzte, was ich zugegeben hätte. Wie viele Frauen dachte auch ich, wenn ich mein Interesse an solch niedriger Arbeit kundtäte, verriete ich irgendwie die Schwestern: Unsere feministischen Vorfahren hatten sich schließlich nicht an Geländer gekettet, damit wir unsere Wohnungen strahlend sauber halten.

Als die Idee zu diesem Buch aufkam, war ich entsetzt. Die Idee war nicht von mir. Sie kam von einem Freund, der mich gut kennt und mich sowohl bei der Arbeit als auch zu Hause in Aktion gesehen hat. Müde, meinen Klagen über die Schriftrollen vom Toten Meer zu lauschen – über die ich gerade eine Radiosendung machte –, sah er mich wütend an und sagte, es sei höchste Zeit, daß ich mich mit etwas beschäftigte, daß meinem Herzen näher wäre, mit etwas, von dem ich etwas verstand und in dem ich von Natur aus gut war wie dem Hausputz. Der darauf folgende Streit war lang und erbittert. Wie konnte er es wagen, mich derart zu reduzieren, wagen, zu behaupten, daß ich nur zum Hausputzen taugte? Das hätte er nicht gemeint, wandte er ein, nur daß ich ständig putzte; es war meine Art, die Dinge hinauszuzögern, meinem Zorn Luft zu machen, mir über etwas klar zu werden, mich besser zu fühlen; ich hatte darüber meine festen Ansichten, also warum sollte ich mich nicht einem Thema widmen, das ein Teil meines Lebens, *eines jeden Lebens* war.

Ausgerechnet ich. Ich kochte tagelang vor Wut, aber die Idee setzte sich fest. Ich fing an, mir über die Zeit und Energie Gedanken zu machen, die ich mit Putzen verbrachte, was das für eine Anstrengung war und daß ich nie auch nur den geringsten Gedanken daran verschwendet hatte. Ich begann mit anderen darüber zu reden, fragte sie über ihre Putzgewohnheiten aus und stieß sofort auf seltsam gemischte Gefühle. Die Antworten klangen fast immer vorsichtig. »Warum fragst du mich das?« wollte eine mißtrauische Dame wissen. Die Antworten waren interessant.

Uns von der Seele zu reden, wie wir putzen und warum, ist eine größere Herausforderung, als es zuerst scheint. Viele Leute versuchen es mit einem Schulterzucken abzutun, beschreiben ihre Putzgewohnheiten als eine Reihe unsystematischer Wischbewegungen mit einem Lappen und bestreiten, irgendein besonderes Interesse an dem Thema zu haben. Aber man frage die Leute nur, wie oft sie ihre Toiletten putzen, und achte auf die Reaktion. Ein Schweigen, ein Lachen, ein Augenblick zum Nachdenken, eine schnelle Kalkulation, wie man über sie urteilen könnte; dann geben die einen zu, sie hätten keine Ahnung, andere erzählen eine lange Litanei über Bakterienbekämpfung, wieder andere gestehen trotzig, einmal im Monat nähmen sie die Toilettenbürste in die Hand.

Natürlich gibt es Leute, die auf ihr Putzen stolz sind, aber sie sprechen selten darüber. Kurze Formeln kommen vor: »Ich habe gern eine saubere Spüle« oder »Es macht Spaß, die Wohnung in Schuß zu haben«. Man hat den Eindruck, daß das Putzen ein intimes und nicht kommunizierbares Vergnügen ist, das ein sichtliches, wenn auch vorübergehendes Aufblühen bewirkt.

Wird über das Putzen gesprochen, so bitten alle um Entschuldigung. Ich habe aufgehört, die Leute zu zählen, die mich gebeten haben, ihnen den Zustand ihrer Wohnungen zu verzeihen. Auch ich habe mich oft wegen meiner Wohnung entschuldigt – und tue es immer noch. Während ich dies schreibe, lauern große Staubknäuel unter den Betten des Hauses, in vielen Ecken hängen Spinnenweben, in den Staub, der auf den Bücherborden liegt, könnten Sie Ihren Namen malen, das Badezimmer ist gerade mal erträglich und das Abwaschbecken voll Geschirr. Wenn meine Mutter mich besucht, die mich zur Reinlichkeit erzogen hat, ist sie gar nicht beeindruckt.

Wer in den fünfziger und sechziger Jahren aufgewachsen ist und in der schönen neuen Welt des feministischen Denkens mündig wurde, hat den Druck erlebt, dem unsere Mütter ausgesetzt waren: Sie mußten ein strahlendweißes Zuhause haben. Viele von uns haben sich dem Vorbild unserer ans Haus gefesselten, auf ihr Zuhause stolzen Mütter widersetzt. Wir schritten in die Welt hinaus mit dem Entschluß, uns über Kragenschmutz und Putzstreifen zu erheben. Und doch sind wir gegenüber diesen frühen Erfahrungen nicht immun. Vielleicht wünschen wir sogar, diese Konditionierung zu überwinden, aber wenn es ans Eingemachte geht, wird uns siedendheiß bewußt, daß wir dem Drama nicht entkommen sind. Reuevolle Geständnisse sind immer die Folge starker Gefühle hinsichtlich der Spüle in der Küche oder der Toilette; oder weißer Socken oder der Kleidung der Kinder; oder des Staubs auf Spiegeln oder des Fetts an Gläsern oder fleckiger Kaffeebecher oder – mein eigener größter Horror – schmutziger Geschirrtücher.

Ehrlich zuzugeben, daß man sich ein wenig an der schlichten Gewöhnlichkeit einer Tätigkeit wie Geschirrspülen oder Bodenwischen erfreut, kann seltsam schwierig werden. Ich erinnere mich, daß ich mir einmal verlegen auf die Zunge biß, als ich, ganz gedankenlos, eine Nachbarin gefragt hatte, wie sie so glänzende Fußböden zustande brächte. Zwar war ich wirklich neugierig – ihr Fußboden war sagenhaft –, aber entsetzt, weil ich wie eine schlechte Fernsehreklame klang. Ein ähnlicher Augenblick kam, als eine Freundin mich fragte, wie ich es schaffte, daß die Stoffwindeln meines Babys so weiß blieben; statt mich zu freuen, daß jemand diese bescheidene Leistung bemerkte, kam ich mir lächerlich vor. Wir waren beide berufstätige Frauen, die über solchen Dingen stehen sollten. Ein Interesse zuzugeben, könnte bedeuten, daß ich mich als bloße Hausfrau herausstelle, als Dummerchen, das jeder Werbung, jedem Haushaltsratgeber, jedem Putzmittel hilflos ausgeliefert ist.

Aber eine solche Reaktion ist irrational. Ich weiß genau, daß ich geistig nicht über das Putzen erhaben bin und daß es nur wenige Menschen sind, ganz gleich, was sie erzählen. Die meisten von uns sind, wie unwillig, ineffizient und spora-

 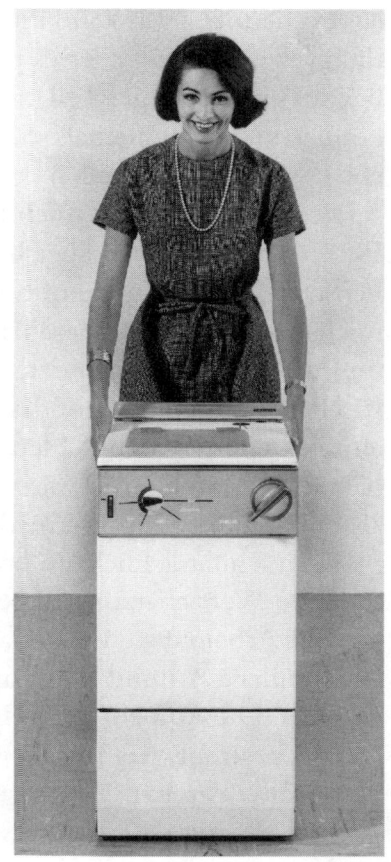

Die Geräte ändern sich, aber der Hausfrauenstolz bleibt der gleiche. Der Protos-Turbowascher samt strahlender Betreiberin 1929 ...

..und die glückliche Nutzerin einer Waschmaschine von Philips 1963

disch auch immer, mit Mops und Besen und Wischtüchern am Werk. Falls irgend jemand hartnäckig jedes Interesse am und jede Beschäftigung mit dem Putzen leugnet, gibt es nur drei Erklärungen: Entweder er lügt, oder er ist ein unglaublicher Exzentriker, oder er bezahlt jemand anderen, der die ganze Arbeit für ihn macht.

Die Wahrheit ist, daß es da draußen eine Menge saubere – oder fast saubere – Wohnungen gibt und daß eine Menge Zeit und Geld darauf verwendet wird, daß das so bleibt. Viele Leute wischen Fußböden und scheuern Badewannen; viele kaufen nicht nur Bücher mit Ratschlägen für den Haushalt, sondern lesen sie auch; viele machen sich ernsthaft Sorgen, wie sie Keime in der Toilette oder auf der Arbeitsfläche in der Küche abtöten können. Warum soll man so tun, als wären diese Besorgnisse verschwunden, nur weil sie einen bürgerlichen Mangel an Coolness verraten, wie die Erzählerin in Margaret Atwoods Roman *Katzen-*

auge es nennt? Zwar kann man das Hausputzen als uncoole, sklavische Beschäftigung bezeichnen, aber es passiert nach wie vor, ist immer noch ein zeitraubender und wichtiger Teil im Alltag vieler Menschen. Wir sind nicht so frei und können vielleicht niemals so frei von dieser staubigen Schinderei sein, wie manche es sich gern vorstellen.

Diese Tatsache stört mich nicht, denn trotz meiner Ausreden bezüglich des Putzens, trotz meiner langjährigen Mißachtung dieser Tätigkeit putze ich wirklich gern, und zwar schon immer oder genaugenommen, seit meine Mutter mich samstagmorgens bezahlte, damit ich die Böden wachste, die Wäsche wusch und die Badezimmer putzte. Die leuchtenden Muster, die ich mit dem elektrischen Bohnergerät auf das Linoleum zauberte, das freundliche Tuckern der altmodischen Wäscheschleuder, das Glänzen der Waschbecken und Wasserhähne, wenn ich fertig war – das alles gefiel mir. Meine späteren Erfahrungen als Putzfrau und Zimmermädchen verstärkten diese Gefühle nur noch.

Was mich tatsächlich am Hausputz stört und was mich so verwundert, ist die niedrige Wertschätzung dieser Tätigkeit. Diese niedrige Beurteilung ist uralt: »Solche Arbeiten werden im allgemeinen von gewöhnlichen Menschen und auf gewöhnliche Art und Weise ausgeführt«, stand schon 1841 in einem Haushaltsratgeber. Die Autorin dieses Haushaltsratgebers und viele andere Frauen waren damals bestrebt, das Image »solcher Arbeiten« zu verbessern. Ihr Erfolg war bestenfalls begrenzt. Vielerorts gilt das Putzen noch heute als die »unbeliebteste Arbeit«, die mit den »niedrigsten und schmutzigsten« Dingen zu tun hat.

Aber paradoxerweise können Frauen durch den Hausputz auch ihren sittlichen, familiären und häuslichen Wert darstellen. Wer ein Haus sauberhält, beweist damit seine höheren Werte und gehobenen Standards; man setzt sich und seine Umgebung damit vom Chaos und Dreck der Außenwelt ab; man festigt seine Selbstachtung. »Ich habe *so* ein gutes Gefühl, wenn das Haus sauber ist«, sagte eine Frau. »Ich habe dann den Eindruck, daß ich das Haus für mich und meine Familie besser gemacht habe, und das ist allein mein Verdienst und alle wissen es.« Für sie ist der Kampf gegen den Dreck ein Akt bewußter Tugendhaftigkeit, und dieses edle Gefühl überwiegt bei weitem die Vorstellung, daß das Putzen eine niedrige Beschäftigung sei.

Wenn man über das Putzen nachdenkt, fallen einem sofort die verschiedenartigsten Haltungen und Tätigkeiten ein. Und jede Haltung, jede Tätigkeit, jede Überzeugung hinsichtlich des Putzens steht zur Diskussion und lädt zur Kritik ein, jeder Begriff verdient eine Überprüfung. Sauber, zum Beispiel. Was *ist* sauber? Oder was *ist* Dreck? Auf solche Fragen hin kratzen sich die meisten von uns nur am Kopf und geben nach dreißig Sekunden auf, aber für Gesellschaftstheoretiker sind diese Fragen ein weites Feld. Unsere Vorstellung von Dreck setzt sich aus dem Bemühen um Hygiene und aus dem Respekt vor den Konventionen zusammen. Die Regeln der Hygiene verändern sich natürlich mit unserem Wissensstand.

Weder die konventionelle noch die hygienische Definition von Dreck ist jedoch absolut. Beide verändern sich, so wie sich die sozialen Umstände und die wissenschaftliche Erkenntnis wandeln. Man denke etwa an die ganz anderen Sauberkeitsmaßstäbe, die wir anlegen, wenn wir reisen oder campen, verglichen mit denen unseres täglichen Lebens. Und wie leicht unsere Hygienevorstellungen schwanken: Wegen einer größeren Angst vor Salmonellen etwa oder vor Staubmilben können sich unsere Putzgewohnheiten über Nacht verändern: weil jemand im Haus krank ist; weil wir einen erschreckenden Artikel darüber gelesen haben, was für Keime ein Geschirrhandtuch verbreiten kann. Und doch — während unsere Grenzen und Definitionen für Veränderungen offen sind, befinden sie sich innerhalb eines ihnen zugrunde liegenden (und meist unausgesprochenen) Ordnungsgefühls.

Dreck ist im wesentlichen *Unordnung* — so lautet eine Meinung dazu. Soziologen definieren Dreck als »Materie am falschen Platz« innerhalb eines Musters, das als normal und geordnet und zu unserem Weltbild passend begriffen wird. Kleine Kinder machen dieses Ordnungsgefühl überaus deutlich. Ihnen fällt Dreck sofort auf: an ihren Händen, an ihrer Kleidung, in ihrem Zimmer, und oft wollen sie ihn loswerden, nicht weil er etwas Schlimmes ist, sondern weil er zuvor nicht an dem betreffenden Platz war und ihren Ordnungssinn stört. Wie viele Mütter mußten schon auf die empörten Schreie ihrer Kleinkinder — »Mama, Dreck« — reagieren und eine klebrige Hand oder ein schmutziges Spielzeug sofort mit einem Taschentuch abwischen. Nichts wird dadurch viel sauberer, aber der kindliche Sinn für Ordnung und Sauberkeit ist befriedigt.

Kinder sehen Dreck, den viele Erwachsene gern ignorieren würden. »Dieser Ausguß ist sehr schmutzig«, erklärte ein Knirps, der zu Besuch war, als er das Waschbecken in meinem Badezimmer betrachtete. Ein paar Zahnpastakleckse störten ihn offenbar sehr. »Ich wasche ihn.« Und er tat es, fünfundzwanzig Minuten lang mit ununterbrochener Konzentration. Als meine eigene Tochter zwei Jahre alt wurde, war sie mitten in einer Phase, in der sie sich leidenschaftlich für das Tünchen von Wänden interessierte. »Schmutzig«, verkündete sie entschlossen, starrte irgendeinen kleinen Fleck an, nahm ein Tuch und klatschte damit Wasser an jede Wand, an die man sie heranließ. Diese Fixierung war ihr ganz eigentümlich, denn ich habe niemals, niemals Wände naß gemacht oder abzuwaschen versucht; sie hat mich nicht nachgeahmt. Auch pflegte sie mißbilligend »Fusseln« zu rufen, wann immer sie unter ihr Bett kroch. »Mama mach das weg.« Ihre Ablehnung von Dreck und Fusseln ließ mich aufhorchen: Sie schien zu spüren, daß etwas – der Schmutzfleck oder der Staubknäuel – nicht dahin gehörte.

»Überall, wo Dreck ist, ist ein System«, schreibt die Soziologin Mary Douglas. »Schuhe sind an sich nicht schmutzig, aber es ist schmutzig, sie auf den Eßtisch zu stellen; Essen ist an sich nicht schmutzig, aber es ist schmutzig, Geschirr und Besteck im Schlafzimmer zu lassen, oder Essen nicht zu entfernen, das auf Kleidung gekleckert ist.« So ist in vielen Haushalten Katzenhaar auf jedem Sessel die Norm, in anderen undenkbar; in manchen zieht man über Becher mit Kaffeeflecken oder eine Haarbürste auf dem Eßtisch keine Augenbraue hoch, in anderen sind sie der peinliche Beweis für Dreck und Unordnung. Es gibt keine absoluten Regeln, die für alle Leute gelten, denn alle Leute ordnen ihr Leben unterschiedlich. Infolgedessen variieren die Definitionen von Dreck und Sauberkeit sehr, was deutlich wird, wenn die Leute über ihre Wertmaßstäbe im Haushalt reden. Was der eine für absolut notwendig hält – etwa die Toilette täglich zu desinfizieren –, kommt einem anderen absolut närrisch vor. Diese beiden Personen haben vielleicht eine ähnliche Erziehung genossen und ihr Lebensstandard ist ähnlich, aber ihre Vorstellungen, was für ein Sauberkeitsniveau im Haus »notwendig« ist, sind ganz verschieden.

Nachdem ich mit vielen Leuten geredet und sie über »Sauberkeit« ausgefragt und zahllose Haushaltsratgeber gelesen hatte, begann ich auf die Worte »nötig«, »notwendig« und »Notwendigkeit« zu achten. Sie kamen alle Augenblicke vor. Eine Frau erklärte umständlich, wieso es notwendig sei, daß sie ihren Hausflur und die Küche dreimal am Tag kehrte. Eine andere bekannte munter, sie sähe keine Notwendigkeit, die Fenster zu putzen, weil es in ihrer Gegend so viel regne. »Kauft euch einen bunt gemusterten Teppich«, riet eine andere, »bei dem ist Staubsaugen kaum nötig.« Professionelle Haushaltsratgeber ermahnen uns: Vieles ist nötig. »Sogar Fußböden, die man nicht wachsen muß, brauchen eine Schutzschicht.« – »Für das Abwaschen der Wände sind zweimal jährlich fünfzehn Stunden nötig.« – »Das Sauberkeitsbedürfnis muß schließlich zu einer echten Notwendigkeit werden.«

Für jeden von uns ist die Definition, was »notwendig« ist, eine andere, genau wie in bezug auf unsere persönliche Hygiene, unsere Eßgewohnheiten und unser Sozialleben. An Einmischungen und Ratschlägen mangelt es auf keinem dieser Gebiete: Es gibt immer irgend jemanden, der einem sagt, was »nötig« ist. Wenn diese äußeren Kräfte zuviel Macht und Einfluß gewinnen, kann das Ergebnis Entfremdung bedeuten und tragisch sein; wenn wir uns nicht mehr auf unser eigenes Urteil verlassen, nimmt unsere Zuversicht ab. Wir kaufen wie die Besessenen, wir glauben alles, was man uns erzählt, wir benehmen uns lächerlich. Von einem rationalen Standpunkt aus betrachtet, scheint der Hausputz die Frauen zu Selbstbestrafungsritualen verleitet zu haben.

Das Saubermachen ist allerdings kein rationaler Vorgang. Stunden damit zu verbringen, wie manche Frauen das tun, Wasserhähne zu scheuern, Wände abzustauben, Lampenschirme zu saugen, Backöfen zu schrubben oder Fußböden zu wachsen, ergibt *keinen* Sinn. Streng rational gesehen, hängen die Gesundheit und das Wohlergehen eines Haushalts eindeutig nicht von solchen Tätigkeiten ab. Und ein solches Verhalten läßt sich nicht als ein bedauerliches Relikt unserer unfreien Vergangenheit abtun; bis auf den heutigen Tag frönen unzählige Menschen solchen relativ hirnrissigen Exzessen. Ist es wirklich nötig, daß wir unsere Kleidung so oft waschen, wie wir es tun, oder die Bettwäsche andauernd wechseln? Ist es wirklich notwendig, daß Ruth das Spielzeug ihrer Kinder regelmäßig desinfiziert? Muß Johanna ihren Kühlschrank wirklich so sauberhalten, daß sie ihn noch um Mitternacht putzt, damit sie am nächsten Tag mit reinem Gewissen zur Arbeit gehen kann? Ist es nötig, daß meine Nachbarin ihren Badezimmerfußboden täglich wischt? Hier kommt die Gewohnheit ins Spiel, das beruhigende gesellschaftliche Ritual, das psychologische Moment, der Aberglaube – all das. Ja, aber Notwendigkeit?

Der Abwasch: hirnrissiger Exzeß oder absolute Notwendigkeit?

Das Hausputzen in Begriffen absoluter »Notwendigkeiten« erfassen zu wollen, ist ebenso sinnlos, als wenn man definieren wollte, was »sauber« oder »dreckig« ist. Solche Standards oder Definitionen gibt es nicht. Hat man diese Tatsache begriffen, wird die ganze Betrachtung der Putzgewohnheiten viel interessanter. Das Putzen wird dann zu einer ganz persönlichen Sache, bei der es nicht um die Jagd nach einem Ideal geht, sondern darum, wie wir uns selbst und unsere Umgebung definieren. Wir sind gezwungen, uns zu fragen, was da vor sich geht, wenn wir putzen, und sind gezwungen, unser eigenes Verhalten unter die Lupe zu nehmen. Wie wir unsere Wohnungen saubermachen, sagt vielerlei über unsere soziale Konditionierung aus. Es ist Teil eines reichhaltigen Erbes: Wie haben die Menschen anderer Epochen ihre Behausungen gereinigt? Daraus erklärt sich oft, wie wir uns selbst ausdrücken und betätigen; das Alltägliche daran ist ein Schlüssel zum Verständnis unserer Persönlichkeit.

Dieser Konditionierung zu entkommen ist unmöglich. Selbst wenn wir beschließen, *nicht* zu putzen, uns *nicht* um die Sauberkeit unserer Behausungen und Besitztümer zu scheren: Dem kritisch prüfenden Blick entgehen wir nicht. Manche haben die Mittel, das Know-how, die Fähigkeiten, unser Zuhause und unsere Sachen sauberzuhalten und lassen trotzdem alles verrotten. Die Kleidung liegt wochenlang in feuchten, schmutzigen Haufen herum; neue Herde setzen Dreck an, der festbrennt; schädliche Mengen von Staub kriechen in die Computertastatur. Nennen Sie es, wie Sie wollen – Nachlässigkeit? Gleichgültigkeit? Schlamperei? –, ein solches Verhalten rührt daher, daß alles ersetzt werden kann.

Unsere konsumorientierte westliche Welt beruhigt uns: Falls wir uns nicht um unsere Sachen kümmern und nicht putzen wollen, kann trotzdem alles ein gutes Ende nehmen: Wenn etwas unserer unterbewußten Erwartung nach zu schmutzig, durch mangelnde Pflege kaputt ist, können wir es ersetzen. Mit anderen Worten: Gleichgültigkeit gegenüber dem Dreck ist heute oft kein Zeichen von Armut, sondern von Wohlstand. »Nachdem das Baby geboren war, war ich so deprimiert«, erzählte eine Frau, »daß ich mich einfach nicht mehr um die Wäsche kümmern konnte. Sie lag wochenlang da, und ein faszinierender dicker Schimmel breitete sich auf den nassen Babysachen aus. Ich weiß noch, wie ich dachte: ›Na ja, ich kaufe einfach was Neues.‹«

Nach ihrem Kajaktrip um die Welt sah sich die Reiseschriftstellerin Maria Coffey gezwungen, ihre Haltung gegenüber dem Putzen und der Pflege ihrer Habseligkeiten zu überdenken. Sie befand sich mit ihrem Ehemann Dag im Doppelkajak auf dem Ganges im nördlichen Indien; sie waren in fürchterlich armen Dörfern am Malawi-See; immer wieder begegneten sie dem menschlichen Elend, lebten in Hütten bei Menschen, die buchstäblich nichts besaßen.

»Ich hatte nie mit so etwas gerechnet«, sagte Maria, »aber der Trip hat meine

Gedanken über Hausarbeit verändert. Die Frauen in Indien waren sehr stolz darauf, ihre Hütten gut auszufegen. Eine kleine Sammlung aus Bechern und Tellern wurde sorgfältig gesäubert und in den Dachsparren des Hauses aufbewahrt. Mit einem Palmwedel fegten sie jeden Tag den Lehmboden und zeichneten draußen vor der Tür komplizierte Muster in den Sand. Sie haben so wenig und behandeln es so achtsam, und als ich in unser Haus zurückkehrte, verblüffte es mich, wieviel wir besitzen und wie wenig wir uns darum kümmern. Jetzt versuche ich, etwas mehr zu tun, nicht nur die Sachen sauberzuhalten, sondern auch die Dinge zu pflegen, die wir besitzen. Und das Putzen ist ein Teil davon.«

Eine frisch verheiratete Frau bestätigt diese Bemerkungen, wenn auch in einem ganz anderen Kontext. Daniela und Mark sind erst seit einem Jahr verheiratet, aber schon ist sie mit ihren Nerven am Ende, was die Hausarbeit angeht. Sie wohnen in einem neu gekauften Haus und sind beide voll berufstätig. Daniela ist über Marks hartnäckige Verachtung der Hausarbeit entsetzt. Es geht ihm nicht nur jeglicher Stolz auf das gemeinsame Heim ab, sondern er scheint auch der Unordnung und dem Dreck gegenüber völlig gleichgültig zu sein.

»Er ist respektlos«, sagt Daniela. »Nicht nur mir gegenüber, weil er erwartet, daß ich die ganze Arbeit mache, sondern auch gegenüber dem Haus, gegenüber den Sachen und unserem gemeinsamen Lebensraum. Alles verkommt, wenn ich nicht einschreite, weil ihm alles egal ist. Er meint, es sei unter seiner Würde, sich um irgend etwas zu kümmern.«

Vielleicht ist es befreiend, so wie Mark zu sein – einer von denen, die sich anscheinend wirklich nicht um ihr Zuhause kümmern. Was würde schließlich geschehen, wenn wir einfach aufhören würden zu putzen und uns um unsere Sachen zu sorgen und alles laufen ließen? Der unnachahmliche Quentin Crisp beruhigt uns in diesem Punkt: »Nach den ersten vier Jahren wird der Dreck nicht mehr schlimmer.«

Crisp behauptet, in einem Augenblick träger Entschlossenheit das Putzen einfach aufgegeben zu haben. »Im Dritten Programm bekam ich Gelegenheit, einer stumpfsinnig sich plackenden Welt diese hoffnungsvolle Botschaft mitzuteilen ... Ich bezweifle, daß viele eingefleischte Putzteufel meine Worte vernommen haben ...« Er erklärt, was seiner Haltung zugrunde liegt: »Ich beschloß, ... niemals ein Sklave häuslicher Rituale zu werden«, da er sich mit Entsetzen erinnert, daß die Hälfte des Lebens seiner Mutter von solchen Ritualen verschlungen wurde. Mit bescheidenem Stolz verkündete er: »Schmutz, Verkommenheit, Verwahrlosung wurden mein natürlicher Lebensraum. Mir war, als hätte ich nur aufgrund einer Reihe von unglücklichen Zwischenfällen bisher immer in der Gefangenschaft der Hygiene gelebt.«

So vornehm Hygiene, Staub und Bakterien abzutun, mit großer Geste solche Sorgen allesamt beiseite zu schieben, ist ein stolzer Akt der Anarchie, eine theatralische, antisoziale, Aufmerksamkeit erregende Pose. Gegenüber dem Putzen sind viele seltsame Haltungen möglich: Begeisterung, Märtyrertum, abweisendes Verhalten, defensives Verhalten. Wenn wir jedes Interesse am Putzen abstreiten, können wir dabei ebenso selbstgerecht auftreten, als wenn wir ein sauberes Zuhause haben – oder haben möchten. Näher betrachtet, sind beide Haltungen ein wenig albern.

Das Putzen ist – bei allem schuldigen Respekt gegenüber Quentin Crisp – ein grundlegender Bestandteil unseres Lebens, eine notwendige, gewöhnliche und vielsagende Aktivität. Sie ist weder unser ein und alles noch unser Lebensziel, aber trotzdem eine echte Sorge, eine ernste Beschäftigung, und sie verlangt uns unablässig die Trivialität einer Reihe von Handgriffen ab. Eine gewaltige Menge sozialer Konditionierungen bestimmt unsere Haltung gegenüber dem Putzen. Wenn wir uns diese Konditionierung näher ansehen, kann das aufschlußreich, ärgerlich und äußerst unterhaltsam sein.

2
Schmutzige Arbeit droht
Verschiedene Einstellungen zum Dreck

»Ach, das ganze Haus ist ja *sauber!*« ruft einer der Zwerge in Walt Disneys *Schnee-wittchen*. Er ist entsetzt. Die Zwerge kehren heim und entdecken, daß Schnee-wittchen das ganze Haus von oben bis unten saubergemacht hat. Argwöhnisch sehen sie sich um und merken: Alle Spinnweben sind verschwunden, die Teller sind gespült, die Fußböden sind gefegt und die Fenster geputzt. »Schmutzige Arbeit droht!« grollt ein anderer Zwerg böse.

Ein treffender Satz, um unsere widersprüchlichen Reaktionen auf das Thema Sauberkeit im Haus zu charakterisieren. Einerseits Schneewittchen, die fröhlich vor sich hin singt, während sie mühelos die Spinnweben aus dem Zwergenhaus fegt, ihrer Sache sicher, daß sie damit allen Beteiligten einen Gefallen tut, glück-lich bei ihrer Arbeit, über alle Maßen tugendhaft. Andererseits die undankbaren Zwerge, die Sauberkeit und dem Einbruch derselben in ihre Welt mißtrauisch gegenüberstehen.

In vielerlei Hinsicht zieht man den Dreck oft der Sauberkeit vor, genießt ihn sogar. Sauberkeit erscheint hingegen oft als eine höchst verdächtige Eigenschaft. In diesen Dingen ist gar nichts eindeutig oder klar. Kein Wunder bei so einem komplizierten Mischmasch von Motiven, Methoden und Haltungen, die bei diesem Thema eine Rolle spielen.

Wenden wir uns zuerst dem Dreck zu, der oft so viel mehr *Spaß* zu machen scheint als die Sauberkeit. Sauberkeit erlegt Schranken auf und gehorcht Geset-zen, die oft unangenehm und einengend sind; Dreck ist freien Geistes und wim-melt von Leben. Diese Tatsache wird in allerlei Kindergeschichten deutlich, so-wohl was die persönliche Hygiene als auch was das Zuhause angeht. Nichts wirkt einladender als ein bißchen Dreck – möglichst noch zusammen mit einem fröh-lichen Chaos.

In einer kanadischen Kindergeschichte leben drei Bären in einem geheimnis-vollen Haus, in dem alles erlaubt ist. Niemand sagt ihnen, was sie tun sollen: Sie tanzen auf den Möbeln herum, bis sie zusammenbrechen, sie bleiben lange auf und schlafen so lange sie wollen, sie rauchen Zigarren, essen sonderbare

Speisen, und natürlich ist ihr Haus herrlich dreckig. Sie sorgen dafür, daß es dabei bleibt. »Wenn es zu sauber aussieht, schleppen die Bären Eimer voll Sägemehl herein und verstreuen es überall.« Kinder finden diese Bären ganz prima.

In einer anderen Kindergeschichte wollen zwei Kinder, die keine Mutter mehr haben, unbedingt ihre Haushälterin, ein schreckliches Wesen namens »The Gloom« (die Düsterkeit), loswerden, die hauptsächlich damit beschäftigt ist, alles und jeden sauberzuhalten. Sie riecht nach Bleichmittel, und ein Bild von Louis Pasteur hängt bei ihr an der Wand. Sie stärkt und bügelt alles und duldet keinerlei Durcheinander. Diese humorlose, rigide und restriktive Person verkörpert das, was Menschen, die *nur* auf Sauberkeit und Ordnung bedacht sind, so schrecklich macht.

Die Bären mit ihrer Freude an Dreck und Unordnung und »The Gloom« stehen an entgegengesetzten Enden des Spektrums. Die Bären repräsentieren eine Weltanschauung, die man pro Dreck nennen könnte. Diese Weltsicht hat die unterschiedlichsten Ausdrucksformen. So gibt es primitive Gesellschaften, in denen Dreck als etwas Mächtiges, Schöpferisches wenn auch Gefährliches gefeiert wird. Dreck ist dort kreative Formlosigkeit. In unserem prosaischen täglichen Leben geht es uns manchmal genauso, was unsere Büros, Küchen oder Schlafzimmer angeht: Durcheinander, Unordnung und Dreck sind unser Eigentum und dürfen nicht von anderen angetastet werden. Unordnung ist Teil unseres Image und notwendig für unsere Produktivität. Sie muß vor der Einwirkung ordnender Impulse geschützt werden.

In Romanen kommt die Sauberkeit oft schlecht weg. Mit begeisterten Putzteufeln wird immer wieder kurzer Prozeß gemacht. Mindestens sind sie lächerlich, gelegentlich werden sie gedemütigt, oft verspottet, manchmal sogar umgebracht. Romanheldinnen, die gern putzen, setzen sich Anzüglichkeiten aus. Ihre geistig-seelische Gesundheit oder ihr Geschlechtsleben, manchmal beides, wird in Frage gestellt. In Alice Munros Erzählung »Friend of my Youth« (1990) macht die energische Flora in ihrem Farmhaus in Ontario jedes Jahr einen rigorosen Frühjahrsputz:

Sie trug das ganze Mobiliar aus einem Zimmer ins andere, damit sie die Täfelung schrubben und die Böden frisch versiegeln konnte. Sie spülte das gesamte Geschirr und Glas, das in den Schränken und eigentlich sauber war. Sie brühte alle Töpfe und Löffel mit kochendheißem Wasser ab .. Die Sauberkeit war umwerfend. Meine Mutter schlief jetzt in der gebleichten und gestärkten Bettwäsche und bekam einen Hautausschlag ... Floras Hände waren aufgesprungen. Aber ihre Stimmung war nach wie vor bestens.

Flora ist eine muntere, tüchtige, liebenswürdige Person, und dennoch: In den Augen der Erzählerin haftet ihr unweigerlich etwas Sonderbares an. Zuvor in ihrem Leben hatte sie die Gelegenheit, einen Mann zu heiraten, verpaßt – nicht einmal, sondern zweimal. Die Erzählerin deutet an, daß Flora nicht nur etwas verhuscht, sondern wahrscheinlich auch frigide ist. Beweise finden sich kaum dafür, aber Floras hausfrauliche Effizienz ist eindeutig ein Minuspunkt. So eine herzhafte Begeisterung für Mop und Besen ist nicht sexy. Gloria Gold ist auch so eine. In *I, Gloria Gold* (1988), einem Roman von Judith Summers, verbringt die unglückliche Heldin einen riesigen Teil ihres Lebens putzend, nur um von fast allen anderen Personen des Romans gemieden zu werden. Ihre Mutter, eine freigeistige Exzentrikerin, die sich fragt, wieso sie solch eine Tochter aufgezogen hat, erklärt:

»Fünf Minuten bei dir im Haus reichen aus, mich in den Wahnsinn zu treiben. Es ist, als ob man sich in einem Museum befindet. Ich begreife nicht, wie Morry das aushält – alles stinkt nach Bleichmittel und ist in schützende Überzüge gehüllt! ... Ich habe noch nie jemanden getroffen, der so von Bakterien besessen ist. Du führst hier einen Haushalt und keine Intensivstation.«

Als Gloria schwer beleidigt antwortet, sie sei einfach stolz auf ihre Hausarbeit, stößt ihre Mutter einen Seufzer aus und fragt, wie man denn bloß auf das Scheuern eines Fußbodens stolz sein kann. Am Ende des Romans hat Gloria Vernunft angenommen. Sie hat sich in eine weisere, freundlichere, liebenswürdigere und sexuell attraktivere Person verwandelt. Es überrascht nicht, daß sie auf ihrer Reise ins Land des Selbstbewußtseins eine wunderbare Liebesaffäre hatte und daß sie nun ein dreckigeres Haus hat. Der frische Sex hat ihr geholfen, den großen Irrtum ihres Lebens einzusehen und ihren leidenschaftlichen Hausputz aufzugeben.

Schon Simone de Beauvoir bezeichnete in *Das andere Geschlecht* die Hausarbeit als finsteres Laster. Angewidert beschreibt die Autorin die peinlich exakten, ordentlichen Haushalte mit ihren endlosen Pflichten, denen die Frauen in einem Zustand der Zerstreutheit und geistigen Leere nachgehen, der es ihnen erlaubt, sich selbst zu entfliehen. Und diese Flucht, so stellt Simone de Beauvoir fest, hat oft eine sexuelle Note. Ihrer Auffassung nach ist Sauberkeit der Feind der Sinnlichkeit. Am schlimmsten sei es so in Holland. Simone de Beauvoir schwärmt vom warmen Süden, wo alle in einem Zustand fröhlicher Verschmutztheit leben und Fleischlichkeit und Sinnlichkeit zur Toleranz gegenüber menschlichem Geruch, Dreck und sogar Ungeziefer führen.

Solchen sisyphusartigen Qualen der Hausarbeit liegt, so de Beauvoir, eine

Laut Simone de Beauvoir findet die Frau im Putzen keine Erfüllung, ganz im Gegenteil: Es ist der Weg in den Wahnsinn.

»negative Basis« zugrunde. Auch in den privilegiertesten Haushalten gibt es keinen möglichen Sieg im Kampf gegen den Dreck und Staub und die Unordnung – sie werden stets wiederkehren. Also findet die Frau dort keine Erfüllung, keine lebensstiftenden Freuden; vielen Frauen wird dort nur die Rolle einer Bediensteten zuteil, die dadurch den Status quo eines Haushalts aufrechterhält, daß sie eine Arbeit verrichtet, die nur wenige zur Kenntnis nehmen und noch weniger zu schätzen wissen. Kein Wunder, daß das der Weg in den Wahnsinn ist.

In seinem bizarren Roman *Staub* beschreibt Robert Irwin den manischen Hausputz seiner Protagonistin Marcia. Er ist das Sinnbild für ihren Mangel an Kontakt mit der Außenwelt und der Brennpunkt ihrer Energie. Marcia ist ziemlich irre. Allein in ihren vier Wänden erfindet sie Personen, mit denen sie sich in wütende, alptraumhafte Diskussionen über das Putzen verwickelt. Während sie sich immer mehr in ihre Phantasiewelten verstrickt, ist sie von der Komplexität des Saubermachens und der Struktur des Drecks zugleich abgestoßen und fasziniert. Sie versteht sich überhaupt nicht mit ihren Nachbarinnen, die über andere Dinge, über Männer oder ihre Arbeit, reden wollen.

Für ihre Besucherinnen zieht Marcia in Worten eine fieberhafte Geschirrspülaktion ab und beschreibt den Vorgang in reißerischen Details. Sie lobpreist, wie ihre Teller glänzen. Ihre Freundinnen halten sie für hysterisch und glauben, sie sei am Rande eines Nervenzusammenbruchs. Begeisterte Ergüsse über das Geschirrspülen sind gesellschaftlich nicht akzeptabel. Wenn Marcia sich ihren wilden Phantasien über das Putzen, Bakterien, Schimmel, Staubmilben, ihren Staubsauger und das Waschpulver hingibt, verliert sie leicht die Übersicht, dafür hat sie die Fähigkeit, Einzelheiten ihrer Hausarbeit wahrzunehmen: wie die Staubkörnchen in einem Sonnenstrahl tanzen, wie sie sich in einer »dünnen vibrierenden Schicht« auf die Wand setzen, wie hübsch sich das Geschirrspülmittel im Wasser kräuselt. Für diese Gestalt kann man keine wirkliche Sympathie entwickeln. Jemand, der derart putzwahnsinnig ist, hat keinerlei Charme oder Sexappeal.

Simone de Beauvoir stellt in *Das andere Geschlecht* eine potenzierte Version von Marcia dar, ein karikaturhaftes, tragikomisches Wesen, das sich im Haus einer Orgie von Exzessen hingibt; sie greift zum Besen wie andere zur Flasche und macht die Wohnung so hübsch und sauber, daß niemand darin leben kann. Sie schließt das Sonnenlicht aus, denn damit kommen Insekten, Staub, Bakterien herein. Allem, was lebt, tritt sie verbittert und ablehnend gegenüber; am Ende steht manchmal ein Mord.

Zweifellos sieht de Beauvoir die Hausfrau als Mordopfer, nicht als Mörderin. Das scheint die einzig mögliche Lösung zu sein, wenn wir das obenstehende Szenario betrachten. Was könnte man sonst mit so einer Person tun, als sie von ihrem Elend zu erlösen, und dadurch der Gefahr begegnen, daß sie das Leben anderer Menschen zerstört.

In dem Krimi *Death of a Perfect Wife* (1989) gelangt der Autor M. C. Beaton zu demselben Schluß. Hier begegnen wir Trixie, der vollkommenen – und vollkommen unerträglichen – Hausfrau, die auf Angela, die Frau des Doktors, eine sympathische, für ihre mangelhaften Hausfrauentugenden und ihre Lesewut bekannte Person, einen schädlichen Einfluß hat. Trixie putzt und Angela ist fasziniert. Sie hat sich offenbar bislang in ihrem eigenen schlampigen Haushalt doch nicht wohlgefühlt.

Mit Trixies Hilfe räumt Angela auf; der Kater Raffles wird ausgesperrt. Aber ihrem Gatten, Dr. Brodie, gefällt das nicht. Es dauert nicht lange, und der Doktor verlangt die Scheidung, aber gerade da bringt irgendein netter Mensch Trixie um. Erschüttert von dem, was sich ereignet hat, wendet sich Angela dankbar wieder ihrem früheren schlampigen Leben zu. Die letzte Szene zeigt den Kater Raffles wie vormals auf dem Eßtisch, zufrieden ruht sein Kopf auf dem Käseteller, während der Doktor vergnügt seine wiederhergestellte Gattin anstrahlt, die erneut, so wird uns zu verstehen gegeben, in Dreck und Unordnung versinkt, wie es zu einem schöpferischen und intelligenten Menschen, der gesellschaftlich einigermaßen angesehen ist, paßt.

Dieselbe Botschaft enthält der Roman *The Franchise Affair* (1948) von Josephine Tey: Marion Sharpe lebt zusammen mit ihrer Mutter verarmt in einem großen, ungemütlichen Haus, anständige Hausangestellte können sie sich nicht leisten, nur ein Bauernmädchen kommt einmal die Woche fürs Gröbste. Als eine Reihe sonderbarer Vorkommnisse Marion veranlaßt, den Anwalt Robert Blair um Hilfe zu bitten, sieht er sich ihr verkommenes Domizil an. An das elegante Zuhause seiner Tante gewöhnt, in dem er lebt, ist er zuerst von der herrschenden Unordnung der Sharpes entsetzt, kann sich dann aber dem matten Charme dieser Umgebung nicht ganz entziehen. Als er sich zum Lunch setzt, bemerkt er alle Einzelheiten, beispielsweise den Tisch aus Kirschholz mit der sehr schönen Maserung, der aber dringend poliert werden müßte.

»Ich bin keine Frau, die stolz auf ihr Haus ist«, erklärt Marion. »Ich hasse Häuslichkeit.‹ Mit jedem ihrer Sätze nimmt Roberts Faszination zu: Sie ist eine Zigeunerin, ein Freigeist, jemand, der sich von allen häuslichen Konventionen gelöst hat, die für ihn bisher sakrosankt gewesen sind. Robert träumt davon, Marion aus ihrer Umgebung zu retten, und er fängt an, sich über ihre häuslichen Bedürfnisse Gedanken zu machen: »Wohin er sie bringen wollte, wußte er nicht genau … Es mußte ein Ort sein, an dem es nichts zu polieren und nichts zu schleppen gab und wo praktisch alles dadurch geschah, daß man auf einen Knopf drückte. Er konnte es Marion nicht zumuten, ihre alten Tage im Dienste einiger Möbelstücke aus Mahagoni zu verbringen.«

Zeit auf das Polieren von Tischen zu verschwenden, ist ganz einfach unter Marions Würde. Solche trivialen Betätigungen passen nur zu Roberts Tante, dieser lieben, guten Seele, die all die Jahre für ihn gesorgt hat: »›Robert‹, sagte Tante Lin ganz rosig und indigniert, ›weißt du, daß du den Fisch in der Halle auf dem Tisch hast liegen lassen und daß das Papier bis auf das Mahagoni durchgeweicht ist?‹« Verwandelt, wie er durch seine neue Beziehung zu Marion ist, lassen den einst so pingeligen Robert diese Vorwürfe kalt. Die arme Tante Lin bleibt im Staub zurück; jahrelanges Polieren, alles umsonst. Robert kehrt ihr den Rücken und folgt Marion in eine ungewisse Zukunft.

Solche Lektüre befördert das Argument, Sauberkeit sei schlichtweg nicht attraktiv. Es entsteht der Eindruck, die gesetzlose Freiheit eines dreckigen Hauses sei den borniertern Konventionen der Sauberkeit bei weitem vorzuziehen und viel beneidenswerter. Häufig bewundern wir die, die sich über die herrschenden sozialen Standards der Sauberkeit hinwegsetzen. Daher rührt auch unsere Sympathie für den liebenswürdigen Schurken, der es sich offenbar leisten kann, Gesetze zu brechen, und unsere heimliche Begeisterung für den Wüstling, der auf alles und jeden pfeift.

Aber bei einigen von uns reichen die Pro-Dreck-Gefühle gerade mal für eine teils argwöhnische, teils sehnsüchtige Bewunderung anderer aus. Den Mut aufzubringen, selbst entsprechend diesen Pro-Dreck-Gefühlen zu handeln, ist eine ganz andere Sache. Obwohl wir es also oftmals vorzögen, weniger putzsüchtig zu sein, fühlen wir uns in Wahrheit doch zur Hausarbeit verpflichtet, selbst wenn wir uns zu ihrer Verrichtung nicht aufraffen können. Indem wir Quentin Crisps Ratschlag folgen und uns allen Hausputzzwängen verweigern, gewinnen wir nicht unsere Freiheit; viele von uns müßten trotzdem die ganze Zeit an den Dreck denken, und irgendwann würden wir uns einfach an die Arbeit machen. So sehr wir uns auch bemühen würden, nichts zu tun, am Ende würden wir die Untätigkeit nicht mehr aushalten. Zu mehr als einer nervösen Bewunderung der Anarchie anderer Leute, die bessere Nerven haben, bin ich jedenfalls nicht fähig.

Vielen Frauen geht es genauso. Christine, deren Haus tipptopp in Ordnung ist, beschreibt diese Haltung sehr gut, indem sie von den Angewohnheiten einer alten Freundin berichtet: »Diese Frau ist erstaunlich schmutzig – ihre Badewanne ist furchteinflößend. Ich habe einmal eine Bürste und ein Gebißreinigungsmittel zu ihr mitgenommen, als sie mich zum Tee einlud. Und als sie für ein paar Minuten draußen im Garten war, bin ich zur Spüle gerannt und habe ein paar von ihren Bechern damit geschrubbt, weil ich eine solche Angst davor hatte, daraus zu trinken. Ich habe ihr das nie erzählt. Sie ist eine energische und selbstbewußte Person. Ich glaube, viele bewundern sie, weil sie den Mut hat, die Putzerei so souverän zu mißachten. Mit ihr verglichen komme ich mir äußerst gewöhnlich und konventionell vor, aber trotzdem weiß ich, daß ihre Maßstäbe für mich nicht in Frage kommen – ich käme damit nicht klar. Meine Becher müssen sauber sein. Ich kann dagegen nicht an.«

Die salbungsvolle Pietät, mit der traditionell Sauberkeit gelobt wird, macht die Sache noch schwieriger. Wer von uns das Gefühl hat, daß er saubere Becher oder Wischlappen oder Fußböden oder Toiletten braucht, kann sich mit der fröhlichen Schmutzigkeit unserer freisinnigeren Freunde und Nachbarn nicht anfreunden, auf der anderen Seite möchten wir aber auch nichts mit dem strengen Moralismus der hochnäsigen Sauberkeitsfanatiker zu tun haben. Von diesem Überlegenheitsgefühl strotzen die Haushaltsratgeber aus dem 19. Jahrhundert. In einem 1844 erschienenen solchen Ratgeber heißt es:

Die Sauberkeit … hat sowohl sittliche als auch physische, persönliche wie auch häusliche Vorteile; darum verlangt sie unsere Zustimmung und tägliche Beachtung. Faulheit ist ihr abträglich, denn ohne Tätigkeit und Mühe läßt sie sich nicht praktizieren: Sie ist ein Sinnbild, wenn nicht gar Charakteristikum der Reinheit der Gedanken und des anständigen Benehmens.

Weiter geht es in diesem Stil; man preist die Sauberkeit in immer schwelgerischen Tönen: »Die Sauberkeit ist etwas eindeutig Gutes; und darum stellen wir fest, daß sie all jenen, die für sie stimmen, einen besonderen Rang verleiht …« Und schließlich: »Wir erfreuen uns am triumphalen Sieg der Sauberkeit über Dreck und Qualm.«

Diese Erklärungen sind so selbstgefällig, daß jeder richtig denkende moderne Mensch dazu neigen muß, sie in Bausch und Bogen zu verwerfen. Und doch – zu behaupten, daß die Sauberkeit bei uns zu Hause heute keine so große Rolle mehr spielt, ist witzlos. Gesellschaftlich wie moralisch bleibt die Sauberkeit eine Pflicht.

Wenige Leute geben zu, daß sie über die Sauberkeit anderer Urteile fällen, aber die meisten werden eingestehen, daß sie Grenzwerte setzen. Bei manchen ist die Reizschwelle extrem niedrig. Eine Frau erzählte mir, wenn sie in ihren weißen Socken über einen fremden Fußboden gehe und die Socken würden schmutzig, dann sei das für sie ein richtig schmutziges Haus. Viele von uns haben Fußböden, die eine solche Prüfung nicht bestehen würden. Das andere Extrem ist ein Bekannter, der nach meinen Maßstäben völlig gleichgültig gegenüber dem Dreck ist. Seine Geschirrtücher und sein Besteck sollte man nur mit der Kneifzange anfassen und sein Küchenfußboden ist ein landwirtschaftlicher Betrieb, aber als er beschrieb, wie alte Freunde von ihm leben, klang er empört. »Sie vegetieren in einem Dreck«, sagte er, »daß sich einem der Magen umdreht. Ich könnte dort nicht übernachten; ich würde mir etwas von den Betttüchern einfangen. Das ganze Haus schwärt. Ich begreife nicht, wie sie das aushalten.« Da ich den Zustand *seiner* Bettwäsche kenne, nahm ich mir vor, diese Leute niemals, niemals zu besuchen.

Nicht viele Menschen in der westlichen Welt können einen außergewöhnlich schmutzigen Ort betreten, ohne schockiert zu sein, ob sie es zugeben oder nicht. Die Schockreaktion findet auf mehreren Ebenen zugleich statt: weil der Ort wahrscheinlich gesundheitlich eine Gefahr ist, weil er Ausdruck von asozialen Lebensumständen ist und weil wir den Schmutz, wahrscheinlich unterbewußt, für moralisch fragwürdig halten. Etwas scheint gründlich schiefzulaufen, wenn der Dreck überhand nimmt, wenn die Lebensbedingungen unerträglich werden. Ungefragt geben wir Kommentare mit einem moralischen Unterton ab: »Was ist denn los mit dieser Person?« – »Wie können die in dem Zustand leben?« – »So etwas würde ich nicht mal meinem Hund zumuten.«

»Ich habe nur einmal im Leben eine Wohnung gesehen, die ich absolut dreckig nennen würde«, sagt Lorna. »Ich war wahnsinnig schockiert. Drei Vögel saßen in einem ekelhaften Käfig im Wohnzimmer; überall lagen Vogeldreck und Federn herum. Aus dem Fußboden hätte man einen Garten machen können; man wußte nicht, wo der Teppich war und wo nicht. Alle Bettücher waren grau vor Dreck. Die Spinnweben waren so dicht, daß man sie zu einem Ball hätte rollen können, und die Fensterscheiben so dreckig, daß man buchstäblich nicht mehr hindurchsehen konnte. Das Schlimmste war der Gestank, und dann der Gedanke, daß an so einem Ort Menschen lebten. Aber das alte Ehepaar, das da wohnte, wirkte ganz zufrieden, und die Nachbarn sagten mir, so sei es nun schon seit Jahren. Mir wurde ein bißchen übel, zum Teil, weil ich in der Schule ihre Tochter gekannt hatte, und wir hatten sie andauernd verspottet, weil sie so dreckig war. Jetzt sah ich, wieso, und es tat mir leid, daß wir so grausam zu ihr gewesen waren. Es muß schrecklich für diese Leute gewesen sein, denn weil sie so schmutzig waren, hat sie nie jemand besucht. Als ich die beiden verließ, brach ich in Tränen aus.«

Ellen erinnert sich noch genau daran, daß sie als Teenager einmal Kinder in einem Haus gehütet hat, das unbeschreiblich dreckig war. »Ich habe nie wieder so etwas gesehen. Alles war klebrig und gelb vor Dreck und Nikotin; das ganze Haus stank nach Urin; Mäusedreck war über den ganzen Herd und die Arbeitsflächen in der Küche gekleckert; die Klobrille war so verkrustet, daß man sie nicht mehr hochklappen konnte; aus dem Kühlschrank sickerten stinkende alte Lebensmittel; überall lagen schmutzige Kleidungsstücke und Teller herum. Es war grotesk. Ich mochte mich nicht hinsetzen oder irgend etwas berühren. Ich fragte mich andauernd, was bloß mit diesen Leuten los war; sie waren nicht richtig arm oder irgendwas, aber ihre Wohnung war unglaublich.«

Solche Geschichten klingen seltsam faszinierend. Extremer Dreck erregt Übelkeit und Schaudern, aber er fesselt unsere Aufmerksamkeit. In den meisten Fällen löst er mächtige Abwehrreaktionen aus, so daß wir uns, ob wir's wollen oder nicht, im selben Lager befinden wie die Moralisten des 19. Jahrhunderts, obgleich die in ihren als Moralpredigten abgefaßten Haushaltsbüchern benutzten Vokabeln uns vielleicht völlig fremd vorkommen. So lebensbejahend und anziehend die lustige Anarchie mit ein wenig Dreck auch sein mag, wenn wir es mit Extremen zu tun bekommen, wirkt Sauberkeit plötzlich sehr attraktiv.

Dreck kann eine Aura kreativer Unordnung verströmen oder auch heftigen Schauder erregen – auf manche Leute wirkt er sogar auf eine perverse Art faszinierend. Mit richtigem, schlimmem Dreck in Berührung zu sein oder von ihm zu wissen, ist manchmal gefährlich und aufregend wie die absichtliche Verletzung eines Tabus. Ausdruck dieser Art von Faszination findet sich nicht oft im Zusammenhang mit dem Hausputzen, aber in einigen Quellen klingt so etwas an.

»Ich hab kaum je einen Bediensteten kennengelernt, der sich nicht wegen der schmutzigen Arbeit geschämt hat und nicht froh gewesen wäre, da herauszukommen und etwas zu finden, was er besser fände.« Das war ein Augenblick der Niedergeschlagenheit für Hannah Cullwick, als sie sich 1863 so in ihrem Tagebuch äußert. 1984, über ein Jahrhundert später, wurde ihr Tagebuch veröffentlicht. Normalerweise schreibt Hannah mit Gusto, wie sie sich die Hände in diesem Dienst schmutzig macht. Nichts ist zu dreckig oder zu schwer für sie. Alles packt sie an. Sie wendet sich freudig den niedrigsten Tätigkeiten zu, und die viktorianischen Haushalte hatten eine Menge solcher Beschäftigungen auf Lager – vom Stiefelwichsen über das Silberpolieren bis zum Säubern der Kamingitter.

In den 1860er und 1870er Jahren schrieb Hannah ein Tagebuch in kurzen Episoden, die sie regelmäßig dem gebildeten viktorianischen Gentleman Arthur Munby sandte. Munby hatte eine sonderbare heimliche Vorliebe für Frauen aus der Unterschicht, und er bat Hannah, ihm Berichte über ihren Alltag als Dienstmädchen zukommen zu lassen. Er wollte alles über dessen schmutzigere Aspekte im Detail wissen. Vielleicht zu seiner Befriedigung, vielleicht, weil sie wirklich daran glaubte, konstatiert Hannah immer wieder, wie glücklich sie über ihre niedrigen Tätigkeiten ist. Einmal beschreibt sie, wie eine Dame des Hauses über ihr stand, während sie arbeitete, und Hannah mit dem Fuß stieß, während sie ihr zeigte, wie sie etwas tun sollte. »Ich weiß, daß sie dachte, ich wäre verletzt und beleidigt wegen ihres Benehmens, aber das war ich nicht. Ich war froh, daß sie mich für so demütig hielt, daß sie mich nicht noch einmal trat.« Als Hannah in einem anderen Haushalt ein Küchenmädchen unter sich hatte, war ihr dabei nicht wohl. Sie fühlte sich nicht »geeignet«, eine Stellung über einer anderen Person zu bekleiden; sie wollte den Abwasch und die dreckigsten Arbeiten selbst erledigen.

Irgend etwas Seltsames haftet dieser Geschichte an. Hannahs unvergleichliche Fähigkeit, als Insiderin die Arbeit eines viktorianischen Hausmädchens zu beschreiben, läßt sich gar nicht bezweifeln, die lakonischen und informativen Schilderungen ihrer Tag für Tag verrichteten Tätigkeiten sind ein außergewöhnliches Zeugnis. Und doch ist einem nicht wohl, wenn sie ihr Verhältnis zu ihrer Stellung und zum Schmutz selbst darstellt, so denkwürdig es auch sein mag. Sie ist sich genau ihrer Rolle in der Gesellschaft und der verschiedenen Abstufungen bewußt, besonders im Verhältnis zu Munby, aber auch hinsichtlich verschiedener Arten von Schmutz und verschiedener Arten von Sauberkeit. Sie pfeffert ihre Beschreibungen der Beziehung zwischen ihr und Munby mit verblüffenden Hinweisen auf ihre »Niedrigkeit« und Schmutzigkeit und seine sauberere Überlegenheit.

Jahrelang trug Hannah unter ihrem Kleid eine Kette mit einem Schloß, um sich als Munbys Sklavin auszuzeichnen; wenn sie ihn besuchte, schwärzte sie ihr Gesicht mit Öl und Blei; sie wusch ihm regelmäßig die Füße und nannte ihn immer Massa. Sie waren ein sonderbares Paar. Sie trafen sich erstmals 1854, und nach einer Zeit der Werbung – wenn man es so nennen kann – von achtzehn Jahren heirateten sie, aber selbst dann hielten sie ihre Beziehung weitgehend geheim. Sie lebten den größten Teil ihrer sechsunddreißig Ehejahre getrennt voneinander und hinterließen beide Tagebücher, die künftige Generationen verwundern und verwirren sollten.

Hannahs Betonung der Tatsache, daß sie gern im Dreck wühlte, ist ganz ungewöhnlich. Sie beschreibt, wie sie mit bloßen Händen Kamingitter schwärzt und Feuerhaken poliert und splitternackt Kamine fegt und Munbys Stiefel leckt, wenn sie sie putzt. Sie behauptet, Munby habe sie gelehrt, die niedrige und schmutzige Arbeit zu lieben, die ihr Schicksal war. »Ich denke jetzt ganz anders darüber als vor zehn Jahren, bevor ich Massa kennenlernte. Er hat mich gelehrt, obwohl es schwer gewesen ist, es gründlich zu lernen, wie schön das Leben eines Menschen sein kann, der nur ein gemeines Arbeitstier ist und es ertragen muß, daß andere ihn verachten, die nicht so arbeiten müssen.«

Der Gedanke liegt nahe, daß Hannah zu stark betont, wie sehr sie ihre schmutzige und niedrige Arbeit genießt, aber ihr sympathischer Stolz auf ihren kräftigen Körperbau – sie war eine große Frau – und auf ihre Fähigkeit, schwere, schmutzige Arbeit zu verrichten, klingt glaubhaft. Sie war eine starke Persönlichkeit, die sich oft mit ihrem »Massa« stritt, und bei der Arbeit, wenn sie wollte, sehr gut für sich selbst sorgen konnte. Ihre Tagebücher zeigen keineswegs ein armes, verbittertes Opfer, das in der Tretmühle ihrer niedrigen Arbeiten gefangen war und sich von einem vornehmen Herrn malträtieren ließ, sondern vielmehr eine Frau, die es vorzog, dort zu bleiben, wo sie war, und die Arbeit zu tun, die sie kannte. Trotz schlechter Tage scheint Hannah es wirklich genossen zu haben, in den Häusern zu putzen, in denen sie arbeitete. Ihr Vergnügen daran, mit Dreck umzugehen, ihr Gesicht, die Hände, ihren ganzen Körper zu beschmutzen, entsprach deutlich einem – psychologischen, sexuellen oder pathologischen – Bedürfnis, das sie mit Munby teilte, und scheint ihr auch enorm geholfen zu haben. Ohne mit der Wimper zu zucken, macht sie sich ans Werk, genießt die niedrigste der niedrigen Tätigkeiten, akzeptiert und begrüßt sogar harte Arbeit und Dreck.

In Haushalten des viktorianischen Zeitalters, die kleiner als jene waren, die Hannah Cullwick beschreibt, legten die Dame oder die Damen des Hauses gelegentlich selbst Hand mit an. Nicht bei den harten, schmutzigen Putzarbeiten, sondern bei den feineren Tätigkeiten, speziell beim Staubwischen. In dem Roman *Jane Eyre* von Charlotte Bronte wird Jane, ursprünglich eine arme Waise, zu einer gleichrangigen Freundin der beiden liebenswerten, ungekünstelten Damen in Moor House. Diese Mittelklassefamilie ist gar nicht eingebildet und hat nur eine einzige treue Dienerin, die ebenfalls Hannah heißt. Kurz vor Weihnachten überkommt Jane die Lust, das Haus zu putzen. Das tut ihrem Ansehen keinen Abbruch, vielleicht weil es sich gegen Romanende hin ereignet, als sich Jane als unabhängige, frei denkende Heldin bereits fest etabliert hat. Nebenbei bemerkt, *normalerweise* hilft sie keineswegs beim Hausputz, sie denkt gar nicht daran. Als sie sich plötzlich zum Putzen entschließt, ist das für sie eine Art Zerstreuung: »Zuerst will ich Moor House *von oben bis unten* (verstehst du die volle Gewalt des Ausdrucks?) – Moor House *von oben bis unten*, vom Dachboden bis zum Keller, saubermachen; dann will ich es mit Bienenwachs, Öl und einer unendlichen Zahl von Lappen polieren, bis es wieder strahlt.«

Das kündigt sie ihrem kaltblütigen Vetter St. John Rivers an und beschreibt ihm dann munter all die anderen hausfraulichen Pflichten, die sie erfüllen will, um das Haus für das Weihnachtsfest vorzubereiten. Seine Antwort ist dementsprechend frostig, endend mit der Hoffnung, daß sie ihren Blick »ein wenig höher als auf häusliche Freuden richten« möge. Sie erwidert, dieses Ziel sei »das beste, das die Welt hat!« St. John beeindruckt das nicht. Jane weiß, daß ihn das, was er »Hausmädchenarbeit« nennt, abstößt, er findet es »zugleich schmutzig und trivial«. Sie kann ihm da nicht beipflichten.

Glücklich war ich in Moor House, und hart habe ich gearbeitet; und das hat auch Hannah getan; sie war entzückt zu sehen, wie vergnügt ich in dem Wirrwarr eines Hauses sein konnte, in dem man alles auf den Kopf gestellt hatte – wie ich bürsten und Staub wischen und putzen und kochen konnte … es machte Spaß, das Chaos, das wir selbst angerichtet hatten, allmählich in Ordnung zu verwandeln.

Jane klingt ganz ähnlich wie Flora Poste in Stella Gibbons Roman *Cold Comfort Farm* (1938), die dort fleißig und munter einen Haushalt ihrem Geschmack entsprechend umgestaltet. Aber Floras Ziel ist viel radikaler. Als sie es auf sich nimmt, die düstere Farm ihrer Verwandten Starkadder samt deren Bewohnern umzumodeln, versucht sie zuerst ein bißchen zu putzen und aufzuräumen. Die schmutzige Küche mit den rauchgeschwärzten Wänden, die schmierigen Fenster, die verdreckten Gardinen, das alles geht ihr auf die Nerven, genau wie die Vorhänge in ihrem eigenen Zimmer, die vor Dreck starren. Sie beschließt, sie waschen zu lassen. »Waschen?« schnauzt Mrs. Beetle sie an, die Zugehfrau. »Ich hätte nie gedacht, daß ich es noch erleben würde, daß irgend jemand in Cold Comfort etwas gewaschen haben will.« Bald schon hat Flora nicht nur die häuslichen Gewohnheiten aller Farmbewohner, sondern auch ihr Liebesleben, ihre Karrieren, ihre Zukunft verändert.

Anzumerken ist, daß sowohl Flora als auch Jane Eyre bei der dreckigen Arbeit, die sie sich vornehmen, eine Hilfe haben, sie haben Mrs. Beetle beziehungsweise Hannah. Auch Walt Disneys Schneewittchen hat Hilfskräfte, und zwar in Gestalt freundlicher Waldtiere, die ihr beim Putzen des Zwergenhauses zur Hand gehen. Diese Hilfskräfte machen es ihnen leichter, ihren Status als Heldinnen aufrechtzuerhalten; ihre Hände sind nur vorübergehend schmutzig und auf eigenen Wunsch, und sie haben willige Untergebene, die tun, was man ihnen sagt. Auch heiraten diese Heldinnen schließlich alle den Prinzen ihrer Wahl und werden sich die Hände wahrscheinlich nie wieder an solchen niedrigen Tätigkeiten schmutzig machen.

Der Glaube, daß der Hausputz nicht die richtige Arbeit für Damen (oder für Frauen, die nach Höherem und Besserem streben) sei, hat sich hartnäckig gehalten. Auch heute beeinflußt er noch sehr stark unsere Einstellung gegenüber dem Saubermachen. So demokratisch und emanzipiert, so selbständig und fähig zu allen möglichen Hausarbeiten wir auch sein mögen, immun sind wir gegenüber so tief verwurzelten Denkweisen nicht. Wenn wir es uns gerade so leisten können, werden die meisten von uns wahrscheinlich zuallererst das Putzen an jemand anderen delegieren, und es wäre das letzte, das wir freiwillig auf uns nehmen würden.

3
Mütter und andere Vorbilder

Der Einfluß unserer Mütter
auf unser Putzverhalten

Wir alle haben Stimmen im Kopf, die uns verfolgen und unser Verhalten bestimmen, Stimmen, die wir nicht mehr loswerden, die unser Tun und unsere Gefühle auch gegenüber den allergewöhnlichsten Dingen beeinflussen. Bei vielen von uns sprechen diese Stimmen von Zeit zu Zeit von Sauberkeit und wirken sich unmittelbar auf unser Denken und unser Tun aus, sosehr wir uns vielleicht auch dagegen sperren.

Die reißerischen Versprechungen der Werbung hallen seit Jahrzehnten in unseren Köpfen wider: Ajax, das wie ein »Wirbelwind« reinigt; Waschpulver, das ein »weißer als weißes« Weiß verspricht. Die Stimmen unserer Lehrerinnen sind vielleicht auch dabei: Eine Frau berichtete, daß sie immer die Anweisungen ihrer großbusigen Hauswirtschaftslehrerin hört, wenn sie ihre Toilette putzt: »Und jetzt, Mädels – spülen, bürsten, spülen!« Seltsame Bruchstücke halb vergessener Ratschläge zu hauswirtschaftlichen Fragen können auch ungebeten im Bewußtsein auftauchen. In einem Hausarbeiten-Haßbuch von 1962 erteilt die Autorin einige denkwürdige Ratschläge, wie man es vermeiden kann, das Haus vor einer Party zu putzen: Veranstalten Sie Ihre Party, *während* Sie Ihr Haus umgestalten, sagt sie, oder verwenden Sie überall nur schwaches Kerzenlicht.

Aber die mächtigsten Stimmen von allen sind die unserer Mütter und Großmütter. Ich höre diese Stimmen die ganze Zeit, hartnäckig und eigenwillig sagen sie mir, was ich im Haus tun soll. »Stell einfach überall hübsche Blumen hin, Liebling, und niemand wird den Staub bemerken«, war der oft wiederholte Ausspruch meiner Großmutter mütterlicherseits. Und wenn ich nach dem Geschirrspülmittel greife, höre ich die zuversichtliche Behauptung meiner anderen Großmutter: »Mit Seifenpulver wird das Geschirr viel sauberer als mit dem Spülmittel.« Ewig aus derselben zerbeulten Büchse nahm sie einen Eßlöffel voll körnigem Seifenpulver und tat es in das Geschirrspülwasser, ganz unberührt von Klagen, daß es nicht schäume und schwer abzuspülen sei. Sie war 1891 geboren, und Geschirrspülmittel blieben für sie eine neue Erfindung, der nicht zu trauen war. »Ich habe immer Seifenpulver benutzt, Liebling.«

Die beherrschendste Stimme von allen ist natürlich die meiner Mutter. »Das erste, was jeder sieht, ist die Treppe am Hauseingang und die Veranda. Du mußt sie jeden Tag fegen.« – »Hänge es in der Sonne an die Wäscheleine und du tötest alle Bakterien.« – »Laß nichts auf der Küchenablage herumliegen.« Und so weiter. Andere Frauen erinnern sich an die kernigen Sprüche ihrer Mütter wegen ihrer nicht so perfekten Haushaltung: »Hier-ein-bißchen-und-da-ein-bißchen«, »Pfusch und Schlamperei« und »Du gibst dir aber auch gar keine Mühe«.

Der mütterliche Einfluß, der so mächtig ist und uns so sehr zu Herzen geht, ist vermutlich der wichtigste in unserem Leben. Wie bei so vielen anderen Themen macht sich auch in puncto Sauberkeit die Stimme unserer Mutter für den Rest unserer Tage bemerkbar, und Mutters Erwartungen und Gewohnheiten unterwandern unsere eigenen. Bevor ich dieses Buch zu schreiben begann, habe ich mit über hundert Frauen zwischen fünfundzwanzig und fünfundsiebzig gesprochen, deren Mütter in vielen Fällen noch leben. Fast alle diese Frauen erklärten, daß die Maßstäbe und Praktiken ihrer Mütter sie ihr ganzes Erwachsenenleben hindurch verfolgt haben, selbst wenn sie diese wütend abgelehnt oder fleißig ignoriert haben.

Die Gerüche, Rituale, Geräusche, Gefühle des Hausputzens sind für viele von uns der Stoff mächtiger Kindheitserinnerungen. So steht zum Beispiel für die Erzählerin in Marguerite Duras' Roman *Der Liebhaber* das Scheuern des Holzfußbodens in ihrer Jugend, das die grausame und verrückte Mutter anordnet, für einen vorübergehenden Moment von geistiger Gesundheit und Ordnung – für Mutter und Tochter.

In meiner eigenen Erfahrung geht alles, was mit dem Saubermachen zu tun hat, auf meine ganz und gar nicht verrückte, aber ordentliche Mutter zurück. Ich wuchs in einem extrem sauberen Haus auf. »Guck dir nur mal den Toaster deiner Mutter an«, sagte einmal ein Freund voller Ehrfurcht zu mir. »Ich habe noch nie etwas so sehr glänzen sehen. Wie *macht* sie das nur?« Ich weiß noch, wie ich ungeduldig sagte: »Keine Ahnung. Meine Mutter bringt alles zum Glänzen.« Ich war damals um die Zwanzig und Putzen war das letzte, das mich interessierte.

Das Haus meiner Mutter strahlt und funkelt. Ihr Hauswirtschaftsplan ist mächtig, unnachgiebig und voll der höchsten Erwartungen. Er fegt alles hinweg, auch meine frühere Gleichgültigkeit und mein eigenes besseres Wissen, wenn sie zu Besuch kommt, oder vielleicht sollte ich sagen: zur Inspektion. Dann stürze ich mich in panischer Angst in meine Hausarbeit. Ich putze, was ich normalerweise links liegen lasse. Kürzlich habe ich das Besteck poliert, den einzigen Holzstuhl gewachst, die Oberkanten der Türen abgewischt und Fett von den Drehknöpfen des Herdes gekratzt. Warum? Weil ich mir in Gegenwart meiner Mutter wie eine faule Schlampe vorkomme, obwohl sie nie so etwas sagen würde. Aber ich weiß, daß sie in einem schmutzigen Haus leidet, oft sogar laut und vernehmlich. Wenn ich sie leiden höre, zucke ich zusammen.

Von den Frauen, die ich interviewt habe, sind die meisten meiner Meinung: Die Person, für die sie besonders aufräumen und putzen, ist ihre Mutter, oder vielleicht ihre Schwiegermutter. Frauen erzählen immer wieder, daß sie vor dem Besuch ihrer Mutter anfangen zu putzen, am Abend bevor das Flugzeug oder der Zug eintrifft bis Mitternacht Böden wienern und Herde und Toiletten scheuern. »Da stand ich, hochschwanger, zwei Wochen überfällig«, erinnert sich Janine. »Ich stand auf einem Stuhl und putzte die Einlegeböden im Küchenschrank, bevor sie ankam. In dieser Nacht kamen die Wehen.«

»Es ist, als ob ich ihr etwas schenke«, sagt Klara über ihre Mutter. »Ich bringe es nicht übers Herz, ihr eine dreckige Wohnung zuzumuten, obwohl ich ihre Maßstäbe nicht übernehmen will. Aber ich weiß, daß sie alles sieht. Wenn sie mich also besuchen kommt, fege ich wie eine Irre in meiner Wohnung herum.«

Es gibt Ausnahmen. »Ich nicht. Ich werde *nichts* außer der Reihe tun, wenn meine Mutter oder meine Schwiegermutter kommt. Mir ist es allmählich gleich, was sie denken«, erklärt Marie. Sie hat zwei kleine Kinder unter vier Jahren, arbeitet zu Hause und praktiziert eine hoch entwickelte Form selektiver Wahrnehmung. »Ich habe gelernt, das schmutzige Geschirr nicht zu *sehen*, aber ich hebe immer Zeitschriften und Spielzeug auf und sortiere meine Unterlagen.« Etwa ein Jahr lang, nach der Geburt ihres ersten Kindes, war Maries gesamter über eineinhalb Meter langer Küchentresen ständig voll von schmutzigem Geschirr. »Wenn meine Mutter vorbeikam, warf ich einfach Handtücher darüber, damit wir es nicht zu sehen brauchten. So viel tue ich, damit ich sie bei Laune halte. Aber ich habe nie wegen ihr abgewaschen.«

Es gibt reichlich Geschichten von Müttern, die zu Besuch kommen und den Anblick der Wohnungen ihrer Töchter nicht mehr ertragen und einfach anfangen zu putzen. »Es tut mir leid, Kathrin, aber bevor ich deinen Herd nicht saubergemacht habe, kann ich nichts darauf kochen. Ich weiß nicht, wie du das ertragen kannst«, erklärte eine Mutter ihrer vierzigjährigen Tochter. »Sie hat meine Wohnung geputzt bis zur letzten Stunde, bevor sie zum Flughafen mußte«, ärgerte sich Kathrin. »Sie hat ein schwaches Herz. Aber sie war einfach nicht aufzuhalten. Das Putzen schien ein Bedürfnis in ihr zu befriedigen, oder vielleicht mußte sie meiner Wohnung ihren Stempel aufdrücken.«

»Einmal war meine Mutter bei mir zu Besuch, und da erwischte ich sie, wie sie meine Spüle und meine Abwaschschüssel mit Putzmittel traktierte«, erinnert sich Christine. »Ich sagte: ›Ich weiß, du hältst mich für eine ausgesprochene Schlampe.‹ Und die Pause war einfach zu lang, bevor sie antwortete: ›O nein, nein, nein! Du hast einfach nicht die Zeit, nicht wahr?‹« Mütter wie Christines und meine eigene bemühen sich ernsthaft, die niedrigeren Maßstäbe ihrer Töchter zu verstehen. »Natürlich war ich die ganze Zeit zu Hause, also hatte ich die Sache immer im Griff«, bemerkte meine Mutter einmal mir gegenüber. Da fegte sie gerade die Treppenstufen vor *meinem* Haus. »Ich wollte nicht wie du zwei Dinge gleichzeitig tun.« Tapfer fuhr sie fort, sah sich um und fügte hinzu: »Und so schlimm ist es nicht, es ist nur oberflächlicher Dreck.«

Obwohl meine Maßstäbe nicht annähernd so hoch wie die meiner Mutter sind, machen mir die ihren doch dauernd zu schaffen. Wenn ich mich mit dem Besen in der Hand auf den Treppenstufen vor meinem Haus befinde und fege, spüre ich, daß mir von sehr weit her ihre Anerkennung zuteil wird. Diese Art des Putzens definiert Kathryn Allen Rabuzzi in ihrem Buch als »rituelle Handlung«; eine Handlung, die wir gegen unseren Willen immer wieder ausführen. Sie schreibt über ihre eigene Erfahrung bei der Hausarbeit: »Wenn ich mich dabei erwische, daß ich etwas wiederhole, was wahrscheinlich eine charakteristische Geste oder Haltung meiner Mutter war, habe ich das unheimliche Gefühl, daß ich meine Mutter *bin*.« Sie fährt fort:

Die rituelle Inszenierung der Hausarbeit stellt eine Verbindung mit der Vergangenheit und den weiblichen Vorfahren her ... Wenn man eine Aufgabe genauso erledigt, wie man es bei seiner Mutter oder Großmutter gesehen oder gelernt hat, erfährt man etwas von dem, was sie einst erfahren haben ... Die rituelle Inszenierung der Hausarbeit hilft uns, eine Kontinuität von einer Generation zur nächsten herzustellen. Und obwohl die Hausarbeit für gewöhnlich eine einsame Beschäftigung ist, wird durch die Methode, mit der wir sie ausführen, ein Gefühl der Gemeinsamkeit hergestellt, wenn diese *Methode* die Arbeitsweise der Frauen früherer Epochen widerspiegelt.

So erhebend solche Gedanken sind, kann die Wiederholung der Praktiken unserer Mütter doch eine bedrückende Erfahrung sein, vor allem wenn wir diese Praktiken abgelehnt haben. »Manchmal sehe ich mich in dieser Wohnung um und denke: ›Was für eine Unordnung!‹ Es sieht genauso aus wie früher bei meiner Mutter, und ich will nicht, daß es so ist. Ich hab's damals nicht gemocht, und ich mag's auch heute nicht«, stellt Bernice bestürzt fest. »Überall Haufen von Sachen, nichts aufgeräumt und überall Schmutz. Ich bin genau wie meine Mutter − sogar noch schlimmer −, aber komischerweise sind meine Schwestern ganz anders.«

Bernices ältere Schwestern sind beide mit dem festen Entschluß von zu Hause ausgezogen, nicht so wie ihre Mutter zu werden, und beide sind sie viel stolzere Hausfrauen als Bernice. »Ich glaube, es kommt daher, daß meine beiden älteren Schwestern viel älter als wir anderen Geschwister waren. Als ich zur Welt kam, waren sie acht und zehn Jahre alt. Sie mußten die Mutter spielen, hatten die Unordnung einfach satt und nahmen sich vor, später mal schönere Wohnungen zu haben. Und sie haben sich wirklich angestrengt, damit sie das schafften. Meine älteste Schwester braucht sich nur an die Wohnung unserer Mutter zu erinnern, da rennt sie auch schon zum Staubsauger.«

»Ich finde es erstaunlich«, äußerte sich eine andere Frau zu diesem Thema, »daß drei Kinder aus demselben Haus, die dieselbe Mutter haben, in ihrem Sauberkeitsverhalten so verschieden sein können. Ich habe meine Schwester wahnsinnig gemacht; ihre Hälfte des Zimmers war immer makellos, und sie zankte immer mit mir wegen Staubflocken unter dem Bett und so weiter, und damals war sie erst acht oder neun Jahre alt. Und unser Bruder war und ist ein richtiger Dreckspatz. Ich bin nur Durchschnitt, was den Haushalt angeht, wie meine Mutter, und in der Wohnung meiner Schwester liegt kein Stäubchen herum.«

Ihre Schwester sagte hierauf mit spürbarer Anspannung: »Meine Mutter hat die Wohnung nie so gepflegt, wie ich es wollte. Die Wohnungen meiner Freundinnen strahlten alle vor Sauberkeit wie in den Bilderbüchern. *So* sollte es bei mir zu Hause aussehen. Als ich sehr klein war, hörte ich meine Mutter sagen, der Fußboden bei dieser oder jener Familie sei so sauber, daß man davon essen könne; und ich weiß noch, wie ich dachte, daß unsere Fußböden überhaupt nicht so sauber waren, aber wenn ich erwachsen sein würde, dann wollte ich es in meiner Wohnung so haben. So eine Wohnung wie ihre wollte ich überhaupt nicht. Und meine Wohnung sieht ja auch heute nicht so aus.«

Es kann Schwerarbeit sein, dem Einfluß der Mutter widerstehen zu wollen, aber viele Frauen schaffen es. »Was würde meine Mutter zu meiner Wohnung sagen, wenn sie sie sähe?« Anna dachte einen Augenblick nach. »Wahrscheinlich würde sie sagen, ich soll einen Flammenwerfer draufhalten; daß war ihr Kommentar in hoffnungslosen Fällen. Ich glaube wirklich nicht, daß sie meine Wohnung betreten würde, sie wäre zu entsetzt. Wie wir heute leben, das unterscheidet sich so völlig von alldem, was sie kannte; wir arbeiten beide und haben keine Zeit zum Aufräumen, drei Kinder werfen mit dem Essen herum. Ich versuche es nicht einmal, so eine ordentliche Wohnung zu haben wie sie. Wenn sie heute noch lebte, müßte ich sie, glaube ich, in einem Hotel unterbringen, falls sie mich besuchen käme.«

Annas Mutter war eine legendäre Hausfrau, die sogar noch aus der makellosen Einfamilienhaus-Stadtrandsiedlung, wo sie in den 50er und 60er Jahren lebte, als etwas Besonderes hervorstach. Reinemachen war dort wie eine Fuchsjagd, man suchte noch nach dem letzten Dreck, so stark war damals der Konkurrenzkampf der Hausfrauen. Annas Mutter hatte zwar drei Kinder im Haus, wechselte aber trotzdem alle zwei Tage die Bettwäsche, wusch und plättete sie. Ihr Küchenfußboden bestand aus dunklen Linoleumfliesen, die täglich gewischt und gewienert wurden und so strahlten, daß Anna und ihre Schwestern als kleine Mädchen zusammen auf dem Fußboden saßen und ihre Haare kämmten, wobei sie den Fußboden als Spiegel benutzten.

›Ich glaube, meine Mutter wurde so eine fanatische Hausfrau, weil sie nichts anderes beherrschen oder erreichen konnte«, sagt Anna. »Sie hatte keinen Schulabschluß, keinen Job, und ihr Selbstbewußtsein war minimal. Jahrelang war sie für meinen Vater, meine Schwestern und mich nur die Haushälterin. Sie wollte meinem Vater, wenn er heimkam, ein perfektes Zuhause bieten, und als Kinder brachten wir dauernd alles durcheinander und machten alles schmutzig. Sie hat die ganze Zeit versucht, die Unordnung und den Dreck – und uns – zu beherrschen.«

Annas Mutter ist die typische Nachkriegshausfrau der Wirtschaftswunderzeit. Betty Friedan und andere unterzogen das amerikanische Pendant dieses Phänomens bald einer kritischen Prüfung. Betty Friedan sah in den amerikanischen Frauen der Zeit nach dem Zweiten Weltkrieg Sklavinnen unnötiger häuslicher Exerzitien, Närrinnen, denen man eingeredet hatte, ihre Beschäftigung hätte einen Sinn. »... den Wohnzimmerfußboden zu saugen – geschminkt oder ungeschminkt – ist keine Arbeit, die so viel Geist oder Energie braucht, als daß eine Frau dadurch wirklich herausgefordert wäre.«

»Meine Mutter«, sagt Rachel, eine Vierundzwanzigjährige, »wuchs in einem Zuhause auf, wie es Betty Friedan beschreibt. Meine Großmutter hatte sämtliche neuen Errungenschaften, sie war stolz auf ihr Heim, stolz darauf, Ehefrau und Mutter zu sein. Meine Mutter erinnert sich noch voll Horror an Großmutters ewiges Geputze – einmal in der Woche wachste sie die Jalousien, und die Stahlspüle polierte sie mit einem Spezialmittel. All so was. Mama floh, so schnell sie konnte, und ihre Wohnung war immer ein Desaster.« Rachel hat die Lebensweise ihrer Mutter verworfen. Ihre Wohnung ist makellos. »Witzig, was? Ich bin mehr wie Großmutter. Meine Mama sagt, ich sei ein Rückfall in die fünfziger Jahre, und auch nur, um sie zu ärgern.«

Solche Geschichten sind fast universell. Auf meinen Reisen durch Großbritannien, Deutschland, Holland, Island, Osteuropa und Skandinavien habe ich zahllose Häuser gesehen, deren Sauberkeitsstandard den des nordamerikanischen Vorbilds nach dem Zweiten Weltkrieg mühelos erreicht oder gar übertrifft. Diese hohen häuslichen Ideale werden fast überall in der Welt angestrebt, obwohl man dort vielleicht weniger darüber redet.

Kerstin wuchs in den 60er Jahren in Deutschland auf. Sie lebt jetzt in New York in sicherer Entfernung von ihrer Mutter. »Ich bin in den Staaten noch nie in einem Haus gewesen, das es mit dem meiner Mutter aufnehmen könnte«, bekennt sie. »Der Putzfimmel ist ein chronischer Wahnsinn, und meine Mutter ist davon angesteckt. Ihre Wohnung sieht immer wie ein steriler Ausstellungsraum aus – man vermutet wirklich nicht, daß da tatsächlich jemand lebt. Ich habe dort noch nie Staub gesehen.«

In so einem Haus aufzuwachsen, war für Kerstin ein Alptraum. »Ich war vierzehn, als ich zu fragen wagte, ob ich einen Kuchen backen darf. Ich wußte, daß sie es mir verbieten würde, und so war's: Die Küche könnte dreckig werden. Also habe ich bei einer Freundin backen gelernt, ihre Mutter hatte nichts dagegen. Bis heute habe ich noch nie in der Küche meiner Mutter gekocht, und ich bin fast vierzig.«

Bei ihrem letzten Deutschlandbesuch trocknete Kerstin das Geschirr ab, und dabei fielen ein paar Wassertropfen auf den spiegelblanken Küchenfußboden. Kerstin wußte, daß ihre Mutter es gesehen hatte und sich auf die Lippen biß. Da wollte Kerstin den Schaden wiedergutmachen und nahm das Wischtuch aus dem Ausguß, um am Boden aufzuwischen. Ihre Mutter entriß ihr das Tuch. »Nein, nein, nein – nicht mit dem Lappen – nimm das Scheuertuch. Du *weißt* doch, daß wir mit dem Wischtuch nicht den Boden aufwischen.« Ein sehr peinlicher Augenblick für sie beide. »Meine Mutter zitterte fast«, sagt Kerstin. »Sie *wollte* sich nicht ärgern, aber sie konnte es einfach nicht ertragen und *mußte* mir Einhalt gebieten.« Nach diesem Erlebnis empfand Kerstin erstmals Mitleid mit ihrer Mutter, bisher hatte sie sich nur wahnsinnig über sie geärgert. »Sie sieht, daß ich so gänzlich anders als sie lebe, sie weiß, daß ich ihre Maßstäbe überhaupt nicht teile, und ich glaube, sie weiß, daß ich ihre Ängste ein bißchen lächerlich finde. Sie sieht, daß es mir gleich ist, daß ich nicht mal bemerke, was sie bekümmert, und ich glaube, das erschüttert ihr Selbstbewußtsein.«

Die Sauberkeit ist schon seit langem eine überaus selbstbewußte, oft auch selbstgefällige Tugend, die weiß, was sie wert ist und sich nicht so leicht erschüttern läßt. Sie tritt selten allein auf, sondern meist mit einer Fülle anderer, oft erstickend selbstgerechter Eigenschaften. Die Putzgewohnheiten solcher Personen wirken manchmal außerordentlich seltsam; wie auch bei unseren Müttern und Großmüttern. Darauf herabzublicken und diese Frauen eines großen Irrtums zu bezichtigen, ist leicht; die Versuchung, einen Großteil ihrer Hausarbeit als geistlose Arbeitsbeschaffungsmaßnahme zu deklarieren, liegt nahe. Zahlreiche Frauen vieler Generationen haben sich damit beschäftigt, Wäsche und Wände weiß zu halten, Dinge zum Glänzen zu bringen, hinter dem Dreck herzujagen, wo niemand sonst ihn je sieht oder sich darum schert. Der Gedanke, wir wüßten es besser – daß es nämlich genügt, die Wohnung frei von Krankheiten und einigermaßen frei von Gerüchen, Schmutz und Unordnung zu halten –, mag verlockend sein. Verlockend aber in die Irre führend, denn unsere häusliche Landschaft ist viel komplexer, als daß man sie darauf reduzieren könnte – was unsere Mütter und Großmütter und deren Mütter und Großmütter vor ihnen schon immer gewußt haben.

In Arbeitergegenden im Norden Englands zum Beispiel gab es einen Brauch, den Elizabeth Roberts in ihrem Buch ausführlich beschreibt. Sie führt uns zu den finsteren kleinen Straßen mit den endlosen Häuserreihen in Lancaster und Barrow-in-Furness zu Anfang des 20. Jahrhunderts. Hier, wie in vielen anderen Gegenden, weißten Generationen von Frauen die Treppenstufen vor ihren Häusern täglich mit einem weichen, weißen Stein. Zuerst schrubbten sie die Stufen und trugen dann die weiße Farbe auf die noch feuchten Stufen auf – manchmal sogar auch auf die Steinplatten im Hof. Ein heller Überzug war das Resultat, der milchig oder weiß wurde, wenn er trocknete – ein grotesk unpraktischer Anstrich, denn schon der nächste Regenguß oder Fußtritt zerstörte alles. Die Sitte, Treppenstufen zu weißen, war irrational, zeitraubend und mühevoll, hielt sich aber in einigen Gegenden Englands bis lange nach dem Zweiten Weltkrieg. Roberts zitiert eine Frau, die sich nach ihrer Heirat 1954 diesem Brauch verweigern wollte: »Ich heiratete und sagte: ›Ich will mein Leben nicht damit verbringen, daß ich Treppen scheuere.‹ Es ist absolut lächerlich und ich weigerte mich, es zu tun.« Ihre Mutter schämte sich so, daß sie selbst die Vordertreppe ihrer Tochter scheuerte und weißte. »Die Nachbarn sollten nicht sehen, daß ich eine Vordertreppe hatte, die nicht gemacht war. Damit meine Mutter nicht mehr kam und es machte, mußte ich es also selbst tun, und ich war sehr ärgerlich.«

Elizabeth Roberts' Interviews ist zu entnehmen, daß diese Praxis wenig mit Sauberkeit oder Hygiene zu tun hatte; es war eine soziale Erklärung, eine Proklamation der Selbstachtung, des moralischen Werts in Gegenden, die oft armselig und schmutzig waren. Roberts bestätigt, daß diese Arbeit sozial einen beträchtlichen Wert besaß. Während die Frauen ihre Vordertreppen schrubbten und weißten, redeten sie miteinander; die Arbeit war ein erquickender, regelmäßiger und wichtiger Teil des Lebens einer Straße. Es war auch eine wirksame Methode, die Nachbarn im Auge zu behalten; falls eine Frau versäumt hatte, ihre Stufen zu weißen, wußten die anderen, daß etwas mit ihr nicht stimmte.

Daß diese Arbeiterfrauen fest entschlossen waren, gute Miene zum bösen Spiel zu machen, wird aus ihrer ganzen Art des Haushaltens deutlich. »Damals hatten wir in Nottingham Spitzengardinen, sie reichten bis zum Boden, schöne Spitzen mit einem Bogenrand ... Die Gardinen mußten alle mit der Hand gewaschen und dann gestärkt werden ... es ging darum, wer die hübschesten Gardinen hatte. Alle waren sehr stolz auf ihren Haushalt. Ich erinnere mich, daß ich nach Hause kam und dachte, Mama hat frische Gardinen aufgehängt; sie sahen so wunderschön aus.«

Selbst dort, wo die Hygiene vielleicht eine Rolle spielte, dominierte der Hausfrauenstolz. Eine der von Roberts interviewten Frauen erinnert sich, daß es einen Wettbewerb zwischen allen Müttern gab und daß jede die weißeste Tischplatte und den weißesten Toilettensitz haben wollte; beide waren aus Holz und man mußte mit Waschsoda und Bürste tüchtig daran herumschrubben. »Die Toiletten waren draußen im Hof hinter dem Haus. Es war ein langes Brett mit einem Loch in der Mitte, und es mußte schneeweiß gescheuert werden. Die Frauen waren stolz darauf, sie waren wirklich sauber.«

Um festzustellen, wie eng Stolz und Selbstbewußtsein mit dem Putzen verwoben sind, brauchen wir nicht auf so überholte Verhältnisse zurückzugehen. Man denke an den Brauch, dem nächsten Bewohner eine makellose Wohnung zu hinterlassen, wenn man auszieht. Als wir aus unserem Haus auszogen und die Möbelpacker unsere Habe zusammenpackten und zum Möbelwagen trugen, putzte meine Mutter noch immer die leeren, hallenden Räume; so erschöpft sie war, die nächsten Bewohner sollten das Haus in einem guten Zustand übernehmen. Sie scheuerte und wachste die Fußböden, staubte den Stuck ab und wischte die Schränke aus, bis sie beinahe umfiel. Als Akt der Höflichkeit war das bis zu einem gewissen Grad sinnvoll, und ich half ihr, so gut ich konnte. Aber daß sie bestrebt war, das Haus in einem nahezu aseptischen und ganz staubfreien Zustand zu hinterlassen, fand ich übertrieben. Niemand sollte in dieses Haus einziehen, auf das sie so stolz gewesen war, und darin ein Stäubchen finden. Als sie immer erschöpfter wurde, bestand ich darauf, daß ich die Arbeit allein zu Ende führte, damit sie sich ausruhen konnte. Sie willigte ein, aber nicht ohne mir eine Liste mit völlig verrückten Anweisungen zu hinterlassen. Ich sollte alle Küchenregale putzen, die, soweit ich sehen konnte, bereits peinlich sauber waren; ich sollte die Fenster putzen, die Oberkanten der Türen abstauben, und woran ich mich am deutlichsten erinnere, war, daß ich unbedingt die Regale eines eingebauten Wandschranks in ihrem Schlafzimmer saugen sollte.

»Ja, ja«, sagte ich und schob sie zur Tür hinaus. Dann stand ich im Schlafzimmer und sah mir den Wandschrank an, der bis zur Decke reichte. Er war schmal und tief, und man kam nur schwer dran, die oberen Fächer erreichte man nur, wenn man sich auf einen Stuhl stellte, den Staubsauger auf der einen Hüfte balancierte und mit dem Saugrohr blind in den Fächern herumstocherte. Das jedenfalls hätte ich tun sollen, um meiner Mutter zu Willen zu sein. Statt dessen setzte ich mich mit einer Tasse Kaffee hin und las einen Krimi. Als eine angemessene Zeit vergangen war, wischte ich mit einem feuchten Lappen über ein, zwei Küchenregale, vergaß die Oberkanten der Türen mitsamt den Fenstern, packte alle Putzgeräte ein, schloß die Tür ab und gesellte mich zu meiner Mutter. Das war mein Abschied von unserem Haus.

›Wie bist du mit dem Wandschrank klargekommen?« fragte meine Mutter. Ich beklagte mich, wie schwer es gewesen sei, den Staubsauger festzuhalten und bis hinten in den Schrank hineinzukommen. Ich sah, wie meine Mutter sich entspannte. »Danke«, sagte sie, und ihre Stimme klang wirklich dankbar.

Nachdem ich inzwischen selbst zwei Wohnungen bezogen und wieder verlassen habe, verstehe ich meine Mutter besser. Bevor ich dort auszog, putzte ich die Wohnungen auch wie eine Verrückte – viel gründlicher, als wenn ich dort geblieben wäre. Ich sah, wie anstrengend und schwierig es war, die eigene Wohnung zu räumen. Beide Male schien mir alles aus den Händen zu gleiten; ich verlor geliebte Behausungen und brach ins Unbekannte auf. Um Lebewohl zu sagen, um den Räumen ein letztes Mal meinen Stempel aufzudrücken, um mich zu beruhigen, um den künftigen Bewohnern meinen wahren Wert zu beweisen, putzte ich. Ich wischte dunkle Winkel aus und griff in Schränke hinein, tief wie noch nie zuvor. Gequält stellte ich fest, daß nicht ich, sondern meine Mutter zuletzt lachte.

›Haltet mich auf – ich werde wie meine Mutter« las ich neulich in einer Wohnung auf dem Kühlschrankmagneten. So ein kerniger Satz spielt nicht nur aufs Putzen an, aber es gehört dazu. Als selbsternannte Kreuzfahrerinnen gegen Dreck und Keime und als Verfechterinnen eines gewissen Maßstabs können Mütter unerträglich sein; Tyranninnen und Märtyrerinnen zugleich. Es gibt so viel zu tun, es wird so wenig geachtet, es ist so wichtig, niemand hilft einem – so lauten die üblichen Klagen und Anklagen.

Und doch – ein Wort der Verteidigung: Nichts zwingt eine Frau mehr, ihre Putzmaßstäbe zu hinterfragen, als wenn sie ein Kind hat. Zuerst kommen die vielen Monate der dreckigen Windeln, das endlose Spülen und Waschen von allem möglichen und die Angst, daß die Bakterien sich in der Wohnung tummeln; dann fängt das Kind an, alles, was es sieht, zu essen: Dreck, Essensreste vom Fußboden, gebrauchte Papiertaschentücher, Käfer im Garten, verdorbenes Hundefutter. Dann kommt die Zeit, in der das Kind sein Spielzeug mit anderen Kindern teilt, wobei furchtbare Krankheiten übertragen werden können, dann die Schule, wo das Kind jeden Tag etwas Frisches anziehen sollte. Die ständige Parade schmutziger Schuhe durch das Haus hat nie ein Ende, und ewig ist Wäsche zu waschen, und Dinge werden verschüttet, und überall klebt es, und vulkanartig explodieren die Unordnung und der Dreck, die das Leben mit Kindern ausmachen. Gleichzeitig stellt sich ein Verantwortungsgefühl ein: Man muß etwas dagegen tun und die Sturmfluten des Drecks in Schach halten. Und dann gibt es da noch das dazugehörige Schuldgefühl, daß man nie genug dagegen tut, die Dinge nie wirklich im Griff hat. Nur sehr willensstarke Frauen widerstehen diesem Druck.

»Wie willst du deine Windeln sterilisieren?« fragte mich mit strengem Gesichtsausdruck eine Freundin, als ich im achten Monat schwanger war und ihr verraten hatte, daß ich bei meinem Baby Stoffwindeln benutzen wollte. Es war mein erstes Kind, ich hatte keine Ahnung, mein Entschluß stand fest. Aber die Zeiten des Windelnauskochens waren doch wohl vorüber? Konnte ich sie nicht einfach in heißem Wasser waschen, vielleicht nachdem ich sie in irgend etwas eingeweicht hatte? Ich glaubte mich zu erinnern, daß eine Lösung aus Essig und Wasser das Richtige war. Meine Freundin war entsetzt. Innerhalb von drei Minuten erfuhr ich die Markennamen aller Windeleinweichmittel, die es auf dem Markt gab; zwei wurden mir empfohlen, und bald wußte ich in allen erschöpfenden Einzelheiten, wie man damit umgeht.

Sehr rasch begriff ich, daß in diesem Gespräch mein Status als Mutter auf dem Spiel stand. Gute Mütter, gab mir meine Freundin zu verstehen, bewältigten diese Aufgabe *richtig*, und richtig hieß, daß man eine Menge Zeugs kaufte, um Keime abzutöten und nicht nur die Windeln des Babys, sondern auch seine Kleidung, Umgebung, Habseligkeiten, das kleine Wesen selbst zu desinfizieren, deodorieren und zu säubern. Und alles zum Besten des Babys, um es vor Schaden und Gefahr zu bewahren. Schon kam ich mir unzulänglich und schuldbeladen vor, und das Kind war noch nicht einmal auf der Welt.

Ich brauchte eine Weile, bis ich es wagte, allen guten Ratschlägen zum Trotz die Windeln in Essig und Wasser einzuweichen. Bis ich den Entschluß faßte, das Desinfizieren des Spielzeugs zu verweigern, dauerte es sogar noch länger. Zuerst weichte ich die Spielsachen von Zeit zu Zeit in einer Desinfektionslösung ein, bis mir eine Nachbarin sagte, das Mittel, das ich benutzte, tauge nichts. Wieso, weiß ich nicht. Ich weiß auch nicht, warum ich ihr glaubte. Aber ich tat es und war hinreichend eingeschüchtert, eine andere Antibakterienoffensive zu starten. Ich kochte das Spielzeug und stellte fest, daß hübsche bunte Plastikspielsachen, wenn man sie kocht, zum Teil die Farbe verlieren und eine komische Farbe wie Spülbrühe annehmen. Manches schmilzt sogar … Es war zum Schreien. Ich beschloß, mir keine Gedanken mehr darüber zu machen. Diese Entscheidung erforderte Mut, weil ich merkte, daß man als Mutter eigentlich nie Seelenfrieden erlangen kann.

Andere Mütter können einen derartig einschüchtern. »Wie säuberst du den Windeleimer?« Irgendwie wußte ich, daß es nicht genügte, ihn kurz mit heißem Wasser auszuspülen. »Du wäschst die Windeln doch immer separat, oder?« — »Ist dein heißes Wasser wirklich heiß genug, um Keime abzutöten?« — »Was tust du

3 Mütter und andere Vorbilder

mit dem Teppich, wenn das Baby draufpinkelt?« – »Du läßt das Kind doch nicht etwa in die Nähe des Katzenfutters?«

Mütter äußern ihre verschiedenen Überzeugungen mit großer Bestimmtheit: wie wichtig es ist, die Handtücher auseinanderzuhalten, niemals dieselben Zahnputzbecher im Badezimmer zu benutzen, sich *nicht* mit dem Geschirrtuch die Hände abzutrocknen, daß es so ekelhaft ist, Schleim unter dem Badewannenstöpsel zu finden, daß man sofort das ganze Bettzeug mit einem Desinfektionsmittel in die Waschmaschine stecken muß, wenn das Kind ins Bett gemacht hat. Als meine Nachbarin mir erzählte, daß sie alle Türgriffe, Lichtschalter und Telefone im Haus desinfiziert, wenn ihre Tochter die Grippe hat, wagte ich es nicht zuzugeben, daß ich noch nie im Leben einen Türgriff, Lichtschalter oder Telefonapparat desinfiziert habe. Schlimmer noch, ich wußte nicht einmal, wie man das macht. Ich blieb stumm. Ich lasse mich leicht von Müttern beeindrucken.

Man denke an die eindrucksvolle Brigade von Müttern, die so selbstbewußt auf ihrem Recht bestehen, *nicht* zu putzen, um nämlich mehr Zeit »auf sinnvolle Weise« mit ihrer Familie zu verbringen. So ein bescheuerter Hausputz kommt für sie nicht in Frage. Gnadenlos fahren sie denen von uns, die nicht so aufgeklärt sind, über den Mund. Meine Freundin Susanne zum Beispiel. Einmal, am Ende eines harten Tages, kam sie mich besuchen, und als sie eintrat, ignorierte ich das laute Geschrei meines Kindes, das meine Aufmerksamkeit heischte, und fuhr stoisch mit meinem Abwasch fort. »Findest du nicht, daß ihre Bedürfnisse wichtiger sind als das Geschirr?« fragte sie mich mißbilligend und sah meine Tochter an, die mit puterrotem Gesicht brüllend und strampelnd auf dem Küchenfußboden lag. Nein, in diesem Augenblick mit Sicherheit nicht. Nachdem ich diesen Tag mit der Kleinen samt ihren Wutanfällen und Forderungen heroisch überstanden hatte, kam mir der Abwasch wie eine köstliche Erholung vor. Aber Susanne versuchte mir klarzumachen, daß ich statt dessen auf dem Fußboden sitzen und mit meiner Tochter spielen oder mit ihr im Garten herumtollen sollte, und meinen Haushalt sollte ich zum Teufel gehen lassen.

Ausgerechnet Susanne, die doch immer darauf bestand, daß man sich gleich an der Tür die Schuhe auszog und nie im Wohnzimmer aß, woraus sich endlose Machtkämpfe mit ihrem Mann und den Kindern entwickelten – trotz all der Zeit, die sie zusammen »auf sinnvolle Weise« verbrachten. Sie war ebensowenig wie ich immun gegenüber der Verlockung, dem Chaos mit ein wenig Ordnung zu begegnen, nur drückte sie es anders aus. Im Grunde genommen verstanden wir einander gar nicht, sondern mißbilligten einander stumm. Mütter sind komplizierte, konkurrierende Geschöpfe.

Und doch gibt es Mütter, die ihren Töchtern als Rollenmodelle dienen.

Frances, eine Mutter von vier Kindern, eine Lehrerin mit halbem Deputat, die nebenher noch studiert, ist die Älteste von zwölf Kindern und spricht von ihrer Mutter voller Bewunderung. Ja, die Kinder mußten alle im Haus mitarbeiten; ja, sie mußte jeden Samstag mit der Hand den Dielenboden wachsen und bohnern, die Fenster putzen, die Kinderzimmer aufräumen und darauf achten, daß das Waschbecken im Badezimmer anständig aussah; und ja, ihre Mutter litt oft unter dem Dreck und den Wäschebergen. »Aber weißt du, was sie tat? Jeden Nachmittag ruhte sie sich aus. Sie legte sich hin und las. Hermann Hesse, Melville, Thackeray, Dickens; sie las jeden Tag, ganz gleich, was los war. Wir wußten, daß diese Bücher und die Zeit, die sie allein verbrachte, genauso wichtig für sie waren wie ihr Haushalt. Und ich werde ihr ewig dankbar sein für dieses Beispiel – denn ich kann jetzt mit gutem Gewissen lesen und den Haushalt vergessen, und wenn meine Mutter mich besuchen kommt, fühle ich mich überhaupt nicht unter Druck.«

Jennifers Mutter war ganz anders, aber Jennifer spricht mit der gleichen Bewunderung von ihr. »Sie putzte jeden Tag, von Montag bis Freitag, bis mittags. Und sie liebte das. Sie fand das akribisch, ordentlich und friedlich. Spezielle Arbeiten, die sie besonders gern tat, hob sie sich für später auf. Zum Beispiel das Abstauben gewisser Gegenstände oder das Spülen des guten Prozellans im Geschirrschrank. Diese Arbeiten genoß sie besonders. Sie machte eine Kunst daraus, auch aus dem Bügeln der Kissenbezüge und dem Polieren der Nachttische, wenn sie Gäste hatte. Das alles hatte Stil und Klasse.«

Unsere Mütter zu verstehen, und warum sie ihren Haushalt gerade auf diese Weise führen – oder führten –, gehört zum Teil einfach zum Älterwerden. »Meine Mutter hat einen nicht enden wollenden Krieg geführt, um unser Haus sauberzuhalten – einen Krieg gegen meinen Vater. Sie hat mich damit immer wieder zur Verzweiflung gebracht. ›Laß es!‹ habe ich ihr gesagt. Jetzt weiß ich, daß sie es nicht lassen konnte. Ich kann es auch nicht lassen«, erzählt mir Evelyn. »Ich weiß noch, wie sie immer wieder versucht hat, mich und meine Schwester dazu zu bringen, daß wir nach dem Duschen die Kacheln des Badezimmers trockenrieben. Jetzt begreife ich, warum, und höre mich meinen eigenen Kindern dasselbe predigen. Nicht, daß ich so putze wie sie – sie hat die Toilette jeden Tag geputzt, und ich putze sie nur, wenn sie es nötig hat –, aber ich verstehe sie inzwischen viel besser als früher.«

Daß wir Verständnis für unsere Mütter aufbringen, daß wir die Grundmuster ihres Haushaltens erkennen, ist ein Schritt hin zu einem Verständnis der historischen Entwicklung und der künftigen Entwicklung in unserem eigenen Leben. Aber wenn wir die Kräfte, die die Putzgewohnheiten unserer Mütter und Großmütter geformt haben, wirklich verstehen wollen, müssen wir mehr über

Die Wäsche.

Wenn ihre Mutter waschen läßt,
Ist's für Marie ein wahres Fest;
Da eilt sie emsig hin und her,
Und keine Müh' scheint ihr zu schwer.

Früh hatte sich zu üben, wer eine Hausfrau werden wollte. Illustration aus *Die kleine Hausfrau* von Theodor Hosemann von 1877.

die unerbittliche Kontinuität der häuslichen Geschichte erfahren. Die Gewohnheiten unserer Mütter und Großmütter hängen genau wie unsere eigenen mit denen früherer Generationen zusammen, und diese früheren Muster und Gewohnheiten führen uns zum Anfang des 20. Jahrhunderts – und sogar noch weiter – zurück, als die mächtige Konditionierung der »Hausfrau« begann.

4

Strahlend glücklich

Das unmögliche Hausfrauenimage

How can I tell her?
By her cellar, –
Cleanly shelves and whitened walls
I can guess her
By her dresser,
By the back staircase and halls,
And with pleasure
Take her measure
By the way she keeps her brooms;
Or the peeping
At the keeping
Of her back and unseen rooms.
By her kitchen's air of neatness,
And its general completeness.
Where in cleanliness and sweetness
The rose of order blooms.*

Diese erbaulichen Verse erschienen 1899 im *American Magazine*, als die Hausfrauenkünste zu neuen Höhen emporgehoben und mit neuen Ehren und Ruhm überhäuft wurden. Sie beschreiben mit prüder Selbstzufriedenheit ziemlich genau die häuslichen Ideale, die Geltung erlangten, als das 20. Jahrhundert dämmerte.

Hier ist sie. Die strahlend glückliche, zufriedene Hausfrau, die für die Sauberkeit und Süße sorgt, in der »die Rose der Ordnung« blühen kann, hier ist sie,

---

* Woran erkennt man sie? / An ihrem Keller / Reinliche Regale und geweißte Wände / Man kann sie erraten / An ihrem Schminktisch / An der Hintertreppe und den Fluren / Und mit Vergnügen / Zu einer Einschätzung gelangen / Anhand ihrer Art, mit dem Besen zu verfahren / Oder durch einen verstohlenen Blick / Auf den Zustand / Verborgener Hinterzimmer / Anhand des ordentlichen Scheins ihrer Küche / Und ihrer allgemeinen Vollständigkeit / Wo in Sauberkeit und Süße / Die Rose der Ordnung blüht.

der unwirkliche Geist, der vor über hundert Jahren aus einer Flasche schlüpfte und die Frauen seither verfolgt.

Hier haben wir die glückliche Hausfrau, die weiß, wie der Haushalt geführt werden muß, die sich wahrscheinlich in den neuesten Entwicklungen von Hygiene und Klempnerhandwerk gleichermaßen auskennt, deren Aufmerksamkeit der Vermeidung von Krankheiten gilt, die gern die neuesten Ratschläge der modernen Hauswirtschaftsbewegung beherzigt und es immer besser versteht, ihres Amtes ohne Beschäftigung festangestellten Hauspersonals zu walten.

Die kleinen Reime und Liedchen jener Zeit transportieren die Botschaft einer häuslichen Tugend, die sich als dauerhaft und machtvoll erwiesen hat. Die Werbung und eine Fülle von Haushaltsratgebern haben uns Jahrzehnt für Jahrzehnt immer wieder eingeprägt, daß Frauen, die gut und sorgfältig saubermachen, selbstbewußte Überfrauen in makellos sauberen Häusern und Wohnungen sind, und zudem Wesen von höherer sittlicher Statur. Ob wir diese Botschaft glauben, ist fast unwesentlich: Sie hat sich durchgesetzt.

»Frohen Hausputz!« verkündete 1914 die Werbung für einen Mop und erzählte einer dankbaren Welt, daß mit dieser Erfindung, die garantiert »alles leichter und glücklicher macht«, »der Hausputz von der ganzen Plackerei und Unbequemlichkeit der alten Zeiten befreit« werde. »Aschenputtel würde ihr Zuhause nicht mehr wiedererkennen«, behauptet eine Anzeige für Küchenmöbel aus Preßholz mit einer neuen, glatten Oberfläche. »Die Küche, einst düsterer Schauplatz der Schinderei, ist in einem modernen Zuhause ein fröhlicher Raum von besonderer Schönheit ... mit zweckdienlichen Geräten, die Schritte sparen, Platz sparen und Geld sparen.« Und aus dem *Ladies' Home Journal* stammt eines der vielen Liedchen, die das Putzmittel Sapolio anpreisen:

> The belle of Spotless town you see
> Who shines in bright society.
> Her mind is broad. Her waist is slim.
> Her pots and pans are never dim.
> She has the cents to make a show
> By polishing with Sapolio.

> (Ihr seht die Schöne aus der Stadt Fleckenlos
> Sie leuchtet in strahlender Gesellschaft.
> Ihr Geist reicht weit. Ihre Taille ist schmal.
> Ihre Töpfe und Pfannen sind niemals stumpf und trübe.
> Sie hat das Zeug für einen großen Auftritt.
> Denn sie putzt mit Sapolio.)

Die Hausfrau als die personifizierte Reinheit, ob sie einer Dose Vim entsteigt in einem Emailplakat um 1930 …

Wie kam es zu diesem Überschwang? Die Entwicklung der unwahrscheinlichen Figur der strahlendsauberen Hausfrau hat eine lange, verwickelte Geschichte. Unter der Oberfläche liegt hier das uralte, so vielen Religionen eigene Reinheitsgebot; der Gedanke, spirituelle Reinheit zu erlangen, der so oft in der Bibel erwähnt wird; die mit dem Wegwaschen der Sünde verbundenen Vorstellungen und Gebräuche. Der Ruf des Psalmisten hallt hier wider: »Wasche mich wohl von meiner Missetat und reinige mich von meiner Sünde.« – »Entsündige mich mit Isop, daß ich rein werde; wasche mich, daß ich schneeweiß werde.« (51. Psalm) Diese Sehnsucht nach einem sauberen, reinen Herzen – einem reinen Gewissen, wenn Sie so wollen – läßt sich in den Kampf gegen den Dreck und das Streben nach einem sauberen Zuhause übersetzen. Indem wir die Spie-

4 Strahlend glücklich

... oder ob sie 1926 schwungvoll und schick dem Bottich die dank Lux Seifenflocken blütenreine Wäsche entwindet.

gel putzen oder unsere Teppiche fleckenlos halten, erklären wir, jedenfalls manchmal und teilweise, die Sauberkeit unserer eigenen Persönlichkeit und machen uns damit unangreifbar.

Wenn die Hausfrau in ihrer Schürze den Fußboden mit einer beißenden Lösung von Meister Proper oder Der General schrubbt, befindet sie sich offensichtlich nicht auf der Suche nach religiöser Reinheit, gehorcht auch nicht irgendeinem Drang, von ihren Sünden gereinigt zu werden. Weit davon entfernt. Meistens will sie nur einen sauberen Fußboden, weil die Katze sich erbrochen hat oder weil die Suppe, die vorige Woche übergekocht ist, immer noch vor dem Herd klebt. Und doch, während sie den Dreck austreibt, stellt sie vielleicht unbewußt wieder die Ordnung her und schafft Sicherheit; sie eliminiert das Schlechte und sorgt dafür, daß sie sich in ihrem Heim und in ihrer Haut besser fühlt. Daß ihr Zuhause so wirken könnte, als sei es befleckt, schmutzig oder aus den Fugen geraten, ist für unzählige Frauen ein beängstigender, sogar ein tief beunruhigender Gedanke.

Obwohl sich einige der Einflüsse, aus denen sich das Bild der glücklichen, blitzsauberen Hausfrau zusammensetzt, sehr weit zurückverfolgen lassen,

wirken solche uralten, doch möglicherweise mächtigen Einflüsse doch nur in-
direkt – auf einer unterbewußten Ebene. Frauen, die einen normalen Haushalt
führten, beschäftigten sich in der Regel bis weit ins 19. Jahrhundert hinein bewußt mit der Reinlichkeit. In der vorindustriellen Gesellschaft waren ihre Behausungen eher einfacher Art, spärlich möbliert und ausgestattet und deswegen
leichter zu pflegen. Die Lehm- oder Steinböden hielt man mit Sand sauber, den
man entweder zum Scheuern benutzte oder auf dem Boden liegen ließ, damit
er Fett und Schmutz absorbierte. Die Häuser hatten weniger und kleinere Fenster, Teppiche waren ein Luxus der reichen Leute, was auch für irdenes Geschirr,
sogar für Seife galt.

Mit dem wirtschaftlichen Wachstum, das die industrielle Expansion be-
gleitete, kamen mehr Güter ins Haus: mehr Eisen, mehr Gerätschaften, mehr
Inneneinrichtung, mehr Teppiche, mehr Glas, mehr Stoffe und auch mehr
Kohle, die alles mit Staub überzog. Allein das Wachstum der britischen Eisen-
industrie sorgte für eine unermeßliche Menge zuvor unnötiger Hausputzarbei-
ten, weil die Anzahl und Größe der eisernen Kamingitter und Kochherde rasant
zunahm, die alle regelmäßig mit Graphit geschwärzt werden mußten, um prä-
sentabel auszusehen. Der zunehmende Handel mit Töpferware aus Staffordshire
führt zur Praxis des Geschirrspülens; zuvor hatte man einige wenige gemeinsame Teller aus Zinn oder Holz benutzt und dann mit einem Schuß kalten Wassers gespült, bevor man sie mit Brot oder Stroh sauberrieb. Massenhaft produ-
ziertes Waschsoda kurbelte die Seifenproduktion in Großbritannien an, und
Mitte des 19. Jahrhunderts wurde die hohe Seifensteuer abgeschafft. Als nun
mehr Menschen mehr Seife zur Verfügung stand, wurde das Wäschewaschen zu
einer immer schwierigeren Arbeit, denn anders als viele frühere Waschverfah-
ren verlangte Seife heißes Wasser, für das man wiederum mehr Heizmaterial und
mehr Mühe aufwenden mußte.

Als der Wohlstand zunahm, legte man immer höhere Maßstäbe an, was die
Sauberkeit betraf, und die Hausarbeit wurde für die Frauen immer anstrengen-
der und aufwendiger. Immer mehr Frauen konnten es sich leisten, Hilfskräfte zu
beschäftigen, und eine romantische Verehrung der »Hausfrau« kam in Mode.
Eine »müßige« Gattin zu haben, die sich nicht dem aufsässigen Mob der Lohn-
arbeiter anzuschließen brauchte, die sich vielmehr ein oder zwei Dienstmädchen
leisten konnte, wurde zum Kennzeichen der neu entstehenden Mittelschicht.
Vorbei war die Zeit der vorindustriellen gemeinsamen Arbeit von Mann und
Frau, die sich die Früchte ihrer Tätigkeit teilten. Heimarbeit, an der Frauen
einen beträchtlichen Anteil gehabt hatten, wurde durch die großen Fabriken
verdrängt. Männer fanden in den neuen Industrien und Fabriken einen Arbeitsplatz, und obwohl viele Frauen und sogar Kinder sich ihnen anschließen

mußten, kündigte sich der soziale und wirtschaftliche Erfolg dadurch an, daß die Frauen zu Hause bleiben konnten. So kam es, daß in der besten aller möglichen Welten die Sphäre des Mannes außerhalb des häuslichen Kreises und im Bereich des Handels, der Industrie und der Produktion lag – in einer aktiven, nach außen gerichteten dynamischen Zone –, während die Frauen im Innern für Unterstützung, Ordnung und all die kreatürlichen Bedürfnisse des häuslichen Lebens sorgten.

Infolge der Revolutionierung der industriellen Produktion veränderte sich auch die häusliche Arbeit beträchtlich. Daß man nun billig hergestellte Baumwollstoffe aus den Fabriken, auch Kleidung, Seife, Kerzen und Butter, beziehen konnte, hieß, daß viele bisherige Hausarbeiten allmählich obsolet wurden. So wie die produktive Arbeit im einzelnen Haushalt abnahm, so nahm die »Hausarbeit« zu. Nach heutigem Begriff waren die Frauen vor der industriellen Revolution schlampige Hausfrauen. Statt des täglichen oder wöchentlichen Hausputzes gab es den *Frühjahrsputz*.

Im industriellen Zeitalter widmeten sich die ans Haus gefesselten Frauen immer emsiger ihrer »Hausarbeit«; und aus den einstigen Produzentinnen von Waren wurden Konsumentinnen. Ihre häusliche Rolle mußte, zwangsläufig, neu definiert, sogar neu erfunden werden. Haushaltsratgeber reflektieren diesen Prozeß sehr deutlich. Obwohl es Werke dieser Art schon seit Jahrhunderten gab, wurden sie um die Mitte des 19. Jahrhunderts zu einem Massenerzeugnis. Viele dieser Bücher – wenn auch nicht alle – waren von Frauen verfaßt, die ein echtes Interesse an den Veränderungen im Haushalt dazu bewegte. Diese Bücher, voll ernster Ermahnungen, gewöhnlich in winzigem Druck und von »Grundregeln« und »Rezepten« aller Art wimmelnd – wie man eine Gans stopft oder Senfpackungen oder Silberpolitur herstellt und so weiter –, wandten sich gewöhnlich entweder an die Dame des Hauses, oder sie informierten, in einer sowohl erbaulichen als auch erhabenen Art und Weise, das Dienstpersonal über seine Pflichten und die richtigen Methoden, ihnen nachzukommen. Diese Bücher zielten für gewöhnlich nicht auf einen Haushalt ab, in dem nur eine Frau, nämlich die Hausfrau, schaltete und waltete, setzten aber den Ton und den Maßstab für die kommende Entwicklung.

In den frühen Publikationen über die Hauswirtschaft finden sich Ratschläge, die das Putzen betreffen, überall in den Text eingestreut. Oft ist der Inhalt dieser Bücher kunterbunt zusammengewürfelt, und Tips über das Schwärzen von Stiefeln oder das Putzen von Spiegeln (mit Gin und einem seidenen Taschentuch, bitte) erscheinen ohne Sinn und Verstand neben Vorschlägen, wie man am besten im Sommer einen Pudding macht oder Wintergemüse einlagert. »Rezepte« für mörderisch klingende Reinigungsmittel finden sich in jedem dieser

Bücher. Die Ingredienzien dieser Tinkturen klingen oft wie Beschwörungen über dem Hexenkessel: getrockneter Hühnerkot, Ochsengalle und gereinigtes Ochsenblut, ganz zu schweigen von Tragantgummi, Feigenblau und Sirup. Diese erwähnt zum Beispiel alle die unnachahmliche Mrs. Isabella Beeton.

Ihr Buch erschien zuerst, zwischen 1859 und 1861, in monatlichen Fortsetzungen in *The Englishwoman's Domestic Magazine*, spätere, erweiterte Ausgaben umfaßten weit über tausend Seiten. Mrs. Beetons Zielgruppe ist der etablierte englische Haushalt mit zahlreichem Personal – in ihren Augen offenbar eine feine Einrichtung. Sie ist von einer bemerkenswerten Gründlichkeit und fühlt sich offenbar sehr wohl in einer Haushaltswelt, die seither ebenso unwiederbringlich verschwunden ist wie der Dodo.

Wenn Mrs. Beeton über Sauberkeit spricht, klingt das dezidiert und streng: »Sauberkeit ist … unabdinglich für die Gesundheit und muß sowohl hinsichtlich der Menschen und des Hauses als auch aller Dinge betrachtet werden, die sich darin befinden.« Die Erwartungen sind hoch, milde ausgedrückt. Für das Hausmädchen gilt »perfekte Sauberkeit und Ordentlichkeit« als Maxime, und bedenkenlos stellt Mrs. Beeton einen Plan der täglich nötigen Arbeiten auf, der nach unerbittlicher Sklaverei klingt. Mit dem ersten Hahnenschrei erwacht, säubert und poliert das Hausmädchen sogleich die Kamingitter, zündet die Feuer an, wischt in den Wohnzimmern des Hauses den Staub von den Möbeln, poliert sie, fegt diese Räume und die Treppen und Flure, säubert die Treppe vor dem Haus und deckt den Frühstückstisch für die Familie, die dann herunterkommt und ihre Morgenmahlzeit einnimmt.

Über das etwas höhere Wesen, die Kammerzofe, sagt Mrs. Beeton: »Man darf hier nicht die geringste Neigung zur Unsauberkeit oder Unordentlichkeit durchgehen lassen.« Der Kammerzofe oblag es, das Zimmer ihrer Herrin sauberzuhalten, die Waschschüsseln zu leeren, die Krüge mit frischem Wasser zu füllen, den Teppich mit nassen Teeblättern zu bürsten, Staub zu wischen und die Betten zu machen. Auch mußte sie sich um die Garderobe ihrer Herrin kümmern und mit den Kniffen ihres Berufs vertraut sein: Wie man die Haube der Herrin mit einer Feder säubert, wie man Ziegenlederstiefel putzt (nämlich mit einem in Milch getauchten Lappen), wie man Spitzenkrägen wäscht.

Die amerikanischen Haushaltsratgeber des 19. Jahrhunderts sind im allgemeinen praktischer und direkter als die europäischen und sprechen schon sehr früh eine Hausfrau ohne Dienstmädchen an, oder die Dame, die nur eine Zugehfrau hatte. 1873 erschien *Fifty Years in a Maryland Kitchen* von Mrs. B.C. Howard, einer durch und durch praktischen und sehr gründlichen Person; sie spricht wie eine, die weiß, wovon sie redet. Daß sie es ihren Leserinnen leichtzumachen versucht, kann man nicht gerade behaupten. Sie bombardiert sie mit Tips über

4 Strahlend glücklich

das richtige Putzen, und all diese Tips arten in Schwerstarbeit aus, und, kein Zweifel, diese Schwerstarbeit ist es, die der Hausfrau hilft, ein sittlich höheres Niveau zu erreichen.

»Wie man weiße Wände reinigt« klingt wie eine einfache Aufgabe, aber Mrs. Howard erlöst uns alsbald von unserem Irrglauben. Man nehme:

Ein Pfund Fullers Erde, einen halben Block weiße Seife, ein halbes Pfund Kreide und ein halbes Pfund Soda. Man mische alles gut zusammen und füge knapp zwei Liter Wasser hinzu, genug, um eine weiche Paste zu machen. Nachdem man die Wände gut abgebürstet hat, trage man die Paste mit einem Pinsel auf und wasche sie dann mit Soda und Wasser ab. Für einen halben Eimer Wasser nehme man eine Tasse voll Soda.

Meiner Schätzung nach würde die Herstellung der Paste, ihre Anwendung und Entfernung länger dauern, als den ganzen Raum frisch zu streichen.

Mrs. Howard erklärt der amerikanischen Hausfrau auch genau, wie man Seife herstellt:

Nehmen Sie sechzehn Pfund Fett und Pottasche für je ein Faß Seife. Das Fett sollte gut sein, weder schimmlig noch von Würmern befallen. Die Pottasche sollte bimssteinfarben sein … Zerschneiden Sie das Fett in Stücke von je ein oder zwei Unzen und geben Sie es mit der Pottasche zusammen in ein dichtes Faß. Dann gießen Sie zwei Eimer Regen- oder Quellwasser hinzu … Geben Sie jeden Tag einen Eimer Wasser dazu, bis das Faß halbvoll ist, und rühren Sie es jeden Tag gut um … Am besten lassen Sie es drei oder vier Monate stehen, bevor Sie die Seife benutzen.

Ihre hinreißenden Beschreibungen, wie man Laugenmischungen kocht, die »so dick sind, daß ein Ei darauf schwimmt«, Kartoffeln schabt, um Stärke für Musselin zu gewinnen, Teppiche mit einer Lösung aus Ochsengalle und Wasser schrubbt, erwecken allesamt den Eindruck unermüdlicher weiblicher Energie und Initiative.

Aber die Altmeisterin, das Vorbild aller amerikanischen Hauswirtschaftsautorinnen, ist eine Frau, die die praktische Ader der Mrs. Howard mit der gebildeten Sensitivität von Mrs. Beeton vereint: Catharine Beecher. Die erste Ausgabe ihres Buchs *Treatise on Domestic Economy, for the Use of Young Ladies at Home and at School* (1841) ging den obengenannten Werken um Jahre voraus; es war ungeheuer populär und wurde in den folgenden beiden Jahrzehnten immer wieder verbessert und neu aufgelegt. Hier und in ihren späteren Büchern etabliert sich Catharine Beecher als die erste von vielen, die es sich zur Aufgabe machten, die Hausarbeit der Frau neu zu definieren.

Die Hausarbeit, so wie Beecher sie beurteilt, ist ein ehrenwerter und ernst-zunehmender Beruf, für den man eine Ausbildung und spezielle Kenntnisse braucht – ein Beruf, der »höchst verantwortungsvoll« ist. Das Heim, so lautet ihre Weltanschauung, ist der Ort, an dem die Frauen sein sollten und systema-tisch, klug und fortschrittlich ihre Arbeit verrichten. Ihr Dauerthema, das in all ihren Schriften auftaucht, ist die Selbstachtung der Hausfrau. Wiederholt stellt Beecher fest, daß »eine Frau, die für einen großen Haushalt verantwortlich ist, ihre Pflichten als ehrenwert, wichtig und schwierig ansehen sollte«. Zu diesen Pflichten gehört auch die Überlegung, wie man den Platz in einem Haus am be-sten nutzt. Beecher bevorzugt kleinere Häuser: »Jeder Raum in einem Haus ko-stet Geld, weil man ihn herrichten und möblieren muß, und macht Arbeit, weil er gefegt werden will und weil man dort Staub wischen, den Fußboden, die Wände und die Fenster säubern und außerdem die Möbel pflegen und reparie-ren muß.« Vor allem verlangt Beecher Systematik und Ordnung von der Haus-frau. Keine Einzelheit ist zu gering, als daß sie sich nicht damit befaßte, und ihre wohlüberlegten Ideen, wie man den Platz in der Küche nutzen, welche Schränke – wie groß? und wohin? – man aufstellen und wo man arbeiten sollte, waren von großem Einfluß.

Beecher, die sich an ein amerikanisches Publikum wandte, für das fließendes Wasser, eine anständige Kanalisation und eine zuverlässige Heizung Luxus war, das in primitiven Großstädten mit schlammigen Straßen, in isolierten Klein-städten und in Blockhäusern auf dem Lande lebte, zeigt, was Sauberkeit angeht, einen gesunden Menschenverstand. Sie verlangt nichts Unmögliches. Sie war nicht so töricht, bei einem Fußboden einen Grad von Sauberkeit zu verlangen, daß man davon essen konnte. In *The American Woman's Home*, das Catharine Beecher 1869 zusammen mit ihrer Schwester Harriet Beecher Stowe schrieb, rät sie ihren Leserinnen, »alle Pläne und Anordnungen im Einklang mit den Mit-teln, die man zur Verfügung hat, und den Charakteren der betreffenden Per-sonen zu entwerfen«. Eine Frau, schreibt sie, »darf sich nur so viel vornehmen, wie sie wahrscheinlich erreichen kann, und nicht mehr; und so wird sie ge-wöhnlich vielen Versuchungen entgehen und manchen Ärger und manch eine Enttäuschung vermeiden«.

In den Jahrzehnten, die Beechers *Treatise on Domestic Economy* folgten, fanden in Amerika einige bedeutende sanitäre Reformen statt, in diesen Jahren wurde dort auch ein öffentliches Gesundheitssystem geschaffen und die Hauswirt-schaftsbewegung begann. All das beeinflußte die Sauberkeit der einzelnen Haus-halte enorm. Mrs. Beecher gehörte zu den ersten Kämpferinnen für eine mo-derne Haushaltsführung, die die neuen Komplexitäten der Hausarbeit ernst nahmen und verlangten, daß diese Tätigkeit als ein richtiger »Beruf« anerkannt

 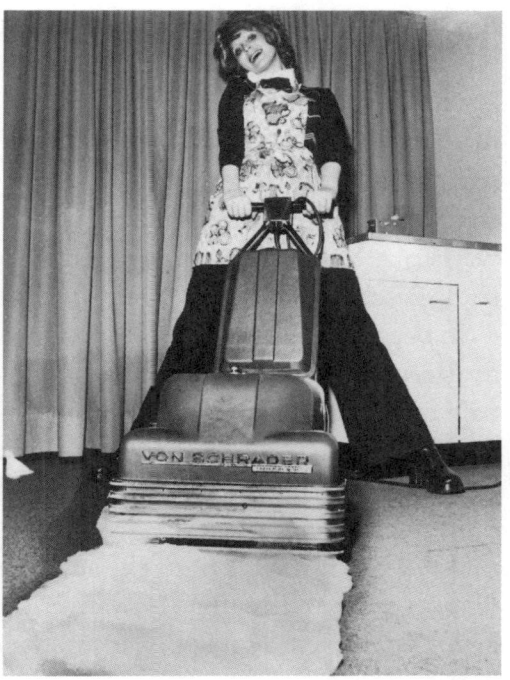

Die häusliche Rolle mußte ernstgenommen werden – hier 1924 mit dem Vampyr-Staubsauger – ...

... und die Hausfrau sollte ein starkes Selbstbewußtsein entwickeln, was mit diesem Gerät 1973 offenbar problemlos möglich war.

wurde. Ihr folgten viele andere, die das Studium der Hauswirtschaftslehre in den Schulen und zu Hause forderten. Haushaltsratgeber ermutigten die Frauen, ihre häusliche Rolle ernstzunehmen und ein starkes Selbstbewußtsein zu entwickeln. »Es läßt sich guten Gewissens sagen, daß die Hausfrau in ihrer täglichen Routine eine solche Menge an Können und Wissen anwenden muß, wie sie von wenigen Männern verlangt wird«, heißt es in einem dieser Ratgeber.

Hier waren mächtige Kräfte am Werk, die ein neues Bild von Weiblichkeit schufen. Ein Gefühl von Stolz erfaßte nun selbst die allergewöhnlichste Hausfrau, die sich in schwierigen Verhältnissen abmühte, während ihr nur wenige technische Erleichterungen zur Verfügung standen.

Die meisten Hauswirtschaftsautorinnen appellierten deshalb an die sittlichen Tugenden, die als Motor die »professionellen« Hausfrauen antreiben sollten. Fromme Sprüche, die die Heiligkeit des Lebens im trauten Heim anpriesen, wurden im 19. Jahrhundert immer populärer, die Weiblichkeit wurde als häusliche Verkörperung aller Tugenden, als »Antithese des ökonomischen Mannes« gepriesen. Es waltet die »züchtige Hausfrau«.

Die Verehrung des Heims und der Hausfrau darin weckt romantische Gefühle. Die Pflicht der Hausfrau bestand darin, eine Zuflucht vor den Härten der

Außenwelt zu schaffen, in der die soziale Umwälzung und die industrielle Entwicklung einen Tumult mit ungewissem Ausgang schufen. Systematisch denkend und klug, sollte die Frau die Quelle aller häuslichen Weisheit sein und sich in allen möglichen Spezialgebieten – Architektur, Klempnerei, Hygiene, Gartenkultur, Kanalisation, Kochkunst und natürlich Sauberkeit – auskennen. Sie stand abseits des unziemlichen Treibens der Außenwelt, der Arbeitswelt, und war stolz, heiter und gelassen für ihre eigene Sphäre verantwortlich und von romantischen Gedanken über ihre Rolle beseelt.

So begann es. Eine Vorstellung wurde geboren – die Hausarbeit als idealisierter Beruf. Jahrzehnt auf Jahrzehnt hat sich dieser »sexuelle Romantizismus« gehalten; oft fand er in haarsträubenden Superlativen Ausdruck: »Ich möchte, daß die Frau ihre Rolle wie eine Königin spielt, weil ich finde, daß sie als Königin in ihrem Heim von einer so enormen Bedeutung ist«, heißt es 1926 in einem Zeitschriftenartikel. Solche Ergüsse waren üblich. Natürlich zerplatzten, wie die meisten von uns wissen, solche aufgeblasenen Erklärungen über die Königin des Hauses oder die heilige Bewahrerin des Familienglücks alsbald bei der Begegnung mit fettigem Spülwasser oder dreckigen Windeln oder irgendeiner anderen schmutzigen Arbeit im Haus.

Gar keine Frage, daß alle Frauen, die, in all den Jahrzehnten, in denen das Image der blitzsauberen glücklichen Hausfrau geschaffen wurde, ein Haus putzten, sich einer riesigen Menge Arbeit gegenübersahen. Versuchen Sie sich das Leben in den europäischen oder amerikanischen großen Städten um 1860 vorzustellen: In den Straßen lag der Dreck, Kanalisation und Abflußrohre waren in einem ekelerregenden Zustand, Kohlen- oder Holzfeuer brannten in jeder Wohnung, verheerende Cholera- oder Typhusepidemien waren an der Tagesordnung. Aber dreißig Jahre später, um 1890, hatte sich das Bild verändert: Die Straßen waren sauberer, Kanalisation und Trinkwasserversorgung enorm verbessert, zumindest einige Häuser hatten Gas, Epidemien waren besser unter Kontrolle. Und wieder dreißig Jahre später, um 1920, waren die Veränderungen noch deutlicher, das Auto begann eine Rolle zu spielen, es gab weniger Tiere und weniger Dreck auf den Straßen, Elektrizität, fließendes Wasser und der Anschluß an die Kanalisation wurden üblich, arbeitssparende Geräte waren erhältlich, und die Einrichtung der Wohnung war nicht wiederzuerkennen. Inzwischen wurde in den Frauenzeitschriften, den Ratgeberbüchern und der Werbung der Mittelschichthaushalt als eine One-woman-show gepriesen.

Die Hausfrau, die mit der ganzen – oder der meisten – Arbeit sich selbst überlassen war, verdiente jetzt ein dickes Lob. Ihre soziale Stellung blieb, obwohl sie die Hausarbeit verrichten mußte, intakt. Für jede »richtig denkende« Hausfrau

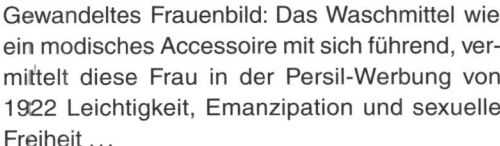

Gewandeltes Frauenbild: Das Waschmittel wie ein modisches Accessoire mit sich führend, vermittelt diese Frau in der Persil-Werbung von 1922 Leichtigkeit, Emanzipation und sexuelle Freiheit ...

... wohingegen die 30er Jahre ihr rasch wieder ein bodenständiges Mutti-Image verpaßten und der Frau ihren Platz am Wäschekorb deutlich zuwiesen.

waren die Haus-Aufgaben inzwischen ohnehin zum Kinderspiel geworden. Haushaltsexperten und Werbefachleute hatten ihr seit Jahrzehnten gepredigt, daß »Arbeit« nicht das richtige Wort für diese Aufgaben war; daß Hausarbeit, richtig betrachtet, tatsächlich gar keine richtige Arbeit ist. Mit der richtigen Haltung, den richtigen Geräten und den richtigen Materialien versehen, sollte die moderne Frau-im-Haus nicht auf so etwas Niedriges wie *Arbeit* reduziert werden. Die Autorinnen eines Haushaltsratgebers von 1896 stellten schlicht und ergreifend fest: »Die tägliche Besorgung des Hauses, wenn sie mit System erledigt und als angenehme und unbedingt erforderliche Pflicht empfunden wird, ist für eine ausgeglichene Frau niemals eine Last.«

Zahlreiche Ratgeber versicherten, daß sich der Haushalt durch »Effizienz« und »wissenschaftliche Planung« glatt und mit minimaler Mühe führen ließ. Die Hausfrau sollte nicht müde und schon gar keine überarbeitete Putzfrau sein. Ihre Aufgabe ist es, eine Dame zu bleiben, die ihrer Familie ein schönes Heim bereitet. Mit all den guten Ratschlägen und neuen Geräten, und wenn sie sich nur ein bißchen anstrengte, sollte das sehr wohl möglich sein.

»Ein Kinderspiel« verkündet 1913 eine Reklame für Politur. »Das Fegen, Wischen und Bohnern von Dielenböden ist mit dieser Politur nur noch ein Kinderspiel. Fegen, Wischen und Bohnern, alles geschieht gleichzeitig.« Die Werbeleute versprachen andauernd – genau wie heute –, daß ihr Produkt die Arbeit erleichtere, freie Zeit schaffe, ein geruhsames Leben ermögliche. Solche Behauptungen wurden immer extravaganter, als die Elektrizität und arbeitssparende Geräte in die Wohnungen Einzug hielten. Die Idee dahinter war, daß Maschinen die Hausarbeit von einer Plackerei in ein wenige Minuten dauerndes Vergnügen verwandeln konnten.

Natürlich ist es eine absurde Selbsttäuschung zu glauben, daß Hausarbeit etwas *anderes* als Arbeit sei, kommt aber daher, daß Hausarbeit immer *für* etwas anderes stand: Sie war Ausdruck sittlicher Reinheit, ein Hinweis auf die soziale Stellung, ein würdevoller, wissenschaftlicher Beruf – alles, nur nicht *Arbeit*. Um die Frauen davon zu überzeugen, daß die Hausarbeit nicht die niedrige, würdelose Plackerei früherer Zeiten war, gab man ihr erhabene Namen – Hauswissenschaft, häusliches Handwerk, Hauswirtschaft –, aber die offensichtliche Wahrheit ist: Sie ist *Hausarbeit* geblieben. Aber das sollte die glücklich strahlende Hausfrau nicht wissen.

Schon ein flüchtiger Blick durch die Frauenzeitschriften zeigt, daß die Werbung schon in den 20er Jahren, noch vor der Weltwirtschaftskrise, die Frau, die für ein glückliches, strahlendsauberes Zuhause sorgt, großzügig idealisierte. Die häuslichen Reformerinnen und Hauswirtschaftlerinnen, die in ihren vielen Büchern und Artikeln immer wieder darauf bestanden, daß eine Frau großes Glück und große Befriedigung beim Streben nach häuslicher Perfektion finden könne und daß es außerdem ihre Pflicht sei, für die Gesundheit und das Wohlbefinden der Familie zu sorgen, halfen dabei, dieses machtvolle Image zu etablieren.

So war die Szene für den Haushalt des 20. Jahrhunderts vorbereitet, die Akteure befanden sich auf ihren Plätzen und schritten frohgemut den Rosenpfad der Sauberkeit hinan. Der Dreck wurde gejagt und verschwand auf immer neue, immer bessere Art. Für die einstmals belagerte Hausfrau sollte das Leben jetzt sehr viel leichter sein bei all dieser Hilfe durch Experten, technische Geräte, funkelnde Privilegien. Aber nein. Höhere Maßstäbe, wissenschaftliche Erkenntnisse und neue Haltungen führten schließlich nur dazu, daß Mutter noch mehr Arbeit hatte.

5
Dienstmädchen und ihre Herrschaft

Das Hausmädchen des 19. Jahrhunderts
bei der Arbeit

Bevor wir uns mit den eigentümlichen Paradoxien der Sauberkeit im Haushalt beschäftigen, die sich im 20. Jahrhundert entwickelten, müssen wir uns zunächst dem vielzitierten Wesen, dem Dienstmädchen, auch Hausmädchen genannt, zuwenden. Ihrer Hände bedurfte es, um die immer höheren Sauberkeitsansprüche zu befriedigen; *ihre* Arbeit erlaubte es den Damen der Mittelschicht, sich den zunehmenden Anforderungen des Haushalts zu entziehen. Ohne das Dienstmädchen wäre Ende des 19., Anfang des 20. Jahrhunderts die häusliche Entwicklung ganz anders verlaufen.

»Saubergemacht«, schreibt die schon erwähnte Hannah Cullwick in ihrem Tagebuch, »saubergemacht.« Fortwährend wiederholt sie dieses Wort, während sie ihre tägliche Arbeitsroutine als viktorianisches Dienstmädchen beschreibt. Obwohl sie sich selbst als ein »ungebildetes Arbeitstier« bezeichnet, war sie zugleich eine außergewöhnlich genaue Chronistin und eine bemerkenswerte Hausmagd. Während der 1860er und 1870er Jahre schrieb sie Monat für Monat, Jahr für Jahr, fast jeden Abend auf, was sie tagsüber getan hatte.

Die Fensterläden geöffnet und in der Küche Feuer gemacht. Die rußigen Sachen über dem Kehrichtkasten ausgeschüttelt und den Ruß dort ausgeleert. Die Zimmer und die Halle gefegt und Staub gewischt. Das Feuer im Herd angefacht und das Frühstück raufgebracht. Zwei Paar Stiefel geputzt. Die Betten gemacht und die Waschschüsseln und Wassereimer geleert. Das Frühstücksgeschirr gesäubert und abgewaschen. Die Teller gesäubert; die Messer gesäubert und das Mittagessen aufgesetzt. Saubergemacht. Die Küche geputzt ... Auf den Knien die Stufen vorm Haus und die Fliesen geputzt und die Tische gescheuert. Die Fliesen rund ums Haus gescheuert und die Fensterbänke gesäubert ... Auf den Knien die Toilette, den Gang und den Küchenfußboden geputzt.

Erst die Lektüre der Tagebücher Hannah Cullwicks läßt mich *mein* häusliches Schicksal wertschätzen. Jetzt erst sehe ich hinter den künstlichen Glanz der

Kostümschinken über das 19. Jahrhundert mit ihren ständig treppauf, treppab eilenden Dienstboten. Millionen von Mädchen und Frauen arbeiteten wie Hannah Cullwick. Nach britischen Statistiken war 1891 ungefähr jede achte weibliche Person über zehn Jahre als Dienstmädchen beschäftigt, und in der Altersgruppe zwischen fünfzehn und zwanzig Jahren war es jede dritte. Eine große Anzahl dieser Mädchen und Frauen verbrachte die Zeit, in der sie nicht schliefen, mit dem Putzen der Häuser anderer Leute.

Die Dienstmädchen und die Herrinnen, die sie beschäftigten, sind ein Teil der Erbschaft, die unsere heutige Haltung gegenüber der Hausarbeit bestimmt. Diese Frauen lebten damals in häuslichen Verhältnissen, die uns unendlich fern zu liegen scheinen, und doch sind seither gar nicht so viele Jahre vergangen. Die Art, wie Hannah Cullwick putzte und putzen sollte oder mußte, reflektiert die Erfahrungen und Erwartungen der Frauen aus der Generation unserer Urgroßmütter und Großmütter. Sosehr sich unsere heutige Erfahrung von der Hannah Cullwicks damals unterscheiden mag – einiges spricht uns immer noch an und hilft uns zu begreifen, wie radikal sich das häusliche Leben verändert hat.

Bei einer ihrer Arbeitsstellen mußte Hannah jeden Morgen in fünf Kaminen Feuer machen, das Eßzimmer, das Wohnzimmer, die Flure, Treppen, das Zimmer der Kammerzofe der gnädigen Frau und alle Fußböden im Erdgeschoß putzen – das meiste davon vor dem Frühstück. Sie beschreibt nicht nur ihre tägliche Routine, sondern sie erinnert sich auch an die Anfänge ihrer Dienstmädchentätigkeit, die im Alter von acht Jahren begann. Damals war die Art ihrer Arbeit von Dienststelle zu Dienststelle verschieden; in einem Haus putzte sie die »hellen, langen Korridore«; im nächsten fand sie sich unter den Töpfen, Pfannen und Kesseln, die in endloser Folge geputzt zu werden verlangten; dann wieder mußte sie die Stiefel putzen, die Zimmer von acht Kindern sauberhalten, das ganze Badewasser für diese die Treppen hinauf- und hinuntertragen und die Kohlen für die Kamine in den Kinderzimmern hinaufschaffen.

Trotz der Knappheit von Hannah Cullwicks Darstellung bringt sie oft ein regelrechtes Vergnügen an ihrer Arbeit zum Ausdruck. Sie hat sich vor nichts gescheut. Sie genoß die Kraft ihrer Hände, ihre Fähigkeit, Teppiche zu klopfen, Feuerstellen zu putzen und Böden zu schrubben, vor allem an jenen wundervollen Tagen, an denen die Familie aus dem Haus war. Dann konnte sie singen, während sie arbeitete, und die Gemächer ihrer Herrschaft in ihren dreckigen Sachen putzen, ohne die Damen gegen sich aufzubringen. Sie beschreibt einen bestimmten Tag, an dem die Familie fort war, als »erstklassige Gelegenheit zum Saubermachen«. Eifrig beginnt sie Stiefel, Kamingitter, Korridore, Eßzimmer, Fußmatten, Fenster, Treppen, Besenkammer, Eingänge, Kartoffelkiste, Regale, hintere Keller, Messer, Teller zu putzen, Essen zuzubereiten und abzuräumen. Es war offenbar einer von Hannahs glücklicheren Tagen.

Ihre verschiedenen Arbeitgeber beurteilt sie kurz und bündig. 1864 wechselte sie die Arbeitsstelle, um »Massa« nahe zu sein, und arbeitete nun bei einer Mrs. Bishop, die »gewöhnlich« und eindeutig *keine* Dame war. Hannah hatte das Gefühl, »das niedrigste Niveau des Dienstmädchenstandes« erreicht zu haben und niedrigste Arbeit zu verrichten. Aus der Küche im Keller kam sie nur noch heraus, wenn sie morgens die Fußmatten ausklopfte und die Vordertreppe putzte – die einzige Gelegenheit, einmal Luft zu schnappen. Die Küche war finster und sehr dreckig, zentimeterhoch lag der Schmutz unter den Tischen, in den Korridoren und auf den Treppen. Hannah freute sich, als sie im ersten Stock und die bleiverglasten Fenster von außen putzen durfte. Ihr Gesicht und ihre Hände waren jetzt so schmutzig, daß sie das Gefühl hatte, eine der jämmerlichen Kulis auf der Straße zu sein.

Hannah hielt es nicht lange bei Mrs. Bishop aus; in besseren Häusern fühlte sie sich sichtlich wohler. Aber selbst dort, in angenehmerer Gesellschaft, begegnete man ihr mit Undankbarkeit. Als sie bei einer Miss Henderson und deren Schwester in Stellung war, wurde Hannah einmal gebeten, während deren Abwesenheit das Haus gründlich sauberzumachen. Sie hatte dafür nur zwei Wochen Zeit und wenig zusätzliche Hilfe. Es waren vier Stockwerke mit mindestens fünfzehn großen Räumen, hinzu kamen die Treppenabsätze, Korridore, Vorder- und Hintertreppe und zwei im Haus befindliche Wasserklosetts. Um dieses Haus zu putzen, mußte sie außerdem Männer beauftragen, die Decken in der Küche, der Spülküche und dem Eßzimmer zu weißen sowie die Wände im Eßzimmer. Davon abgesehen machten Hannah und »der Junge« den Rest. Alle festgenagelten Teppiche mußten aufgenommen und ausgeklopft werden. Hannah begann jeden Morgen um sechs und arbeitete oft bis Mitternacht bei Gaslicht, aber die Arbeit war nicht zu schaffen. Die Kammerzofe warnte Hannah, sich nicht totzuarbeiten, aber in ihrem Tagebuch behauptet Hannah unerschütterlich, sie tue es zu ihrem eigenen Vergnügen, wiewohl sie bekümmert hinzufügt, »die Missis« werde wahrscheinlich »niemals auch nur die Hälfte des Drecks kennen, den ich beseitigt habe, oder was für eine Mühe es gekostet hat, alles so herzurichten, wie es ist, von dem Ausschütteln und Klopfen und Ziehen und Schleppen der Teppiche ganz abgesehen«.

Wie vorauszusehen, war »die Missis« Hannah kein bißchen für die Plackerei dankbar, erklärte ihr vielmehr, sie sei erstaunt, daß die ganze Arbeit nicht viel gründlicher durchgeführt worden wäre. Hannah ist beleidigt und verteidigt sich, sagt, sie hätte hart gearbeitet, um das alles zu schaffen, aber um das Haus wirklich gründlich sauberzumachen, würde man zwei Monate brauchen. Müde schreibt sie in ihr Tagebuch: »Das kommt wohl daher, weil sie nicht wußten, was ein Haus war, wo man alle Teppiche hochnehmen mußte und nur einer zum Saubermachen da war. Sie hat nichts darauf erwidert, sondern ist weggegangen, und ich blieb mit meiner Enttäuschung elend zurück.«

Hannah beklagt sich selten über ihre Arbeit, aber gelegentlich stößt sie aus tiefstem Herzen einen Seufzer aus: »Bin aufgestanden und in die scheußlich aussehende Küche hinuntergegangen und fühlte mich so übel und elend wegen all dem Dreck und der harten Arbeit.«

Die Arbeit dieser Mädchen und Frauen war generell hart, schmutzig und kräftezehrend. Sie begann früh um fünf oder sechs mit dem Säubern und Anzünden des Küchenherds. »Früh, wann die Hähne krähn, / Eh die Sternlein verschwinden, / Muß ich am Herde stehn, / Muß Feuer zünden«, heißt es in Eduard Mörikes Gedicht »Das verlassene Mägdlein«. Sobald die Asche entfernt war, mußten die gußeisernen Oberflächen und Ringe geputzt und mit Reißblei (Graphit) geschwärzt werden: Ein Stück Reißblei wurde von einem Block abgebrochen und mit Wasser gemischt, die tintenartige Lösung mit einem Pinsel auf den gesamten Herd aufgetragen. Manche Herde waren auch teilweise aus hellem, glänzendem Stahl. Der mußte mit Tripelstein (Kieselerde) poliert und mit Speiseöl, das man mit einem weichen Leder einrieb, gepflegt werden. Dann erst wurden die Kohlenfeuer angezündet, die Kessel zum Wasserkochen aufgesetzt, und die andere Arbeit konnte beginnen. Zuerst waren die Kohlenfeuerstellen der Kamine in den großen Zimmern im Erdgeschoß dran, dann kam das Staubwischen und das Abbürsten der Teppiche mit nassen Teeblättern oder Sand, das Putzen der Korridore im Erdgeschoß und der Treppenabsätze, und schließlich galt es, die unschönen Hinterlassenschaften in den Schlafzimmern im ersten Stock zu beseitigen.

Stellen Sie sich vor, wie unangenehm es war, in jedem Schlafzimmer die Nachttöpfe und Waschschüsseln zu entleeren; wie anstrengend und schmutzig tagaus, tagein das Heruntertragen der Eimer mit schmutzigem Wasser und das Herauftragen von Eimern mit sauberem Wasser gewesen sein muß. Bei der Arbeit in den Schlafzimmern des ersten Stocks waren wiederum Kamine zu säubern, Kamingitter zu schwärzen, Feuer zu entzünden, Kohlen aufzulegen. Auch die Feuerhaken mußten geschwärzt und poliert, das herabgetropfte Kerzenwachs entfernt werden. Dann ging es hinunter, um die verrußten Lampenzylinder zu reinigen, die Messer aus Stahl zu putzen, die hölzernen Tischplatten zu scheuern, die Ausgüsse und Rohre zu säubern und auf den Knien die Fußböden aufzuwischen. Dabei wurden die langen Röcke und die Beine naß und kalt.

Die Dienstmädchen in den größeren Häusern waren mit einer bemerkens-

In den frühen Morgenstunden begann schon die Arbeit der Mägde in der Küche. Kupferstich aus der Mitte des 17. Jahrhunderts.

werten Vielzahl von Arbeitsgeräten und Materialien ausgerüstet. Die Haushaltsbücher zählen auf, was ein Mädchen bereithalten sollte: »Reißblei, rote, wenn gewünscht auch blaue Stärke (man kommt mit sehr wenig ein ganzes Jahr lang aus), Streichhölzer, Hammer, Zangen und Nägel, Teppichzwecken, eine Trittleiter, Schmirgelpapier, einen Staubwedel, eine Federbürste, Matratzen- und andere Bürsten, Lampendochte, Kurzwaren. Sie wird ein oder zwei weiche Kehrbesen brauchen, drei bis sechs Putztücher, zwei Herdtücher, zwischen zwei und sechs Staubtücher, ein Bügeltuch, Ledertücher, zwölf Glastücher, zwölf Geschirrtücher, auf denen ›Küche‹ steht, einen Gummischaber zum Fensterputzen, Lampenputztücher und Schwämme.«

Weil man in den Kaminen und Herden Kohlen verbrannte, hatten es die Haushalte im 19. Jahrhundert mit einer besonders hartnäckigen Art von Dreck zu tun. Robert Roberts äußert sich in seinem Ratgeber für Butler und Hausangestellte von 1827 ausführlich über die verschiedenen Arten von Kohle. Er bevorzugt eindeutig die Steinkohle, weil sie *sauber* ist; der Anthrazitstaub findet seinen Beifall, weil er »leicht und fein ist und sich mühelos von der Kamineinfassung und den

Möbeln entfernen läßt, ohne die geringsten Spuren zu hinterlassen«. Der Staub von weicheren Kohlearten jedoch hinterläßt schmierige Flecken: »Die Kleidung beschmutzt, die Haut verschmiert, die Möbel verdreckt, die Wände schwarz … ganz zu schweigen von diesen Kügelchen aus reinstem, fettem Schwarz, die wie Kaulquappen aussehen und im Zimmer herumsegeln.« Roberts beschreibt, wie sich der Ruß in Streifen an den Wänden festsetzt, wie er den Teppich befleckt, Bücher und Papier ruiniert und wie er die Spinnweben sichtbar macht, indem er sie schwarz nachzeichnet. Beleidigt fügt er hinzu, daß selbige Spinnweben ohne diesen Ruß der weichen Kohle »monate- oder jahrelang ungestört hätten hängen können«.

Glaubt man der populären Literatur, dann war es keinem anständigen Dienstmädchen möglich, eine Spinnwebe zu übersehen. In Frauenzeitschriften und Haushaltsratgebern standen oft erbauliche kleine Predigten über die Pflichten des Hausmädchens. Eine anonyme Dame brachte 1853 ein Buch mit dem Titel *Gesunder Menschenverstand für Hausmädchen* heraus:

Ein wirklich gutes Hausmädchen sollte, wenn sie allein in einem Zimmer ist, in dem ein Tisch oder ein Stuhl steht, sofort mit dem Putztuch darüberwischen, oder, wenn noch jemand im Zimmer ist, sollte sie zumindest den Wunsch danach verspüren. Tische und Stühle sollten Gegenstände ihres Interesses sein; nach ihrer eigenen Familie und der Familie ihrer Herrin sollten sie den drittwichtigsten Platz in ihrem Herzen einnehmen.

Einige Seiten später kommt das Säubern der Räume zu seinem glücklichen Abschluß: »Das Hausmädchen darf sich jetzt umsehen und in bescheidenem Stolz ausrufen: *Himmlisch!* Ein Wohnzimmer in perfekter Ordnung, *wie schön das ist!*«

Ein viel vernünftigeres Buch, ohne Jahreszahl und von einem unbekannten Autor, ist *Das Hausmädchen*. Dieses Büchlein richtet sich an die Herrinnen großer Häuser und gibt den Damen Ratschläge, wie sie ihr Dienstmädchen in den Künsten des Hausputzes unterweisen sollten. Zimmer für Zimmer, Problem für Problem beschreibt das Buch detailliert die Hausarbeit und schätzt das Dienstmädchen als wertvolle Arbeitskraft, eine Haltung, die in solchen Publikationen einmalig ist. Ihr Wohlbefinden wird wiederholt erörtert; sie sollte über eine Matte verfügen, auf der sie knien kann, wenn sie die Fußböden schrubbt; das Putzen der Fenster von außen sollte man ihr wegen der Gefahr des Hinabstürzens verbieten; sie sollte den Schmutz ebenso hassen, wie ihre Herrin es tut, und bestrebt sein, ihn zu besiegen. Sie sollte durch und durch gewissenhaft und gründlich und ungemein fromm sein, ein Mädchen, in dessen Ohren Kirchenglocken »wie Musik klingen«.

Wer auch immer *Das Hausmädchen* verfaßt haben mag, sie (oder er) *mochte* das

5 Dienstmädchen und ihre Herrschaft

Die Aufklärung änderte nichts an den »Frauenzimmerarbeiten«, wie sie Daniel Chodowiecki 1769 in dieser Radierung festhielt.

Putzen, denn dieses Buch ist mit Genuß geschrieben. Man stelle sich zum Beispiel die Fenster in einer schmalen Gasse vor. Zuerst stauben Sie sie mit einer Ihrer zahlreichen Bürsten ab. »Dann wird etwas weißer Kalk auf die Scheiben geschmiert – und mit einem nassen wollenen Lappen abgewischt ... Alle Scheiben werden dann mit einem sauberen Tuch trockengerieben; und sollten dann so durchsichtig sein, daß jeder Ziegelstein der gegenüberliegenden Häuser und jedes Wölkchen am Himmel so deutlich zu sehen sind, als ob kein Glas in den Fensterrahmen säße.« Oder wie man einen Spiegel putzt: »Das Glas des Spiegels sollte mit klarem Wasser und einem weichen, wollenen Tuch gewischt, mit einem sauberen Tuch getrocknet und schließlich mit einem seidenen Taschentuch poliert werden ... Wenn man es mit einem seidenen Taschentuch reibt, verschwinden die letzten trüben Stellen und der Spiegel strahlt so hell wie das Licht.«

Aus den damaligen Zeitschriften und Ratgebern werden oft die hohen Ansprüche der Herrinnen an ihre Dienstboten ersichtlich. Sie wimmeln von peniblen Anforderungen und ausgefallenen Ideen:

Wenn Sie einen Dienstboten wählen, achten Sie darauf, daß der Kopf des Bewerbers sich hinter den Ohren um ein Beträchtliches nach hinten erstreckt. Dieser Teil des Kopfes ist als die »häusliche Region« bekannt, und wo sie nicht gut ausgebildet ist, neigt der Dienstbote wahrscheinlich zu Unzuverlässigkeit und Unzufriedenheit. Auch achte man darauf, ob der Buckel der Entschlossenheit am Scheitelpunkt des Kopfes sich ein gutes Stück über die Region der Selbstachtung, gleich dahinter, erhebt. Sonst könnte sich der Dienstbote als ungehorsam, eigenwillig und ganz und gar unangenehm herausstellen.

Diese kleine Kostbarkeit erschien 1890 in *The American Kitchen Magazine*. Ein paar Seiten weiter findet sich, wen wundert's, eine Anzeige des Amerikanischen Instituts für Phrenologie. Mrs. Mary Eliza Haweis verwendet in *The Art of Housekeeping* (1889) eine Menge Tinte und Kraft darauf, die Arbeitgeber zu beraten, wie sie ihre Dienstboten beurteilen und behandeln sollen. Dienstboten, sagt sie, »ähneln ihrer Herrschaft nicht mehr, als Hunde Katzen ähneln«. Mit ihren hochedlen Leserinnen verglichen »sind sie von anderem Fleisch und Blut«, und jeder, der nicht dementsprechend denkt oder handelt, ist eindeutig ein Narr. Sie wirft den Dienstboten ihre Fehler nicht vor, da die meisten »von Haus aus nicht richtig erzogen« und nur unvollkommen ausgebildet wurden. Es ist die Pflicht der Herrin, darauf zu achten, daß sie die Dinge unter Kontrolle bekommt und daß das Personal sie richtig versteht. »Halten Sie sich so wenig Hausangestellte wie möglich … Geben Sie jedem Mädchen viel zu tun und achten Sie darauf, daß es getan wird; geben Sie ihm nur zweimal täglich etwas zu essen, und kein Bier … zum Trinken Wasser, Limonade (die billig ist) oder dünnen Tee.«

»Wieviel Arbeit kann ein gesundes Hausmädchen bewältigen?« fragt Mrs. Haweis und gelangt zu dem Schluß, daß es ein Haus mit »zwölf, dreizehn oder sogar vierzehn« Zimmern sauberhalten kann, indem es jeden Morgen eines (oder manchmal zwei) putzt, und das im vierzehntägigen Wechsel, »und trotzdem wird ihr genug Zeit bleiben, sich bis ein Uhr mittags umzuziehen«, wenn sie beim Auftragen des Mittagessens helfen muß. Mrs. Haweis hat ein *gründliches* Putzen im Sinn: Das Zimmer muß völlig auf den Kopf gestellt werden. Natürlich hat das Dienstmädchen zuvor, als erstes am Morgen, bereits alle Kamine gereinigt, Korridore und Treppen gefegt, die Vordertreppe geputzt, in den Wohnräumen Staub gewischt und dergleichen mehr.

Diese Empfehlung, die Zimmer alle vierzehn Tage gründlich zu putzen, ist etwas ungewöhnlich, denn das wöchentliche Putzen war die Norm. Aber Mrs. Haweis plädiert für ihre Methode:

Muß es jede Woche ein Zimmer saubermachen, wird es das in der Regel *nicht* sehr gründlich tun, das Dienstmädchen redet sich dann oft mit den Worten heraus: »Es wird ja in ein paar Tagen schon wieder gemacht.« Wenn ein Zimmer aber vierzehn Tage lang sauber aussehen soll, müssen alle Möbel hinausgeschafft werden, und man muß sich ernsthaft mit den Zimmerecken beschäftigen, sonst erleidet das Mädchen nach zehn oder elf Tagen durch die Ansammlung von Staub eine peinliche Blamage. Es ist deshalb im Auge zu behalten, daß es volle drei Stunden in Anspruch nimmt, ein Zimmer von einer gewissen Größe zu reinigen, und das Mädchen darf an einem solchen Morgen nicht später als um zehn Uhr damit beginnen.

Das Putzen eines Zimmers begann damit, daß man alle Gegenstände hinausräumte oder abdeckte; die Möbel wurden mit Schutzbezügen bedeckt. Dann wurde gefegt und dem Staub eine halbe Stunde Zeit gegeben, sich zu setzen. Das Hausmädchen »nutzt diese Zeit, indem es in die Küche eilt und seinen Imbiß aus Brot und Käse und einem Glas – hoffentlich *nicht* Bier – zu sich nimmt«. Sie kehrt dann nach oben zurück, um alle Gegenstände feucht abzuwischen oder zu polieren, die Möbel mit Bienenwachs zu behandeln, die Fußböden zu bohnern und schließlich Staub zu wischen. Wenn sie fertig ist, sollte die Herrin »*selbst* einen Blick in die Ecken und hochgelegenen Regale werfen«.

Solche wichtigtuerischen Ratschläge an die Arbeitgeber finden sich überall, und die unmittelbar an die Dienstmädchen gerichteten Anweisungen sind in ihrem Ton unerbittlich. In einer Zeitschrift für junge Frauen erteilt Mrs. George Cupples den Dienstboten typische Ratschläge, wie sie ihre Arbeit fleißig verrichten und die Komplexität eines Haushalts begreifen sollen. Den Hausmädchen wird empfohlen, früh aufzustehen, sich anständig zurechtzumachen und »im Gebet den Geist zu sammeln und in der Bibel zu lesen«. Das war dann der letzte ruhige Augenblick im Arbeitstag des Mädchens.

Nun springt es nämlich los, um sich um die Kamine zu kümmern und das Frühstück zuzubereiten. Mrs. Cupples ergötzt ihre Leserinnen mit der Geschichte eines beispielhaften Dienstmädchens namens Maggie, das mit einem Lächeln und herzhaft gutem Willen den ganzen Tag lang ihre Arbeit verrichtete, wobei sie allein einen Haushalt von fünf Personen versorgte. »Sie erhob sich in der Frühe um sechs, kümmerte sich um ihr Küchenfeuer, säuberte das Eßzimmer gut, füllte die Kohlenkiste, fegte die Treppe und das Foyer, scheuerte die Treppe vor dem Haus, putzte die Türglocke, schwärzte die Feuerhaken und wischte im Foyer Staub.« Das alles vor dem Frühstück. Nachdem Maggie die Matten ausgeschüttelt hatte, lief sie hinauf in den ersten Stock, um ihr »hübsches, bedrucktes Baumwollkleid« anzuziehen, und kam wieder herunter, um für die Familie ein kräftiges Frühstück zu kochen. Während sie aß, schnappte sich Maggie ihren

Eimer und hinauf ging's wieder in die Schlafzimmer, um die Waschschüsseln zu leeren, die Betten zu machen und ihr eigenes Zimmer aufzuräumen.

Mrs. Cupples betont den Umstand, daß die Damen des Hauses Maggie halfen, indem sie oft selbst ihre Betten machten, »so daß Maggie nur noch die Waschschüsseln zu leeren, die Krüge und Flaschen mit frischem Wasser zu füllen und das Zimmer gründlich zu putzen brauchte«. Die Damen halfen ihr auch jeden Tag beim Putzen des Silbers, der Gläser, beim Staubwischen im Wohnzimmer und beim Kochen. Maggie hält sich selbst für einen Glückspilz, so Mrs. Cupples, und erklärt ihre Arbeit zu einem wahren Vergnügen. Diese setzt sich den ganzen Tag hindurch fort, drei Mahlzeiten und der Five-o'clock-Tea müssen bereitet werden, besondere Mühe erfordert der Waschtag, an dem ihr aber Hilfe von außen in Gestalt der Waschfrau zuteil wird.

Solche utopischen Vorstellungen vom perfekten Hausmädchen stellen den Triumph des Optimismus über die Erfahrung dar. Die jungen Mädchen, die normalerweise als Dienstboten arbeiteten, waren unerfahren, unterbezahlt, mißachtet und oft auch noch einsam und fern von zu Hause. Kein Wunder, daß sie als unzuverlässig und flatterhaft galten; sie müssen ständig gehofft haben, eine bessere Stellung zu finden. Hannah Cullwick, als solide, ausgeglichene, ältere, an harte Arbeit gewöhnte Person, die sich durchzuschlagen gelernt hatte und mit ihrem Schicksal im Einklang lebte, war die Ausnahme, nicht die Regel. Meistens traten die jungen Mädchen zögernd in den Dienst, suchten händeringend eine Stellung, weil ihre Familie die Unterstützung brauchte. Manche fanden Arbeit in den schönen, großen Häusern, in denen heutige und damalige Kostümschinken und opulente Romane spielen; die meisten mußten sich mit kleineren Häusern abfinden, die den neureichen gewerbetreibenden Mittelschichten gehörten, und für Herrinnen arbeiten, die – Mrs. Beeton zufolge – »auf der sozialen Stufenleiter nur einen Schritt über dem Dienstmädchen sind; und obwohl es in dieser Klasse viele hervorragende, freundliche Frauen gibt, finden sich dort auch einige sehr rohe Exemplare des weiblichen Geschlechts«. In solchen Häusern tat das Mädchen-für-alles nicht nur die Arbeiten mehrerer Dienstboten – Köchin, Dienstmädchen, Küchenmagd –, oft mußte sie auch eine Herrin ertragen, die zum erstenmal in ihrem Leben die Muße und die Mittel hatte, ein Dienstmädchen zu beschäftigen, und sich ihrer neuen Macht, die unglückliche Untergebene zu schikanieren, erfreute.

Als jüngere Dienstboten in größeren Häusern hatten die Hausmädchen viel mehr Putzarbeit im engeren Sinne zu erledigen, wurden dafür aber sehr schlecht bezahlt. Zudem wurden sie von den anderen Bediensteten oft gepiesackt, arbeiteten unendlich viele Stunden und hatten fast gar keine Zeit für sich selbst. Hausmädchen hatten in der Hierarchie der Dienstboten einen ganz

Auch im 19. Jahrhundert wurde die Arbeit der Dienstmädchen mit Undankbarkeit quittiert. Zudem galten sie als faul, unzuverlässig und flatterhaft.

niedrigen Status; nur die Küchenhilfe und Spülhilfe waren noch weniger angesehen.

Die Hackordnung unter den Dienstboten im Untergeschoß der großen Häuser war kompliziert, wie eine amerikanische Dame in den 1840er Jahren während ihres Aufenthalts in London entdeckte, als sie erfuhr, daß ihre eigene Zofe sich nicht dazu herabließ, mit einem Hausmädchen oder einem Diener zusammen den Tee einzunehmen.

»Die Arbeitsteilung«, so schrieb sie, »oder vielmehr Zeremonie zwischen dem Butler und dem Diener habe ich jetzt, glaube ich, einigermaßen gemeistert, aber die zwischen dem *oberen* und dem *unteren* Hausmädchen ist mir immer noch ein völliges Mysterium, obwohl die obere mir jetzt zum zwanzigsten Mal erklärt hat, daß sie nur »höhere Arbeiten« verrichtet. (zitiert in Frank Huggett, *Life Below Stairs*)

War ein Haus groß genug, mehr als ein Dienstmädchen zu haben, kümmerten sich die oberen Hausmädchen um das Aussehen der Räume: Vorhänge, Überzüge, den Nippes, die Pflanzen und Blumen. Die unteren Dienstmädchen taten, wie zu erwarten, die harte Arbeit: Fußböden, Kamine und Teppiche.

Als das 19. Jahrhundert seinem Ende entgegenging, befaßten sich die Artikel in den Frauenzeitschriften und Haushaltsratgebern sowohl in Amerika als auch in Europa zunehmend mit dem »Dienstpersonalproblem«. Als sich den Mädchen in Industrie und Handel neue Möglichkeiten eröffneten, kehrten sie der Hausarbeit den Rücken. Die Arbeitgeber fanden das gar nicht lustig. Immer wieder ertönten jetzt Klagen über die Art der zur Verfügung stehenden Arbeitskräfte, die Kosten einer solchen Hilfe, die Ansprüche der Bediensteten, die Zuverlässigkeit des Personals. Der allgemeine Mangel an Dankbarkeit bei der Dienstbotenklasse wurde ein beliebtes Thema.

Zerknirscht wurde nun schon hier und da zugegeben, daß es möglich war, sich einer täglich ins Haus kommenden Zugehfrau zu bedienen statt eines *im Hause* lebenden Dienstmädchens, aber diese Option war nicht sehr hoch angesehen. Trotz all des Kummers, den Dienstboten ihren Herrinnen zufügten, indem sie Dinge zerbrachen oder verloren und faul und träge waren – Übel, die von den Damen damals heftig diskutiert wurden –, zog man doch das Hauspersonal immer noch der Putzfrau vor, jenem mit noch größerem Mißtrauen betrachteten Wesen. Außerdem trugen Hausangestellte zum Ansehen der Familie bei. Mrs. Haweis, nie um einen atemberaubend schrecklichen Rat verlegen, packt auch dieses Problem bei der Wurzel:

Falls Sie nicht das Glück haben, eine adrette, ehrliche Witwe zu kennen, die ein wenig putzen geht, um ihre Rente zu verbessern, aber nicht darauf angewiesen ist, dann ist es besser, Sie kommen ohne eine Putzfrau aus. Sie ist weniger verantwortungsvoll als das Hausmädchen und nicht so leicht zu beaufsichtigen. Sie zerbricht Sachen und gibt anderen daran die Schuld. Sie schleppt nicht selten Krankheiten ein und läßt Seife, Kerzenstummel und einzelne Teetassen mitgehen … Und sie ist immer die kostspieligste Dienstbotin im Haus.

Angesichts solcher bitterbösen Arbeitgeberinnen wie Mrs. Haweis wundert man sich, daß die Ära des leicht verfügbaren Hauspersonals überhaupt derart lange gedauert hat. Schmerzliche Ergüsse über das Dienstbotenproblem erschienen weiterhin noch jahrzehntelang in den Büchern und Zeitschriften, bis ins 20. Jahrhundert. Schließlich fiel aber der Groschen und die Arbeitgeber mußten einsehen, daß potentielle Hausmädchen andere und bessere Möglichkeiten hatten. Diese Einsicht hatte reumütige Kommentare wie diesen zur Folge, der 1926 in *The Gentlewoman and Modern Life* erschien:

Unglücklicherweise wird das Dienstmädchen von der Mehrheit abschätzig beurteilt, wenn auch vielleicht nicht so ausdrücklich, aber das alte Vorurteil lebt im Bewußtsein vie-

ler Leute noch fort, ein höchst bedauerliches Erbe aus »alten Zeiten«. Krankenschwe-
stern, Kellnerinnen, Wäscherei- und Fabrikangestellte haben alle durch verbesserte
Bedingungen eine höhere Achtung ihres Standes erreicht; jetzt wird es Zeit, das Hauspersonal besserzustellen.

Um Dienstmädchen anzulocken und die schon in Stellung befindlichen bei
Laune zu halten, boten die Arbeitgeber ihnen nun kürzere Arbeitszeiten, bessere Arbeitsbedingungen, sogar schmucke Uniformen. Ernste Gelöbnisse, die
dienstbaren Geister mehr zu respektieren, wurden die Regel. Auch boten sich
Ausbildungsinstitute an, um Dienstmädchen in spe ihren »Beruf« schmackhaft
zu machen. Eines der Hauptziele der neu etablierten Hauswirtschaftslehre war
die ordentliche Ausbildung der Mädchen, bevor sie ihren Dienst antraten: Sie
sollten lernen, ihre Arbeit als eine Berufung zu verstehen, auf die sie mit Recht
stolz sein konnten.

Die Propaganda für diese neue Ausbildung führte zu vielen schwülstigen
Zeitungsartikeln in Magazinen und Zeitungen, in denen die Vorteile einer
Erziehung zum Hausmädchen gepriesen wurden. Im August 1899 berichtet
ein Artikel in der *Baltimore Sun* von 85 Hauswirtschaftsstudentinnen, die im
Rahmen ihrer Ausbildung gerade ihre Schule putzen. Auch hierfür gab es Zen-
suren.

Zum Dach bis zum Keller haben sie das große Bauwerk geputzt, so wie es vielleicht
noch nie geputzt wurde. Sie haben Wände, Fenster und Fußböden geschrubbt, Bücher,
Stühle, Pulte und Hocker abgestaubt, alle Ecken gereinigt, Spinnweben und Spinnen
ausgemerzt … In manch einem Korridor standen reizende junge Damen auf hohen Leitern und schwangen Staubwedel oder feuchte Lappen in der Luft. Ein verwegenes Häubchen auf dem Kopf und das Haar im Zustand der Auflösung, konnte nichts die Mädchen
aus der Fassung bringen: sie waren Hauswirtschaftlerinnen.

Weitgehend unbeeindruckt von den hochtrabenden Beschreibungen der Hauswirtschaft als Berufung, zogen die Mädchen, während das 20. Jahrhundert voranschritt, eine Beschäftigung in der Welt von Industrie und Handel immer mehr
vor. Sie ließen sich nicht zum Narren halten. Was auch immer man ihnen zu erzählen versuchte, sie wußten, daß es eine Menge harte und undankbare Arbeit
erforderte, ein Haus tipptopp in Ordnung zu halten. Nach dem Ersten Weltkrieg ging die Anzahl der Dienstboten überall stark und stetig zurück.

In Amerika waren im Gegensatz zu Europa nie so viele Leute im Haushalt beschäftigt. Ein Grund für das Unbehagen gegenüber diesem Thema liegt gewiß
in der Tatsache, daß viele Amerikaner im Norden gegen die Sklaverei in den

Südstaaten gekämpft hatten. Ein anderer Grund ist, daß die Dienstboten auch für die alte Zeit und das alte Europa standen, von denen man sich losgesagt und freigekämpft hatte. Nicht alle Damen in der Neuen Welt verachteten allerdings die alte Rollenverteilung von Herrin und Magd. Im Gegenteil. So manche neu eingetroffene Dame verlangte es sehnlichst nach einem Angebot an »Mädchen«, die bereit waren, Hausarbeiten zu verrichten, und sie ließen sich durch die ablehnende Haltung, der sie begegneten, nicht ins Bockshorn jagen. Als ein ortsansässiges Mädchen Mrs. Susannah Moodie in ihrem neuen Heim im wilden Kanada besuchte, nahm Mrs. Moodie natürlich an, es wolle seine Dienste als Magd offerieren. »Wie?« erwiderte das Wesen. »Ich hoffe, Sie mißverstehen mich nicht, ich bin keine Hilfskraft. Ich möchte, daß Sie begreifen, daß ich ebenso eine gute Dame bin wie Sie.« Mrs. Moodies Schrecken angesichts einer so unglaublichen Bemerkung wurde nur noch von ihrem Elend übertroffen, ihre Arbeit im Haus jahrein, jahraus selbst verrichten zu müssen und nie das dankbare und zuverlässige Hausmädchen ihrer Träume zu finden.

Florence Stanton atmete privilegiertere Luft als Mrs. Moodie. Mrs. Stanton stellte in der amerikanischen Gesellschaft etwas dar. Sie konnte sich »richtige« Dienstboten leisten, die sich so etwas nicht herausnahmen. Ihr Buch von 1898 strahlt unwillkürlich einen Charme aus. Zweispaltig, enggedruckt, komplett mit »fünftausend praktischen Rezepten und Maximen« und zweihundert Stahlstichen, enthält das Werk sogar ein traumhaft schönes Bild von Mrs. Stanton selbst. Sie sieht aus wie neunzehn, ihr Kleid quillt über von Spitzen, gewinnend schmiegen sich die Locken um ihre Stirn, und sie hält einen Federkiel in der Hand. Florence Stanton erweckt den Eindruck einer sympathischen Dilettantin, die kein anderes häusliches Ziel verfolgt, als den speziellen Status quo einer wohlhabenden amerikanischen Städterin der Jahrhundertwende aufrechtzuerhalten. Mrs. Stanton beklagt die Tatsache, daß Dienstboten in Amerika schwerer zu finden sind als in Europa. Offensichtlich beurteilt sie den Status eines Hauses nach der Zahl und Tüchtigkeit seiner Dienstboten. Aber solche Ansichten kurz vor dem Anbruch des 20. Jahrhunderts machten Mrs. Stanton rasch zu einer Anomalie. Eine Haltung wie die ihre war nicht mehr überlebensfähig, schon gar nicht in Amerika.

In Europa war die Haltung, sich bei allen schmutzigen Arbeiten auf Dienstboten zu verlassen, generell weiter und bis weit ins 20. Jahrhundert hinein verbreitet. Interessante Konsequenzen ergaben sich daraus. So hat vermutlich die Abhängigkeit von billigem Hauspersonal den Vormarsch der Hausgerätekultur dramatisch verlangsamt. Zum Beispiel hängt die schleppende Einführung der Zentralheizung in Großbritannien direkt mit dem großen Angebot an billigen häuslichen Arbeitskräften zusammen. Da so viele Mädchen täglich die ineffizien-

Zu Beginn des 20. Jahrhunderts hatte, wer auf sich hielt und es sich leisten konnte, noch immer einen ganzen Stab weiblicher Dienstboten.

ter, offenen Kamine putzten, feuerten und beaufsichtigten, schien es ein verrückter Luxus zu sein, teure Heizsysteme zu installieren, die die Kamine und die Mädchen ersetzt hätten. Dasselbe Argument trifft natürlich auch auf Gas- und Stromanschlüsse zu. Man hatte doch die billigen Arbeitskräfte, die die Glaszylinder der Petroleumlampen putzen und sich mit den umständlichen Kochherden abplagen konnten, wieso sollte man neumodische Systeme einbauen? Erst als die Dienstboten, Männer wie Frauen, durch die Tragödien, Herausforderungen und neuen Arbeitsmöglichkeiten, die der Erste Weltkrieg mit sich brachte, abgeschöpft wurden, begriffen die Herrschaften, daß sie sich, wie zögernd auch immer, mit den neuen Methoden und Systemen anfreunden mußten.

Als allmählich klar wurde, daß sich das »Dienstbotenproblem« nicht so einfach lösen ließ, kam ein neuer Ton in diese Diskussion. Damen, die ihren Haushalt nun plötzlich allein besorgen mußten, begannen über die neue Herausforderung zu schreiben. »Ich bin froh, daß mein Dienstmädchen fort ist« jubelt 1918 ein Artikel im *Ladies' Home Journal*. »Mein Mädchen ist weg, sie geht in die Munitionsfabrik ... und ich bin froh, daß sie nicht mehr da ist!« Die Dame des Hauses hat sich nämlich jetzt, wo das Dienstmädchen weg ist, alle möglichen aufregenden Geräte gekauft, um ihre Hausarbeit zu verrichten, wie es sich gehört; wie aufregend es doch ist, jetzt einen Staubsauger, eine Art Geschirrspülmaschine und eine Waschmaschine zu besitzen. In allerlei hilfreichen Büchern wird

Ein Grund, der gnädigen Frau die Treue zu halten? Die ersten Staubsauger, hier ein Modell von 1910, waren monströse Geräte, die die Arbeit der Dienstmädchen nicht unbedingt erleichterten.

jetzt zum Kauf elektrischer Geräte und einer effizienten Neuorganisation des Haushalts geraten.

Vor allem die Werbung griff diese veränderten Verhältnisse sofort auf, verstand aber auch, daß weiterhin der Wunsch nach Personal in den Köpfen der »Herrschaften« herumspukte. »Ich habe gerade ein Mädchen für einen ganz geringen Lohn gefunden!« erklärt die Dame des Hauses auf einer ganzseitigen Anzeige selig. »Eine unermüdliche Arbeitskraft, die nie einen freien Nachmittag oder Abend braucht. Um sie mit einem einzigen Wort zu beschreiben – Hoovers Staubsauger. Er *klopft* den Staub aus den Teppichen, während sie am Boden liegen – *fegt* Fusseln und Tierhaare fort – *saugt* allen Staub spurlos auf.« Fast zwanzig Jahre später geht eine Anzeige immer noch davon aus, daß in einen Mittelschichthaushalt ein Dienstmädchen gehört: Am Telefon steht eine Dame im Abendkleid und sagt: »Kommt doch Sonntagabend zum Essen.« Sie macht eine Pause, um zu lauschen, und erklärt dann: »*Wessen* freier Abend? Nein, sie ist fort ... wir haben statt dessen einen Geschirrspüler von Dishmaster gekauft.« Das Telefongespräch mündet in ein fröhliches Geplauder, wie sehr der Geschirrspüler das häusliche Leben verändert hat und daß man nun kein Dienstmädchen mehr braucht.

In Wirklichkeit wurden wahrscheinlich nur selten Dienstmädchen direkt gegen Hausgeräte eingetauscht. Diese Vorstellung war wohl eher eine Phantasie der Werbebranche als die Realität. Zwar gab man Staubsaugern typische Dienstbotennamen wie »Daisy« und »Betty Anne«, aber dieser Mythos vom mechanischen Dienstboten existierte nur, um die sozialen Illusionen von Leuten zu füttern, die noch nie im Leben Personal beschäftigt hatten. Als die arbeits-sparenden Geräte aufkamen, kaufte man sie in der Hoffnung, ein Dienst-mädchen ins Haus zu locken oder dort zu halten. Die Werbung reflektiert diese Hoffnung. So wendet sich in einer Staubsaugerwerbung von 1911 das Haus-mädchen an die Hausherrin und gibt lächelnd nach: »Jetzt, wo Sie den haben, gnädige Frau, bleib' ich bei Ihnen.« Aber es war ein neues Zeitalter herauf-gedämmert, und solche Anzeigen fochten bereits ein Rückzugsgefecht. Nicht für ein ganzes Haus voll Fegemaschinen oder Staubsauger wären diese Mädchen für immer geblieben.

6
Öffentliches Interesse
Die Auswirkungen
der sanitären Reform

Wegen des Drecks, der Überbevölkerung und der Seuchengefahr, die in den meisten Städten herrschten, war Sauberkeit Mitte des 19. Jahrhunderts in der Öffentlichkeit zu einem dringenderen Thema als je zuvor geworden. Diese Dringlichkeit war begründet. Wir, die wir heute in Städten mit vergleichsweise sauberen Straßen, einer ordentlichen Kanalisation und Müllabfuhr leben, können uns die schrecklichen sanitären Verhältnisse früherer Zeiten nicht mehr vorstellen. Wenn wir aber das zunehmende Verlangen nach Sauberkeit und das diesbezügliche allgemeine Moralisieren, das im 19. Jahrhundert einsetzte, verstehen wollen, dann müssen wir uns in diesen Kontext hineindenken.

Strikte Vorstellungen zum Thema Sauberkeit entwickelten sich zumindest teilweise als Reaktion auf die alarmierend dreckigen Verhältnisse außerhalb des Hauses. Jeder Fuß, der das Pflaster oder den Bürgersteig berührte, konnte von Pferde- und Kuhmist oder Abwasser besudelt werden; die Schleppe eines jeden langen Kleides lief Gefahr, durch stinkenden Unrat gezogen zu werden; der Gestank in den Straßen war unbeschreiblich und auf die Sauberkeit des Trinkwassers war kein Verlaß. Hätten wir es heute Tag für Tag mit solchen Verhältnissen zu tun, dann würden auch wir wahrscheinlich zu dem Schluß gelangen, daß keine Anstrengung zu groß ist, sich ein sauberes Zuhause zu schaffen, und auch wir wären dann extrem kritisch gegenüber jenen, die den Maßstäben nicht genügten.

Infolge des industriellen Wachstums hatte sich eine neue, extreme Art städtischer Armut entwickelt. Schmutz und Übervölkerung waren die Folge der rasanten Ausbreitung der Fabriken in immer mehr Städten. Die Wohnverhältnisse waren beengt, Annehmlichkeiten gab es so gut wie keine, die Arbeit war oft brutal, und trotzdem zogen immer mehr Arbeiter mit ihren Familien in die Städte. Mit der höheren Bevölkerungsdichte verschlechterten sich die Lebensbedingungen in den Städten. In Amerika spitzten sich diese Probleme sogar noch mehr zu wegen der Massen von Einwanderern, die in den primitiven Städten eintrafen, in denen es oft an der einfachsten Infrastruktur fehlte. Auf beiden

Seiten des Atlantiks quollen die Slums über vor Menschen. Schlecht organisierte Abwässerbeseitigung und Frischwasserversorgung, abscheuliche Kloaken, Straßen mit Abfällen, Kot, aasfressenden Tieren und Unrat aller Art waren normal. Angesichts dieses Drecks war die fromme Predigt, daß man sich selbst und seine Wohnung sauberhalten solle, eine Farce. Viel mehr tat not.

In diese Bresche sprangen die sanitären Reformer. Einer der ersten und bekanntesten unter ihnen war Mitte des 19. Jahrhunderts in Großbritannien Edwin Chadwick. Chadwick, einem unermüdlichen Agitator, machte es absolut nichts aus, in alle möglichen Fettnäpfchen zu treten. Er begann mit seiner Propaganda in den 30er Jahren des 19. Jahrhunderts und legte seine Gedanken über Abfallbeseitigung und Stadtreinigung unermüdlich den Behörden vor. Chadwick forderte zentral kontrollierte Abwasser- und Stadtreinigungssysteme, was natürlich eine radikale Neuorganisation bedeutete. Damals war London ein Chaos aus vielen kleinen örtlichen Ausschüssen oder Behörden, die sich nur sporadisch und wenig wirksam für Stadtreinigung, Kanalisation, aber auch für Straßenbeläge und Beleuchtung einsetzten. Da jede Behörde in London, wie in allen anderen Städten, vor allem auf den eigenen Machterhalt bedacht war und da die Regierung zögerte, dem freien Unternehmertum Gesetze aufzuerlegen, sah sich Chadwick in seinem Wunsch, diese Dienste zu zentralisieren, einem riesigen Widerstand gegenüber.

Im Jahr 1842 erschien Chadwicks *Bericht über die sanitären Bedingungen der arbeitenden Bevölkerung in Großbritannien*, der auf Untersuchungen der Verhältnisse in verschiedenen Gegenden des Landes beruhte. Berichte aus erster Hand von Gesundheitsbeamten aus vielen der ärmeren Arbeitergegen, den Englands waren darin verarbeitet. Es ergibt sich ein bedrückendes Bild von den überfüllten Arbeiterquartieren und abscheulichen Löchern mit ungenügender Wasserversorgung, überfließenden Abtritten und Sickergruben, die hinter den Häusern stanken, mit »Bergen von Schmutz«, in denen sich alles mögliche von menschlichen Exkrementen bis zu Tierkadavern befand. »Schmutzige und übelriechende« Straßen und Höfe und »offene, tiefe« Rinnsteine mit »schwarzem, stagnierendem« Inhalt sowie Kloaken voll »abscheulicher Ausflüsse« werden auf vielen Seiten in einer wortreichen, flüssigen Sprache beschrieben.

Auch wenn solche Verhältnisse in den großen urbanen Zentren weiter verbreitet waren, zeigten sich kleinere Städte gegenüber diesem alles durchdringenden Schmutz keineswegs immun. Der Bürgermeister des schottischen Städtchens Inverness schreibt wehmütig: »Inverness ist eine nette Stadt, in einer sehr schönen Landschaft gelegen und mit allen Einrichtungen für Sauberkeit und Komfort versehen«, anschließend gibt er aber zu, daß nur wenige Häuser in der

Stadt eine Toilette besitzen und daß es keine einzige öffentliche Toilette gibt. »So findet man denn auch keine Straße, Gasse oder Zufahrt … die nicht allzeit auf das Abscheulichste verschmutzt ist, so sehr, daß der ganze Ort ein absolutes Ärgernis darstellt.« Es sei viel Wasser vorhanden, so argumentiert er, »mit wenig Mühe« wäre es verfügbar, aber die Bevölkerung macht es sich nicht zunutze, und deshalb »ist *viel* Dreck in den Häusern und draußen das Schicksal der Menschen von Inverness«.

Aus dem East End von London berichtet einer von Chadwicks engsten Mitarbeitern, Dr. Southwood Smith, daß die »Straßen, Höfe, Gassen und Häuser, in denen zuerst Seuchen ausbrechen, … immer diejenigen sind, die sich in unmittelbarer Nähe von offenen Kloaken, Gräben und Teichen mit stehendem Wasser, von Gossen voll mit faulender Materie, von Abtritten und Toiletten befinden, deren Dreck offen daliegt und selten oder nie entfernt wird«. Southwood Smith beschreibt erbarmungslos ein East End voll stinkender Gassen und Höfe und von Krankheiten geplagter Elendsquartiere, in denen niemand wohnen oder überleben könnte, der auch nur etwas Stolz besitzt. Er erzählt von einer jungen Frau, die gegen die Flut von Dreck ihr Bestes zu tun versucht:

Kürzlich stand ich in einer der Straßen, die von der Rosemary Lane abzweigen, und sah einen Bach voller Abscheulichkeiten von einem Hof hinunter in den offenen Rinnstein von Blue Anchor Yard fließen. Dieser vergiftete Bach floß nahe an einem Haus vorbei, in dessen Tür eine Frau mit roten Wangen und anständiger Kleidung stand. »Fünfmal täglich«, sagte sie zu mir, »habe ich hier gefegt, aber Sie sehen, in welchem Zustand das schon wieder ist.« Ihre ganze Erscheinung bewies, daß sie ein Neuankömmling in dieser Gegend war; in ein paar Tagen würde sie ihren hoffnungslosen Versuch aufgeben, den Ort sauberzuhalten, und falls sie dort blieb, mußte sie zwangsläufig in den Zustand der Verwahrlosung und des Schmutzes absinken, der unter ihren Nachbarn schon überall herrscht.

Ihr Wasser beziehen die Bewohner der städtischen Elendsquartiere aus städtischen Brunnen auf den Straßen oder in den Höfen, manchmal liegen sie weit von den Wohnungen entfernt oder sind nur zu erreichen, wenn man viele Treppen hinuntergeht. »Ich kann nicht sagen«, berichtet ein Beamter aus Whitechapel, »ob es der tatsächliche Mangel an Wasser ist, oder die Abneigung, es zu holen, der Effekt ist jedenfalls Wassermangel.« Als er die Zimmer der Slumbewohner besichtigte, fand der Beamte »nur einen sehr geringen Vorrat an Wasser in ihren Tonnen. Wenn sie waschen, ist der Gestank des mit der Seife gemischten Drecks der abstoßendste von allen Gerüchen, denen ich begegnen muß. Sie ziehen einfach nur sehr schmutzige Wäsche durch sehr schmutziges

Wasser. Der Gestank der Wäsche selbst, wenn sie so gewaschen wird, ist höchst widerwärtig.«

Aus den Slums aller großen Städte gibt es vergleichbare Geschichten. Liverpool war die allerschlimmste und als die ungesundeste von ganz England bekannt. Im Jahr 1843 war die durchschnittliche Lebenserwartung dort neunzehn Jahre. Einer der Gesundheitsbeamten aus Liverpool, der Material für Chadwicks Bericht lieferte, beschreibt, daß dreiundsechzig Fälle von Typhus kürzlich in einem Hof vorgekommen waren, an dem nur zwölf Häuser standen. Als er diesen Hof aufsuchte, fand er »den ganzen Hof von einer schmutzigen Flüssigkeit überschwemmt, die durch die Mauern zweier angrenzender Abfallgruben durchgesickert war und nicht abfließen konnte … weil kein Abfluß da war«. Man entging weder dem Gestank noch dem Anblick der mit »schädlicher Materie« gefüllten Gossen. Riesige Berge von Fäkalien, Asche, verrottende Pflanzenteile, faulendes Stroh und Abfälle aus Schlachthöfen sammelten sich auf den Straßen und wurden von Straßenreinigern nur unregelmäßig und selten entfernt. Misthaufen von alarmierenden Proportionen türmten sich in allen Städten; ein medizinischer Beamter aus Greenock berichtet von einem, der über »hundert Kubikmeter Dreck« umfaßte und eine vier Meter hohe Mauer überragte; durch die Mauer sickerte die Jauche auf die Straße, wodurch Schwärme von Fliegen angelockt wurden.

In einer Gesellschaft, in der die meisten denkenden Menschen in großer Furcht vor der Gefahr schlechter Luft lebten, waren der Geruch und die vermuteten Ausdünstungen all dieser Materie mit einem Todesurteil gleichzusetzen. Man glaubte damals, daß diese Art von Luft die Hauptansteckungsquelle sei. Chadwick schrieb also 1842: »Die verschiedenen Formen von epidemischen, endemischen und anderen Krankheiten werden hauptsächlich unter den arbeitenden Klassen durch atmosphärische Unreinheiten verursacht, verschlimmert oder verbreitet, und zwar hervorgerufen von verfaulenden tierischen oder pflanzlichen Substanzen, die ihrerseits durch Feuchtigkeit und Schmutz und enge, überfüllte Wohnungen verursacht werden.« Alle Gesundheitsbeamten, die zu Chadwicks Bericht beitrugen, wiederholen unermüdlich ihre Ansichten darüber, wie sich die Krankheit ausbreitet: durch verseuchtes Wasser, offene Kloaken, Überfüllung der Wohnungen und, darin sind sie besonders hartnäckig, durch schlechte Luft.

Diese Sorge um »schlechte Luft« und »atmosphärische Unreinheiten« erklärte sich aus der herrschenden medizinischen Theorie, daß Krankheiten aus »Miasmen« entständen. Diese Theorie ist der Grund, weshalb sich so viele medizinische Autoritäten des 19. Jahrhunderts um eine angemessene Durchlüftung, reine Luft und geruchsfreie Abflüsse bemühten, was denn auch immer wieder in den Haushaltsratgebern auftaucht. Die Vorstellungen, um was es sich bei den »Miasmen« handele, waren vage und schlecht definiert, man war sich aber einig, daß diese üblen Gerüche nicht nur die Träger der Krankheiten, sondern in der Tat die Krankheit *selbst* seien.

In den besseren Häusern und den besseren Gegenden, wo die Straßen sauberer gehalten wurden als in den Elendsvierteln und wo die Abfälle öfter entfernt wurden, waren Sauberkeit im Haushalt und ungiftige Luft zumindest mögliche Ziele. Was die armen Leute anging, mußte zuerst für ein gewisses Maß an öffentlicher Sauberkeit gesorgt werden. Edwin Chadwicks Bericht empfahl eine »konzertierte Aktion« in ganz England, um die öffentliche Kanalisation zu verbessern, aus den Straßen die Abfälle zu entfernen und eine gute Trinkwasserversorgung einzurichten. Das würde, so versicherte er, helfen, die ansteckenden Krankheiten auszurotten, die Lebenserwartung bei den arbeitenden Klassen um wenigstens dreizehn Jahre zu erhöhen und – natürlich – ihre sittliche Verfassung zu verbessern, denn »gesunde Moral, verfeinerte Sitten und Gesundheit finden sich nicht, wo schmutzige Gewohnheiten herrschen«.

Die verheerende Wirkung der Feuchtigkeit auf die Gesundheit und Sauberkeit im Haushalt kommt in Chadwicks Bericht häufig vor. Viele warnende Geschichten werden erzählt: Eine junge Frau war nett und sauber und hoch angesehen, bis sie heiratete und mit ihrem Mann zusammen in ein elendes Arbeiterquartier zog. Sie wurde schmutzig und schlampig, zermürbt von der ständigen, alles durchdringenden Feuchtigkeit des Lochs. Die Feuchtigkeit stieg durch den Fußboden herauf, und wenn es regnete, leckte das Dach überall: »Große Tropfen fielen auf sie herab, während sie im Bett lag … Kurz, sie hatte festgestellt, daß es unmöglich war, die Sachen in Ordnung zu halten, und so allmählich aufgehört, überhaupt noch irgendwelche Anstrengungen zu unternehmen.« Dadurch, daß man diese wertvolle Frauensperson in eine andere Unterkunft expedierte, rettete man sie vor dem Schmutz und der Feuchtigkeit, und so nahm sie ihre früheren gesunden Gewohnheiten wieder auf.

Das idyllische englische Cottage, das Einfamilienhäuschen, kommt in Chadwicks Bericht schlecht weg. Die meisten dieser Häuser werden als »feucht, niedrig, kalt, rauchig und komfortlos« beschrieben, Schweinekoben und Misthaufen liegen gefährlich nahe dem Wohnquartier. Die Beamten, die die Berichte abfassen, richten keine Vorwürfe gegen die Bewohner dieser Elendsbehausungen, obwohl die Herren sich einen gelegentlichen Seitenhieb gegen die Moral und Sitten der Arbeiter nicht verkneifen, die offenbar dem heruntergekommenen Zustand ihrer Wohnungen entsprechen. Viele erbauliche Bemerkungen werden über die »Zügellosigkeit« und das »Laster« gemacht, die unter den feuchten Strohdächern der ländlichen Hütten offenbar fröhliche Urständ feierten. Aber

Gesundes und ungesundes Wohnen

Ungesundes Schlafzimmer, von Licht und Luft abgesperrt.

Gesundes Schlafzimmer, sonnenhell und gut gelüftet.

Die nie benutzte „Gute Stube".

Wohnküche sehr zweckmässig für Kleinwohnungen.

Lehrtafeln wie diese von 1925 sollten die Hausfrau über gesundes und ungesundes Wohnen aufklären. Offenbar trug das Doppelbett zu letzterem bei.

davon abgesehen stimmen viele der Männer, die diese Berichte schrieben, mit der Meinung eines Mr. John Fox überein, der über die Arbeiter in Dorset anmerkte: »Wenn ihre Löhne ausreichen würden, daß sie sich ein anständiges Haus mieten könnten, zweifle ich nicht, daß sie alsbald ihren verlorenen Sinn für Sauberkeit zurückgewinnen würden.«

Feuchtigkeit war der Sauberkeit stark abträglich, und Chadwicks Bericht nach zu urteilen, fand sie sich in den meisten britischen Behausungen: in Kellern, in Cottages, in großen alten Häusern, in Mietskasernen – überall. Soweit ich feststellen konnte, ist das heute noch so. Nachdem ich in vielen verschiedenen Arten von Behausungen sowohl in Großbritannien als auch anderswo gelebt habe, stelle ich fest, daß die Feuchtigkeit, der ich so oft in Großbritannien begegnet bin, alles übertrifft, was ich anderweitig sah. In meinen ersten Jahren in Großbritannien lebte ich in Mietshäusern mit feuchten Tapeten, die sich an den

Wänden beutelartig wellten; ich sah, wie sich an frischgestrichenen Wänden der Feuchtigkeitsrand emporschob. Ich gewöhnte mich an den überwältigenden Schimmelgeruch, an Kleidung, die nie richtig trocken wurde, an Wände, die sich naß anfühlten, wenn man sie berührte, an Handtücher, die schimmelten. Die paar Schimmel- und Wasserflecken, mit denen ich mich in diversen Wandschränken, Badezimmern und Kellern sonstwo herumgeschlagen habe, sind ein Witz verglichen mit den Gefahren eines Lebens in alten Häusern in Großbritannien. Chadwicks Bericht ist völlig korrekt, wenn er darauf hinweist, daß es schwerfällt, sich in einem feuchten Loch sauber oder gesund zu fühlen. »Die größeren Möglichkeiten und Anreize zur Sauberkeit in einem trockenen Haus würden im Lauf der Zeit ein saubereres Volk formen, und eine bessere Gesundheit wäre die Folge.«

Nach jahrelangem, undankbarem Kampf siegte Chadwick schließlich. Weitgehend aufgrund des schockierenden Materials in seinem Bericht verabschiedete das Parlament 1848 das erste »Gesetz zur öffentlichen Gesundheit«. Von da an blieb die Reform der öffentlichen sanitären Verhältnisse ein ständiger Tagesordnungspunkt für den Gesetzgeber.

Die im 19. Jahrhundert in Amerika aufblühenden neuen Städte sahen sich allesamt überwältigenden sanitären Problemen gegenüber, nirgendwo war es schlimmer als im Mekka der Einwanderer, New York. Es liegen unzählige Berichte über den Dreck in den Straßen, die Krankheiten, die Überfüllung der Quartiere vor; darüber, wie die Cholera, das Gelbfieber und der Typhus grassierten. 1864 beschloß eine Bürgerinitiative in New York, zu handeln. Der Rat für Hygiene und öffentliche Gesundheit nahm eine gründliche Untersuchung der Verhältnisse vor, bei der einunddreißig Ärzte verschiedene Gegenden der Stadt inspizierten.

Das Leben in New York City war übelriechend, scheußlich und dreckig: »Unsere sanitären Inspektoren haben ohne Unterlaß vom Vorherrschen universellen Unrats berichtet, die einzigen Ausnahmen sind ein paar Straßen und Plätze, die täglich von privaten Unternehmen gereinigt werden.« Einige bevorzugte Gegenden der Stadt waren akzeptabel. Dort lagen die eleganten Häuser mit Rasenflächen und Gärten. »Entlang der Ufern des Hudson befinden sich die stattlichen Herrenhäuser der Reichen, mit dem üblichen Zubehör an Hausbediensteten, Gärtnern, Stallknechten, Kutschern, Stallburschen etc.« Unweit solcher Häuser lag aber »die abscheulichste und schmutzigste Gasse … voller Dreck und Gestank … ohne Kanalisation, ohne Rinnstein, übelriechend vor Schmutz«. In solchen Straßen der sich ausdehnenden Stadt New York lebten die Slumbewohner in unglaublichem Unrat, aber Neuankömmlinge, die sich in den übervölkerten Mietskasernen eine Unterkunft verschafften, waren nicht viel besser dran.

Der Horror dieser Mietskasernen ist das Leitmotiv in dem Bericht, in dem geschätzt wird, daß nahezu eine halbe Million Menschen dicht gedrängt in diesen Behausungen lebte. Die von den Herren Medizinern durchgehend als »Fiebernester«, »Brutkästen der Krankheit und des Lasters« und »vergiftete Aufenthaltsorte des Verfalls« beschriebenen Wohnungen hatten nur wenig Luft oder Licht – zahlreiche Räume waren fensterlos – und verfügten darüber hinaus nur selten über eine gute Wasserversorgung. Zudem lagen die Gemeinschaftstoiletten oft in den Höfen, die eng waren wie Brunnenschächte.

Der Schmutz in den dunklen, feuchten Höfen kann es mit dem der Elendsquartiere von London und Liverpool aufnehmen. Das schmutzige Wasser wurde aus dem Fenster geschüttet; unten türmte sich der Dreck; die Toiletten wurden nur mangelhaft geleert und flossen meist über. Ein Inspektor stellt fest:

Die Wasserklosetts liegen zwischen den Vorder- und Hinterhäusern, viele von ihnen sind von Schmutz bedeckt und umgeben, so daß man sich ihnen nicht nähern kann; andere sind so brüchig, daß das Leben derer, die sie aufsuchen, in Gefahr ist. Manche sind bloße ein oder zwei Fuß tiefe Gräben, aus denen die Flüssigkeiten manchmal in die Höfe fließen; manchmal wurden Bretter darübergelegt, damit die Füße nicht im Unrat versinken. Die Hälfte der Mietshäuser verfügt nicht über eine Abwässerbeseitigung; infolgedessen ist der Gestank aus all den Wasserklosetts während des Sommers absolut unerträglich und gefährlich.

Zu den »besonderen Ärgernissen« New Yorks gehörten Höfe mit Dunghaufen, Fett- und Knochensiedereien, Gerbereien und, das Schlimmste von allem: Schlachthöfe. Damals gab es in New York City 173 solche Schlachthöfe. Der Gestank, der Tierkot, der Lärm, die Berge von Fleischabfällen trugen allesamt dazu bei, die schon verwahrlosten Gegenden noch unerträglicher zu machen. In einem Bericht nach dem anderen sind die medizinischen Beamten völlig entsetzt über »den entsetzlichen Dreck in den Straßen, Höfen und Gassen, die faulenden Massen aus tierischer und pflanzlicher Materie, die Tierkadaver, verstopfte Kanalisation, die fehlenden Abwasserleitungen und giftigen Ausdünstungen von Fabriken aller Art, die zusammen die gesamte Stadt vergiften«.

Der Bericht gelangt zu dem Schluß, daß die öffentliche Sauberkeit in New York forciert werden müsse. Die Bürgerinitiative forderte eine »sanitäre Regierung«, eine »aufgeklärte Gesundheitsbehörde« und empfahl auch die »Beschäftigung von sanitären Missionaren und Dozenten«, die unter den Armen arbeiten sollten. Ebenfalls rief der Bericht dazu auf, die Schlachthäuser in den dicht bevölkerten Gegenden zu schließen und dort, wo sich Ställe befanden, die gesundheitlichen Verhältnisse zu verbessern – dort wurde die »tägliche

Anwendung von Kohlenteer oder Chlortalk und geeigneten Absorptionsmitteln« propagiert. Innerhalb eines Jahres nach Vorlage des Berichts wurde ein städtischer Gesundheitsausschuß geschaffen, der beauftragt wurde, gesundheitliche Maßnahmen durchzusetzen.

Je schneller die Städte wuchsen, um so schlimmer waren ihre Probleme, und am Ende des 19. Jahrhunderts wuchsen die Städte unkontrolliert und schnell. In den 1860er Jahren entstand in einem wilden Durcheinander die neue Stadt Ottawa, wo vorher Schlamm und Wildnis waren. Es waren schmutzige, anstrengende Zeiten ... Die Straßen waren voller Dung und Unrat; die hölzernen Fußwege von Auswurf, Tabakssäften und Schlimmerem bedeckt. Sogar in den schönsten Häusern stank es unbeschreiblich nach stehendem Wasser und menschlichen Exkrementen. Abwasserkanäle und fließendes Wasser wurden in Ottawa erst 1874 eingeführt, und bis dahin stanken die unzulänglichen hölzernen Abwasserrinnen während der heißen Sommermonate zum Himmel.

»Unerträglicher Gestank, wozu noch die vereinten Gerüche von Chlorkalk, Karbolsäure und anderen teuflischen Desinfektionsmitteln kamen, die ich reichlich anzuwenden pflegte.« Edmund Merediths Klage über die häusliche Plackerei hat er in seinem Tagebuch festgehalten. Er war ein Beamter, der in den 1860er und 1870er Jahren in Ottawa lebte und sein eigenes Elend in dieser neuen, primitiven Siedlung niedergeschrieben hat. Der Ärmste muß feststellen, daß das Abflußsystem seines neuen Hauses verstopft ist. »Abflußrohre, Abflußrohre, nichts als Abflußrohre«, jammert er im Juni 1872 in seinem Tagebuch. »Garten aufgegraben, Kellerfußboden aufgebrochen. Wie sich herausstellt, sind die draußen verlegten Rohre verstopft, es sind Rohre aus gewöhnlichem rotem Ton, unglasiert, die Fugen nicht dicht.«

Wasser war teuer. Die Merediths zahlten für eine Gallone (knapp 4 Liter) 15 Cents im Sommer und 25 Cents im Winter. Es wurde mit Lieferwagen zu ihnen gebracht, die von Tür zu Tür fuhren. Sich selbst und die Kleidung sauberzuhalten muß nicht nur extrem harte Arbeit, sondern auch sehr kostspielig gewesen sein. Das neue, in einer »baumlosen Schlammwüste« erbaute Haus sauberzuhalten, das nicht mal einen hölzernen Fußsteg in der Nähe hatte, war zweifellos ein Alptraum.

Verglichen mit solchen Berichten wirken die Städte Europas trotz all ihrer Probleme außerordentlich gut mit öffentlichen Einrichtungen versorgt. Aber kleine Städte wie Ottawa kannten die massiven Probleme der älteren und größeren Industriestädte nicht, auch brauchten sie die Bevölkerung nicht davon zu überzeugen, wie notwendig Sauberkeit war. Diese Notwendigkeit, eine große Bevölkerung zu erziehen und zu informieren, setzte an anderen Orten ein ganzes Heer von Beamten und Freiwilligen in Bewegung.

In Großbritannien entstanden im 19. Jahrhundert zahllose Freiwilligen-organisationen, deren Ziel es war, in den immer stärker übervölkerten und verunreinigten urbanen Zentren das Los der Armen zu erleichtern und den Notleidenden zu helfen. Frauen der Mittelschichten, die dank ihrer finanziellen Situation dienstbare Geister anstellen konnten, die ihnen die Hausarbeit abnahmen, so daß sie selbst für ehrenamtliche Dienste Zeit hatten, engagierten sich in ihren Städten direkt und öffentlich an vorderster Front. Sie gingen von Haus zu Haus, erteilten Ratschläge, sie speisten und kleideten die Armen, sie nähten, sie wuschen Wäsche, und natürlich putzten sie und ermahnten andere zum Putzen. Während sie das taten, verteilten sie ungezählte Bibeln und zitierten unablässig aus der Heiligen Schrift, denn viele, vielleicht die meisten dieser philanthropischen Gesellschaften, wurden von starkem religiösem Eifer angetrieben.

Diese Frauen, selbstbewußt, manchmal auch selbstgerecht in ihrer Tugend-haftigkeit, waren sicher, daß Gott auf ihrer Seite stand, und so besuchten sie in den größeren Städten sämtliche Arme in einem Bezirk nach dem anderen. Ständig fanden sie sich in deprimierend schmutzigen, von Krankheiten heimgesuchten Löchern und Bruchbuden wieder und taten, was sie konnten, für die Armen. Sie versuchten, das Familienleben durch eine sittliche und physische Säuberung der Wohnstätten zu reinigen. Dieser Zusammenhang zwischen dem sittlichen und dem physischen Saubermachen taucht in den Schriften der Sozialreformer immer wieder auf. Dr. Southwood Smith schreibt:

Ein sauberes, frisches und gut geordnetes Haus übt auf seine Bewohner ebenso einen moralischen wie einen physischen Einfluß aus und führt direkt dazu, die Familienmitglieder nüchtern, friedfertig und rücksichtsvoll gegenüber dem Glück und den Gefühlen der anderen zu machen. Eine schmutzige, mit Unrat angefüllte, ungesunde Wohnung hingegen, in der keine in der sonstigen Gesellschaft übliche Anständigkeit vorhanden ist oder beobachtet werden kann, führt direkt dazu, sämtliche Bewohner gleichgültig gegenüber den Gefühlen und dem Glück der anderen, selbstsüchtig und triebhaft zu machen.

In einem ähnlichen Ton vergleichen die Autoren des Berichts über die sanitären Verhältnisse von New York City im Jahr 1865 die (gewünschte) physische mit der (ebenfalls gewünschten) sittlichen Reinheit der Bewohner der Stadt. Viele der Inspektoren, die zu dem Bericht beitrugen, betonen, daß die vorherrschende Mißachtung der »persönlichen und häuslichen Sauberkeit« nachlässigen sittlichen Gewohnheiten entspricht. Die dunklen, schmutzigen Höfe der Mietskasernen der Stadt wurden verdammt als »schädlich sowohl für die Gesundheit als auch für Sitte und Moral; sie werden unweigerlich Schlupfwinkel der sozialen Verkommenheit und des Lasters wie auch von Fieber und anderen Krankheiten«. Der Bericht zitiert einen Journalisten, der empört über diese Mietshäuser schreibt, in denen »… Armut, Krankheit und Verbrechen eine Heimstatt finden … Ruchlose Leidenschaften herrschen im häuslichen Kreis. Drinnen und draußen neigt alles zur physischen und sittlichen Verderbnis.«

Eine solche Betonung des sittlichen Wertes der Sauberkeit war damals durchaus üblich. Die Enzyklopädie der Hauswirtschaft gibt sich besonders selbstgerecht. Sie lobpreist die der Sauberkeit innewohnende Überlegenheit, und die Autoren schrecken nicht vor dem logischen Schluß ihrer Behauptung zurück: Wenn Sauberkeit eine bewußte Tugend ist – sie wird als »Vater und Mutter der Tugenden« beschrieben –, dann ist Schmutz ein gewolltes Laster.

Die Sauberkeit hat naturgemäß sowohl sittliche als auch physische Vorteile … Sie ist ein Sinnbild, wenn nicht gar Charakteristikum einer Reinheit des Denkens und einer Schicklichkeit des Verhaltens. Es scheint, als ob sie mit lasterhaften Zielen unvereinbar ist; so selten sind in dem gewohnheitsmäßig liederlichen Charakter die aktiven, gesunden Gewohnheiten der Sauberkeit wahrnehmbar. Elend und Verkommenheit, die manchmal das Mitleid der Philanthropen wecken, sind, wenn man sie näher untersucht, häufiger die Folge lasterhafter Untätigkeit als unverdienten Mißgeschicks, während die Sauberkeit, wenngleich sie nicht völlig für die Übel der Armut und Krankheit entschädigt, so doch immerhin vor der allerletzten Verkommenheit und Verelendung bewahren kann.

Das ist erbarmungslos. Viele beteiligten sich an diesem sittlichen Chor der Lobpreisungen und Verurteilungen. »Schmutz ist ein viel häufigerer Beweis für Verderbtheit als für Not«, berichtet ein medizinischer Beamter in den 40er Jahren des 19. Jahrhunderts. Reverend Francis Kilvert erzählt, wie verwundert er war, als er die makellose Behausung eines Paares sieht, das, obwohl jetzt verheiratet, einst »in Sünde« gelebt hatte. Er hatte fest damit gerechnet, daß ihre Wohnung schmutzig wäre. Ein anderer ehrenwerter Gentleman bekennt: »Alle, die die niedrigen Klassen kennen, werden bestätigen, daß die Schmutzigen eine Sehnsucht nach Sauberkeit am wenigsten verspüren.«

Zum Glück wußten die meisten Reformer, daß Sauberkeit nicht nur eine Willensanstrengung und korrekte moralische Grundsätze, sondern auch gewisse grundlegende Einrichtungen wie Wasser und eine anständige Kanalisation erfordert. Zeit, Mühe und ein bißchen Geld waren auch wesentlich, wenn man Seife oder eine Extragarnitur Kleidung brauchte, damit die andere gewaschen werden konnte. Eine Wohnung zu haben, auf die man ein wenig stolz sein konnte, war eine Wohltat und ein Segen. Ohne all diese Vorteile – wie sollten

Im Zuge der Bemühungen um Hygiene verschwanden die Waschbänke aus den Städten. Die letzte Waschbank in Berlin gab es noch 1933 bei der Gertraudenbrücke an der Spree.

da die Leute es auch nur versuchen, sich selbst oder ihre Umgebung sauberzu-halten? Ohne all diese Vorteile haben sie praktisch schon verloren, bevor sie auch nur anfangen.

Herkulische Anstrengungen von Stadtplanern, Gesundheitsbeamten und Wohltätigkeitsvereinen trugen dazu bei, daß die Städte gegen Ende des 19. Jahr-hunderts viel sauberer wurden. Eine bessere Kanalisation, eine bessere Trink-wasserversorgung und sauberere Straßen hatten zur Folge, daß die schrecklichen Seuchen wie Typhus und Cholera in den 90er Jahren des 19. Jahrhunderts in den Städten zurückgingen. Ein großer Teil dieser öffentlichen Säuberungsaktionen, der zu dieser enormen Verbesserung führte, entwickelte sich aus dem Bemühen von Leuten, deren Wissen über die Verbreitung von Seuchen vage, deren Glaube an Sauberkeit dafür aber um so fester war.

Die Theorie von den Keimen wurde erst gegen Ende des 19. Jahrhunderts von den Ärzten generell akzeptiert. Bis der Begriff »Keime« in die nichtwissen-schaftliche Gesellschaft durchgesickert war, hatte man die lange umkämpften Verbesserungen der öffentlichen Gesundheit weitgehend in die Tat umgesetzt. Von nun an begannen die Gesundheitsreformer und Hygienefanatiker ihre Energien auf jene neuen öffentlichen und persönlichen Feinde, die *Keime*, zu konzentrieren. Als sie zum ersten Mal die Nachricht über diese mörderischen kleinen Wesen zu verbreiten begannen, fand eine Revolution des Hausputzes statt. Nichts sollte je wieder so sein wie früher.

7
Keime, Bazillen und Bakterien
Die radikale Wirkung einer Theorie

Gesang der Mikrobe

Ich bin in der Luft
Ich bin überall
Ich bin hinter euch allen her
Ihr entrinnt mir nicht
Ich bin so klein!
Wenn ich dich verfolgen möchte
Bin ich in deiner Nahrung
Ob schlecht oder gut
Ich bin bei dir Tag und Nacht
Ich bin in deinem Fleisch
Und allem, was du ißt
Obwohl du mich nicht siehst.

Ich bin auf dem Rand
Ich bin in dem Trank
Im alten Eimer bin ich
Oh, hochmütige Miss
Ich bin im Kuß
Bin in der kalten Soda
Ich bin hier und da
Ich bin überall
Mein Zugriff wird nie locker
Ich bin so klein
Du entrinnst mir nicht
Wenn ich hinter dir her bin.

(Refrain) Nur eine kleine Mikrobe
Nur eine kleine Milbe
Stelle mich einfach tot
bin immer unsichtbar
Verstecke mich und warte
Und bin vielleicht nicht berühmt.
Nur eine kleine Mikrobe
Ich komme trotzdem zu meinem Ziel.

Als dieses Liedchen im September 1898 im *American Kitchen Magazine* erschien, hatte die unwahrscheinliche Theorie, daß unsichtbare Mikroorganismen für Krankheiten verantwortlich waren, schon die Phantasie der Menschen beflügelt. Diese Idee war bizarr, erstaunlich und ziemlich erschreckend. Sobald sie erst einmal aufgetaucht war, verbreitete sie sich rasch. Erzieher, Gesundheitsbeamte, Hauswirtschaftler und Werbeleute, alle wiederholten unablässig dieselbe Botschaft: Keime, die Lieferanten allen Übels, lebten und gediehen im Schmutz und mußten getötet werden. Peinliche Sauberkeit war die Antwort, peinlicher denn je.

Als die Bazillen erst einmal zu einem akzeptierten Teil des täglichen Lebens und Verstehens geworden waren, so ungenau dieses Verstehen auch war und oft immer noch ist, veränderte sich das Streben nach Sauberkeit für immer. Ein neuer, entsetzlicher Feind war entdeckt worden, und unser Verständnis vom Wesen des Schmutzes veränderte sich radikal. Die Theorie von den Bazillen hat unser Leben so sehr beeinflußt, daß wir Schmutz mit Krankheitserregern gleichsetzen.

Das starke neue Interesse an den Keimen führte die Gesundheitsreform auf eine Art aus der öffentlichen Domäne hinaus und in das private Heim hinein, die völlig neu war. Bazillen wurden, wie man wußte, von Fliegen übertragen, durch schmutzige Hände und Kleidung, in unsauberer Nahrung und, so nahm man allgemein an, im Staub. Nichts von alledem fiel in den Bereich der städtischen Reinigung. Wenn diese Bakterien also besiegt werden sollten, dann mußten die häuslichen Gewohnheiten verändert und alle Individuen über die Wichtigkeit von Hygiene und Sauberkeit aufgeklärt werden. Das Wort mußte bis in alle Wohnungen, bis zu jedem Mann, jeder Frau, jedem Kind verbreitet werden; hier, an der Heimatfront, lag das neue Schlachtfeld. »Tod den Bazillen« wurde der Schlachtruf. Haushaltsratgeber und Werbeanzeigen verleiteten die Hausfrauen zu dem Gedanken, daß sie in der Tat die Keime in ihrem Haus mit konzentrierter Kraft, den richtigen neuen Produkten und ausreichendem Wissen abtöten konnten. Nicht nur, daß das möglich, sondern auch, daß es ihre Pflicht und Schuldigkeit war.

Dennoch brauchte die Bazillen-Theorie sehr lange, bis sie ins öffentliche Bewußtsein eingedrungen war. Die revolutionären Arbeiten – von Pasteur, Koch und anderen – über durch Mikroorganismen verursachte Krankheiten wurden Anfang der 60er Jahre des 19. Jahrhunderts bekannt, aber selbst in Medizinerkreisen wurden diese Entdeckungen erst zwei Jahrzehnte später so salonfähig, daß man entsprechend handelte. Eine riesige Menge Arbeit auf dem Gebiet der öffentlichen Gesundheit, darunter wichtige sanitäre Verbesserungen und der heroische Kampf gegen Epidemien, wurde daher von Leuten durchgeführt, die absolut nichts mit der Bazillen-Theorie am Hut hatten. Die »Miasmen«-Theorie hielt sich beharrlich.

Auch Florence Nightingale gehörte zur alten Schule. Niemand wußte besser als sie, wie wichtig die Sauberkeit in Hospitälern war, niemand kämpfte entschiedener für eine Verbesserung der Sauberkeit in der Krankenpflege. Miss Nightingale erfand geradezu die moderne Krankenpflege als Wissenschaft, als sie während des Krimkriegs als Sanitätsschwester arbeitete. Sie wußte, daß man durch Sauberkeit Menschenleben retten konnte; sie wußte, daß Ansammlungen von Schmutz gefährlich waren; sie wußte, daß poröse Oberflächen irgendwie Krankheiten enthielten; sie wußte all das, weil sie es in Lazaretten und Hospitälern gesehen und erfahren hatte. Aber das Wort »Bazille« gab es in ihrem Wortschatz nicht. Sie lebte und arbeitete zur gleichen Zeit, als Louis Pasteurs Theorien von der medizinischen Gesellschaft gefeiert wurden, sie erlebte noch die Ära, in der antiseptische Operationen in der Chirurgie die Norm wurden, und bevor sie 1910 starb, war die Bakterien-Theorie weitgehend akzeptiert. Sie aber schenkte ihr wenig Aufmerksamkeit.

Viele hervorragende Mediziner der zweiten Hälfte des 19. Jahrhunderts, Ärzte und Chirurgen mit viel höherer Qualifikation als Florence Nightingale, widersetzten sich hartnäckig der Bazillen-Theorie, obwohl sie wußten, daß Sauberkeit – und in manchen Fällen antiseptische Praktiken – äußerst wichtig waren. Arthur Newsholme, der Mitte der 70er Jahre des 19. Jahrhunderts am St. Thomas Hospital in London Medizin studierte, beschreibt die Gleichgültigkeit seiner Vorgesetzten, ihr mangelndes Verständnis von Bakterien und Ansteckungen. Gewiß, Instrumente wurden während der Operation in Alkohol sterilisiert, aber Newsholme sah, wie ein Chirurg eine Zange zu Boden fallen ließ und dann wieder benutzte; er sah, daß Schwämme, die man benutzt hatte, um einen Patienten abzuwischen, in einem Waschbecken abgespült und dann wieder verwendet wurden; er sah sogar einen Chirurgen Schnupftabak nehmen, während er eine Operation ausführte. Manche Chirurgen operierten in alten Gehröcken, die niemals richtig gesäubert und mit Sicherheit zwischen den Operationen nicht ausgezogen wurden, und Newsholme erinnert sich, Nadeln mit hängenden Seidenfäden daran gesehen zu haben, die an das Revers eines solchen abgetragenen, speckigen Gehrocks gesteckt waren, so daß der Chirurg sie jederzeit zum Nähen der Wunde benutzen konnte. Die Herren Mediziner, die auf diese Art praktizierten, machten sich über Mikroorganismen gar keine Gedanken. Aber als der Umschwung kam, kam er rasch, und Mitte der 80er Jahre, nachdem man weitere krankheitserregende Bakterien identifiziert und isoliert hatte, wurde die Bazillen-Theorie in der Medizinergemeinde weithin akzeptiert.

Währenddessen hatten sich auch interessierte Laien schon lange mit der Bazillen-Theorie beschäftigt. Unter den Haushaltsexpertinnen war Catharine Beecher als eine der ersten, die diese Theorie erwähnten, wie immer ihrer Zeit voraus. Schon 1869 schreibt sie über »mikroskopische Pflanzen«, die man im Blut und den Körpersäften von Typhuskranken und Pockenpatienten fand, und fügt verwundert hinzu, die Typhus-»Pflanzen« »ähnelten in ihrer Gestalt gewissen Arten von Seegras«.

Anna Fischer-Dückelmann schreibt noch in ihrem um 1900 erschienenen Buch

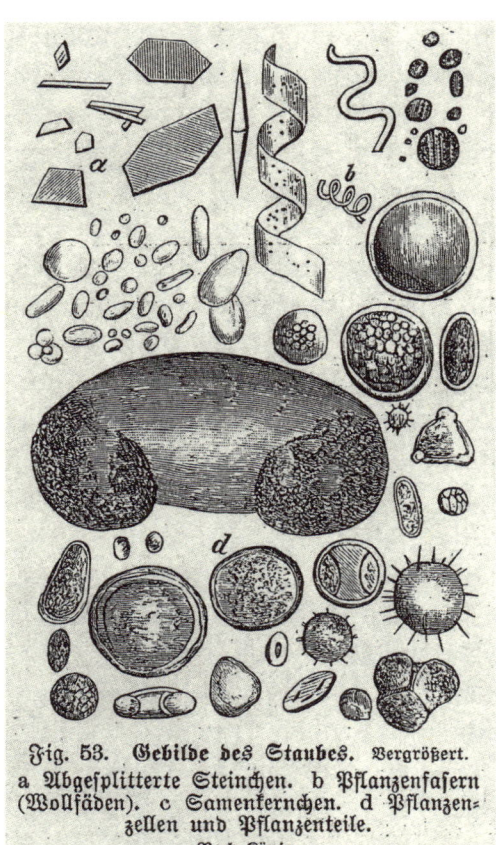

Fig. 53. Gebilde des Staubes. Vergrößert.
a Abgesplitterte Steinchen. b Pflanzenfasern
(Wollfäden). c Samenkernchen. d Pflanzen-
zellen und Pflanzenteile.
Nach König.

Die Frau als Hausärztin: »Bakterien. Das sind kleine Lebewesen, zur Pflanzenwelt gehörend, die, dem Auge unsichtbar, dennoch große Verbreitung haben.«

Über ein Jahrzehnt später zeigte sich die stets enthusiastische Harriette Plunkett wortreich an Bakterien interessiert. Sie schreibt 1885 in ihrem Buch *Frauen, Klempner und Ärzte*:

Vor fünf Jahren wäre es anmaßend gewesen, unqualifiziert zu erklären, daß Typhus, Diphtherie, Cholera und alle Krankheiten, die epidemisch werden, jede einzelne von ihrem eigenen spezifischen *contagium* verursacht werden, das aus einem unendlich winzigen Samen besteht, der fähig ist, seine Lebenskraft für eine unbegrenzte Zeit zu erhalten.

Sie fährt dann fort: »Die Überzeugung verbreitet sich und gewinnt täglich an Kraft, daß das reproduktive parasitäre Leben die Ursache aller epidemischen Krankheiten ist.« Miss Plunkett verspottet die Ungläubigen, wie »den Mann, der sagt, daß ihn das blödsinnige Gerede über diese Bazillen ganz krank macht«.

Miss Plunkett schrieb zu einer Zeit, in der sanitäre Anlagen und häusliche Hygiene die beherrschenden Themen in Haushaltsratgebern wurden. Nicht alle Autoren sind so direkt wie sie, was die Bazillen-Theorie anbelangt. Die meisten spielen in allgemein lobenden Begriffen auf die Bedeutung wissenschaftlicher Erkenntnisse an und betonen, daß jede Frau, die einen Haushalt führe, sich über die Ausbreitung von Krankheiten und die Wichtigkeit der Hygiene informieren müsse. Das klingt dann so:

Vorbei sind die Zeiten, da man Krankheit für Vergeltung und Strafe und einen direkten Eingriff der Vorsehung hielt. Pest, Fieber und Schwindsucht sind in der Tat Strafen für eine Sünde, aber es ist die Sünde der Unwissenheit. In diesem Zeitalter der wissenschaftlichen Erkenntnis, der Erfindungen und weiterverbreitetem Wissen ist die Unwissenheit der primären Bedingungen für Gesundheit und Kraft unverzeihlich. Eine Kenntnis der sanitären Prinzipien sollte als ein wesentlicher Teil der Erziehung einer jeden Frau angesehen und der Gehorsam gegenüber den sanitären Gesetzen als eine religiöse Pflicht eingestuft werden. (*Häusliche Hygiene. Ein Handbuch für Hausfrauen*, 1887)

Obwohl diesem Rat ein gewisses Verständnis der Bakterien zugrunde liegt – das Buch spricht von der »allgemeinen Akzeptanz der Bazillen-Theorie« –, neigen dieses und andere Bücher seiner Art doch eher zu emotionalen als zu wissenschaftlichen Begriffen bezüglich »sanitären Prinzipien« und Hygiene. Man versucht mit einer seltsamen Mischung aus moralischem Eifer, gesundem Menschenverstand und regelrechten Drohungen, seinen Rat anzubringen, wie ein trautes Heim vor Bakterien und Infektion zu schützen ist. Einige ausgesprochen seltsame Ideen kommen hier auch ins Spiel. Das *Handbuch* empfiehlt zum Beispiel, Möbelstücke zu lackieren oder einzuölen, um »das Absorbieren giftiger Gase zu verhindern«. Die Sprache ist durchgehend blumig. Um »die Göttin der Gesundheit günstig zu stimmen«, sollen etwa alle »unhygienischen« Einrichtungsgegenstände und Stoffe, einschließlich der Teppiche, Vorhänge und Gesimse, zugunsten leicht zu reinigender Oberflächen verbannt werden.

Frauen werden in diesem Buch nicht aufgefordert, sich mit Theorien über Mikroorganismen vertraut zu machen, es wird aber von ihnen erwartet, daß sie voll und ganz begreifen, daß Wasser rein sein sollte, daß Abflüsse und Toiletten mit oder ohne Spülung regelmäßig desinfiziert werden müssen und daß Keller trocken gehalten und regelmäßig geweißt werden sollten. Immer wieder wird den Leserinnen in scharfem Ton gesagt, daß sehr viel auf dem Spiel steht: »Eine der gefährlichsten Eigenschaften des unsanitären Hauses ist, daß es nicht immer und sofort eine bestimmte und virulente Krankheit hervorbringt, so wie den Typhus oder die Diphtherie, obwohl das oft geschieht; aber zweifellos ruft es langsam und hinterrücks einen Niedergang der Gesundheit und eine allgemeine Schlaffheit hervor.«

Ausgesprochene Enthusiasten der Bakterien-Theorie wie Harriette Plunkett erwarteten von der Frau mehr als eine allgemeine Angst vor Bakterien und ihren Gefahren. In einem Artikel im Februar 1899 im *American Kitchen Magazine* ist Plunkett mehr denn je bemüht, die Frauen zu ermutigen, sich auf intelligente Art für die Gründe und Zwecke der sanitären Praktiken zu interessieren. Sie schreibt über die neuen Entdeckungen:

Die ganze Wissenschaft der Bakteriologie wurde innerhalb der letzten wundervollen zwanzig Jahre entwickelt, und der Hygieniker muß das studieren. Die fast wundersamen Wahrheiten, die diese Wissenschaft hervorgebracht hat, haben begabte Autoren in einfacher, aber faszinierender Sprache beschrieben ... Eine Frau muß lesen, studieren und beobachten, sie muß aufmerken und innerlich verdauen, und dann muß sie sich in ihrer ganzen weiblichen Macht erheben und ihr Wissen in die Tat – die absolute, aggressive, unablässige Tat – umsetzen, gegen die Königreiche des Staubs und des Schmutzes, der Feuchtigkeit und der Bakterien: Dann werden in der Tat ihre Kinder einen wahren Grund haben, aufzustehen und sie eine Gesegnete zu nennen.

Mrs. Plunkett bringt auch die Hoffnung zum Ausdruck, daß Frauenvereine das Studium der Hygiene aufnehmen werden, denn, so sagt sie vernichtend, »ohne das Ästhetische und Philosophische mißachten zu wollen, muß man doch sagen, daß das Vorhandensein von Typhuserregern im Brunnenwasser von größerer Folge ist als Theosophie oder Handlesekunst, als die wiederentdeckten Verse von Bacchylides oder sogar die Hypnose oder die Stellung der Frau im alten Griechenland und Rom«.

Durch die »absolute, aggressive, unablässige Tat gegen die Königreiche des Staubs und des Schmutzes, der Feuchtigkeit und der Bakterien«, die Mrs. Plunkett empfiehlt, oder die »ewige Wachsamkeit«, zu der das *Handbuch* rät, gelang es, zusammen mit allerhand anderen Ratschlägen, den Frauen eine neue, stärkere Angst wegen der Sauberkeit im Haushalt einzujagen. Weil Bazillen, wie man annahm, im Schmutz gediehen, war die Gleichung simpel. Schmutz, sichtbarer und unsichtbarer, mußte verschwinden, wenn Krankheitskeime verschwinden sollten. Für eine richtig denkende Hausfrau gab es keine Alternative und keine Ausflucht, sobald sie begriffen hatte, wer ihre Feinde waren, denn Epidemien wie Cholera und Typhus stellten immer noch eine große Gefahr dar, Diphterie, Tuberkulose und Scharlach waren die Schreckgespenster einer jeden Mutter. Wenn Bakterien der Grund für dieses ganze Elend waren, dann mußte man sie in einem tödlichen Kampf zu Hause ausrotten und ihre Brutstätten vernichten. Die Bakterien selbst mußten getötet werden, getötet, wieder und wieder getötet werden.

Hier wartete eine richtige Frauenarbeit. Die Medizinerverbände aller möglichen Länder gaben die Devise aus, daß die Hausfrau, »der vorsitzende Genius des Hauses«, dafür verantwortlich war, die Ausbreitung von Krankheiten im Haus zu verhindern. Frauen, so der allgemeine Tenor, müsse man ausbilden, um einen hygienischen Zustand in jedem Zimmer des Hauses wie auch in Küche und Eßzimmer zu schaffen. Hauswirtschaftler stimmten begeistert zu und appellierten immer wieder lebhaft an die Frauen, sie sollten sich über Bakterien im Haushalt und Mikrobiologie informieren.

Um ganz auf Nummer sicher zu gehen, vereinen viele Haushaltsratgeber des späten 19. Jahrhunderts den alten Glauben über die Verbreitung von Krankheiten mit dem neuen. Es werden Lösungen angeboten, die sowohl die Bakterien-Theorie als auch die anhaltende Popularität der »Miasmen«-Theorie berücksichtigen. S. A. Barnetts Buch über Hauswirtschaft beschäftigt sich sowohl mit der schlechten Luft als auch mit den Krankheitsmikroben. Mrs. Barnett drückt ein besonderes Interesse an in der Luft befindlichen Bazillen aus, die aus einem infizierten Haushalt hervorgehen:

Wenn man die Fieberbakterien nicht durch ein Desinfektionsmittel tötet, wachsen sie weiter und vermehren sich in der Kanalisation und den Abflüssen, und eines schönen Tages steigen sie durch die kleinen Öffnungen in der Straße auf, dringen mit der Luft, die eingeatmet wird, in irgendeinen Passanten ein und bringen Kummer, Schwäche und Schmerz in eine andere, glückliche Familie.

Mrs. Barnetts Lösung ist einfach: Man entledige sich mit einem tödlichen Schlag sowohl der Bazillen als auch der schlechten Luft. Hierzu muß die Hausfrau desinfizieren, und zwar mit Leidenschaft, besonders, wenn es im Haus eine Krankheit gibt. Sie muß Keime töten, Gerüche töten, die Abflüsse frei von infizierter Materie und die Luft frisch und sauber halten. In einem Haushalt, in dem Fieber herrscht, empfiehlt Mrs. Barnett den Gebrauch von Eisenvitriol (anderthalb Pfund auf vier Liter Wasser): »Eine Teetasse voll sollte allem beigegeben werden, was vom Patienten kommt.« Das Waschwasser aus dem Zimmer des Patienten sollte erst dann in den Abfluß geschüttet werden, wenn die desinfizierende Lösung Zeit gehabt hat zu wirken. Außerdem muß jedes einzelne Ding im Krankenzimmer immer wieder desinfiziert werden. Mrs. Barnett empfiehlt, im Krankenzimmer zwei Wannen mit Wasser zu haben, Desinfektionsmittel hineinzutun und dahinein alles Geschirr, Besteck, Bettwäsche und Nachthemden zu stecken.

Das Pflegen von Patienten zu Hause, wenn sie an hoch ansteckenden Krankheiten litten, bedeutete für die Frau des Hauses immer unablässige Arbeit. Häusliche Ratgeberbücher aus dem 19. und frühen 20. Jahrhundert enthalten fast alle lange Kapitel über das Pflegen von Kranken. Ein großer Teil dieser Ratschläge handelt von der Sauberkeit, vom Wäschewaschen und von Desinfektionsmitteln. Der Ton dieser Ratgeber ist furchterregend. »Es läßt sich das Verhalten derer, die vor den Kosten und Mühen einer richtigen Desinfektion zurückschrekken, nicht streng genug verurteilen«, sagt *Spon's Household Manual* von 1887.

Richtige Desinfektion, sowohl während als auch nach einer Krankheit, beinhaltet eine schwindelerregende Menge Arbeit, wenn man *Spon's* glaubt. Bettwäsche mußte desinfiziert werden, bevor sie das Krankenzimmer verließ. Taschentücher mußten verbrannt werden. Das Krankenzimmer galt es vollständig zu räumen: Einrichtungsgegenstände, Teppiche, Kleidungsstücke, Vorhänge – alles mußte raus. Desinfektionsmittel mußte regelmäßig auf den Fußboden gesprüht werden. Das Waschwasser, das vom Patienten kam, mußte mit einem starken Desinfektionsmittel durchsetzt werden. Anna Fischer-Dückelmann schreibt noch in der zigsten Auflage ihres Buchs *Die Frau als Hausärztin*, man solle die Fußböden mit Seifenwasser waschen, Tapetenwände mit feuchtem Brot reinigen, in Abortröhren »recht oft« heißes Sodawasser gießen und die Wäsche der Kranken in heißem Sodawasser einweichen. Wenn dies alles nicht hilft, dann greife man zu Karbolsäure, Sublimat, Chlorkalk, Lysol, Dampf und Siedehitze – vor allem aber zu Durchzug und frischer Luft. Auch Mrs. Barnett und *Spon's* betonen die Bedeutung der frischen, sauberen Luft beim Kampf gegen die Krankheitserreger. Die Fenster im Krankenzimmer mußten Tag und Nacht offenstehen; Pfleger mußten darauf achten, daß sie zwischen dem Patienten und dem Fenster, nicht aber zwischen dem Patienten und dem Feuer standen; alle, die im Zimmer waren, mußten durch einen in Karbolsäure getauchten Schwamm atmen; sie durften ihren Speichel nicht schlucken, während sie im Krankenzimmer waren, und »wenn man hinausgeht«, mußte man sofort »aushusten und sich schnäuzen«. Sodann mußte man Mund und Kehle, Augen und Nasenlöcher ausspülen.

Mrs. Barnett widmet ein ganzes Kapitel ihres Buches dem Scharlach. Sie empfiehlt, der Patient solle in einem Raum isoliert werden, aus dem sämtliche Teppiche und Wandbehänge entfernt sind. Vor die Zimmertür muß ein nasses, in ein Desinfektionsmittel getauchtes Tuch gehängt werden (sie empfiehlt Karbolsäure oder Pottaschepermanganat). »Das Desinfektionsmittel wird angewandt, um die Scharlachbakterien harmlos zu machen, die, wie ich Ihnen schon sagte, von der Haut oder aus den Ausdünstungen des Patienten stammen und in der Luft des Zimmers herumfliegen.« Im Krankenzimmer, hinter dem nassen

Vorhang, galten die allerschärfsten Desinfektionsvorschriften für Kleidung, Geschirr, alles, womit der Patient in Kontakt war. Wenn das Fieber nachgelassen hatte, mußte ein örtlicher »Desinfektionsbeamter« mit einem »Desinfektionsinstrument« erscheinen – vermutlich einer Art Räucherpfanne –, in dem, mitten in dem sorgfältig abgedichteten Krankenzimmer, ein halbes Pfund Schwefel verbrannt wurde. Bettzeug, Kleidung, Spielsachen, Bücher, die während der Krankheit benutzt worden waren, mußten im Krankenzimmer ausgebreitet, Kamine und Fenster mußten blockiert werden, und dann konnten die Dämpfe ihr tödliches Werk verrichten.

Solche Ratschläge und Praktiken sind uns gar nicht so fern. Meine Mutter erkannte das alles sofort wieder. Als ihr älterer Bruder in den 20er Jahren Scharlach hatte, war die Szene fast genau die, die Mrs. Barnett beschreibt. Meine Mutter erinnert sich, wie fasziniert sie als Kind von dem in Karbolsäure getauchten Tuch war, das über der Tür ihres Bruders hing. Eine Bekanntmachung des Gesundheitsamtes, die vor Ansteckung warnte, hing drohend vor ihrem Haus. Besucher durften nicht hinein, und groß war die Angst im Haus. Niemand ging in die Nähe des Jungen, solange seine Krankheit dauerte – außer meiner Großmutter Als es ihm besser ging, marschierte meine Großmutter hustend mit einer Räucherpfanne, in der sie Schwefel verbrannte, durch alle Zimmer. Der Rauch zog durchs ganze Haus und sollte die tödlichen Bakterien, die herumflogen und von den anderen Kindern eingeatmet werden konnten, abtöten. Keines von ihnen bekam die Krankheit.

Damals gab es noch keine Antibiotika. Diese einfache Tatsache erklärt die früheren Desinfektionsmethoden, die große Angst und Anstrengung beim Töten der Krankheitskeime. Es gab kein Wundermittel gegen gefährliche Krankheiten; man konnte gar nicht vorsichtig und mißtrauisch genug gegenüber den Bakterien sein. Krankheitskeime waren tückische, erschreckende Wesen von unschätzbarer Anzahl, aufs Schlimmste aus, in ihrem Einfluß und Wirken stets bös-artig. »Seht euch vor und vermeidet sie! Sie lieben das Dunkel und hassen den Sonnenschein«, behaupten die Autoren eines Schultexts von 1911, in dem dann beschrieben wird, wie ein gemeinsamer Trinkbecher »von einer Schule zu einem Doktor gebracht wurde, der fand eine Menge verschiedener Bakterien darin, und den Inhalt der ganzen Tasse schätzte er auf etwa zwanzig Millionen Mikroben«.

Der Wirrwarr der Propaganda über Bakterien und Sauberkeit, der Ende der 80er Jahre des 19. Jahrhunderts begann, hielt dann ungehindert mehrere Jahrzehnte lang an, wobei eine Vielzahl wohlmeinender Reformer am Werk waren. Zu ihnen gehörten Hauswirtschaftlerinnen, Gesundheitsbeamte, Lehrerinnen, Sozialarbeiterinnen, Gesundheitsinspizienten und Freiwillige. Den größten Teil ihrer Anstrengungen richteten sie auf die arbeitenden Klassen, die Einwanderer, die Unwissenden und Armen der Gesellschaft. In den Schulen begann man Körperpflege zu lehren, Spucken wurde an öffentlichen Orten verboten, Trinkwasserbrunnen, aus denen es kontinuierlich sprudelte, kamen anstatt des Trinkwasserbechers in Mode. In Hausbesuchen wurden Mütter über saubere Milch und Kinderpflege aufgeklärt, Slumbewohnern wurde Unterricht in Haushaltsführung erteilt. Fliegen mußten getötet werden, Kinder mußten ihre Hände waschen. Frauenvereine, Pfadfinder, Kirchen, Schulen, Versicherungsgesellschaften, Regierungsstellen, alle beteiligten sich an den zahllosen begeisterten Kampagnen, durch die der Grad der Sauberkeit im Haus gesteigert werden sollte.

»Die Gesundheit, der Körper der Familie selbst hängt weitgehend von der ... intelligenten Praxis der Hygiene, den bakteriologischen Kenntnissen ab«, schrieb Mary Pattison 1915. In der Ratgeberliteratur, in Schultexten, Hauswirtschaftslehrbüchern und der Werbung waren die Fronten eindeutig, und ein Dazwischen gab es nicht. Alle Bakterien waren potentiell schädlich, aller Dreck war potentiell gefährlich. Diese Lehre war unmißverständlich. »Wo Dreck ist, da sind krankheitserregende Bakterien, wo krankheitserregende Bakterien sind, da herrscht Krankheit.« Eine ältere Dame erinnert sich, diese Worte noch Anfang der 30er Jahre gehört zu haben. Daß mancher Dreck – sogar manche Bakterien – ziemlich harmlos sein könnte, fiel unter den Tisch.

Werbeberater von Putzmittelfirmen begriffen rasch, daß sich hier ein Markt auftat. Rasch brachten sie »Informationen« für die besorgte Hausfrau heraus, wie man all diese Bakterien töten könne. Die Werbung übertrieb nicht selten, aber davon abgesehen: Hier gab es ein Medium, um Fakten und Gerüchte über Bazillen zu verbreiten, das einmalig war und – wahrscheinlich immer noch – ist. Ich selbst habe über Bakterien im Haushalt mehr in Werbesendungen gehört und gesehen, als ich je in der Schule oder der Gesundheitserziehung mitbekommen habe. Werbung, die Bakterien erwähnt, dringt tief ins Unterbewußtsein vor und geht einem nicht mehr aus dem Kopf. Weil immer ein Körnchen Wahrheit in so einer Werbestrategie steckt, hat sie sich als hochwirksam und dauerhaft erwiesen.

Als das 20. Jahrhundert heraufdämmerte, hatte die Werbung ein übersichtliches Schußfeld und konnte, was ihre Produkte anging, phantastische Behauptungen in die Welt setzen. Deutlich, einfach und unumwunden verkündeten verschiedene Produkte ihre Schlachtpläne. Hersteller von Desinfektionslösungen waren die ersten, sie warben mit den außerordentlichen Fähigkeiten, die ihre Produkte im Umgang mit Bakterien angeblich hatten. »DIPHTHERIE«, verkündet ein Werbeplakat für Platt's Chlorides, und dieses eine Wort ist in fetten schwarzen Buchstaben geschrieben. Der kleingedruckte Text darunter erklärt, wie es dazu kommt, daß diese Krankheit im Winter in schlechtgelüfteten Räumen wütet und daß eine regelmäßige Desinfektion der Abflüsse und der Oberflächen im Haushalt mit Platt's Chlorides für »reine Luft daheim sorgt«. Es wurde nicht direkt behauptet, daß das Zeugs vor Diphtherie schütze, aber genau diesen Eindruck erweckt die Werbung. Über einer anderen Werbung für Platt's Chlorides steht das Wort »SCHWINDSUCHT«, und dann heißt es: »Zimmer, in denen Schwindsüchtige leben, können geruchfrei und frei von ansteckendem Staub werden, wenn man die Fußböden (besonders vor dem Fegen) mit Platt's Chlorides besprüht.«

Die felsenfeste Überzeugung, daß Staub Krankheitskeime enthielt, inspirierte zu zahllosen Werbeanzeigen. Der Staubsaugerverkauf beruhte jahrzehntelang auf diesem Grundsatz und brachte werbliche Blüten wie diese hervor:

Dieses elektrische Gerät, welcher Art das Modell auch sein mag, zieht den Staub heraus, hält ihn fest, absorbiert ihn, entfernt ihn schließlich . . Das Staubsaugen beruht in der Tat auf einem viel höheren Hygieneprinzip: Freiheit von Staub und Bakterien und letztlich Krankheit … Welche Hausfrau könnte sich weigern, ein solches Angebot anzunehmen, und sogar, wenn es nötig ist, zu sparen und zu knausern, um das Gerät zu kaufen, das ihr Heim noch gesünder macht.

Alle Staubsaugerreklamen sangen das gleiche Lied. Hoover warnte vor der »fortgesetzten Ansammlung von Bazillen ausbrütendem Staub in den Tiefen des Teppichs« und behauptete, er könne »die Krankheitsgefahr minimieren« und sogar ein »stets sauberes Zuhause« schaffen. Eine andere Marke »frischt und hellt die Farbe und Schönheit der Teppiche, Vorhänge und Polster auf … sorgt für ein strahlend sauberes und durch und durch gesundes Heim«. Die Werbung der Eureka Vacuum Cleaner riet Frauen, »den Eureka-Mann willkommen zu heißen. Er ist in den modernen sanitären Methoden gründlich geschult und bringt neue Standards häuslicher Hygiene.«

Die Seifenwerbung war genauso schlau. Die von ihr aufgestellten Behauptungen implizierten oft, daß ihre Produkte Teil dieses modernen Kriegs gegen die Bakterien waren. Die Lifebuoy-Seife versprach: »Für die Gesundheit und um Krankheiten zu verhüten.« Die Ivory Soap hingegen behauptete, der »Geist der Sauberkeit« zu sein. Worte wie »hygienisch«, »gesund« und »rein« erschienen regelmäßig auf Seifenmarken und in der Seifenwerbung, ebenso »keimfrei machen«, »desinfizieren« und »antiseptisch«. So vage das alles auch war, gerade diese Ungenauigkeit verführte die Käufer zu dem Glauben, sie könnten mit dem Produkt auch die bakterientötenden, gesundheitsfördernden Eigenschaften erwerben.

Je mehr das Werbezeitalter um die Jahrhundertwende in Gang kam, um so mehr Produkte boten sich an und versprachen, Krankheiten und Bakterien zu bannen. Das Bakterientöten wurde in jedem Haushalt zu einer obligatorischen Hetzjagd, und die Werbung wurde noch kühner:

Wer die Küchenutensilien nur einfach so durchspült, läßt die verborgenen Nester der kleinen Zappeltierchen intakt, die man gewöhnlich Bakterien nennt. Gold Dust ist ein sanitäres Waschpulver, das nicht nur sichtbaren Dreck und Fett entfernt, sondern tiefer eindringt und jeder Bakterie auf die Schliche kommt. Es sterilisiert Töpfe, Pfannen, Eimer und Kessel – sie werden sauber, gesund, sicher.

In Wirklichkeit sind die Chancen, daß ein Waschpulver irgend etwas sterilisiert, gering, von der Frage ganz abgesehen, warum irgend jemand denn überhaupt all seine Töpfe und Pfannen würde sterilisieren wollen.

Die Werbung für alle erdenklichen Produkte versuchte, das zunehmende Wissen über die Bakterien auszuschlachten. Das *Ladies' Home Journal* brachte im Oktober 1913 eine Werbung über Bratpfannen, die als »keimfrei«, Lampenschirme, die als »hygienisch« bezeichnet wurden. Mops und Tapeten wurden nicht vergessen. Eine »moderne Wandbespannung« namens Sanitas beklagt die altmodischen staubigen Wände und behauptet, sie könne »gesunde reine Luft« wie auch »Erbauung« ins Schlafzimmer bringen, während ein »hygienischer Wischmop« in der Werbung verspricht, »in die Ecken, unter Heizungsradiatoren, in Betten, über Türen und in Stukkaturen zu kommen, wo Dreck und Bakterien lauern«.

Das Angsteinjagen war eine beliebte Methode. »Spukt es in Ihrem Haus?« fragt 1918 eine Lysol-Werbung. »Sind Sie von Bakterien belagert? Sie sind es, und das ist jeder, dessen Wohnung nicht regelmäßig desinfiziert wird.« Die Anzeige erzählt dann noch, wie man durch Desinfektion aus dem »Pestloch« Panama ein Gesundheitsparadies gemacht hat. »In unseren Städten ist Desinfektion freiwillig und wird deshalb von denen vernachlässigt, die nicht an Bakterien glauben wollen.« Leser werden aufgefordert, am Kampf gegen Epidemien und Krankheiten teilzunehmen, indem sie ihr Zuhause regelmäßig mit Lysol desinfizieren, das »schon im Augenblick der Anwendung alles Bakterienleben tötet«. Ein Absatz mit dem Titel »Wie man ein Gespenst verbannt« teilt mit: »Besorgen Sie sich heute eine Flasche, mischen Sie etwas davon mit Wasser und verwenden Sie die Lösung regelmäßig in Mülltonnen, Toiletten, Abflüssen und Rohren. Benutzen Sie es im Wischwasser für dunkle Ecken und im Sommer dort, wo sich Fliegen sammeln.«

Je weiter das 20. Jahrhundert fortschritt, um so raffinierter wurde die Werbung. Trotzdem, wenn sie ein Produkt verkaufen will, von dem es heißt, es töte

Bakterien, geht sie auch heute noch oft so brutal und direkt vor. Auch heute stehen Flaschen mit zauberhaften bakterientötenden Lösungen in blitzblanken Küchen und auf funkelnden Fußböden, während Kinder, vor der Bakteriengefahr gerettet, stolz ihre Mutter anstrahlen, die erleichtert lächelt, weil sie glaubt, sie habe gerade alle Bakterien in Küche und Bad kaltgemacht. Diese simplifizierte Bakterientöterei verleitet nun nicht nur zu der Überzeugung, wir hätten unsere Küchen, Toiletten und unser gesamtes Heim zu höherer Reinheit erhoben, sie zeigt auch, daß der Hausputz ein hoch moralisches Unternehmen ist. Wenn wir unsere Arbeit gut machen, dann verteidigen wir unsere Familien vor diesen bösen kleinen Bakterien; wir töten das, was schlecht ist, lassen das Gute und Reine triumphieren. Solche Botschaften halten sich seit etlichen Generationen hartnäckig; ihre Wirkung ist erschreckend.

Die weitgehende Akzeptanz der Bakterien-Theorie, die sich ja in einer Zeit entwickelte, als die Frauen ihre Rolle in der Gesellschaft neu bewerteten, half nicht dabei, die Frau von der Hausarbeit zu befreien. Es kam nur noch die schwere Last eines halbwissenschaftlichen Denkens hinzu, das die Verantwortung der Hausfrau vergrößerte und ihre Arbeit weiter komplizierte. Glücklich verließen die Bediensteten das sinkende Schiff, es gab mehr Technik im Haushalt, und Haus und Wohnung wurden jetzt von einer Frau allein versorgt. Genug Arbeit ergab sich aus diesen neuen Verhältnissen, und durch das Wissen, daß die unangenehmen Bakterien drohend im Haushalt lauern konnten, wurde immer mehr von der Hausfrau erwartet, ihr immer mehr auferlegt. Ihre Aufgabe – wenn sie sich ihr stellte – bestand darin, zu putzen, zu reinigen, zu desinfizieren, ihre Umgebung keimfrei zu machen und dann wieder auf der Hut zu sein, zu verteidigen und anzugreifen. Bakterien waren und sind wichtig, um wenigstens einige Frauen ans Haus zu binden.

8
Alles auf den Kopf gestellt
Die Entwicklung der Hauswirtschaft
und der Haushaltsratgeber

Kernig, selbstbewußt und entschlossen erschienen gegen Ende des 19. Jahrhunderts in Amerika eine Reihe von Reformerinnen auf der häuslichen Bühne. Sie waren die treibenden Kräfte der neuen hauswirtschaftlichen Bewegung; ihre Aufgabe war, die Hauswirtschaft zu einer ehrenwerten Wissenschaft zu erklären und in den Schulen als ernsthaftes Fach zu etablieren. In ihren Schriften werden alle Frauen aufgefordert, sich zu Expertinnen in häuslichen Dingen zu entwickeln; sich nicht nur über das Kochen, Putzen und Wäschewaschen, sondern auch über Kanalisation, Klempnerarbeiten, Lüftung, Hygiene, Haushaltsgeräte, die Verbreitung von Infektionen, die Verunreinigung von Milch, die Effizienz der Kücheneinrichtung, die Funktionstüchtigkeit von Küchengeräten zu informieren. Der Einfluß dieser Frauen war enorm; ihr Stil leidenschaftlich.

In Frauenzeitschriften, Büchern, Vortragssälen erging der Weckruf, und neue Methoden und Haltungen in Haushaltsfragen wurden dringend empfohlen. Die Schriften dieser Haushaltskreuzritterinnen waren höchst polemisch. Sie sahen sich nicht nur als Beraterinnen in Sachen Haushalt, sondern hielten sich allen Ernstes für die Anführerinnen einer neuen Bewegung, »Hohepriesterinnen der neuen Religion der richtigen Lebensführung«. Sie machten die Hausfrauen auf die »Wissenschaft« aufmerksam; sie predigten ein »Evangelium der Sauberkeit«, zu dem ein ganz neues Wissen über Bakterien und Ansteckung gehörte. Sie zielten auf eine Erziehung der Hausfrau ab, wollten aus ihr eine Berufene machen, ihr die Augen öffnen, damit sie erkannte: »Die Wissenschaft ist ihre Magd; die Erfindung eine Dienerin, die ihr folgt.« Diese hochtrabende Rhetorik war Ende des 19. Jahrhunderts gang und gäbe. Sie taucht in Büchern, Pamphleten, Zeitschriften auf. Im *American Kitchen Magazine* erschien 1898 ein Aufsatz mit dem Titel »Feinde in unserem Haushalt«. Darin heißt es: »Am Respekt für die Natur und ihre Gesetze hat es den Frauen bislang gefehlt. Sie fürchteten den Donner und wußten nichts von der Mikrobe … Sie haben es zugelassen, daß das Abflußrohr sich ins Brunnenwasser entleerte, und daß der dunkle, feuchte Keller das Haus mit Luft versorgte … Sie brauchen den Einfluß des wissenschaftlichen

Geistes!« Alle Schriften dieser Art behaupten steif und fest, daß der wissenschaftliche Geist eine befreiende Kraft für die Frauen sei.

Fortschrittliche Frauen haben mit einem zunehmenden Gefühl der Befreiung festgestellt, daß das, was als eine so endlose Plackerei gesehen wurde, bei klarem Verständnis der zugrundeliegenden Prinzipien und Anwendung wissenschaftlicher Methoden in eine schöne Harmonie von Gesetz und Ordnung verwandelt werden kann ... Warum war die Frau, die ansonsten so gern das Licht sieht, damit zufrieden, was ihre häuslichen Belange angeht, so lange in so mittelalterlicher Finsternis zu verharren? Nur allzu viele Frauen betrachten den Haushalt als eine Art Moloch, auf dessen Altar sie, wie ungern auch immer, ihre Zeit und Kraft – ihre Gemütsruhe und Nerven gar nicht zu erwähnen – aufgrund eines unglücklichen Schicksalsspruchs opfern müssen.

Die meisten Haushaltsreformerinnen der Jahrhundertwende waren bestrebt, ihr Wissen in den Schulen zu verbreiten. Das war nichts Neues. Schon viele Jahre vor der Zeit dieser Streiterinnen war Hauswirtschaftslehre in den Klassenzimmern unterrichtet worden.

Die frühen Hauswirtschaftlerinnen waren sich in einer Sache alle einig: Sie glaubten alle an die Bakterien-Theorie – die ja selbst in Medizinerkreisen erst in den frühen 80er Jahren weitgehend akzeptiert wurde und erst in den 90ern des 19. Jahrhunderts die Phantasie von vielen beflügelte. Die Bakterien-Theorie wies den Expertinnen der Hauswissenschaft den Weg zu ihrem ersten großen Sieg: Das Putzen wurde vom dilettantischen Staubwischen zu einem »sanitären Kreuzzug« gegen »gefährliche Kräfte im Innern« entwickelt. Hier war endlich eine lohnende Herausforderung für die Kräfte und Fähigkeiten gebildeter Frauen.

In Deutschland mühte sich unter anderen der Lette-Verein um die Ausbildung von Haushaltsschülerinnen. In diesem Lehrzimmer übten die Mädchen 1912 unter strenger Aufsicht das Plätten.

In Hauswissenschaftsklassen und Vorträgen, in Aufsätzen und Büchern erklärten die Hauswissenschaftlerinnen, wie leicht Milch durch Krankheitskeime verunreinigt werden konnte; Fliegen wurden als Träger mikroskopischer Infektions-Organismen verdammt; die Bedeutung sauberen Wassers wurde betont. Es wurden ausschließlich Frauen unterrichtet. Man interpretierte wissenschaftliche Erkenntnisse und gab sie weiter. Diese Frauen glaubten an sich als Prophetinnen einer häuslichen Offenbarung. Eine schöne neue Welt stand gleich hinter der nächsten Ecke; das 20. Jahrhundert dämmerte herauf, und mit Hilfe von Wissenschaft und Technik würde sich die Arbeit der Frauen im Haus völlig verändern.

Die frühen Hauswissenschaftlerinnen waren sehr ernsthaft bei der Sache. Keine dieser würdigen Frauen scheint auch nur den geringsten Spaß oder die geringste Ironie verstanden zu haben. Ihr Selbstwertgefühl ist furchteinflößend. »Während der Jahre meiner Tätigkeit als Hauswissenschaftlerin«, schreibt eine Lehrerin 1899, »hat sich in mir ein Gefühl echter Berufung und Würde eingestellt, während der ethische Wert meines Berufs sich entwickelte. Es gibt vielleicht keinen Zweig der pädagogischen Arbeit, der oberflächlich gesehen so enttäuschend wie unserer ist.« Sie fährt fort, eine gute Lehrerin wisse, wie sie »nicht nur dem analphabetischen Arbeitstier Fleiß und Sauberkeit beibringen« könne, sondern sie könne auch »der neuen Generation einen erweiterten Blick auf den Haushalt, seinen Zweck und seine Erfordernisse vermitteln«.

Harriette Plunkett zufolge ist es die erste Pflicht der Hausfrau, sich mit den Rohren, sanitären Einrichtungen und der Klempnerarbeit ihres Hauses auszukennen. Ihr Buch zu diesem Thema ist nervtötend detailliert: »Die unmittelbare Umgebung des Haushalts vieler Frauen ist ein feuchter Keller und vielleicht ein feuchtes, nicht entwässertes Grundstück.«

Sie beschreibt die Millionen von Bakterien, die sich in den feuchten, verfaulenden Pflanzenresten entwickeln, die mit Sicherheit irgendwo im Keller schimmeln. »Die häusliche Umgebung«, fährt sie fort, »kann sich dadurch verschlechtern, daß der Brunnen so nahe liegt, daß unvermeidlich tierische Exkremente und Fäkalien aus einer schlecht angelegten und schlecht gelegenen Sickergrube oder einem Abort hineingelangen. Es gibt zu dieser Stunde Tausende von Krankheitskeimen, die töten, wenn man mit ihnen in Kontakt kommt, oder die durch das tägliche Einsickern kleiner Mengen von Gift die Gesundheit untergraben.«

Im Jahr 1898 fand erstmals eine Konferenz von Hauswirtschaftlern in Lake Placid im Staat New York statt. Bei diesem Treffen kamen Leute zusammen, die viele verschiedene Studienrichtungen repräsentierten: Chemie, Biologie, Physik, Bakteriologie, Hygiene, sogar Psychologie und Soziologie. Von dieser Kon-

8 Alles auf den Kopf gestellt

ferenz – und den folgenden jährlichen Konferenzen – an verlangten die Hauswirtschaftlerinnen, daß ihre Disziplin besser bekannt, besser unterrichtet, besser geachtet werden müsse.

Neun Jahre nach der ersten Zusammenkunft beklagte man in der Lake-Placid-Konferenz von 1907 den immer noch hier und da herrschenden Glauben, Hauswirtschaftserziehung sei keine Notwendigkeit. Die Bewegung marschierte weiter, obwohl es viele Fragen und Zweifel gab: Was war Hauswirtschaft wirklich? Sollte sie wesentlich akademischer oder praktischer Natur sein? Immer mehr Fächer wurden unter ihrem Dach aufgenommen: Architektur, Innenarchitektur, Kinderpflege, Wirtschaft, Ästhetik, Mathematik, Physiologie, Geschichte, Anthropologie. Der Streit über das wahre Wesen und Ziel der Hauswirtschaftslehre wurde immer verwickelter und setzt sich durch das gesamte 20. Jahrhundert hindurch fort.

Ellen Richards, die Mutter der Hauswirtschaftslehre und eine Pionierin der Bewegung, war in den 80er Jahren des 19. Jahrhunderts eine sehr direkt vorgehende Frau mit einer ungewöhnlichen Vision. Eisern verlangte sie von den Frauen, sie müßten sich wenigstens ein paar wissenschaftliche Kenntnisse aneignen, wenn sie ein Haus anständig führen wollten. Ihre Überzeugung, daß die Monotonie der Hausarbeit sich durch »die Lust am intelligenten Experiment« erleichtern ließ, war unerschütterlich. Angesichts der Tatsache, daß ein kleines Staubteilchen von mikroskopisch kleinen Wesen wimmelt, erklärte sie, die Sauberkeit sei »eine sanitäre Notwendigkeit des 20. Jahrhunderts«. Um diese Sauberkeit zu erreichen, müssen die Frauen das Wesen des Schmutzes und der Krankheit voll begreifen. So schrieb sie 1899:

Frauen denken. Nicht alle, aber in jeder Stadt gibt es ein paar. Das ist ein großer Gewinn. Bei jedem zweiten meiner vielen Vorträge, die ich im letzten Winter halten durfte, fand ich ein paar ernsthafte Seelen, die bereit waren, das zu akzeptieren, was die Wissenschaft des 20. Jahrhunderts ihnen zweifellos anbieten wird ... Die jungen Frauen von heute können gar nicht umhin, ein bißchen von dem großen allgemeinen Trend des Fortschritts der sozialen, sanitären und ökonomischen Wissenschaft zu lernen, so oberflächlich es auch sein mag: das sind die Wissenschaften, die das häusliche Leben im nächsten Jahrhundert gewiß gründlich beeinflussen werden.

Ellen Richards hielt fleißig Vorträge, zum Beispiel über »Bakteriologie in bezug auf das tägliche Leben« und »Öffentliche Hygiene in bezug auf die Hausfrau«. Sie rief die Frauen zu einer »Revolution des Denkens« auf und hatte wenig Geduld mit Frauen, denen es bezüglich der Hausarbeit an Fortschrittlichkeit mangelte:

Warum wird die tägliche Hausarbeit von so vielen Frauen als Plackerei betrachtet? Weil diese Frauen nicht wissen, daß »Sicherheit« heute gute Nahrung, gute Luft und Sauberkeit bedeutet, daß es heute viel wichtiger für das Ideal des Hauses ist, gute Rohrsysteme, eine gute Durchlüftung und all das, was die Bewohner eines Hauses zu gesunden, glücklichen, zufriedenen Individuen macht, zu haben, als daß die Hausfrau ihre oder die Kleider ihrer Kinder selbst schneidert oder ihr Silber putzt.

Ellen Richards, zweifellos eine wohlmeinende und originelle Frau, besaß eine ungeheure Energie und folgte weitsichtig fernen Idealen. Sie glaubte wirklich, daß wissenschaftliche Kenntnisse und eine bessere Erziehung und Ausbildung der Schlüssel waren, der die Frau von der Plackerei der Hausarbeit befreien würde. Sie verfolgte diese höhere Vision der Haushaltsführung, hatte aber keine Geduld mit dem typischen Wirrwarr im Leben normaler Frauen. Sie war eine wohlhabende, glücklich verheiratete, kinderlose Frau und eine der vielen Hauswissenschaftstheoretikerinnen, deren Ideen oft seltsam losgelöst von den Alltäglichkeiten scheinen, mit denen sie sich vorgeblich beschäftigen.

Ellen Richards macht auch ganz deutlich – wer ein sauberes Haus haben will, braucht Geld: »Wenn die Hygienebeauftragte und die Hauswirtschaftslehrerin der verzweifelten Hausfrau die frohe Botschaft der Sauberkeit predigen, müssen sie genau wissen, wieviel sie ihr an Zeit, Geld und Kraft abverlangen.« Ein Haus wirklich »keimfrei« zu halten, kostet, so Richards, etwa 12,5 Prozent des gesamten Einkommens einer Familie. Ihr Sauberkeitsstandard war hoch, kein Wunder bei so einem Preis. Sie legt, ohne mit der Wimper zu zucken, dar, was alles wann in einem normalen Haus gesäubert werden muß:

In einem gewöhnlichen Achtzimmerhaus Staub und eingeschleppten Dreck zu entfernen, kostet achtzehn Stunden pro Woche, fünfzig Wochen im Jahr oder neunhundert Stunden. Wenn ein Herd und offene Kamine brennen, reichen dafür vier Spezialreinigungen pro Jahr, jede zu zwanzig Stunden, aufs Jahr also achtzig Stunden, aus. Das Fensterputzen dauert zehn Stunden pro Monat, für Jalousien und Veranden kommen noch acht Stunden hinzu, d.h. achtundsiebzig Stunden im Jahr. Das Abwaschen und Tünchen der Wände kostet zweimal jährlich je fünfzehn Stunden, und mit einer Bibliothek noch einmal viermal je fünfzehn Stunden, macht zusammen neunzig Stunden im Jahr. Das Waschen und Säubern der Stoffe, Textilien, Vorhänge, Gardinen etc. dauert acht Stunden pro Monat oder sechsundneunzig Stunden im Jahr, das macht zusammen 1 244 Stunden oder zweiundzwanzig Arbeitswochen eines Hausmädchens mit etwas mehr als sechsundfünfzig Arbeitsstunden pro Woche.

8 Alles auf den Kopf gestellt

In einem Handbuch für Hausfrauen von 1887 wird erklärt, daß Frauen in ihrem Streben nach Hygiene im Haus sich zudem aktiv und *öffentlich* engagieren, die Diskussionen der »entsprechenden Kongresse, Gesundheitsämter und anderer Behörden« verfolgen müssen. Diese öffentlichen Pflichten kommen zu den privaten Verpflichtungen der Frauen hinzu. »Unsere soziale Ordnung legt den meisten Frauen während des größten Teils ihres Lebens die Verantwortung für das Schaffen und Bewahren der Bedingungen für das häusliche Leben auf. Von diesen Bedingungen hängt in großem Maße die Gesundheit des Haushalts, vor allem der kleinen Kinder, ab.«

Verantwortung für kleine Kinder ist ein Thema, das bei allen Autorinnen, die über das Thema Haushalt schreiben, unablässig wiederholt wird. Eine bewährte Methode ist, den Frauen zu sagen, daß sie ihre Pflicht nicht erfüllen: Sie gefährden durch Mißachtung der Sauberkeit die Gesundheit ihrer Kinder. Ob es uns gefällt oder nicht: Wir fühlen uns gezwungen zuzuhören. Um die Jahrhundertwende waren die Hauswissenschaftlerinnen äußerst besorgt wegen der verunreinigten Milch, die Kindern manchmal gegeben wurde. Mit dem Holzhammer wird immer wieder betont, daß Milch sauber sein muß, daß sie amtlich inspiziert werden sollte, daß Mütter extrem vorsichtig wegen der Milch sein sollten, die sie ihren Kindern geben, und wie sie die Fläschchen säubern müßten. Dieser Rat, auch wenn das alles heute selbstverständlich erscheint, hat zweifellos unzähligen Kindern das Leben gerettet.

Daß man eine wissenschaftliche, keimfreie Methode des Haushaltens propagierte, ging Hand in Hand mit einer neuen Einstellung zur »Effizienz« im Haushalt. 1899 schrieb Ellen Richards: »Wie lange sollte es dauern, ein Zimmer zu säubern oder die Zimmer einer Familie von drei oder fünf Personen zu putzen? Es dürfte nicht schwierig sein, das zu klären, wenn Frauen der Vernunft zugänglich wären oder wenn sie eine Ausbildung in Physik hätten, so daß sie sagen könnten, ob die betreffende Person ihre Zeit vergeudet, indem sie zehnmal hin- und hergeht, wo einmal genügen würde.« Solche Bemerkungen lassen schon die Zeit- und Bewegungsstudien ahnen, die später die Schriften mehrerer Nachfolgerinnen von Ellen Richards, vor allem die von Christine Frederick, beherrschen sollten.

Christine Frederick war eine Fanatikerin auf dem Gebiet der Effizienz im Haushalt, stark beeinflußt von der Arbeit der Ingenieure, die die Bewegungsabläufe in der Industrie verkürzen und rationalisieren wollten. Ihr Gatte war ein Geschäftsmann und Marktforscher, der eng mit Rationalisierungsexperten zusammenarbeitete und mit ihren Arbeitszeitstudien vertraut war. Mrs. Frederick konnte beobachten, welche neuen Methoden zur Verbesserung der industriellen Produktion ausprobiert wurden, und dann übersetzte sie diese Methoden in

Arbeitszeitvergleiche kamen, nachdem sie erst einmal eingeführt waren, nicht mehr aus der Mode. Das AEG-Haushaltsstudio in Nürnberg maß vergleichend die Zubereitungszeiten eines Kuchenteigs, abhängig von unterschiedlichen Elektromixern.

eine Verbesserung der Arbeitsgewohnheiten in ihrem eigenen Haus. Mit grenzenloser Energie begann sie die Hausarbeit in einem zusammenhängenden Arbeitsplan zu organisieren. Werkzeug, Geräte, Arbeitsoberflächen mußten getestet und ausgewählt, das Bücken und Heben eingeschränkt und überflüssige Schritte eliminiert werden. Diese Aufgabe reizte sie: »Große und kleine Haushaltsprobleme fanden ein ganz neues Interesse, und neue Möglichkeiten eröffneten sich. Statt etwas Sklavisches darzustellen, wurden sie Gegenstand vernünftiger Untersuchung, genau wie im Geschäftsleben und in der Industrie, wo Männer schwungvoll und erfolgreich diese Aufgaben anpacken.«

Christine Frederick führte sowohl in ihrer eigenen Küche als auch in der anderer Frauen erschöpfend gründliche Studien durch. Sie stoppte den zeitlichen Aufwand diverser Tätigkeiten, machte Fotos, schätzte den Energieverbrauch und die Muskelbewegungen verschiedener Arbeitsabläufe, lieferte detaillierte Analysen selbst der geringsten Hausarbeiten und gelangte schließlich zu praktischen Vorschlägen, wie sich daheim Zeit sparen und die Effizienz erhöhen ließe.

Die Einleitung zu ihrem Buch *The New Housekeeping* (1913) hat der damals bekannte Rationalisierungsexperte Frank Gilbreth verfaßt. Er äußert sich überschwenglich:

Nichts ist lohnender, als die Hausarbeit effizient zu machen. Wenn die Führung eines Haushalts zur Wissenschaft und zugleich Kunst wird, wenn sie auf Messungen beruht – dann wird sie der besten Gehirne und höchsten Anstrengungen würdig. Mrs. Frederick hat dem Land einen echten Dienst erwiesen, indem sie die Hausarbeit von der Monotonie befreit hat, die vom Erledigen uninteressanter, sich wiederholender Arbeit kommt, der jeglicher Anreiz fehlt, und dadurch, daß sie die Notwendigkeit erkannte, den Haushalt in ein Laboratorium zu verwandeln – eine Lehranstalt für die Frauen und Kinder, und vielleicht ein Beispiel für die Männer.

The New Housekeeping basiert auf vier 1912 im *Ladies' Home Journal* erschienenen Aufsätzen. Die Herausgeber dieser angesehenen Zeitschrift zitieren die Fallstudie eines Maurers, dessen Arbeitsleistung sich dadurch radikal verbesserte, daß er die Vorschläge eines Rationalisierungsfachmanns beherzigte, und sie kündigen Mrs. Fredericks Beitrag mit den folgenden Worten an: »Jetzt steht eine Revolutionierung der Hausarbeit an, und in diesen Aufsätzen wird im Detail dargestellt, wie sie verlaufen wird.«

Mrs. Frederick stürzt sich zunächst in ein Wirrwarr von Einzelheiten: »Nach dem Abendessen spüle ich gewöhnlich achtundvierzig Porzellanteile, zweiundzwanzig Silberteile und zehn Küchengeräte und Töpfe, also zusammen achtzig einzelne Teile, ab; und jahrelang habe ich nicht bemerkt, daß ich, allein beim Abwaschen, achtzig falsche Bewegungen machte.« Man stelle sich all ihre Berechnungen vor. Aber sie war großartig bei all diesen Aufgaben: Sie maß, sie zählte, sie stoppte die Zeit, dann noch einmal von vorn, dann noch einmal. Erstaunlicherweise scheint sie all dessen niemals müde geworden zu sein.

Indem sie die Höhe ihrer Abwaschschüssel veränderte, ihr Abtropfbrett anders anbrachte, ihre Methode des Abkratzens der Essensreste verbesserte, behauptet Mrs. Frederick, die Zeit des Abwaschens um ein Drittel verringert zu haben. Sie beschreibt auch, wie sie ihre Methoden des Staubwischens, Fegens und Fensterputzens dadurch verbesserte, daß sie jeweils nur eine Aufgabe erledigte und niemals alles zugleich zu bewältigen versuchte. Von einer Arbeit zur anderen zu springen, ist ausgesprochen ineffizient, behauptete sie, das habe eine »Nervenanspannung« und Erschöpfung zur Folge. »Jedesmal, wenn die Arbeit sich verändert (vom Fegen zum Scheuern oder von irgendeinem Schritt zum nächsten), findet eine Vergeudung von Bewegung und Anstrengung statt.«

Natürlich war Mrs. Frederick eine fürchterlich tüchtige Person, die Listen ausfüllte, Bestandsaufnahmen machte, Arbeitspläne erfüllte. Sie übertrug die meisten ihrer Hausarbeiten auf Karteikarten, zeichnete auf, wo sie ihre verschiedenen Arbeitshandschuhe aufbewahrte und was jede einzelne Bürste kostete. In ihrem Putzmittelschrank brachte sie sogar an jedem Haken und Regalplatz ein Schild an, damit ihr Handwerkszeug und ihre Putzmittel sich immer genau am richtigen Platz befanden. »Wenn man die Schilder festklebt und lackiert, bleiben sie jahrelang an ihrem Platz«, versichert sie uns.

Mrs. Frederick behauptete, die Instruktionen zum Putzen müßten schriftlich niedergelegt und an dem dafür vorgesehenen Tag buchstabengetreu ausgeführt werden. Folgerichtig erklärt sie 1915 in ihrem neuen Buch, *Household Engineering*: »Daß unsere Mahlzeiten oft soviel besser zubereitet als unsere Zimmer geputzt sind, kommt praktisch nur daher, daß es für letzteres keine schriftlichen Anweisungen gegeben hat, die für ersteres sehr wohl vorhanden waren.« Sie empfiehlt, für jedes Zimmer eine Sammlung schriftlicher Instruktionen anzulegen; diese sollten dann »an einer unauffälligen Stelle im Zimmer festgeklebt oder mit Reißzwecken befestigt werden«. In diesen Instruktionen werden, wie in einem Kochrezept, die Arbeitsgeräte, die Methode und die empfohlene Länge der Zeit für den Vorgang aufgeführt. Viel mehr Wahnsinn als Methode steckt im Aufstellen solcher tyrannischen kleiner Systeme, aber Mrs. Frederick verteidigt eisern ihre Position: »Ich stelle fest, daß Frauen, die behaupten, sie haßten Systeme und Methoden und das alles sei ihnen zu mechanisch und zu formal, genau diejenigen Frauen sind, die unablässig von der ›Plackerei im Haushalt‹ sprechen.«

Für die organisatorisch weniger Begabten unter uns hat Mrs. Frederick offenbar kein Jota Sympathie. Sie stürmt wie eine Dampfwalze vorwärts und stellt ihre immer effizienteren, wissenschaftlicheren und hygienischeren Methoden der Haushaltsführung dar. In allem, was sie schreibt, ist sie gründlich, didaktisch und von unerschütterlichem Ernst.

Ich wäre sehr betrübt, wenn mein ernstes Plädoyer für eine effizientere geistige Einstellung nur einen noch größeren sklavischen Arbeitseifer zur Folge hätte ... Effizienz wäre eine traurige Sache, wenn sie nur eine gefängnisartige, zwanghafte Routine wäre. Aber das ist sie nicht, glauben Sie mir das bitte. Ihr eigentlicher Sinn und Zweck ist mehr Freiheit, mehr Muße, ein nüchterneres, scharfsinnigeres Wertesystem und die Abschaffung der Kraftverschwendung.

Ein solches Plädoyer wirkt allerdings gar nicht überzeugend. Nur wenige Frauen werden Mrs. Fredericks Anweisungen zum Putzen und Haushalten beherzigen wollen oder darin Erfolg haben, und das sind womöglich ziemlich wahnsinnige Frauen.

Aber trotz ihrer unmöglichen Forderungen ist Christine Frederick eine recht einnehmende Autorin. Sie muß eine ziemlich nervtötende Person gewesen sein, starrsinnig, unbeirrbar und schrecklich tüchtig, aber ihr grenzenloses Vertrauen in ihre eigenen Methoden und Meinungen und ihre penible Aufmerksamkeit gegenüber winzigen Details ruft doch eine Art widerwillige Bewunderung hervor. Sie überwältigt uns mit ihren energischen Ratschlägen, die stets auf genauen

Vor allem die richtige Haltung ist wichtig beim Putzen: Allen Ernstes wurde 1939 empfohlen beim Staubwischen der Gardinenstangen ein Bein auf einer Stuhllehne zu plazieren.

Beobachtungen von Frauen bei ihrer Hausarbeit beruhen. »Strecken Sie die Brust heraus«, befiehlt sie, »während Sie mit den Armen den Besen, Mop etc. handhaben. Beim Scheuern des Fußbodens sollten Sie sich niemals hinknien und heftige Schüttelbewegungen ausführen, wie das üblich ist – sondern wählen Sie sich statt dessen ein Gerät aus, das es Ihnen erlaubt, die Arbeit im Stehen zu bewältigen ... Üben Sie schnelle, geschickte Handgriffe ... Auf diese Art und Weise werden Sie die Plackerei durch beste Ergebnisse und höchste Geschicklichkeit ersetzen.«

Beim Putzen sollten wir uns schick anziehen, »denn die richtige, hübsche Kleidung wirkt sich auf unsere Selbstachtung aus ... Wer besser angezogen ist, leistet bessere Arbeit.« Eine Frau kann sogar moppen und putzen, ohne »wie eine Putzfrau« auszusehen. Empfohlen wurde 1915 zum Putzen: »Ein einfacher, kürzerer, ausgestellter Rock, ein kurzes Hemd wie eine Matrosenbluse ... Sie sollte kurze Ärmel und einen flachen Kragen haben und kann aus

Baumwollkrepp, Kambrik oder ähnlichem Material sein ... Ein Häubchen ist auch ein notwendiges Zubehör, es hindert erstens das Haar daran, sich zu lösen und ins Gesicht zu fallen, und zweitens dient es zum Schutz vor Staub.« Erinnern Sie sich an all das, wenn Sie das nächste Mal auf Händen und Knien in dreckigen Jeans – und während Ihnen die Haare ins Gesicht hängen – den Boden hinter der Toilette putzen.

Voller Verachtung verdammt Mrs. Frederick alle Putzpraktiken der Vergangenheit. Das einzige Ergebnis dieser alten Methoden sei gewesen, sagt sie, den Staub und Dreck von einem Ort zum anderen zu verteilen: Mit der Teppichbürste wirbelte man den Staub in die Luft; mit dem Federbesen fegte man ihn von den Bildern und Gegenständen wieder hinunter auf den Boden. Aber es winkt die Erlösung von alledem: »Das neue hygienische Ideal beruht heute auf ›Absorption‹.« Was die Benutzung eines staubfreien (d. h. präparierten) Staubwedels und des modernen Staubsaugers bedeutete.

»Keine Erfindung ist so sehr für die neuen Putzmethoden verantwortlich wie der sogenannte Staubsauger«, verkündet sie. Sie diskutiert dann auf etlichen Seiten die verschiedenen Typen von Staubsaugern, die auf dem Markt sind, von denen die einen mit der Hand durch einen Blasebalg betrieben werden, während andere bereits elektrisch funktionieren. Sie erwähnt sogar »permanente Staubsaugsysteme«. Diese befanden sich im Keller, wurden elektrisch betrieben und erforderten ein System von Absaugrohren im ganzen Haus, an das dann die Saugschläuche angeschlossen werden konnten. Interessanterweise zeigen Christine Fredericks Zeitstudien, daß durch Verwendung dieser frühen Staubsauger nur wenig oder gar keine Zeit gespart wurde, denn sie waren schlecht in ihrer Saugwirkung und in ihrer Handhabung umständlich, aber der Staubsauger »bewirkt, daß seltener saubergemacht werden muß, was ein großer Vorteil ist«.

Einen großen Teil des Komforts und der »Effizienz« unserer modernen Haushalte verdanken wir Christine Frederick und ihresgleichen. Mrs. Frederick richtete sich in ihrem Haus auf Long Island eine experimentelle Küche ein, wo sie eine Unmenge Haushaltsgeräte und Hilfsmittel testete und ihre endlosen Effizienz-Studien ausführte. Sie untersuchte alle Arten häuslicher Tätigkeit: Kochen, Wäschewaschen, Einkaufen, Putzen, und überall hatte sie Ideen, wie man Zeit und Mühe sparen könnte. Wenige ihrer Ideen haben sie überlebt. Aber sie ist zumindest teilweise für einige der häuslichen Arrangements verantwortlich, die wir heute für selbstverständlich halten – zum Beispiel die Höhe der Arbeitsflächen in der Küche, die Aufteilung einer Küche, die Anordnung von Spüle, Herd und Kühlschrank, die Lage von Fenstern und Schränken in einer Küche.

Christine Frederick war wie so viele andere Hauswirtschaftlerinnen durch und durch konservativ. Zwar wollte sie die Frauen ja, wie sie wiederholt erklärte, von der Plackerei im Haushalt befreien, aber nie fiel ihr ein, sie zur Teilnahme an Aktivitäten außerhalb des Haushalts aufzufordern. Das richtige Studium der Hauswirtschaft war für sie eine Methode, die Frauen im Haus nützlich und glücklich zu machen. In *The New Housekeeping* schrieb sie: »Wenn Sie klug sind, wollen Sie, daß Ihre Tochter mehr als Sie weiß und begreift … Die neue Hauswirtschaftslehre ist ein gutes Gegengift gegen die unnatürliche Gier nach einer »Karriere« und gegen den Unmut, Aufmerksamkeit und Stolz in jene Dinge zu investieren, die die Frau aufgrund ihrer Rolle im Leben früher oder später können muß.«

Die Ablehnung von außer Haus arbeitenden Frauen wird zumeist stillschweigend vorausgesetzt. Daß das traute Heim für die Frau der Lebensmittelpunkt sein soll, kommt um 1880 genauso zum Ausdruck wie um 1920. Dennoch fanden dazwischen riesige Veränderungen statt. Die Hauswirtschaftlerinnen bleiben indes bei ihrer guten alten Melodie: Die ordentliche Verrichtung der hausfraulichen Künste ist eine mehr als ausreichende Aufgabe im Leben eines Weibes. Das Studium der Hauswirtschaft sei ihr Bestreben und ihre Berufung das ordentliche Erlernen all ihrer häuslichen Arbeiten.

Diese implizite Mißbilligung der Tatsache, daß Frauen außerhalb des Hauses arbeiteten, wurde immer deutlicher, je mehr die Hauswirtschaftsbewegung reifte. Eine »arbeitende Frau« mit entschieden außerhäuslichen Interessen zu sein war das genaue Gegenbild des stark propagierten Hausfrauenideals. Sie sollte eine damenhafte, enthusiastische und voll ausgelastete Person sein, die innerhalb der vier Wände ihres Heims eine herausfordernde, anspruchsvolle und »wissenschaftliche« Karriere macht. Die Autorinnen von *The House and Home* verbreiteten sich darüber 1896 wie folgt:

Wissenschaft und Erfindung haben die Hauswirtschaft revolutioniert. Sie haben es der Frau ermöglicht, das Amt einer Hausfrau auszuüben und dennoch Muße zu haben, die schönen Dinge des Lebens zu genießen … Sie haben sie von der Arbeit befreit, die die Frauen früherer Generationen mit eigenen Händen zu verrichten gezwungen waren … Ob sich die Frau im ersten Hochgefühl ihrer Freiheit, die ihr eigentlich Muße bringen sollte, für außerhäusliche Aufgaben »entfesselt«, bis ihr das Heim zweitrangig wird, statt das erste in ihrem Leben zu sein, werden künftige Jahre entscheiden.

Diese Art Botschaft beherrscht die ersten Dekaden der Hauswirtschaftsbewegung. Trotzdem gab es eine kleine Schar von Frauen, die ebenfalls aber ganz anders über die Hauswirtschaft schrieben. Sie behaupteten, eine Frau hätte das Recht – und sogar die Pflicht –, sich außerhalb des Hauses zu engagieren. Charlotte Perkins Gilman war die herausragendste dieser Autorinnen.

Insbesondere im Nationalsozialismus (hier ein Plakat von 1940) wurde größten Wert darauf gelegt, daß Frauen zu Hausfrauen erzogen wurden. Eine Betätigung außer Haus war verpönt.

Charlotte Perkins Gilman, die Anfang des 20. Jahrhunderts wütend ihre Ansicht verkündete, daß die Frauen einmal gründlich über ihre Bereitschaft, die »Versorgerinnen und Putzfrauen« ihrer Familien zu sein, nachdenken sollten, war die originellste Feministin, die die Vereinigten Staaten je hervorgebracht haben. Gilman erhoffte sich eine radikale Veränderung am häuslichen Horizont – eine Veränderung, die den Frauen erlauben würde, ihr Leben selbst in die Hand zu nehmen: »Die Mädchen drängen heute auf alle gesellschaftlichen Ebenen hinaus, wollen Dinge tun, statt sich damit zu begnügen, Dinge zu essen, Dinge zu tragen und Dinge abzustauben. An die Stelle des infantilen Entgegennehmens von Geschenken tritt der ehrenhafte Selbstversorgungstrieb.«

Gilman hatte keine Geduld mit Frauen, die sich weiterhin auf ein häusliches Rad der Selbstaufopferung binden lassen wollten. Was den Hausputz angeht, äußert sie sich besonders ärgerlich:

Es ist amüsant, wie man diese am wenigsten erstrebenswerte aller Arbeiten so unschuldig zur natürlichen Pflicht der Frau erklärt hat. Die Frau, diese niedliche, feine, reizende Person, die geliebte Gattin und hochverehrte Mutter, ausgerechnet ihr fällt nach allgemeiner Übereinkunft die Aufgabe zu, die Zimmer und Küchen dieser Welt zu putzen. Alles, was am Niedrigsten und Schmutzigsten ist, muß sie am Ende wegräumen und beseitigen. Schmieriges Fett, Asche, Staub, dreckige Wäsche und verrußte Töpfe – zwischen all dem vergeht ihr Leben.

Frauen sind Gilmans Ansicht nach oft ihre eigenen, schlimmsten Feindinnen:

Die ökonomisch abhängige Frau, die die gesammelten Kräfte ihres Geschlechts in ihrem engen Käfig verbraucht, hat ihre beengte Behausung mit unendlich vielen Dingen – nützlichen und unnützen, ornamentalen und nicht ornamentalen, komfortablen und nicht komfortablen Dingen – vollgestopft; und die Arbeit ihres Lebens besteht darin, diese Dinge zu pflegen und sie sauberzuhalten.

Gilman zufolge lag die offensichtliche Lösung des Problems in dem Gedanken eines kooperativen Haushaltens. Die Leute brauchten nur in zweckdienlich gebauten Anlagen mit zentralen Küchen und Eßarealen, zentralen Wäschereien und Putzdiensten zu leben – dann würde alles für sie gekocht, geputzt, und sie selbst wären frei, andere Interessen zu verfolgen. Sie ist überzeugt davon, daß viele Frauen sich für diese Idee begeistern würden, derart von häuslichen Sorgen befreit zu sein. Sie spricht von »Hunderttausenden von Frauen allein in New York City, die ein Arbeitseinkommen und außerdem eine Familie haben«, nicht nur arme, ungelernte Frauen, sondern »Geschäftsfrauen, Akademikerinnen, wissenschaftlich, künstlerisch, literarisch arbeitende Frauen ... Diese Frauen wollen ein Zuhause haben, nicht aber den Wirrwar niederer Arbeiten, die sie daheim verrichten sollen.«

Zu Anfang des 20. Jahrhunderts wurden zentrale Wäschereien als Utopie entworfen. 1962 waren sie dann längst Realität wie der VEB Blütenweiß in Berlin, den man als »wertvollen Helfer der werktätigen Frau« pries.

Charlotte Perkins Gilman war nicht die einzige, die sich mit einer solchen Verachtung über den »Wirrwar niederer Arbeiten« im Haus – vor allem über das Putzen und Kochen – äußerte. Sie gehörte zu der einflußreichen kleinen Schar der heute als »materielle Feministinnen« bezeichneten Frauen, die eine Bezahlung für Hausarbeit forderten. Diese Feministinnen verlangten effizientere Lebensbedingungen, nicht damit sich die Frau besser ihren Besitztümern oder ihrer Familie widmen konnte, sondern um es ihr zu ermöglichen, sich mehr sozial, beruflich oder ökonomisch unabhängig außerhalb des Hauses zu betätigen.

Allem, was die materiellen Feministinnen sagten, lag der Aufruf zur sozialen Veränderung zugrunde: der ineffiziente Einfamilienhaushalt wurde verworfen; es war ein radikales »Neues Denken«, was die wirtschaftliche Abhängigkeit der Frauen anging, ein Aufruf an die Frauen, sich von ihrer traditionellen Stellung im Haus abzuwenden und auf größere Themen zu konzentrieren. Aber die materiellen Feministinnen verlangten zuviel, und das auch noch zu einer Zeit, als der neue häusliche Konsumkult rapide zunahm. Das Bild eines mit allerlei Schnickschnack und Geräten gefüllten und von einer nicht arbeitenden Hausfrau verwalteten Einfamilienhauses wurde immer mächtiger. Angesichts dieses vorherrschenden und durch intensive Werbung geförderten Ideals hatte die Bewegung für kooperatives Hauswirtschaften niemals eine Chance. Charlotte Perkins Gilmans nüchterne und intelligente Kritik, private Eigenheime seien »aufgeblähte Gebäude gefüllt mit tausend Überflüssigkeiten«, traf schon zur Jahrhundertwende zu und wurde im Lauf des 20. Jahrhunderts immer treffender.

Die Hauswissenschaftlerinnen versicherten derweil treuherzig, es sei ihr Ziel, die Frauen von der Plackerei der Hausarbeit zu befreien. Aber gleichzeitig arbeiteten sie wie wild daran, die Hausarbeit als einen neuen »Beruf« und eine neue »Wissenschaft« zu etablieren, so daß ihre Rhetorik ein abscheulicher Wirrwarr aus Übertreibungen und richtiggehenden Lügen wurde. Jede Tätigkeit im Haushalt, vom Reinigen der Abflußrohre mit kochendheißem Wasser bis zum Fußbodenscheuern, wurde als »Wissenschaft« beschrieben; jede häusliche Großtat wie das Abtöten der Bakterien oder das Lüften der Zimmer wurde in den Rang einer beruflichen Leistung erhoben. Nirgendwo wird ausgesprochen, daß eine solche Arbeit unvermeidlich gewöhnlich, eintönig und öde ist. Diese Tätigkeiten sollten zu »einem Spiel, einem Gewinn, zur freien Wahl werden«, wie Mary Pattison, eine Hauswirtschaftlerin, 1915 schreibt.

Eine solche superoptimistische Sicht der Dinge läßt sich natürlich nicht aufrechterhalten. Heute weiß – und schon damals wußte – jede Frau genau, daß es eine zeitraubende, dreckige und oft undankbare Sache ist, einen Haushalt zu führen und sauberzuhalten. Die Plackerei früherer Zeiten wird beklagt, aber die

Hausarbeit als Wissenschaft? Nur wer durch alle Härten hindurchging, also auch lernte, die Wäsche am Waschbrett zu schrubben – zu einer Zeit, als es Waschmaschinen längst gab –, galt als gründlich ausgebildet.

detaillierten Beschreibungen der täglichen Hausarbeit zu Anfang des 20. Jahrhunderts lassen derartig hohe Ansprüche vermuten, daß sie kaum zu erfüllen gewesen sein dürften. Selbst mit einer Zugehfrau zur Unterstützung dürfte die Hausfrau ihre Arbeit als ungeheuer zeitraubend empfunden haben, wenn sie getreu die Forderungen der Hauswissenschaftlerinnen erfüllen wollte. Den Frauen blieb wahrscheinlich kaum freie Zeit, falls sie sich tatsächlich anstrengten, immer perfektere »professionelle« Hausfrauen zu sein. Als das 20. Jahrhundert fortschritt, wichen die Visionen der frühen Hauswissenschaftlerinnen wie Ellen Richards, die den idealistischen Glauben an die Erziehung der Frauen zu einem intelligenten Verständnis ihrer Hausarbeit vertrat, einer permanenten Drangsalierung der Frauen mit immer neuen Forderungen, ihre Standards zu verbessern und ihre Effizienz zu steigern.

Hausarbeit, wie wir sie kennen ..., wurde um die Jahrhundertwende mit dem exakten Ziel, Sinn und Zweck erfunden, den Frauen der Mittelschicht etwas zu tun zu geben. Mit anderen Worten: um sie von der Straße, der Suffragettenbewegung und von der Arbeitswelt fernzuhalten. Die Hauswirtschaftlerinnen waren Frauen, die darauf ihre Karrieren gründeten, daß sie anderen Frauen sagten, sie sollten keine Karrieren machen, weil die Hausarbeit allein schon eine zu große Aufgabe sei. Und das stimmte ja auch, da ihrem Standard nach in einem gepflegten Heim keine Spur menschlichen Daseins mehr zu finden sein durfte. So wohlmeinend die Absichten dieser Frauen auch gewesen sein mögen, bereiteten sie doch schon die Bühne vor, die die Hausfrau des 20. Jahrhunderts betreten sollte. Die Rolle, die sie spielen und die Standards, die sie erreichen sollte, waren unmöglich, verdummend und einengend. Schließlich hatten die Frauen, die einen Kreuzzug für eine wissenschaftliche und effiziente Hauswirtschaft geführt hatten, nur eine noch komplexere häusliche Falle für die Frauen gebaut.

9
Verbesserung und Ironie
Haushaltsgeräte
und höhere Standards

Die Entwicklung des öffentlichen und privaten Saubermachens erleichterte das Sauberbleiben in zahllosen Fällen. Während der ersten Jahrzehnte des 20. Jahrhunderts wurde das Reinigen aller erdenklichen Gegenstände einfacher; vollgestopfte Wohnungen kamen aus der Mode, und deshalb war Schmutz leichter zu entdecken. Sowohl die Architektur der Häuser als auch ihre Inneneinrichtung, Stoffe und Oberflächen waren bald nicht mehr wiederzuerkennen. Das dominierende Rot, Braun und Dunkelgrün des 19. Jahrhunderts machte hellen Lacken und Farben Platz, und die in den Salons früher so beliebten Schnörkel, Troddeln, Fransen und Krausen waren plötzlich nicht mehr gefragt. Die Ästhetik der Architektur veränderte sich völlig, so sehr, daß der Architekt Le Corbusier in den 20er Jahren seinen Klienten riet, sich für eine helle, sparsam möblierte, hygienische Umgebung mit nackten Wänden, Einbauschränken und ohne Teppiche zu entscheiden.

Obgleich sich der Wert vieler Fortschritte im Haus als fraglich erwiesen hat, schulden wir zweifellos sehr viel einigen Propagandisten und Herstellern, die sich vorgenommen hatten, die wichtigsten häuslichen Einrichtungen und Geräte zu verbessern. Die unermüdliche Suche nach spezifischen Verbesserungen im Haushalt ist im günstigsten Fall beeindruckend, denn sie verwandelte die Wohnung völlig, indem sie die zahlreichen Bequemlichkeiten einführte, die wir heute für selbstverständlich nehmen.

Zum Beispiel die Oberflächen. Als sich das Wissen über Hygiene verbreitete, begann man sich echte Sorgen über die Sauberkeit der Oberflächen im Haushalt zu machen, Sorgen, die in der Mitte des 19. Jahrhunderts schon Florence Nightingale umgetrieben hatten. Sie war absorbierenden Oberflächen gegenüber von einer absoluten Intoleranz. Nichts, was in einem Raum »organische Materie« anziehen, festhalten oder verteilen konnte, durfte geduldet werden. Sie haßte Teppiche und Vorhänge; sie verabscheute Tapeten und sogar Stuck. Während »der Stuck durch häufiges Kalken zu retten ist«, empfahl sie, die Wände mit Ölfarbe zu streichen; in Krankensälen sollten die Wände aus »reinem

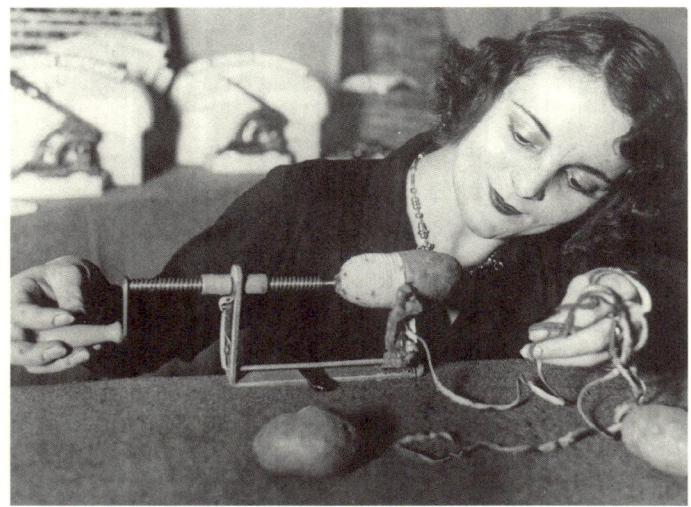

Fraglicher Fortschritt. Gerade in der Frühzeit der Haushaltsgeräte gab es viele unsinnige Erfindungen wie diesen Kartoffelschäler von 1932.

weißem, nicht absorbierendem Zement oder Glas oder glasierten Fliesen« sein. Für die Ausgußbecken in der Spülküche und im Badezimmer befürwortete Miss Nightingale das neue Porzellan und fließend heißes und kaltes Wasser. Sie ekelte sich vor Ausgüssen aus Stein, denn »diese große Oberfläche aus Stein, die ewig feucht bleibt, gibt andauernd Dämpfe an die Luft ab«. Zum »Essen, Trinken und Geschirrspülen« empfahl sie Glaswaren oder Töpferwaren anstelle von Zinn oder anderem Metall. »Manche Zinngefäße lassen sich durch ein noch so fleißiges Säubern nicht von einem unreinen Geruch befreien.« Bei Fußböden riet sie zu Eichenholz, weil dieses nur eine geringe Wassermenge beim Putzen absorbierte.

Man stelle sich vor, man wolle eine Wohnung sauberhalten – ohne »eine wirklich gute, Schmutz und Feuchtigkeit abweisende Oberfläche«, wie sie Florence Nightingale fordert. Christine Frederick dachte 1915, in *Household Engineering*, immer noch über dieses Problem nach.

Was für Material ist denn nun also am besten für den Küchenfußboden, der täglich eine Menge Dreck, Schmierfett und Wasser abbekommt? Alles Holz, ganz gleich womit es behandelt wird, absorbiert Fett und hält Schmutzpartikel fest … Es gibt drei Gruppen von hygienischen Bodenbelägen mit definitiven Vor- und Nachteilen: Linoleum, Kunststoff und Kacheln.

Frederick diskutiert diese verschiedenen Fußbodenarten und äußert sich dann entschieden zugunsten jener ständig verbesserten Erfindung, des Linoleums.

In ihrem Buch *Housewifery* ist Mrs. Lydia Ray Balderston 1919 immer noch hinter der richtigen Antwort her, welches die perfekte Haushaltsoberfläche sei.

Sie hat viel über hölzerne Ausgüsse und Geschirrständer zu sagen – und zwar nichts Gutes. Kein modernes Haus sollte sie dulden, so erfahren wir, wenngleich es sie immer noch in einigen Häusern gibt: »Sie saugen Wasser auf, werden schleimig, oft weich, verrotten und splittern. Es ist fast unmöglich, sie frei von Schmutz und Geruch zu halten.« Ihre erste Wahl bei Ausgüssen und Badewannen ist Email oder Porzellan, dann kommen galvanisiertes Eisen, Schiefer und Speckstein. Sie spricht auch anerkennend von einem neuen Material, einer Verbindung aus Nickel und Kupfer.

Die Hersteller von Bodenbelägen und Wandverkleidungen, Kücheneinrichtungen und nicht absorbierenden Oberflächen prosperierten und brachten höchst erfolgreich Produkte für die neue, moderne Küche auf den Markt.

Diese neuen, leichter zu reinigenden Oberflächen waren eine echte Befreiung für die Hausfrauen. Ich, die ich immer in Häusern mit Resopal, Edelstahl, Porzellan und zahllosen anderen leicht zu pflegenden Oberflächen gelebt hatte, war völlig entsetzt, als ich ein einziges Mal einen hölzernen Geschirrständer säubern mußte. Er stand, schleimig und verfärbt, neben einer unansehnlichen Spüle in der Küche einer Freundin. Soviel heißes Wasser und Bleichmittel ich auch darauf schüttete, der Geschirrständer blieb ein dunkler Punkt, solange ich in diesem Haus war. Hätte meine Freundin das Ding, wie in den Haushaltslehrbüchern vorgeschrieben, täglich mit Bleichsoda geschrubbt, hätte es sich zweifellos eines besseren Zustands erfreut, aber diese Art Putzteufel war sie noch nie gewesen.

Als ich sehr jung war, las ich die Kindergeschichte *Die Borger* von Mary Norton, und ich erinnere mich, daß mich die geheimnisvolle Miss Price verwirrt hat. Nicht, weil sie eine Hexe war, auch nicht wegen ihrer magischen Kräfte, sondern weil sie so begeistert von ihrer neuen Edelstahlspüle war. Das Buch ist voller Magie – auf einem verzauberten Messingbett findet eine Zeitreise statt, und die Kinder lernen sonderbare Gestalten aus der Vergangenheit kennen –, daß Miss Prices Hingabe an ihr Edelstahlspülbecken mir unverhältnismäßig banal vorkam. Als sie am Ende des Buchs beschließt, ins 17. Jahrhundert zurückzureisen – und man hat das Gefühl, daß das für immer sein wird –, verlangt sie allerdings, daß alle neuen Wasserleitungen – und die Spüle! – sie dorthin begleiten.

Die Borger kam erstmals Ende der 40er Jahre heraus, als Edelstahlspülen noch ein Luxus waren. Da ich das Buch las, als Edelstahlspülen schon die Norm waren, begriff ich überhaupt nicht, wie wichtig so eine Anschaffung war, oder warum sie so eine Aufregung verursachen konnte. Aber Miss Price hatte wahrscheinlich jahrelang mit einem hölzernen Geschirrständer oder einem alten steinernen Ausguß zugebracht. Angesichts dieser Tatsache scheint ihre Leidenschaft für ihr neues Spülbecken völlig natürlich.

Zusammen mit diesen wichtigen Veränderungen des Materials, des Stils und der Gestaltung, ermöglichte die Einführung zweier grundlegender häuslicher Erleichterungen – des fließend heißen und kalten Wassers und des Wunders der Elektrizität – einen Wandel der privaten Sauberkeitsstandards. Ohne daß man Wasser – vor allem heißes Wasser – zur Hand hatte, war es schwierig, einen Sauberkeitsstandard aufrechtzuerhalten, und ohne eine zuverlässige und billige Energiequelle konnten die arbeitssparenden Geräte nicht das Leben verändern.

Man kann sich leicht vorstellen, wie Wasser und Elektrizität das häusliche Leben revolutionierten. Ich habe schon oft entlegene Orte in Kanada besucht, wo es weder Strom noch fließendes Wasser gibt, und kenne das Gefühl, wenn man nach wochenlangem Wäschewaschen mit der Hand zu den Segnungen seiner Waschmaschine zurückkehrt. Ich weiß, wie erleichtert man einen Fußboden staubsaugt, nachdem man im winterlichen Zwielicht tagein, tagaus schmutzige Holzböden gefegt hat. Ich weiß, wie gut man sich fühlt, wenn man einen Hahn aufdreht und heißes Wasser herausströmen läßt, nachdem man eimerweise eisiges Wasser aus einem Bach geschöpft und auf einem Holzofen erhitzt hat. Als gewollte Ausnahmen habe ich solche Erfahrungen zwar genossen, als tägliche Pflichtübungen, von denen es kein Entrinnen gibt, würden sie mir aber überhaupt nicht gefallen.

Die Elektrizität warf nicht nur ein neues Licht auf den Dreck im Haushalt – schmutzige, dunkle Ecken und Staub wurden so sichtbar wie nie zuvor –, sie lieferte auch die Energie, diesen Dreck tatkräftig zu bekämpfen. Haushaltsgeräte verschiedener Art – vor allem Staubsauger und Waschmaschinen – hatte es schon vorher gegeben, aber der Durchbruch auf diesem Gebiet kam erst mit der Elektrifizierung des Hauses. Andere Methoden für ihren Gebrauch waren zu umständlich und zu schwierig gewesen. Die mit dem Fuß zu betätigenden Blasebälge etwa, mit denen keuchend die ersten Staubsauger angetrieben wurden, waren, wen wundert's, nie ein großer Verkaufsschlager.

Die Einführung der Elektrizität im Haushalt wurde von großen Erwartungen begleitet. In einem Handbuch des Jahres 1914 hieß es, »eine neurotische Gattin, erschöpft von den Sorgen des Haushalts und den häuslichen Kümmernissen« würde sich durch Elektrizität in »ein liebendes Weib, das vor Freude und Heiterkeit übersprudelt«, verwandeln. »Frühlingsputz mit Elektrizität!« verkündet eine Werbung des Elektrizitätswerks. Das Bild zeigt eine Frau, die sorglos, nicht länger durch Hausarbeit gefesselt, fröhlich ihr Haus verläßt. Eine andere Werbung stellt die aufregende Frage: »Welches ist der Zauberstreich, der in den letzten Jahren die vormals so lästigen Haushaltspflichten in einen Teil der täglichen Routine verwandelt hat, der sich die Hausherrin oder das Dienstmädchen so

Von der Elektrizität erhoffte man sich, daß sie – sinnvoll in Haushaltsgeräten eingesetzt – die Hausfrau von ihren Neurosen heilen kann. Dieses elektrische Gerät zum Erhitzen von Speisen aus dem Jahr 1929 sieht allerdings aus, als ob es nervliche Zerrüttung erst hervorbringt.

freudig widmen? ... Die Elektrizität versorgt die moderne Hausfrau mit einer perfekten Dienerin – sauber, stumm und ökonomisch.«

Eine solche Kraft im Haus war wunderbar. Per Knopfdruck entfernte die Elektrizität Staub, wusch Wäsche, befreite die Hausfrau und versprach ihr ein Ende dessen, was Mary Pattison »das primitive Triumvirat von Besen, Kohlenofen und Waschbrett, auf dem die Hausarbeit so lange gegründet war«, nannte.

Die Werbung für elektrische Geräte verspricht der überarbeiteten Frau, die ihren Haushalt selbst erledigt, fortwährend weniger Arbeit und mehr freie Zeit. Im März 1922 erschien in *Good Housekeeping* ein Artikel, in dem eine junge Frau sich lobend darüber ausspricht, daß ihre »einzige Quelle physischer Hilfe, der große Glücksfall für die moderne Hausfrau, die Elektrizität ist«. Sie beschreibt, wie sie, durch Verwendung ihrer elektrischen Waschmaschine, ihres elektrischen Bügeleisens und ihres elektrischen Staubsaugers, jetzt all ihre Hausarbeit selbst erledigt und sich um ihre beiden kleinen Kinder kümmert. Es gelingt ihr außerdem noch, frische Blumen zu arrangieren, Staub zu wischen und das Abendessen zuzubereiten, und das alles vormittags zwischen neun und zwölf, während ihre Kindlein freundlicherweise ein Nickerchen machen. Man fragt sich, nebenbei, welches Schlafmittel sie ihnen gegeben haben mag. Eine solch wunderbare Aufbruchsstimmung herrscht durchgehend in der frühen Werbung und in Zeitschriftenartikeln zum Thema Elektrizität. Ihre Versprechungen kannten keine Grenzen.

1928 verfügten bereits zwei Drittel aller amerikanischen Haushalte über elektrischen Strom. In Europa – vor allem in den Arbeitervierteln und auf dem Land – breitete sich die Elektrizität langsamer aus. Und während die Waschmaschine in den amerikanischen Häusern schon in den 40er Jahren überall anzutreffen war, fand sie in Europa in so manchem Haushalt Anfang der 70er Jahre Eingang. Auch Staubsauger gehörten schon in den 40er Jahren in den amerikanischen Häusern der Mittelschicht dazu; in Europa kamen sie erst Anfang der 60er Jahre fast überall in Gebrauch.

Die Hausfrauen kauften immer mehr elektrische Geräte, und die Werbeleute versprachen fortwährend: weniger Arbeit, mehr freie Zeit, kaum Anstrengung. Und schon die ersten Anzeigen versprachen den Frauen mehr eigene Schönheit, wenn sie die modernen Geräte nutzten. »Welche soll es sein?« fragte 1927 die Firma Hoover in ihrer Anzeige und zeigte zwei Frauen: die eine im Zustand der Auflösung, einen Besen in der Hand; die andere erstklassig gekleidet und frisiert mit einem Hoover-Staubsauger. »Die überarbeitete Frau in ihrer unansehnlichen Aufmachung oder die attraktive, gepflegte Frau, die sich ihre Selbstachtung bewahrt, weil sie sich beim Putzen eines elektrischen Geräts bedient?« Seither hat man sich an das Bild von Damen mit unglaublich perfekter Frisur, in eleganten Kleidern, mit hochhackigen Schuhen, die immer nur strahlend neben ihren verschiedenen Geräten fotografiert werden, gewöhnt. Ihre Gelassenheit, ihre Schönheit und elegante Aufmachung reflektieren irgendwie die mühelose Effizienz des schimmernden Geräts neben ihnen.

Nachdem man sie erst einmal im Haushalt akzeptiert hatte, wurden die wichtigsten Geräte wie Staubsauger, Wasch- und Geschirrspülmaschinen zu Hilfen, ohne die man sich das Leben nicht mehr denken konnte. Es fällt schwer, sich vorzustellen, daß es damals einen Widerstand gegen die Einführung dieser Errungenschaften gegeben hat, aber es gab ihn. Meine beiden Großmütter wurden in den 90er Jahren des 19. Jahrhunderts geboren. Beide waren sie froh, in den kleinen Städten, in denen sie von den 20er Jahren an lebten, im Haus Strom, Toiletten und fließend heißes und kaltes Wasser zu haben. Arbeitssparende Geräte wie Staubsauger und Waschmaschinen hätten sie sich beide leisten können, aber damit hatten sie keine Eile. Meine Großmutter mütterlicherseits besaß weder einen Staubsauger noch eine Waschmaschine, als sie 1953 starb. In den 30er Jahren streute sie immer noch feuchte Teeblätter auf den Teppich, bevor sie ihn fegte – obwohl sie später einen mechanischen Teppichkehrer besaß. Zwar befand sich schon in den 30er Jahren ein Staubsauger im Besitz der Großeltern väterlicherseits, nur stand der in der Reparaturwerkstatt meines Großvaters und wurde ausgeliehen, was Teil seines Geschäfts war. Meine Großmutter hat ihn entweder nie oder nur selten benutzen dürfen, und eine Waschmaschine besaß sie auch erst in den 40er Jahren. Das machte ihr aber gar nichts aus, denn sie mißtraute diesen neuen Geräten ohnehin. Als mein Großvater ihr den ersten Kühlschrank schenkte, war sie insgeheim entsetzt und weigerte sich zu glauben, daß er für irgend etwas anderes als Butter und Milch notwendig wäre; die durften in den Kühlschrank hinein, alles andere bewahrte sie weiterhin in ihrer Speisekammer auf der hinteren Veranda auf.

Viele Frauen waren der felsenfesten Überzeugung, daß Handarbeit der von Maschinen verrichteten überlegen war. Meine Mutter ist das heute noch. Sie glaubt, mit der Hand zu waschen sei irgendwie eine größere Hingabe an die Sache, zeugt von mehr Liebe und Sorge. Sie hat immer alle Windeln mit der Hand gewaschen, und als meine eigene Tochter ein Baby war, kam meine Mutter, um mir zu helfen. Immer wenn ich nicht aufpaßte, drehte sie meiner funkelnagelneuen Waschmaschine den Rücken zu und wusch die Windeln per Hand in einem Eimer. Was Feinwäsche oder auch nur leicht verschmutzte Kleidungsstücke anging, so war ich in dem Glauben aufgewachsen, daß man sie stets mit der Hand waschen sollte, eine Anweisung, die ich jahrelang gehorsam befolgte. Eine amerikanische Freundin war erstaunt, als sie mich einen Pullover mit der Hand waschen sah. »Ich habe nie, nie irgendwas in meinem Leben mit der Hand gewaschen«, erklärte sie. »Wofür gibt es denn ›Feinwäsche‹ bei der Waschmaschine?«

Ich wuchs in den 50er und 60er Jahren auf; als ich volljährig wurde, gab es die häuslichen Geräte überall im Überfluß. Wir selbst hatten nicht viele, aber in den wohlhabenden Häusern meiner Freundinnen gab es alles vom elektrischen Dosenöffner und Messerschärfer bis zur vollautomatischen Waschmaschine und zum Wäschetrockner. Wir selbst blieben der altmodischen manuellen Waschmaschine im Keller treu, und die Wäsche wurde in den Wannen daneben ausgespült. Die Arbeit ging langsam vonstatten und war irgendwie faszinierend. Ich packte gern die dicke, glänzende Maschine mit Wäsche voll und drückte den Hebel herunter, ließ dann den Wringer sich drehen, schob die Wäsche durch den Wringer, lud immer wieder das Gerät. Mehrere Ladungen Wäsche gingen durch dasselbe Wasser, die schmutzigsten Sachen zuletzt, die dann einen Schaum aus gräulichen Seifenflocken auf der Wasseroberfläche hinterließen. Das Spülwasser in den Wannen mußte währenddessen ein paarmal gewechselt werden, wobei es immer sehr gurgelte und zischte. Dann mußte ich die Wäsche herausnehmen und aufhängen, entweder auf die Leinen in dem warmen Keller oder draußen, wenn das Wetter es zuließ. Meistens wanderte die Wäsche nach draußen, denn das Trocknen der Wäsche an der frischen Luft war und ist etwas, woran meine Mutter leidenschaftlich festhält. Im Winter fror alles steif; Bettlaken und Handtücher waren hart wie Bretter, blendend weiß nach einem richtig starken Frost. Laut meiner Mutter bringen Temperaturen unter Null alle Bakterien um. Das glaubt auch meine Tante, zum großen Ärger ihrer ältesten Tochter.

Nach der Geburt ihres ersten Kindes bekam diese Kusine Besuch von ihrer

Bevor die Waschmaschine erfunden wurde, bedeutete der Waschtag für die Frauen eine Abfolge von mühseligen und körperlich sehr harten Arbeiten …

Mutter. »Sie zwang mich – *zwang* mich –, alle Windeln draußen aufzuhängen. Mama war entschlossen, alle Bakterien totzufrieren – sie glaubte fest daran, daß die Kälte alles tötet«, erinnert sich meine Kusine. »Und das war im Dezember!« Wenn meine Kusine sich an die Zeit damals nach der Geburt ihres Kindes erinnert, sieht sie sich immer noch im Freien an der Wäscheleine stehen und bretthart e Windeln in einen Wäschekorb legen, während sie betet, daß ihre Mutter endlich abreist.

Wie meine Tante und meine Mutter zu ihren fixen Ideen kamen, ist mir ein Rätsel. Nicht durch meine Großmutter. Wie viele Frauen aus der Mittelschicht hat auch sie nie die Wäsche der Familie selbst gewaschen, während die Kinder in den 20er und 30er Jahren aufwuchsen. Dafür hatte sie eine Waschfrau, die einmal in der Woche per Fahrrad zu ihr kam, um die Wäsche mit der Hand zu waschen. Meine Großmutter weichte sie zuvor über Nacht in einer Seifenlauge ein.

Verglichen mit ihren Vorgängerinnen hatte es diese Wäscherin, Mrs. Hutchinson, leicht, wenn sie die Wäsche meiner Großmutter wusch. Sie hatte dort jede Menge heißes Wasser und als Arbeitsplatz einen geheizten Keller. An einem einzigen Vormittag die gesamte Wäsche einer Woche mit der Hand zu waschen klingt gräßlich, so günstig die Umstände bei meiner Großmutter auch gewesen sein mochten, aber man stelle sich vor, was ein Waschtag in früheren Zeiten bedeutete.

Die hauswirtschaftliche Literatur ist voll von grausamen Beschreibungen des Waschtags. Es war zweifellos die meistgehaßte und härteste aller Hausarbeiten. Man mache sich klar, was alles dazu gebraucht wurde: Wo kam das Wasser her? Die Seife? Die Hitze? Wenn man keine Seife kaufen konnte oder wenn sie zu teuer war, mußte man sie selbst herstellen. Und dafür mußte man Tierfett sam-

9 Verbesserung und Ironie

... bis die saubere Wäsche endlich zum Trocknen aufge-hängt werden konnte.

me_n und auslassen und mit einer sehr ätzenden Lauge aus Holzasche und Was-ser aufkochen. Das Wasser für die Wäsche kam vielleicht aus einer nahegelege-nen Pumpe oder wurde auf dem Lande aus einem Brunnen geschöpft, oder wer Glück hatte, besaß vielleicht einen Wasseranschluß in der Küche oder Spülküche oder im Waschkeller. Das Wasser wurde in große Kupferkessel geschüttet, auf einem Herd oder Ofen erhitzt und dann mit einer Kelle in einen Waschbottich gegossen, in dem die schmutzigen Sachen (die über Nacht eingeweicht worden waren) mit der Seife auf einem Waschbrett geschrubbt wurden, bevor sie in den wieder gefüllten Kupferkessel wanderten, in dem sie mit Bleichsoda und ande-ren Wasch- und Bleichmitteln gekocht wurden. Das ging so eine gute halbe Stunde oder noch länger; dann und wann wurde die kochende Wäsche mit einem Stock im brodelnden Wasser untergetaucht. Nach dem Kochen hob man die Wäsche heraus und legte sie in klares Wasser, um sie zu spülen. Mindestens zwei Spülgänge scheinen die Norm gewesen zu sein, auf jeden Fall bei Weiß-wäsche, die gespült und dann, um noch weißer zu erscheinen, gebläut und oft auch noch gestärkt wurde, bevor man sie − entweder mit der Hand oder mit einem per Hand betriebenen Wringer − auswrang. An jedem Waschtag wurde die Wäsche mindestens dreimal ausgewrungen, bevor man sie zum Trocknen aufhängte. Man stelle sich allein die enorme körperliche Anstrengung vor!

Kate Mary Edwards, die Frau eines Müllergehilfen aus Huntingdonshire, hat aufgeschrieben, wie sie in den 70er und 80er Jahren des 19. Jahrhunderts die Wäsche der Familie erledigt hat. »Man mußte kräftig wie ein Mann sein, um die großen hölzernen Waschtröge heben zu können. Sie waren voll Seifenwasser und schwer, auch ohne das Gewicht der nassen Wäsche. Dann mußte man den großen eisernen Topf voll Wasser vom Haken heben, wo er über dem Torffeuer hing, und die nasse Wäsche in einem Wäschekorb zur Leine hinunter in den

Garten schleppen und aufhängen und wieder abhängen, vielleicht fünfmal hintereinander, wenn es ein regnerischer Tag war.«

Mrs. George Cupples versucht, die Vorgänge mit einem lachenden Auge zu betrachten: »Der Waschtag gilt fast in jedem Haus als ein trauriges Schreckgespenst, und trotzdem … Ich finde, es gibt in der ganzen wöchentlichen Routine eines Hauses nichts Interessanteres. Ja, ich gehe noch weiter und sage, daß man sogar, von Anfang bis zum Ende, richtig Spaß daran haben kann.« Aber leider ist Mrs. Cupples hier nicht zu trauen: Sie hat, eindeutig, niemals selbst diese Arbeit getan.

Selbst die verschiedenen beim Waschen verwendeten Substanzen sind schwer vorstellbar. Während wir heute mit Duftstoffen durchsetztes weißes Pulver für unsere Waschmaschinen benutzen, scheint der Inhalt früherer Waschbottiche einfach ekelerregend gewesen zu sein. Die Verwendung von Galle war üblich; d.h. man nahm die gesalzenen und manchmal parfümierten Gallenblasen von Ochsen. Und man nahm nicht gerade wenig Galle. Mrs. Cupples empfiehlt bei speckiger Kleidung einen viertel Liter Galle auf knapp sieben Liter Wasser. Caroline Davidson berichtet in *A Woman's Work Is Never Done*, bis in die Mitte des 19. Jahrhunderts wäre die Verwendung von abgestandenem Urin, der Ammoniak enthält, im Waschwasser allgemein üblich gewesen. Und dann war da die Lauge, entweder allein oder zusammen mit Seife verwendet, in Lösungen, die oft so alkalisch waren, daß die Haut, wenn man fest mit nasser Wäsche daran rieb, »oft rissig und manchmal sogar abgerieben wurde«. Im Lauf der Zeit wurde die Lauge durch kommerziell hergestelltes Waschsoda, das starke und ätzende Derivat vom Salz, ersetzt. Außerdem fügte man zum Beispiel dem Waschwasser Kerosin hinzu, und bei den verschiedenen Spülungen wurden allerlei Bläuen und Stärken verwendet.

Waschfrauen, die die Geheimnisse dieses Handwerks kannten, waren reichlich vorhanden. Sie gingen von Haus zu Haus und arbeiteten viele Stunden lang hart über dampfenden Kübeln und an kalten Wäscheleinen. In Großbritannien wuschen, so Caroline Davidson, die oberen Klassen wegen ihrer reichlicheren Ausstattung an Wäsche und Kleidung seltener als die niederen Schichten, aber als das 19. Jahrhundert voranschritt, wurde der Waschtag allgemein häufiger. »Manche Familien waschen nur einmal im Monat; aber einmal alle vierzehn Tage wäre besser«, sagen die Autorinnen der *Encyclopedia of Domestic Economy* von 1844. Später im 19. Jahrhundert wurde das Waschen in den meisten Haushalten zu einem wöchentlichen Ereignis, das jeweils mindestens einen ganzen Arbeitstag in Anspruch nahm. Aber obwohl das Waschen zu einer immer wichtigeren Aufgabe wurde, geschah es im großen und ganzen doch ohne maschinelle oder mechanische Hilfe. Vom späten 18. Jahrhundert an wurden allerdings einige

Die Wäscherinnen gingen von Haus zu Haus und offerierten ihre Dienste. Um 1900 wurde bereits wöchentlich gewaschen, zu Anfang des 19. Jahrhunderts war es noch einmal im Monat gewesen.

Waschmaschinen für den Hausgebrauch erfunden, manche wurden patentiert und kamen sogar auf den Markt, aber solange es keine zuverlässigen Wasser- und Energiequellen gab, blieb ihnen der Erfolg versagt. Währenddessen war das Wäschewaschen von dem anscheinend endlosen – wenn auch mürrischen – Nachschub an weiblichen Arbeitskräften abhängig.

Verstauchte Handgelenke, geschwollene Knöchel, abgeschürfte Haut, ewig rissige Hände: Das waren die Freuden einer Frau, die in den Bottichen und auf den Waschbrettern die schwere Arbeit verrichtete und die Wäsche dann auch noch mit der Hand auswrang. Dennoch gab es zunächst einigen Widerstand, als die ersten elektrisch betriebenen Waschmaschinen den Frauen zu Hilfe kamen. Eine der älteren Frauen, die ich befragt habe, erinnert sich, wie mißtrauisch ihre Mutter war und nicht glauben wollte, daß irgendeine Maschine die Arbeit so gut verrichten könne wie sie selbst. »Sie fragte: ›Wie kann die Kleidung denn sauber werden, wenn du nicht die Arme ins Wasser steckst und die Sachen heraus- nimmst, um zu sehen, ob sie noch schmutzig sind? So habe ich es gemacht, alles wurde nachgeprüft und ich paßte auf, daß es richtig sauber war – diese neue Maschine kann das bestimmt nicht so gut.‹«

Als die Wasch-und-Wring-Maschinen schließlich durch die automatischen Waschmaschinen ersetzt wurden, kam es zu einer ähnlichen Reaktion. Meine eigene Mutter hat sich erst Ende der 70er Jahre eine angeschafft, als sie mehr

An der Schwere der Wascharbeit änderte sich bis zur Erfindung der Waschmaschine nichts. Die Bottiche und die nasse Wäsche waren sehr schwer; die meisten Tätigkeiten mußten in gebückter Haltung verrichtet werden und verlangten große körperliche Kraft.

oder weniger dazu gezwungen war, weil eine neue Wasch-und-Wring-Maschine einfach nicht mehr aufzutreiben war. Wie sehr hat sie ihr altes Gerät geliebt – den schimmernden Chrom, das grüne und gelbe Email, die freundlichen Gummiwalzen, das Rührwerk, das sie immer herausnahm und putzte. »Diese automatischen Maschinen kannst du ja nicht mehr richtig kontrollieren«, sagt sie immer noch und runzelt mißbilligend die Stirn, während sie die Anweisungen auf der Innenseite des Deckels liest.

Meine Mutter hat völlig recht. Zu denken, wir hätten die arbeitssparenden Geräte in unseren Wohnungen unter Kontrolle, ist eine Illusion. Ist unser Widerstand erst einmal überwunden, dann gibt es keinen Blick mehr zurück. Es baut sich bald eine völlige Abhängigkeit auf, und bevor wir wissen, was geschehen ist, kontrollieren uns die Maschinen.

Die größte Ironie der häuslichen Szenerie im 20. Jahrhundert ist, daß der Begriff »arbeitssparendes Gerät« sich in einen Widerspruch in sich verwandelt hat. Zwar haben diese Geräte die Art der Arbeit verändert, aber sie haben keineswegs die Menge der Arbeit verringert. Als ich mir das zum erstenmal klarmachte, konnte ich es nicht glauben. Was ich auch immer über das Thema Hausarbeit dachte, in einem Punkt war ich sicher: Ich putze effizienter und wahrscheinlich in kürzerer Zeit als meine Großmütter und Urgroßmütter. Schließlich habe ich hilfreiche Geräte, zumindest einen Staubsauger und eine Waschmaschine. Und trotzdem wird eine Tatsache überall und einstimmig bestätigt, sie geht aus vielen Quellen hervor, sie ist gut dokumentiert und im Grunde offensichtlich: Arbeitssparende Geräte haben die auf die Hausarbeit verwendete Zeit und Mühe nicht wesentlich reduziert. Ganz im Gegenteil: Während des Zeitraums, in dem die häuslichen Geräte in die meisten Wohnungen Eingang fanden, scheint sich die der Hausarbeit gewidmete Stundenzahl erhöht zu haben.

Zum Beispiel, was die Benutzung der Waschmaschinen angeht. In einer Studie wird behauptet: »Im Laufe der letzten fünfzig Jahre hat sich die dem Wäschewaschen gewidmete Zeit in der Tat verlängert.« Die Geräte erlauben es, jede Woche frische Bettwäsche zu haben – oder auch zweimal in der Woche, falls wir es wollen, wir können täglich waschen, die Kleidung nur einmal tragen, eine Praxis, die jetzt in vielen Haushalten üblich ist, von der man zur Zeit unserer Urgroßmütter aber nicht einmal geträumt hätte. Ihre Waschtage bestanden damals zweifellos aus brutal harter Arbeit, aber so eine Arbeit war nie ein tägliches Ereignis. Und ebenso Staubsauger: Sie ermöglichen es uns, raumfüllende Auslegware staubfrei zu halten, ein Ziel, das, wenn man es ernsthaft und permanent anstrebt, mindestens ebenso zeitraubend ist, wie für frühere Generationen das Fegen der Fußböden und das Klopfen der Teppiche war. In einem Artikel im *Ladies' Home Journal* von 1930 heißt es: »Weil wir Hausfrauen von heute das Werkzeug haben, ihn zu erreichen, graben wir täglich nach dem Staub, den Großmutter dem Frühjahrsputz überließ.«

Arbeitssparende Geräte wurden mit großem Tamtam in die Haushalte eingeführt: Man pries ihre diversen Möglichkeiten, die Arbeit der Hausfrau zu beschleunigen und die Sauberkeitsstandards zu erhöhen. In der Werbung wurde nie erwähnt – und den Herstellern und Werbeleuten war es in den Anfangsjahren vielleicht auch gar nicht bewußt –, daß arbeitssparende Geräte nur die Menge der Hausarbeit vermehren würden, teils indem sie die generell akzeptierten Standards erhöhten, teils weil diese Geräte zu den »häuslichen Ungeheuern« werden sollten, mit denen im Haushalt umzugehen nun einer Frau allein oblag. So konnte sich eine Frau vielleicht früher der Hilfe ihrer Kinder versichern, um die Wäsche aufzuhängen, die richtige Handhabung des Trockners fiel aber weitgehend nur ihr allein zu. Ehemänner halfen früher vielleicht beim Geschirrspülen, der Betrieb des Geschirrspülers aber wurde im großen und ganzen zum Job der Frau.

So haben also die arbeitssparenden Geräte die Anzahl der mit Hausarbeit verbrachten Stunden nicht nur nicht signifikant verringert, sondern auch eine isolierte Person befähigt, die ganze Arbeit im jeweiligen Haushalt allein zu verrichten. In den ersten Dekaden des 20. Jahrhunderts war in Amerika eine Frau aus der Mittelschicht mit ausreichenden finanziellen Möglichkeiten, die »ihre Hausarbeit selbst machte«, in Wirklichkeit ein Euphemismus für eine Frau, die zwar kein im Haus wohnendes Dienstmädchen hatte und einige Hausarbeit selbst erledigte, für den Rest aber bezahlte Hilfe von außen holte. Die »Geräte-Revolution«, wie Christine Frederick sie nannte, ermöglichte es dann diesen Hausfrauen, wirklich die ganze Arbeit allein zu verrichten. Nach Einführung der wichtigsten Reinigungsgeräte wie Staubsauger und Waschmaschine, die beide in

Geschirrspülen war immer schon Frauenarbeit. Daran änderten auch die ersten manuellen Geschirrspülgeräte, hier ein Modell von 1929, nichts.

den ersten beiden Jahrzehnten des 20. Jahrhunderts auf den Markt gelangten, befanden sich diese Apparate innerhalb einer Generation in den meisten begüterten amerikanischen Haushalten. Von da an blieb der Mittelschicht-Frau keine Entschuldigung mehr, nun war sie wirklich auf sich selbst angewiesen mit ihren wundervollen Maschinen und war beschäftigter denn je – um den Standard eines perfekten Haushalts zu erreichen und aufrechtzuerhalten, was, wie man ihr von allen Seiten versicherte, von einer modernen Frau wie ihr, die solche Geräte besaß, kinderleicht zu schaffen war.

Aber jedes arbeitsparende Gerät brachte eine arbeitsaufwendige Weiterentwicklung der Hausarbeit. Jeder wissenschaftliche Vorteil, der die Frau von der Plackerei hätte befreien können, erlegte ihr statt dessen neue Mühen auf, so daß die Hausarbeit sich nicht nur vermehrte, um die zur Verfügung stehende Zeit auszufüllen, sondern in der verfügbaren Zeit kaum noch zu leisten war.

Kritikerinnen entdeckten diese Probleme schon sehr früh. Bereits 1933 stellte

Hazel Kyrk in ihrem Buch *Problems of the Family* fest: »Wir haben eine Tendenz gezeigt, die durch arbeitssparende Geräte frei gewordene Zeit nicht für mehr Muße, sondern statt dessen für mehr Güter und noch mehr derartige Geräte zu nutzen. Die Erfindung der Nähmaschine bedeutet, es werden mehr Kleidungsstücke erzeugt … Die Erfindung der Waschmaschine hat mit sich gebracht, daß mehr gewaschen, die des Staubsaugers, daß mehr saubergemacht wird.« 1934 erklärte das *Journal of Domestic Appliances*: »Frauen sind der arbeitssparenden Geräte müde. Sie würden lieber ins Steinzeitalter zurückkehren, als sich mit dieser unzähligen arbeitssparenden Geräten zu beschäftigen.« 1956 stellten Sozialhistoriker fest, daß sich der Umfang der Hausarbeit durch die zunehmende Anzahl von Haushaltsgeräten keineswegs verringert hatte, sondern daß es statt dessen zu einer arbeitsintensiven Steigerung der Standards gekommen war. Und dieses Argument läßt sich auch auf die meisten arbeitssparenden Küchengeräte anwenden, die während der letzten hundert Jahre in Mode gekommen und wieder verschwunden sind. Weitgehend ist es eine Verschwendung von Zeit und Energie gewesen: Geniale Zitronenpressen und Gemüsehobel und Messerschärfer sind regelmäßig aufgetaucht und wieder in Vergessenheit geraten, und der Hausfrau ging's nicht besser damit, sie mußte nur noch ein weiteres Gerät sauberhalten.

Elizabeth Roberts' Untersuchung der häuslichen Geschichte der Frauen im Norden Englands illustriert, daß die Putzarbeit einer Hausfrau in der Industriegegend von Barrow in den 50er Jahren mehr als anstrengend geworden war. Eine Frau beschreibt, daß sie jeden Tag versuchte, zu saugen und Staub zu wischen, daß sie manche Fußböden täglich aufwischte und die anderen, dazu die Türen und Fenster und den Hof, mindestens einmal in der Woche putzte, die Gardinen und Vorhänge regelmäßig wusch und wechselte, die Wände zweimal jährlich, zu Weihnachten und im Frühjahr, abwusch. Zu Anfang des 20. Jahrhunderts hatte eine vergleichbare Frau die Zimmer, Böden und Möbel höchstens einmal in der Woche saubergemacht – und in den 50er Jahren täglich.

Elizabeth Roberts deutet an, daß dieser größere Aufwand für die Hausarbeit zum Teil eine Kompensation darstellte: Das Frustrations- oder sogar Schuldgefühl wegen des leichteren Lebens, das die neuen Geräte in die Haushalte gebracht hatten, mußte beschwichtigt werden. Zwar wollten die Frauen diese Geräte als Statussymbole und Zeichen ihres Wohlstands haben, wußten aber nicht so recht, was sie mit der freien Zeit anfangen sollten, die diese Geräte mit sich brachten, und putzten deshalb immer mehr. Ihre Arbeit wurde umfangreicher, nicht geringer, trotz all der angeblich befreienden Technik, die ihnen zur Verfügung stand.

Die negativen Aspekte der arbeitssparenden Geräte werden klar, wenn Sie

Das Bleichen der Wäsche auf der Wiese war eine der vielen Tätigkeiten in einem Haushalt, die im 16. Jahrhundert schon so aussahen …

einmal über Ihr eigenes Verhalten im Haushalt nachdenken. Daß Sie Ihre Kleidung oft waschen, weil Sie eine Waschmaschine haben, ist absolut wahr. Daß Sie Ihren Teppich ziemlich sauber halten, weil Sie einen Staubsauger besitzen, stimmt ebenfalls. Hätten Sie diese Geräte nicht, würde sowohl ihre Wäsche als auch ihr Teppich viel schmutziger sein: Die meisten von uns hätten nicht die Kraft, den Willen oder die Zeit, all das Wäschewaschen und Fegen und Teppichklopfen per Hand zu bewerkstelligen. Was mich selbst angeht, so *mag* ich den Standard, den ich mit Hilfe der Haushaltsgeräte erreichen kann, und würde ihn nie freiwillig aufgeben, sosehr es mich vielleicht schockiert, daß dieser Standard mein Verhalten bestimmt.

Die neuen Geräte, die in der ersten Hälfte des 20. Jahrhunderts in die Wohnungen Einzug hielten, erfüllten den wachsenden Wunsch, eine saubere Wohnung zu haben, und verstärkten ihn zugleich. Die Soziologen schwanken bei der Beantwortung der Frage, ob hier Henne oder Ei zuerst da war. Hat der neuartige Wunsch nach Sauberkeit neue Produkte, oder haben die neuen Produkte den zunehmenden Wunsch nach Sauberkeit erzeugt? Ohne jeden Zweifel ist es damals, natürlich aufgrund der Erkenntnisse über den Zusammenhang zwischen Bakterien und Krankheiten, zu einer Veränderung des öffentlichen und privaten Bewußtseins in Fragen der Sauberkeit gekommen. Und so tauchte ein wunderbarer, großer, neuer Markt für Erzeugnisse auf, die versprachen, immer höheren Standards zu genügen. Während sich die Verhältnisse besserten und höhere Sauberkeitsstandards für immer mehr Leute erreichbar wurden, war die Sauberkeit im Haushalt nicht mehr länger eine Möglichkeit, sondern wurde zu einer moralischen und sozialen Pflicht. Gleichzeitig war Sauberkeit auch ein ästhetisches Vergnügen, eine begehrte Eigenschaft, die denen, die sie erstrebten, Ansehen, einen höheren Rang und sogar Schönheit verlieh. »Schönheit muß makellos sein«, verkündet die Werbung für ein flüssiges Reinigungsmittel 1929 im *Ladies' Home Journal*, und es wurde ja zusehends möglich, die Dinge wirklich makellos zu machen, was fünfzig Jahre zuvor undenkbar gewesen wäre.

Die logische Folge zahlreicher Verbesserungen ist wohl in der Tat gewesen, daß die Frau mit ihren »häuslichen Ungeheuern« alleingelassen und mit unrealistischen Wünschen nach immer höheren Reinlichkeitsstandards erfüllt wurde. Dennoch steht am Anfang von alledem höchstwahrscheinlich keine Verschwörung. Auch haben es sich längst nicht alle Haushaltsratgeber, Geräte- und Putzmittelhersteller zur Aufgabe gemacht, das Hausfrauenleben arbeitsintensiver zu

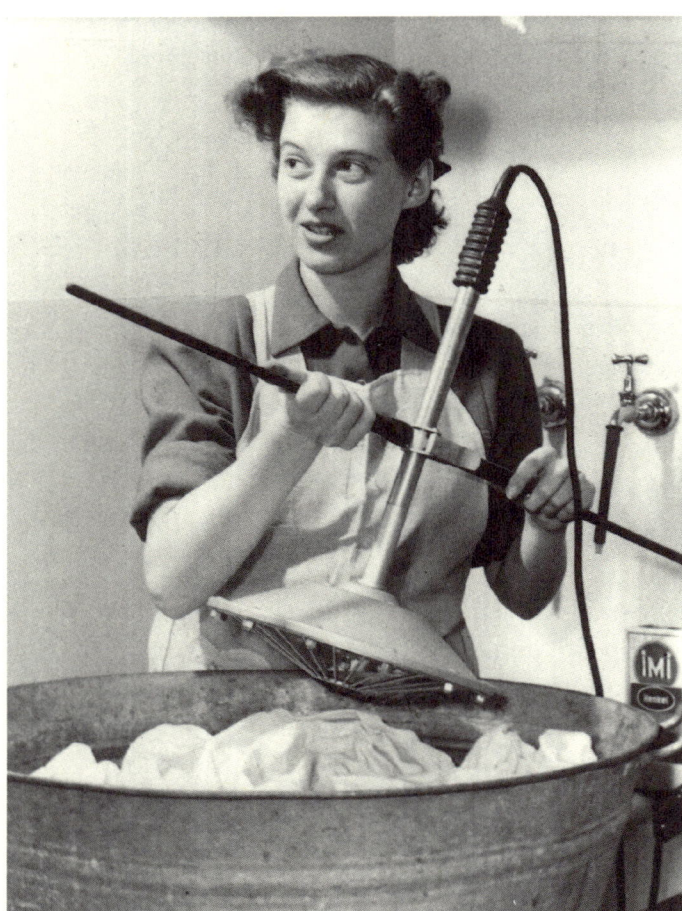

Ein neuartiges Gerät aus dem Jahr 1952, das die Hausfrau entlasten sollte, sich aber offensichtlich nicht durchsetzen konnte. Durch Rotation reinigt die Vorrichtung die Wäsche mit Ultraschall.

gestalten – weit gefehlt. Eine andere der ärgerlichen Ironien bezüglich der Sauberkeit im Haushalt ist, daß die Verbesserungen, die man uns gewährt hat, ursprünglich eingeführt wurden, um unser Leben angenehmer und einfacher zu machen. Daß sich manche von ihnen so entwickelt haben, daß wir jetzt eher mehr Arbeit haben, ist ein Vorgang, der auch mit uns selbst zu tun hat. Die ärgerliche Wahrheit ist, daß wir uns von ganzem Herzen daran beteiligt haben, uns in immer saubereren Wohnungen zu installieren. Dazu haben wir immer mehr Maschinen gekauft, ohne uns darüber im klaren zu sein, wie hoch der Preis ist, den wir dafür zahlen, und wieviel Ironie in alldem steckt.

10
Käuferinnen und Verkäufer

Verbraucherinnen
und die Macht der Werbung

Am Anfang war die Seife. Das erste und revolutionärste Reinigungsmittel, das je in Massen hergestellt wurde. Die Geschichte dieses Produkts ist so sehr mit der Geschichte der Werbung verflochten, daß es wie eine Geschichte aussieht. Ein Produkt, das schon länger als jedes andere Reinigungsmittel verkauft wird und dessen wohltuende Wirkungen immer noch unübertroffen scheinen. Wer würde schließlich freiwillig ohne Seife leben?

Nach der Seife kam die Sintflut. Dann kamen massenhaft andere Reinigungsmittel und -geräte. Dann kam der Schwall an Propaganda für Desinfektionsmittel, Poliermittel, Putzmittel, für Mops und Maschinen und magische Pülverchen, die den Hausputz angeblich unglaublich erleichterten. Dann kam die immer raffiniertere Manipulation der Käufer, ein neuer Warenkult, Unmengen an Verkauftem und Gekauftem, Berge von Dingen, die uns helfen sollten, unsere Wohnungen sauberzumachen.

Aber zuerst kommt die Seife. Die Geschichte der Seifenherstellung und -werbung ist ein komplexes und faszinierendes Thema. Nachdem ich allerlei in Haushaltsratgebern über die Seifenherstellung im trauten Heim gelesen habe, drängt sich mir der Gedanke auf, welch unbeschreibliche Erleichterung es doch mit sich gebracht haben muß, als die kommerziell hergestellte Seife überall zu kaufen war. Daß man diesen scheußlichen Job des Seifesiedens vom Hals hatte, hieß ja, daß man all das alte Schmierfett und all die Asche für die Lauge nicht mehr aufzubewahren brauchte. Mit einem Schlag war man die Kocherei und Abschöpferei und das übelriechende Zeug, das dabei herauskam, losgeworden. In der zweiten Hälfte des 19. Jahrhunderts machte fast niemand mehr seine Seife selbst. Seife wurde jetzt ein großer Verkaufsschlager.

Die Seifenfabriken waren die ersten der großen Industrien, die die Wirkung und Wichtigkeit der Werbung begriffen. Von 1869 an erschien Seifenwerbung in amerikanischen Zeitschriften. In Großbritannien spielte die Seifenwerbung bis in die 80er Jahre des 19. Jahrhunderts hinein keine so große Rolle, aber dann tauchte die Sunlight-Seife auf dem Markt auf und verkündete in den Zeitungen, an Reklamewänden, in Bahnhöfen, was sie alles vermochte. In Deutschland hieß die Seife Sunlicht, Solifer und Lux. Werbung dafür zierte auf Emailleschildern Hauswände und Ladenfenster.

Rasch stellte sich der finanzielle Erfolg ein: Der Seifenverbrauch steigerte sich während der letzten Jahrzehnte des 19. Jahrhunderts gewaltig. Diese Zunahme traf zeitlich mit dem Beginn der Bakterien-Diskussion und dem einsetzenden Verständnis für die Wichtigkeit sanitärer Anlagen zusammen. Von überallher drang die Botschaft an die Öffentlichkeit: alles sauberzuhalten war eindeutig gut und richtig. Dazu brauchte man, darüber herrschte unter den Herstellern zumindest Einigkeit, Seife. Henry Ward Beecher drückte es 1885 so aus: »Wenn Reinlichkeit der Frömmigkeit am nächsten kommt, dann muß man die Seife als ein Gnadenmittel betrachten.« Nicht nur ein Gnadenmittel, der großzügige Umgang mit Seife war auch ein Zeichen des Fortschritts und der Weiterbildung. In Amerika wurde der großzügige Umgang mit Seife fast zu einer patriotischen Pflicht. Die Autorinnen von *The House and Home* (1896) erklären: »An der Seifenmenge, die eine Nation verbraucht, läßt sich ziemlich genau ihr Grad an Zivilisation ablesen.«

Nachdem es sich zuerst darum gedreht hatte, eine möglichst große Seifennachfrage zu erzeugen, kam es seit den 20er Jahren darauf an, diese hohe Nachfrage zu behalten. Der Seifenverbrauch ließ nämlich nach, weil die Lebensbedingungen generell sauberer wurden. Mehr Straßen wurden gepflastert, mehr Leute fuhren Auto, Heizung und Beleuchtung verursachten weniger Dreck, die Kleidermode und die Möbel veränderten sich, und unter diesen verbesserten Bedingungen wurde weniger Seife gebraucht. Natürlich machten sich die Seifenproduzenten wegen dieses Rückgangs des Seifenverbrauchs Sorgen. Sie taten sich zusammen, um sich gegen diesen Trend zu wehren und gemeinsam »den Wert von Wasser und Seife als Grundreinigungsmittel zu stabilisieren und so eine Grundlage und einen konstanten Hintergrund für eine Vermarktung unserer Produkte zu schaffen«.

Entschlossen, den Seifenverkauf aufrechtzuerhalten, gründete der Verband der Seifen- und Glyzerinhersteller in Amerika 1927 ein Sauberkeitsinstitut. Sein einziger Sinn und Zweck bestand darin, die Amerikaner daran zu gemahnen, daß sie Wasser und Seife brauchten, dringend brauchten, um ihren Lebensstandard aufrechtzuerhalten und zu verbessern. Keine Ersatzprodukte, keine Kosmetika, keine Deodorants, keine neumodischen Reinigungsmittel durften die gute alte Seife (plus Wasser) verdrängen.

Das Sauberkeitsinstitut entwickelte eine außergewöhnliche Werbekampagne, um der Öffentlichkeit bewußt zu machen, wie wichtig es ist, sich mit Wasser und reichlich Seife sauberzuhalten. In Radiosendungen, im Schulunterricht, in

10 Käuferinnen und Verkäufer

Zeitschriftenanzeigen predigte das Institut unablässig seine Botschaft, die dem Seifenverkauf diente – aber es war eine als »öffentliche Bekanntmachung« verkleidete Botschaft, die so tat, als diene sie der Verbesserung der Gesundheit und dem Wohlbefinden der Nation. Wer sich sauberhielt, der besaß damit zugleich eine Fahrkarte zum gesellschaftlichen und kommerziellen Erfolg, ein garantiertes Wohlgefühl, wußte, wie er vorankommen und dafür sorgen konnte, daß auch seine Kinder erfolgreiche Menschen wurden. Wer hätte in der ehrgeizigen Atmosphäre der 20er Jahre in Amerika solchen Überredungskünsten und Schmeicheleien wie diesen widerstehen können, die im August 1928 im *Ladies' Home Journal* erschienen: »Wie Sie's auch betrachten – saubere Gewohnheiten, saubere Wohnungen, saubere Wäsche haben einen gesellschaftlichen und geschäftlichen Wert ... Auf jedem Lebensweg ist der lange Pfad hinauf zum Gipfel schwer genug – erleichtern Sie ihn sich also durch Wasser und Seife.« Das Bild, das diesen Text begleitet, zeigt Menschenmassen, die einem Berggipfel zustreben, von wo aus das Wort »Herzenswunsch« den Himmel erstrahlen läßt. »Für Gesundheit und Wohlstand brauchen Sie Wasser und Seife«, sagt der Text unter diesem Bild in großen Buchstaben.

Das Sauberkeitsinstitut zielte größtenteils aufs Klassenzimmer ab und stellte unzählige Lehrmaterialien, Plakate und Geschichten her und schrieb Händewasch-Wettbewerbe für Kinder aus. Durch diese Form der Erziehung wurde die amerikanische Jugend indoktriniert, sauber zu sein und Seife zu gebrauchen. Aber man ließ deshalb die Mütter daheim nicht aus den Augen. Ihre Rolle als Betreuerinnen dieser sauberen, neuen Generation wurde in glühenden Worten betont, ihre Funktion als Hüterinnen des Hauses in einer Werbung nach der anderen in rosigen Farben romantisiert. »Sicherer als das Erscheinen des Rotkehlchens oder der zarten Krokusblätter als Vorboten des Frühlings ist der Drang der Frau, das Haus vom Dachboden bis zum Keller zu putzen«, kräht eine Mitteilung des Sauberkeitsinstituts. »Beim ersten warmen Lüftchen reißt sie die Fenster auf, summt ein munteres Liedchen und greift nach dem Besen.« Erbauliche Hefte mit Titeln wie »Bis 12 Uhr mittags ein sauberes Haus« standen dem Publikum auf Wunsch zur Verfügung. Die an die Hausfrau gerichtete Botschaft war sonnenklar. Das Haus konnte niemals sauber, immer nur ›sauberer‹ sein.

In den 20er und 30er Jahren konnte praktisch niemand dem Einfluß des Sauberkeitsinstituts entrinnen. Eine endlose Anzeigenfolge erschien in den Zeitschriften. Tausende von Schulen nahmen an sorgsam orchestrierten Kampagnen teil: Hände und Wohnungen müssen sauber sein! Und die Seife verkaufte, verkaufte, verkaufte sich wunderbar. Die Hersteller mußten den Amerikanern nicht nur erklären, daß sie immer noch schmuddelig waren, sondern auch, daß sie niemals hygienisch genug sein konnten. Während das Land also sauberer als je zuvor wurde, mußten die Hersteller Dreck ausgraben.

Während die Seifenindustrie immer mehr Dreck entdeckte, steigerte sie fortwährend die Sauberkeitserwartung, und all das immer im Namen des öffentlichen Wohls. Der Einfluß des Sauberkeitsinstituts macht deutlich, wie komplex die Zusammenhänge bei manchen Werbefeldzügen für Reinigungsmittel sind, und zeigt das Ausmaß der mächtigen kommerziellen Interessen, die manchen öffentlichen Kampagnen zugrunde liegen. Während der ersten Hälfte des 20. Jahrhunderts entwickelte sich der Kauf und Verkauf von Produkten aller Art, die der häuslichen Sauberkeit dienten, zu einer riesigen, hoch komplexen Industrie, die sich dem Kunden, also der Hausfrau gegenüber, auf eine unfehlbare harte Verkaufsstrategie spezialisierte – und alles geschah stets zu ihrem eigenen Besten.

Ein besonders interessanter Dreh in dieser Geschichte ist, wie die Hauswirtschaftlerinnen der Industrie beisprangen. Zuerst waren sie natürlich nur unparteiische Erzieherinnen, die neue den Haushalt betreffende Konzepte weitergaben, den Frauen Methoden und Mittel aufzeigten, wie sie ein glücklicheres, gesünderes und effizienteres Zuhause schaffen könnten. Jedoch nahm diese Rolle der unparteiischen Erzieherinnen alsbald neue Dimensionen an: Innerhalb weniger Jahrzehnte nach ihrem ersten Auftreten war die Hauswirtschaftsbewegung bereits tief in die neue Verbraucherkultur verwickelt.

Bücher mit Ratschlägen führender Hauswirtschaftlerinnen für das traute Familienheim zeigen deutlich, wie dieser Prozeß begann. 1915 kündigte Mary Pattison in ihren *Principles of Domestic Engineering* folgendes an:

Etwas unkonventionell wirkt vielleicht der Anhang des Buchs, nämlich die Liste der bewährten Haushaltsartikel und der Anschriften, wo man sie bekommt. Hier geht es um Fragen, die immer wieder gestellt werden, und da die Autorin meint, daß die erzieherischen und die kommerziellen Interessen enger kooperieren sollten, hielt sie es für angebracht, diese unvollständige Liste von Geschäftshäusern hinzuzufügen.

Aber schon viel früher waren die Hauswirtschaftlerinnen nicht davor zurückgeschreckt, Erzeugnisse zu empfehlen, obwohl es in den 90er Jahren des 19. Jahrhunderts, als die Bewegung begann, weit weniger davon gab. Die anonyme Autorin von *Waschen, Putzen, Flecken entfernen*, die sich als »eine erfahrene Hausfrau« zu erkennen gibt, empfahl 1892 wärmstens: »Der zur Zubereitung der Speisen verwendete Tisch muß täglich mit Sunlight-Seife und etwas Sanitas [eine Desinfektionslösung] geschrubbt werden.«

So ein Hinweis wirkt ganz harmlos, wie ein guter Rat, den einem eine wohlmeinende, liebe Tante gibt. Genauso verständlich ist, daß die Frauen, als neue Produkte und Geräte auf den Markt kamen, Rat brauchten, wie sie sie benutzen und pflegen sollten. Die Hauswirtschaftlerinnen nahmen sich diese Aufgabe zu Herzen. Sie waren ernsthafte Damen und schrieben Jahrzehnt für Jahrzehnt detailliert und würdig dicke Bände mit solchen Ratschlägen voll. Die modernen Haushaltsgeräte – wie ein Staubsauger funktionierte, welche Art Waschmaschine man sich kaufen sollte – mußten den ungebildeten Hausfrauen erklärt werden. Kurz, die Hausfrauen mußten zu Verbraucherinnen erzogen werden.

In dem Buch *Housekeeper's Handbook for Cleaning* (1915) der Hauswirtschaftlerin Sarah Macleod ist ein ganzes Kapitel der Frage gewidmet, welches der richtige Kühlschrank ist und wie man mit ihm umgeht. Das Äußere wird diskutiert, Mrs. Macleod bevorzugt eine Verkleidung aus poliertem Hartholz, gibt allerdings zu, daß die neuen emaillierten Oberflächen immer beliebter werden. Im Kühlschrank ist »die übliche Auskleidung aus galvanisiertem Eisen, Blech, Kacheln, Porzellan oder speziell behandeltem Emaille. Eine weiße Auskleidung ist zu bevorzugen, weil man den Schmutz daran sofort sieht und er sich deshalb dort nicht sammeln kann.« Diese Kühlschränke waren noch keine elektrischen Geräte, sondern isolierte Eisschränke. Ihre Abtropfröhren mußten mit einer Lösung aus heißem Sodawasser saubergehalten werden, denn offenbar sammelte sich gerade dort »unangenehmer Schmutz aus den Unsauberkeiten des Eises« an. Was das Kühlschrankinnenleben angeht, so verlangt Mrs. Macleod, daß die Fächer und der Boden des Geräts täglich mit einer Sodalösung ausgewischt und daß der gesamte Apparat jede Woche einmal gründlich geputzt wird. Ein solcher Rat scheint auf den ersten Blick betrachtet sowohl aufrichtig als auch nützlich, ist aber völlig übertrieben und überängstlich.

Eine Generation später waren Sarah Macleods Nachfolgerinnen mit ihren Ratschlägen viel weniger subtil. Ein oft nachgedruckter Text von Louise Peet und Lenore Sater mit dem Titel *Haushaltszubehör* erschien erstmals 1940. In unermüdlicher Exaktheit werden darin die Mädchen unterrichtet, was sie sich wie für ihre Wohnungen kaufen sollen. Der Ton ist von oben herab, die Zahlenangaben sind zweifelhaft, klar ist aber das Ziel: Die Mädchen sollten sich jedes nur mögliche Haushaltsgerät kaufen und es richtig benutzen.

Dort, wo es um Staubsauger geht, erfahren wir: »Studien besagen, daß 85 Prozent (manchmal bis zu 97 Prozent) allen Schmutzes, der sich in einem Zimmer ansammelt, im Teppich steckt.« Dann beschäftigen wir uns mit Teppichen, ihrer Struktur, ihrem Gewebe, Kette und Schuß, Büschel, Flor etc., und wieder gilt es, eine Warnung zu beachten: Der durchschnittliche Teppich hat »eine enorme Aufnahmekapazität für Dreck, den andere Heimtextilien nicht haben«. Ganz klar wird uns die Sache, als wir eine bedrückende Illustration auf der gegenüberliegenden Seite betrachten: Abbildung 10.1: »Analyse des Teppichdrecks« heißt sie (das Urheberrecht liegt bei der Hoover-Company). Wir erblicken die stark vergrößerte Zeichnung von vier Teppichbüscheln, die sehr an Seegrasklumpen erinnern, darin stellen verschiedene Schattierungen verschiedene Arten von Teppichdreck dar. »Trümmer aller Art und sichtbarer Staub« liegen oben drauf, dann kommt etwas tiefer drin der »fließende Flordreck«, und noch tiefer lauert das, was als »infiltrierter Flordreck«, gefolgt vom »oberen Furchendreck«, bezeichnet wird. Aber ganz unten an der Wurzel der Büschel versteckt sich der finsterste Dreck von allen: »Eingesunkener Furchendreck.«

Diese ganze alberne Studie, die Feierlichkeit, mit der der Teppichdreck analysiert wird, um dann zu betonen, wie wichtig der Besitz eines Staubsaugers ist, ist typisch für viele Hauswirtschaftstexte. Wozu diente diese Information? Es bedarf schließlich nicht eines Genies wie Einstein, um sich darüber klarzuwerden, daß Teppiche sehr schmutzig sein können – bis zu den Wurzeln ihrer kleinen Büschel –, wenn man sie nicht gelegentlich reinigt. Mädchen, die man mit einer solchen Unsinns-»Erziehung« vollstopfte, fanden sie oft nachgerade »zum Schreien«. Eine Frau erinnert sich, in nervtötendem Detail über »Die sechs Grundbewegungen des wirksamen Staubsaugens« unterrichtet worden zu sein, was Teil ihrer hauswirtschaftlichen Ausbildung in einer amerikanischen Kleinstadt im Mittleren Westen während der 60er Jahre war. Zu diesen »Grundbewegungen« gehörte die »lange Bewegung« – ein elegantes Aus- und Einfegen in einem »Feder-Muster« –, die »kurze, bürstende Bewegung« – kurze, abrupte Bewegungen, die sich überschnitten – und der »Kantenfeger« – sanfte, ununterbrochene Streichbewegungen mit dem Kantensauger, wobei der Saugstutzen aber weder »hineingestoßen« noch »geschleift« werden durfte. Die Mädchen in der Klasse mußten diese Staubsaugerbewegungen üben und dabei ernsthaft Vergleiche zwischen der Wirksamkeit der verschiedenen Techniken anstellen, während sie diverse Geräte ausprobierten. In dieser Art Umgebung, wo man die Mädchen regelmäßig solch häuslicher Indoktrination aussetzte, wurde die Kenntnis der Staubsauger und Teppichbüschel, Reinigungsmittel und Kühlschränke natürlich zu einer Kardinaltugend. Denn diese Kenntnisse und Fähigkeiten, will man uns weismachen, ermöglichen es der Schülerin oder späteren Hausfrau, elegant und gelassen, auf eine »gebildete« und intelligente Art, ihre Arbeiten zu erledigen.

Hauswirtschaftlerinnen, die sich mit dieser Art von Diskussion und Unterricht befaßten, ermunterten ihr Publikum und ihre Schülerinnen im Grunde nur zu einem: Verbraucherinnen zu werden. Sie spielten den Herstellern direkt in die Hände. Generation auf Generation von Schulabsolventinnen wurden in

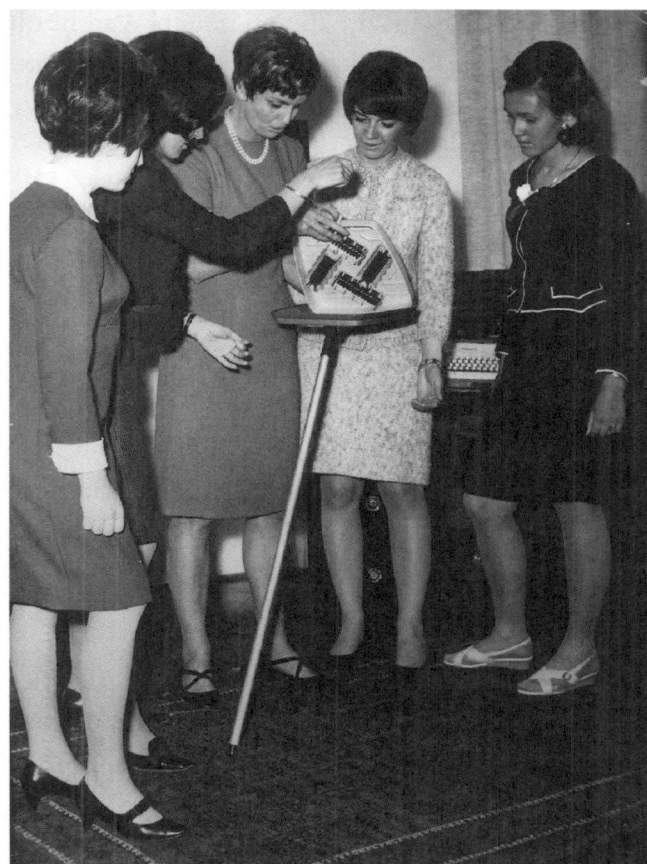

Das »Internationale Haushalts-kolleg« in München vermittelte jungen Damen den richtigen Umgang mit dem Teppich-dackel. Mit diesem Gerät ließ sich der Schmutz auch aus un-zugänglichsten Ecken holen, denn »eine vorbildliche Haus-frau putzt nicht nur für das Auge«.

dem Gedanken trainiert, daß gewisse Geräte und Produkte wesentlich sind, wenn man eine gute Hausfrau sein will. Gesichert war, daß diese Absolventin-nen losgehen und Geräte und Produkte kaufen würden – und zwar wahr-scheinlich immer wieder über viele Jahre hinweg.

Von Anfang an haben die Hauswirtschaftlerinnen deshalb, indem sie darauf bestanden, daß die Hausarbeit eine ernste Betätigung sei, die eine richtige Er-ziehung, Begeisterung für die Sache und Effizienz erfordere, den Wunsch nach Veränderungen im Haushalt, nach neuen »Erleichterungen«, neuen Apparaten genährt. Hersteller und Werbeleute suchten solche »Erzieherinnen«, die ihnen dann als Beraterinnen dienten, d. h. sie über die Bedürfnisse der Kundinnen unterrichteten, und dann berieten wiederum die Hauswirtschaftlerinnen die Kundinnen hinsichtlich ihrer Bedürfnisse nach neuen Produkten. So wurden die Hauswirtschaftlerinnen zu selbstbewußten Vermittlerinnen zwischen jenem modernen Phänomen der Mittelschichts-Hausfrau ohne Dienstmädchen und den Herstellern von Haushaltsartikeln.

Christine Frederick ist die Hauswirtschaftlerin, die diesen neuen Warenkult am besten repräsentiert. Sie hatte, wie sie in ihrem Buch *Selling Mrs. Consumer* von 1928 deutlich macht, in puncto Konsum keine Skrupel. Das Buch ist Herbert Hoover gewidmet. Inzwischen war Mrs. Frederick, sowohl wegen ihrer Hartnäckigkeit, mit der sie effizientes und »wissenschaftliches« Haushalten forderte, als auch wegen ihrer hellen Begeisterung über die Kaufkraft der Frauen, weithin bekannt. Schon in einem Artikel im *Ladies' Home Journal* im November 1913 bemüht sich Mrs. Frederick, den Frauen ihre wichtige Verantwortung zu demonstrieren, die darin besteht, zu lernen, wie sie das Richtige für zu Hause kaufen:

Unser Kauf eines kleinen Stücks Seife mag uns gering und unwichtig vorkommen, aber *wie* wir es kaufen, der Preis, den wir dafür bezahlen, und die Loyalität und Intelligenz, die wir beweisen, wenn wir den Wert der verschiedenen Seifen studieren und zufriedenstellender Qualität durch erneuten Kauf treu bleiben – all das hat einen Einfluß auf die gesamte Seifen-Welt, da jeder unserer Käufe diese Welt des Handels beeinflußt.

Die Konsumhaltung war laut Frederick »die großartigste Idee, die Amerika der Welt zu schenken hat«. Sie befürwortete das industrielle Ziel eines »fortschreitenden Verschleißes«, wurde eine der wichtigsten Propagandistinnen der Idee, daß man für das Häuschen im Vorort immer mehr Maschinen und Geräte kaufen solle, und sie wußte genau, wie sie die Käuferinnen in diesen Vororthäusern ansprechen mußte. »An jedem Arbeitstag werden etwa 5 000 neue Familienheime gestartet; neue ›Nester‹ werden gebaut und neue Familien-Kauf-Einheiten treten in Aktion.«

Als Mrs. Frederick 1920 aufhörte, für das *Ladies' Home Journal* zu schreiben, begann sie eine Karriere als Beraterin etlicher Hersteller und befürwortete aktiv den Kauf ihrer Produkte. Sie beriet die Hersteller hinsichtlich der Bedürfnisse der Frauen, und sagte gleichzeitig den Frauen, was sie kaufen »mußten«. Ihr Glaube an die wohltätige Wirkung der Werbung war grenzenlos: »Durch die Werbung hören Sie jetzt sehr schnell, wenn etwas Neues und Gutes auf den Markt kommt; während Sie ohne Werbung vielleicht nie davon erführen … Die Werbung ist der moderne, saubere, direkte und gerade Weg, auf dem man genau bis zur ›Endverbraucherin‹ kommt und ihr von den Erzeugnissen berichtet.«

Christine Frederick war nicht die einzige, die so begeistert der modernen Frau die aufregende Rolle der »Konsumentin« zudachte. Mrs. Julia Heath, Gründerin und Vorsitzende der Hausfrauenliga, schrieb im Januar 1915 im *Ladies' Home Journal*, die Hausfrauen müßten ihre Bedeutung als »Kaufbeauftragte für

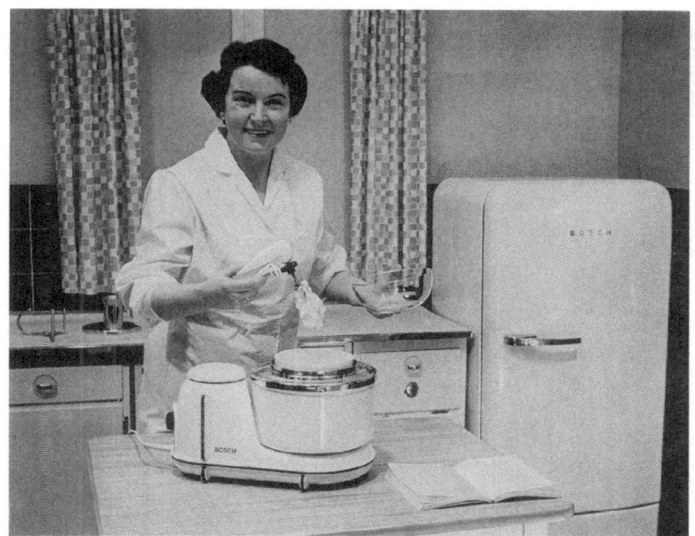

Das Bosch-Küchenstudio bot in einer Mischung aus Werbung und Wissenschaft fachkundige Beratung.

das Heim« erkennen und ihre »ökonomische Funktion derer, die das Familieneinkommen ausgeben«, begreifen. Und: »Wir Frauen müssen begreifen, daß wir eine neue ökonomische Position inne haben.«

Christine Frederick ragt allerdings heraus, nicht nur wegen ihrer lautstarken, an die Frauen gerichteten Ermunterung zu kaufen, zu kaufen, zu kaufen, sondern auch, weil sie sie zu überreden versuchte, zu glauben, was man ihnen über die verschiedenen Produkte erzählte. Im Ton herzlicher Anerkennung und Billigung schreibt Frederick, die moderne Frau habe »konsumfreudigen« Geist entwickelt – eine Bereitschaft, dahin zu folgen, wohin man sie führt –, »der eine ungeheure Bedeutung für die industrielle Prosperität und den Lebensstandard in Amerika hat«.

Nicht nur die amerikanische Eigenheim-»Front« wurde durch diesen neuen Waren- und Konsumkult radikal verändert. Aber in Europa geschah all dies viel später und auch längst nicht so pompös. Eigentlich ging es so richtig erst nach dem Zweiten Weltkrieg los, als die Rationierung allmählich aufgehoben wurde und dann bald immer mehr Waren zu haben waren und der »Druck«, mehr zu verdienen, mehr auszugeben und mehr zu konsumieren, unwiderstehlich wurde. Elizabeth Roberts hat die Arbeiterschicht im Norden Englands untersucht und herausgefunden, daß, je mehr Geräte diese Frauen kauften, um so öfter sie auch aus der traditionellen Arbeitergegend wegzogen – in größere Häuser. So ein Haus zu unterhalten kostete aber mehr häusliche Arbeitszeit fürs Saubermachen etc., so daß die Frauen zunehmend den Kontakt zu ihren Nachbarinnen verloren. Dahin waren die Tage, als man vor den Reihenhäusern klatschte, während man die Stufen weißte.

Wenn feministische Kritikerinnen die Art und Weise zu analysieren versuchen, wie die Frauen von den Herstellern und Werbeleuten manipuliert und
ermuntert worden sind, unentwegt fürs traute Heim etwas zu kaufen, zu kaufen und nochmals zu kaufen, dann ist da immer so eine Bitterkeit heraus-
zuhören. Das sind keine attraktiven Geschichten. *Frauen* scheinen allzuoft andere
Frauen in dieses Reich des exzessiven Konsumwahns geführt und zur Befriedigung angeblicher »Bedürfnisse« verführt zu haben. Das fing mit Hauswissenschaftlerinnen wie Christine Frederick an und wurde später von ganzen Scharen von Hauswirtschaftlerinnen fortgesetzt. In einer Ausgabe der Zeitschrift
Sales Management von 1959 wird die Eigenschaft dieser Hauswirtschaftlerinnen
auf den Punkt gebracht:

Zu verstehen, wie ein weibliches Gehirn funktioniert, wird sich wohl nur der tapferste
oder tollkühnste Vertreter des stärkeren Geschlechts zutrauen ... Deshalb die zunehmende Bedeutung der Hauswirtschaftlerin bei der Vermarktung ... Sie hat etwas von
einer Soziologin, ein schöpferisches Temperament, eine naturwissenschaftliche Ausbildung – und den berühmten weiblichen Spürsinn. Sie ist die Hauswirtschaftlerin bei der
Vermarktung ... eine Frau, die andere Frauen überzeugt.

... wie in Ost – bei der Vorführung der Universal-Küchenmaschine 1951 – zeigten Haushaltsberaterinnen den richtigen Umgang mit den neuartigen Küchengeräten.

Frauen sollten Möbel kaufen, Geräte anschaffen, sich das Leben mit lauter Apparate-Krimskrams »leichter machen«, sich in ihre mit lauter Kinkerlitzchen vollgestopften Häuser verkriechen – und dann noch mehr Produkte kaufen, um alles, was sie haben, zu pflegen. Produkthersteller reiten auf der Liebe der Frau zu ihrem Zuhause und Besitz herum, verlangen eine übertriebene Pflege dieser Dinge und machen den Hausputz immer schwieriger, indem sie immer rascher immer mehr Produkte auf den Markt werfen, wobei die Gebrauchsanleitungen immer schwerer zu verstehen sind. So entwickelt die Hausfrau, nur weil sie als einzige mit der Waschmaschine umgehen kann oder weiß, welches Reinigungsmittel bei der Gummimatte verwendet werden muß, das illusorische Gefühl, eine Expertin für alle Hausarbeiten zu sein. In Wahrheit – weit gefehlt! Die Hausfrau ist gar keine Expertin, sondern sie ist der Spielball eines jeden Vertreters und Verkäufers.

Ein gutes Beispiel sind Putzmittel. Man legt den Frauen nahe, viele verschiedene Putzmittel für viele verschiedene Zwecke zu kaufen. Dadurch erweckt man in ihnen die Illusion, sie seien Expertinnen. Man muß ihnen Angst machen: *Es gibt Schmutz, den Sie nicht sehen!* Schuldgefühle sind daraus zu entwickeln. Jetzt kann man sie in ihrer Rolle versichern: Sie ist die Expertin, die Bakterien den Tod bringt, die Beschützerin der Familie, die Spezialistin für Haushaltstechnik – jetzt ist sie wieder aufnahmefähig, und man kann ihr sagen, was sie kaufen muß. Dann sind die Chancen gut, daß dieser von Schuldgefühlen geplagten, bedürftigen, verantwortungsbewußten, gesundheitsbewußten Hausfrau ein nettes, neues Produkt gerade recht kommt.

Mit anderen Worten: Wenn Werber und Marketingfachleute ernste wissenschaftliche Warnungen bezüglich Bakterien und Staubmilben, Salmonellen und Viren äußern, sind verantwortungsbewußte Frauen wahrscheinlich derart beeindruckt und besorgt und interessiert, daß sie sofort das neue Produkt kaufen. »Die Hausfrau braucht nur was Neues zu kaufen, und schon ist sie – aktiv – an der Wissenschaft beteiligt. Und wenn die Werbeleute ganze Arbeit geleistet haben, dann glaubt die Frau, daß es nicht nur ihre Pflicht ist, dieses Produkt zu kaufen, sondern sogar ein Vergnügen. Ein Vergnügen deshalb, weil das *neue* Reinigungsmittel ihr Gefühl der Sicherheit und des Luxus erhöht.

Glänzende Versprechen von Sicherheit und Luxus, Hinweise auf Peinlichkeit und Schuld (»Gefrierbrand!«, »Wasserflecken!«, »Kalkränder!«), schlaue Andeutungen und sozialer Druck (»Dann klappt's auch mit dem Nachbarn«): Daraus wird die Werbung für ein Reinigungsmittel gemixt.

Willkommen im Niemals-Niemals-Land, in dem die Karikaturen von Hausfrauen in Aktion treten, wo Schlampe und Superfrau ihre Fußböden und ihre Wäsche vergleichen. Die implizierte Botschaft ist seit Jahren dieselbe: Hausfrauen brauchen alle Hilfe, die sie kriegen können. Die Flüssigkeiten und Poliermittel, Pulver, Maschinen und Geräte bringen echte Vorteile und wahren Segen. Sie sorgen für ein sauereres, sichereres, glücklicheres Heim, das wohlwollend von einer Dame verwaltet wird, die weiß, was zu tun ist – und was gekauft werden muß, damit es so bleibt. Normalerweise verspricht die Werbung obendrein noch mehr freie Zeit. Und um all diese unermeßlichen Vorteile zu erlangen, muß die Hausfrau nur eins tun: das Produkt kaufen.

Bei jedem Versuch, die Sauberkeitsbotschaft zu propagieren, wurden zweierlei Argumente benutzt. Erstens »wissenschaftliche« Argumente: Experten und Expertinnen werden zitiert, oft Ärzte, Hauswirtschaftlerinnen (»Clementine«) oder nicht weiter definierte »Wissenschaftler« (»Laborergebnisse«). Diese Experten geben Kommentare ab oder zitieren andere Experten, um damit sehr krasse Ideen in die Köpfe der Hausfrauen zu pflanzen, wobei sie ein vages Experten-Vokabular benutzen und Worte einstreuen, die niemand versteht. Die zweite Sorte Argumente ist ausschließlich emotional, wobei, was den Dreck angeht, Angst- und Schuldgefühle gesteigert werden. Emotionale Erpressung nennt sich diese Technik.

1928 verspricht zum Beispiel in einer Anzeige »Old Dutch«, es wolle Ihren Kühlschrank mit »gesunder Sauberkeit« schützen. Es folgt sodann eine längere Warnung über die Gefahren der Lebensmittelvergiftung. Die Sache ist so gehalten, daß die Hausfrau sich Sorgen macht, und dann beweist die Anzeige die wissenschaftliche Potenz dieses Putzmittels, die in seinem Hauptbestandteil, einer geheimnisvollen und beeindruckenden Substanz namens »Seismotit«, steckt. »Durchs Mikroskop sehen Sie Tausende flockenartige, flache Partikel. Etwas

10 Käuferinnen und Verkäufer

Besseres gibt es nicht, um den Dreck zu entfernen. Zusammen mit dem sichtbaren Schmutz nimmt es Unreinheiten fort, die Sie nicht sehen können.« Die Grundbotschaft ist hier, wie in so vielen Werbungen für Putzmittel: Die Käuferin soll durch die »wissenschaftlichen« Versprechungen der Werbung beruhigt werden. Und die Ängste der Käuferin, die durch die Werbung erst geschürt worden sind, werden gleich wieder durch das beruhigende Versprechen, das die Benutzung des betreffenden Produkts einlöst, gelindert.

Die Werbung für Putzmittel- und Reinigungsgeräte ist oft brutal; der kleinste gemeinsame Nenner der Werbewelt. Die bekannte Werbesendung mit geteiltem Bildschirm ist so simpel, daß sie einen beleidigt: Links und rechts werden zwei verschiedene Seifen oder Waschpulver getestet. Werbung für keimtötende Putzmittel ist keinen Deut besser: Winzige Cartoon-Bakterien auf der Klobrille rennen heulend weg, wenn man mit dem Toilettenputzmittel auf sie zeigt. Fußbodenreiniger schneiden mühelos durch den Dreck und killen die Bazillen auf dem Küchenlinoleum mit einer glänzenden Wischbewegung des Mops. In der mit immer subtileren Mitteln arbeitenden Werbung gehören die Spots und Anzeigen für Putzmittel größtenteils einer primitiven Spezies an.

Aber so sehr wir auch glauben, die Tricks und Gaukeleien der Werbung zu durchschauen, etwas davon geht uns zweifellos unter die Haut, und offensichtlich werden die Produkte verkauft. Denken Sie an die verwirrend reichhaltigen Angebote an Flaschen in Neonfarben mit Reinigungsmitteln und bunten Schachteln mit Pulvern, die uns in jedem Supermarkt ansprechen. Die gnadenlose Parade immer neuer Reinigungsmittel, die in den Regalen erscheint, wäre nicht dort, wenn wir sie nicht kauften, und wir würden diese Mittel nicht kaufen, wenn wir nicht irgendwie an das, was sie von sich behaupten, glaubten oder zu glauben versuchten. Selten wurde der übliche Verbrauch von Reinigungsmitteln so gut wie in Judith Summers Roman *I, Gloria Gold* beschrieben. Während die Erzählerin, Gold, auf die vergangenen 36 Jahre ihres Ehelebens zurückblickt, zählt sie die Tage, die sie putzend und schrubbend verbracht hat, und plötzlich geht ihr ein Licht auf. Ärgerlich fragt sie sich: Warum hat sie das alles getan? Was soll dieses ganze Mistzeug unter ihrem Spülbecken?

Sechsunddreißig Jahre mit je dreihundertundfünfundsechzig Putztagen. Wieviel Geschirrspülmittel habe ich wohl in all der Zeit in die Kanalisation gespült? Wie viele Scheuerschwämme, Mops und Wischtücher habe ich verbraucht? Wie viele Behälter von Persil und Daz, Domestos und Mansion Polish, Fairy und Pledge, Flash und Ajax, Silvo und Brillo, Oven-Kleen und Windolene habe ich verbraucht und weggeworfen? Zusammengegossen wäre das ein riesiger See aus Bakterien bekämpfenden, sterilen, weißer-als-weßen Seifenlaugen. Und wohin hat mich meine ganze harte Arbeit gebracht?

All das pflichteifrige Putzen hat Gloria nur ihrer Familie entfremdet. Sie ist ihren Marken-Putzmitteln allerdings stets treu geblieben. Sie hat einen soliden Beitrag zum Wohlbefinden des betreffenden Herstellers geleistet. Wie so viele von uns ist sie hoffnungslos die langen Reihen im Supermarkt entlanggewandert und hat gekauft, gekauft, gekauft.

Als ich Glorias Liste der Reinigungsmittel zum erstenmal las, empfand ich Mitleid mit ihr; ich stellte mir vor, ich wäre so eine begeisterte Käuferin so vieler verschiedener Mittel. Gloria kam mir ziemlich erbärmlich vor. Aber dann warf ich einen Blick unter meine eigene Küchenspüle und siehe da, von den dreizehn Markennamen auf Glorias Liste finde ich bei mir neun. Von denen habe ich drei nicht selbst gekauft – die haben verschiedene Mieter und Gäste dagelassen –, aber trotzdem habe ich neun von diesen Produkten. Und daß ich außerdem fünf weitere habe, die Gloria nicht erwähnt, heißt, daß ich vierzehn Flaschen, Büchsen oder Schachteln unter der Spüle habe, von denen ich acht nie oder fast nie gebrauche. In einem anderen Schrank findet sich noch mehr: Waschpulver, Bleichmittel, Ammoniak, Essig, Trisodium-Phosphat und ein paar verdächtige Flaschen mit zerfetzten Etiketten.

Seit dem Blick unter die Spüle habe ich viele andere Leute gebeten, sie möchten einmal unter ihre blicken oder in ihre Schränke, um festzustellen, was sie haben. Es sind impulsiv oder als Reaktion auf ein lange vergessenes Bedürfnis gekaufte Artikel. Bei fast allen Leuten ist die Liste der Reinigungsmittel viel länger, als man gedacht hatte, und oft klingen die Gründe, weshalb die Mittel gekauft wurden, auffällig lahm:

»Meine Mutter hat es immer benutzt«, ist ein oft gehörter Satz. »Ich mag den Geruch«, ein anderer. »Das habe ich immer schon verwendet«, lautet eine weitere, oft gehörte Antwort, bei anderen Leuten ist die Begründung: »Ich probiere gern neue Sachen aus.« Einige Damen gestanden allerdings: »Ich habe keine Ahnung, warum ich das verdammte Zeugs gekauft habe.« Dann fügten sie hinzu, daß sie es noch nie benutzt haben, oder sie haben es ausprobiert und es hat nichts getaugt. Manche kaufen auf Empfehlung von Freundinnen. Manche geben zu, daß sie von Werbung beeinflußt worden sind. Viele sagen: »Weil es den Bakterien den Garaus machen soll.« Ich mag die Antworten am liebsten, die sich auf Bilder auf dem Produkt beziehen: »Weil mir der Glatzkopf mit dem Ohrring gefällt«, womit der berühmte Meister Proper gemeint ist, der muskulös, lächelnd, kahl und beringt auf jedem Etikett des Reinigungsmittels prangt, das seinen Namen trägt.

Wenn wir uns die Behauptungen auf all den Haushaltsreinigern in den Regalen der Supermärkte ansehen, sind wir wirklich nicht weit vom Reich des Schlangenölverkäufers entfernt. Sollen wir tatsächlich glauben, daß dieses

Bleichmittel da »alle bekannten Bakterien im Haushalt vernichtet«? Oder daß die magische Kraft eines gewissen Fleckenentferners alle Flecken mühelos wegzaubern wird, oder daß ein Haushaltsreiniger die Wohnung »makellos und bakterienfrei« hinterläßt? Die meisten von uns sind nicht so dumm, solchen Unsinn zu glauben, und doch: Geblendet, verwirrt und amüsiert von den Werbesprüchen, wandern wir weiter die Gänge der Supermärkte entlang und kaufen weiter. Unser Mißtrauen unterdrücken wir mit Willensanstrengung. Wir werden, wirklich und wahrhaftig, und zwar nicht ungeschickt, manipuliert und ermutigt, dieses Kaufverhalten an den Tag zu legen – und zwar ist das schon sehr lange so. Aber keine andere Hand als unsere eigene legt etwas in unseren Einkaufswagen.

Sogar die Unkritischsten und am wenigsten Mißtrauischen unter uns begreifen ohne weiteres: Wenn jemand uns etwas zu verkaufen sucht, sollten wir ihm nicht alles glauben, was er sagt. Während der letzten 150 Jahre wurde das zunehmende Streben nach Sauberkeit im Haushalt vom Kaufen und Verkaufen unzähliger Produkte und Geräte begleitet. Manche Verkaufsversuche kommen uns heute unglaublich plump vor, zum Beispiel die Bemühungen des Sauberkeitsinstituts, Seife unters Volk zu bringen. Manche dieser Versuche waren subtiler, etwa die implizierten Ermunterungen zum Kauf von Haushaltsgeräten, die vielen Mädchen in Hauswirtschaftsklassen zuteil wurden. Wir können absolut sicher sein, daß es schon immer seinen Tribut forderte, ein wirklich sauberes Heim zu haben, nicht nur, was das Geld angeht, sondern auch wegen der Mühe, die es macht, gegenüber all den seelischen Druckmitteln der Werbeindustrie auf der Hut zu sein.

Als Catharine Beecher in *The American Woman's Home* (1869) schrieb: »Eine Frau, der ein großer Haushalt untersteht, sollte ihre Pflichten als würdig, wichtig und schwierig betrachten«, konnte man – ganz gleich, was man zu dieser Prämisse sagte – zumindest sicher sein, daß sie den Frauen damals nicht irgend etwas zu *verkaufen* suchte – jedenfalls nicht direkt. Außerdem, wenn Mrs. Beecher dazu rät, nicht weniger als drei Wischlappen über dem Ausguß hängen zu haben – einen für fettige Teller, einen für sauberere Teller und einen für fettige Töpfe und Kessel, damit die Herrin des Hauses sich nämlich »nicht ärgert, daß sie ihr Geschirr mit dunklen, muffigen und schmierigen Fetzen abwaschen muß, wie es oft genug der Fall ist« –, können wir ruhig bleiben, denn wenigstens empfiehlt sie uns nicht den Typ Wischtuch, den wir benutzen sollen. Schon aus diesem Grund, wenn aus keinem anderen, kann die Lektüre der frühesten Haushaltsratgeber unterhaltsam sein. Ihre Sorge um die »Frau des Hauses« ist ehrlich, wie man deutlich merkt.

Aber täuschen wir uns nicht vielleicht? Nachdem erstmal ein neues Ethos da war und das Führen eines Haushalts zu einer »Wissenschaft« wurde, die ernsthaft von informierten Frauen betrieben werden mußte, ist ein Anflug von Ehrlichkeit in diesem Gewerbe selten zu finden. Die Hauswirtschaftlerinnen hatten sich bald bestens mit Herstellern und Werbeleuten arrangiert, und die Frauen wurden ermuntert, mehr denn je zu kaufen. Während Catharine Beecher also am Anfang der Periode steht, in der sich die Haushaltswissenschaft allmählich zu einem ernsthaften Geschäft entwickelt – im Zeitalter der Unschuld, was den Konsumwahn angeht –, ist sie dennoch an allem, was folgte, mitschuldig.

Man nehme ihre anscheinend so unschuldigen Anweisungen bezüglich der drei Wischlappen. In den folgenden Jahren haben sich in den Ratgeberbüchern unglaublich viele Seiten mit Hinweisen über Wisch- und Putzlappen gefüllt. In Frauenzeitschriften hat es todernste Artikel mit Titeln wie »Die Vorzüge eines feuchten Lappens« gegeben. Feierlich wurde Rat erteilt, welche Art Stoff hierzu der beste sei, wo man ihn kaufen und wie man ihn zuschneiden und nähen solle. Die Vorteile von Wegwerftüchern und Küchenrollen wurden intensiven, langwierigen Prüfungen unterzogen. Und was die Ängste moderner Hausfrauen bezüglich der Wischlappen und Geschirrtücher angeht, wurde die Hysterie wirklich auf die Spitze getrieben. Das geht so weit, daß ernsthaft der Rat erteilt wird, daß man zum Putzen und Abwaschen ausschließlich professionell entworfene Wischtücher verwenden sollte, die es nur in Spezialgeschäften gebe – niemals, *niemals* alte Lappen.

»Die Leichtigkeit, mit der Sie Ihre Hausarbeit, Ihren Frühjahrsputz und Weihnachtsputz bewältigen, steht im unmittelbaren Verhältnis zu den Geräten und Reinigungsmitteln, die Sie zur Verfügung haben. Es spielt keine große Rolle, was Sie putzen, Sie tun es besser, wenn Sie die richtige Ausrüstung haben.« So erklärte es ein Haushaltsratgeber von 1947. Man führe dieses Beharren zu einem logischen Schluß, und mehrere Jahrzehnte später sagen uns vergleichbare Bücher, was wir einfach kaufen *müssen*. Die meisten von uns brauchen neue Staubsauger, steht dort kategorisch, also schaffen wir uns doch einfach die alten Schrottdinger vom Hals und kaufen wir uns die besten! Nur Schuhabstreifer von allerbester Qualität taugen wirklich was, also gehn wir los und kaufen wir uns *jetzt* einen neuen – und bitte keine selbstzugeschnittenen, schäbigen alten Teppichstücke mehr! Wenn etwas ausgefranst oder abgenutzt ist, ist es wahrscheinlich schwer zu reinigen oder ineffizient, also weg damit und ein neues gekauft. Wenn ein Lampenschirm mit ein paar leichten Wischbewegungen und dem Handstaubsauger nicht sauber wird, werfe man ihn hinaus und kaufe einen neuen.

Hat sich der Verbrauch häuslicher Güter zum Wahnsinn entwickelt? Solche übertriebenen Äußerungen helfen sonderbarerweise – das ganze Dreckbewältigungsgeschäft erscheint in einem neuen Licht. Der Hausputz sollte doch eigentlich eine ziemlich einfache Unternehmung sein, und er sollte das Leben lebenswert, nicht unerträglich machen. Den Leuten ihr eigentümliches Putzverhalten oder einer Wohnung ihre Unvollkommenheiten zu untersagen, ist völliger Unsinn. Ohne alte Fetzen würde mancher Fußboden nie gewischt, ohne abgetretene Fußmatten würden die meisten Besucher mit schmutzigen Schuhen das Haus betreten, ohne rührend schäbige Dinge verlören manche Wohnungen ihren allerletzten Charme. Daß wir unsere Wohnungen und Besitztümer reinigen und pflegen, ist nur eine Dienstleistung, kein Götzendienst. Trotzdem, wenn wir den Anpreisungen sämtlicher Ratgeber und Werber glauben, wird das Putzen ungeheuer anstrengend und äußerst kostenintensiv. Wenn wir alles kaufen oder tun, was man uns empfiehlt, geben wir nicht nur zuviel Geld aus, sondern machen uns auch völlig zum Narren.

11
Aufspüren und vernichten
Sinn und Unsinn
des Bakterientötens

Die Mordlust, die finstere Entschlossenheit, in die Wohnung eindringende Lebensformen auszurotten, ist immer Teil des Hausputzes gewesen. Die Ziele dieses Verlangens sind teils sichtbar, teils unsichtbar, reichen von wilden Tieren zu kleinen krabbelnden Wesen bis zu mikroskopischen Bakterien. Im häuslichen Leben gibt es viele Schlachtfelder, und die aus der Angst geborene Aggressivität, die uns beim Putzen überwältigt, ist oft extrem, wenn wir der Ansicht sind, daß unser Zuhause von großen oder kleinen feindlichen Lebewesen erobert wurde.

In erster Linie müssen uns da die Bakterien interessieren, denn sie im Haushalt zu vernichten ist für viele Leute eine zwanghafte Beschäftigung. In der Tat überkommt fast jeden von Zeit zu Zeit so ein Drang, Bakterien zu töten. Ein großer Teil unserer Angst vor den sichtbaren Eindringlingen in unsere Wohnungen, von kleinen Käfern bis zu größeren Tieren, wird von der Tatsache inspiriert, daß diese Kreaturen an ihren kleinen Füßen und Fühlern unsichtbare Bazillen mit sich herumschleppen. Das Töten von Fliegen zum Beispiel wurde zu Anfang des 20. Jahrhunderts in Amerika ein beinahe patriotischer Akt beim Streben nach Sauberkeit, denn Fliegen sind nicht keimfrei. Ratten sind ein besonderer Quell des Schreckens, weil man weiß, daß sie Krankheiten übertragen. Staub wurde jahrzehntelang sehr gefürchtet, weil man annahm, daß er viele gefährliche Keime und Krankheitserreger enthielt.

Der Drang, Bakterien zu töten, ist mächtig und heimtückisch, wie Marcia in Robert Irwins Roman *Staub* weiß. Sie läßt sich von der bakterienvertilgenden Macht der Reinigungsmittel in ihrer Wohnung betören: »Hast du dir die Putzmittel angesehen, die du benutzt – wie manche von ihnen den Dreck entfernen, ihn töten, während andere ihn von Oberflächen und Stoffen abnehmen, ihn zwar wegnehmen, aber nicht wirklich töten? Es hat eine ziemlich starke psychologische Wirkung auf mich, welches ich benutze. Das ist wirklich interessant.« Sie beginnt einen »Diskurs über die Macht der Putzmittel«, sinnt über deren versteckte Gewalttätigkeit, ihre Fähigkeit zu töten nach, spricht von ihrer

»Macht, zuzuschlagen und den Dreck rauszutreiben; im Kampf für die Gesundheit der Familie töten sie Bazillen – bekannte und unbekannte – und zersetzen Bakterien, zertrümmern, zerschlagen, zerbeißen. Die einzige Sprache, die die Streitmacht der Putzmittel versteht, ist Gewalt. Ich und mein Pulver, zusammen siegen wir.«

Marcia findet diese mächtige Sprache und diese starken Versprechungen auf den Packungen der Erzeugnisse, die sie verwendet. Die Propaganda auf der Rückseite von Dose oder Flasche setzt ihre fieberhaften Phantasien frei, treibt sie in eine Orgie der Gewalt gegen die Bakterien. Es spielt keine große Rolle, ob sie die Bakterien wirklich alle tötet, wichtiger ist, daß sie das denkt, weil sie sich dadurch besser fühlt. Das trifft sogar auf viel weniger gestörte Menschen als Marcia zu.

Versucht man herauszubekommen, was die Leute über Bakterien wissen oder vermuten und wie sie ihrer Herr zu werden glauben, dann fällt es einem wie Schuppen von den Augen. Wie jede wissenschaftliche Erkenntnis, die ein breites Publikum angeht, erreicht auch diese das große Publikum in oft übermäßig vereinfachter und konfuser Form. Das war immer schon so. Wie Christine Frederick feststellt, wußten zu Anfang des 20. Jahrhunderts wenige Hausfrauen wirklich über Bakterien Bescheid, aber »sie handeln mit peinlicher Sorgfalt der Annahme entsprechend, daß Bakterien überlistet werden müssen«. In den 75 Jahren, die seither vergangen sind, hat sich wenig verändert.

Ob man nun wirklich etwas davon versteht oder nicht, Bakterien sind immer ein heißes Thema, sobald eine Gruppe von Frauen anfängt, über das Putzen zu reden. »Wo finden sich im Haus die meisten Bakterien?« fragte ich immer wieder. Am Wischtuch oder Schwamm oder womit auch immer sie die Oberflächen in ihren Küchen zu wischen pflegten, sagten sofort einige Frauen darauf. Nein, nein, sagten andere und zählten eine endlos scheinende Reihe von Möglichkeiten auf, wo Bakterien vermehrt aufträten: In der Toilette, im Kühlschrank, in den Abflußrohren, auf der Arbeitsfläche in der Küche, meinten einige; auf dem Küchentisch, am Dosenöffner, im Ehebett, versetzten andere eifrig. Einige erwähnten das Kinderspielzeug und das Hundekörbchen, andere auch den Backofen und den Keller.

Warum im Backofen? wunderte ich mich, als Yvonne den nannte. »Weil ich ihn nur alle fünf Jahre oder so saubermache. Er muß von Bakterien wimmeln«, war ihre Antwort. Warum im Kühlschrank? »Er riecht manchmal so übel«, sagte eine andere Frau. »Und es ist Nahrung drin, die schlecht wird, und verschüttete Milch. Das ganze Kühlschrankinnere kommt mir manchmal vergiftet vor.«

Dieses Gespräch fand in einem Büro statt, und es sammelten sich Leute drum herum. »Ich verstehe nicht«, sagte eine neu Hinzugekommene. »Warum im

Kühlschrank und im Backofen, um Himmels willen? Die Kälte oder die Hitze tötet doch leicht alle Bakterien ab, die da sind.«

»Meine Mutter hat mir das anders erzählt«, sagte eine ältere Frau. »Als meine Kinder in den 60er Jahre aufwuchsen, habe ich den Kühlschrank jede Woche einmal desinfiziert. Ich habe dazu eine Chlorlösung benutzt und den ganzen Kühlschrank innen gründlichst ausgewischt. Das haben alle gemacht, es war einfach ein Teil der wöchentlichen Routine. Wenn ich heute zurückblicke, kommt es mir allerdings verrückt vor. Fragt mich nicht, warum der Kühlschrank so voller Bakterien war. Ich weiß es nicht. Aber damals habe ich es geglaubt.«

In diesem Augenblick in der Diskussion erklärte eine andere Frau mit fester Stimme, der Keller sei der von Bakterien am meisten heimgesuchte Ort des Hauses. Warum? »Weil«, sagte die Keller-Hasserin, »ich immer in Häusern mit nicht fertig gebauten Kellern, schleimigen Abflußrohren im Fußboden und nie abgestaubten Fensterbänken gewohnt habe. Der Keller wird nie so gründlich wie der Rest des Hauses gereinigt. Es gibt darin auch Dinge wie mit Dreck verstopfte Heizungsfilter, und es ist finster und unheimlich und feucht da unten und Mäuse kacken in dunkle Ecken.« – »Mir ging's ebenso mit dem Gewölbekeller des alten Hauses, in dem ich früher mal gewohnt habe«, ließ sich eine andere Frau vernehmen. »Dunkel und schmutzig und voller Zeugs, das ich nicht mal ansehen wollte, und es stank geradezu nach Bakterien.«

So dahergesagte, unwissenschaftliche Ansichten hätten Ellen Richards nicht gefallen. Sie glaubte felsenfest daran, daß Frauen eine wissenschaftliche Ausbildung brauchten, wenn sie einen Haushalt führen wollten. Teil dieser Ausbildung war es, ein Wissen über Bakterien zu vermitteln. Finstere Warnungen, daß eine »Nadelspitze Staub dreitausend lebende Organismen, nicht alle bösartig, aber allesamt Feinde der Gesundheit« enthalten könne, inspirierten Ellen Richards und ihre Hauswirtschafts-Kolleginnen, die Botschaft auch anderen Frauen mitzuteilen: Auf der Hut sollten sie sein und informiert und schmerzlich der Natur und Schleichwege dieser unsichtbaren Bedrohung bewußt. Daß so viele von uns bis heute so unzureichend über Bakterien unterrichtet sind, würde diese fest entschlossenen Erzieherinnen wahrscheinlich zusammenzucken lassen.

Ich habe wenige Hausfrauen getroffen, die behaupteten, in ihren Kenntnissen über Bakterien wirklich sattelfest zu sein. Wenn befragt, gaben viele zu, daß ihre Informationen ungenau sind, daß es halb erinnertes Zeug ist von dem, was ihnen einst ihre Mütter gesagt oder vorexerziert haben, oder aus der Werbung oder dem hauswirtschaftlichen Unterricht in der Schule stammt. Manche sind erfrischend ehrlich, was ihre Kenntnis angeht. »Von Bakterien habe ich keine Ahnung«, erklärte eine Frau. »Ich weiß genug, um den Kindern zu sagen, daß sie sich beim Niesen den Mund zuhalten und die Hände waschen sollen, und ich habe eine Heidenangst vor Hühnerfleisch in der Küche, weil ich so viel über Salmonellen gelesen habe, aber nein – ich weiß nicht viel. Ich kaufe Sprühdosen mit Desinfektionsmitteln, und ich benutze sie hier und da, aber wer weiß, ob sie wirklich irgendwas nützen. Aber wenn ich sie kaufe, habe ich ein besseres Gefühl.«

»Ich verwende Desinfektionsmittel nur in der Toilette«, berichtete eine andere Frau, eine aus einer kleinen Gruppe, die sich in meiner Küche versammelt hatte. »Oder wenn jemand bei uns zu Haus krank ist, dann desinfiziere ich die Türgriffe und das Telefon – das hat meine Mutter auch getan. Und ich benutze genau dasselbe Zeugs wie sie, das Desinfektionsmittel mit dem Kiefernnadelduft. Ich brauche es bloß zu riechen, und schon ist mir, als hätte ich etwas Gutes getan.«

»Ich glaube, es ist völlige Zeitverschwendung – ich desinfiziere nie etwas«, erklärte eine dritte Frau.

»Sie meinen, Sie haben nicht mal ein Desinfektionsmittel im Haus?« fragte die Frau, die ihre Toilette desinfizierte. »Kein bißchen«, war die selbstbewußte Antwort. »Nicht mal Chlorbleiche.« Man sah deutlich, daß das die Frau, die die Frage gestellt hatte, schockierte. Sie hatte sich nie vorgestellt, daß ein Haushalt ohne ein Desinfektionsmittel geführt werden könnte. »Was tun Sie denn mit der Toilette?« fragte sie in gedämpftem Ton. »Ich wische sie einfach mit einem feuchten Lappen«, erwiderte die andere ohne Reue. »Ich glaube nicht, daß diese Desinfektionsmittel zu irgend etwas gut sind – und wer braucht diese lächerlichen Toilettenreiniger mit den verdrehten Hälsen und Küchensprays mit riesigen Rüsseln, die angeblich die ganze Arbeit tun und alle Bakterien töten? Das ist doch nur Verarschung.«

»Ich finde das auch«, stimmte eine vierte Frau zu. »Erinnert sich keiner von euch mehr an den Biologieunterricht? Und daß ihr euch Kratzer auf der Haut unter dem Mikroskop angesehen und entdeckt habt, wie sie vor Bakterien *wimmelten*? Ich weiß, sie sind an allem, was ich esse und berühre. Es ist einfach zu blöd zu denken, daß man alle Bakterien in der Küche oder im Badezimmer töten kann. Und warum sollte man das überhaupt tun wollen? Alles, was ich je benutze, ist Geschirrspülmittel und heißes Wasser – für alles.«

»Na, du kannst sagen, was du willst, aber ich benutze *immer* Desinfektionssprays in der Küche und im Badezimmer *und* Chlorbleiche, und ich glaube, das *muß* man auch, vor allem bei ekligen Sachen voller Bakterien wie Wischtüchern. Ich meine, die verbreiten doch die Bakterien überallhin!« Dieser Ausbruch kam von der stillsten Frau in der Runde; sie hatte bisher noch kein Wort gesagt. Sie sah bestürzt aus. »Ich wechsle meine Geschirrtücher und Lappen einmal, manchmal zweimal am Tag *und* wasche sie getrennt mit Bleichmittel, um die Bakterien zu töten, *und* ich schütte Bleichmittel in die Toilette, um die Bakterien zu töten, und ich desinfiziere die Oberflächen in der Küche täglich, und ich gebe Desinfektionsmittel ins Wasser, wenn ich den Fußboden wische.« Und dann wies sie noch darauf hin, daß sie einen Vollzeitjob hat. »Nicht, daß ich nichts Besseres zu tun hätte, aber es ist wirklich wichtig.«

Solche leidenschaftlich vorgebrachten Vorstellungen über die Verwendung von Desinfektionsmitteln und das Töten von Bakterien sind tief verwurzelt. Desinfektion ist ein Dauerthema in den Haushaltsratgebern und hauswirtschaftlichen Schultexten, ein großes Thema in der Werbung, ein wichtiger Teil der Diktate, die von der Mutter an die Tochter weitergegeben werden. Jahrzehntelang hat man die Frauen aufgefordert, sich als wachsame Verteidigerinnen des Haushalts zu sehen, die die gefährlichen Bakterien in Schach halten. Schon 1898 verkündete eine Werbung für die Internationale Gesundheitsausstellung in New York: »Frauen sind die wahren Hygieniker und verabscheuen Schmutz, Finsternis und Krankheit.« Zustimmung kam aus allen Weltgegenden, die *Daily Times* in Victoria, Kanada, betete 1899 nach: »Frauen sind die wahren Hygieniker, und es sollte ihre Obliegenheit sein, sich sauberzuhalten und frei von den Krankheiten des Schmutzes, ihre Häuser sauberzuhalten, ihre Straßen sauberzuhalten, ihre Städte sauberzuhalten.«

Überall wurde während der letzten hundert Jahre der Ruf nach dem Gebrauch von Desinfektionsmitteln laut: »Sauber sein heißt heute, frei von Bakterien und all diesen unglückbringenden Dingen zu sein!« mahnte im September 1900 das *American Kitchen Magazine*. »Halten Sie Waschlappen frisch und duftig, indem Sie sie täglich desinfizieren«, ruft 1947 das *Good Housekeeping Book* auf. »Wischen Sie den Boden Ihrer Dusche und die Badematten mit einer desinfizierenden Lösung ab, damit die anderen Mitglieder der Familie nicht dorthin treten, wo infizierte Füße gewesen sind.« Die Desinfektions-Leidenschaft steigerte sich zu solchen Extremen, daß 1932 ein Aufsatz in *Good Housekeeping* darüber informiert, wie man Bilderrahmen desinfiziert, falls man das wünschen sollte. »Mit einem Handspray lassen sich verborgene Stellen wie Simse, Bilderrahmen etc. gründlich desinfizieren.«

Lydia Ray Balderston ist in dem 1936 erschienenen *Housewifery: A Textbook of Practical Housekeeping* recht streng, was das Desinfizieren angeht: »Jede Hausfrau sollte sich mit Desinfektions- und Ausräucherungsmitteln vertraut machen, weil Abflüsse, Mülltonnen und Eisschränke sie brauchen; und Keller müssen von möglichen Ursachen von Gerüchen und Krankheiten freigehalten werden.« Balderston empfiehlt regelmäßiges Reinigen der »Spültoilette« mit einer starken Dosis Bleichsoda, Chlorkalk oder Kaliumpermanganat und tägliches Putzen derselben mit Seife, Wasser und einer Bürste. Spüllappen sollten nach jedem Geschirrspülen ausgewaschen, Geschirrtücher zweimal oder dreimal wöchentlich fünf Minuten lang mit Seifenpulver ausgekocht werden.

Balderstons Sorge wegen der Bakterien ist von einer tapferen Entschlossenheit begleitet, Schädlinge unter Kontrolle und Speisen frei von Verunreinigungen zu halten. Daher ihre Verachtung für den damals herrschenden Glauben, Linoleum solle mit Milch gesäubert werden: »Milch, die manchmal als Reinigungsmittel empfohlen wurde, hinterläßt einen klebrigen, zuckrigen Film auf dem Linoleum, der Fliegen und Insekten, vielleicht Ungeziefer, anlockt.« Fliegen von der Nahrung fern, die Toilette sauber, Ungeziefer fernzuhalten, Mülleimer zu desinfizieren, Handtücher zu kochen, Küchenoberflächen gründlich und wiederholt mit Seife und Wasser oder mit Bleichsoda zu schrubben, das sind Mrs. Balderstons grundsätzliche Anweisungen. Wer auf einer Farm lebt, bekommt Extraaufgaben. Dort müssen Hühnerställe und Nebengebäude, auch der Keller, jedes Frühjahr gekalkt werden, um sie zu »sterilisieren«. Ein wertvoller Rat, gewiß; wurde er vorschriftsmäßig befolgt, dann konnte man mit all diesen Desinfektionsmethoden zumindest einige Krankheitserreger töten.

Ein Buch folgt dem anderen, ein Aufsatz dem nächsten, die alle Methoden empfehlen, wie Bakterien getötet werden sollen. Zu den früheren Methoden gehörte Desinfektion mit Karbolsäure und Chlorkalk, mit Formaldehyd (Formalin) und Kohlenteer-Verbindungen, mit ätzenden Sublimaten und Schwefeldämpfen, von der Desinfektion durch Kochen und Einweichen verunreinigter Gewebe in starken Laugen gar nicht zu sprechen. Die meisten dieser Methoden waren wahrscheinlich effektiv. Lauge zum Beispiel hat, da sie stark alkalisch ist, zweifellos eine antibakterielle Wirkung. Die desinfizierenden Eigenschaften des Sonnenlichts werden auch immer wieder empfohlen: »Trockene Luft und Sonnenlicht sind Feinde der Bakterien«, erklärten die Haushaltsratgeber. »Feuchtigkeit und Schmutz sind ihre besten Freunde.« Oder wie 1932 der Aufsatz über Desinfektion in *Good Housekeeping* sogar noch wortgewaltiger feststellt: »Licht ist der ewige Feind der Krankheitskeime ... Sie aber leben lange an finsteren Orten.«

Elizabeth Scott ist eine Mikrobiologin, die sich auf Haushaltsfragen spezialisiert hat. Sie glaubt, daß viele unserer Annahmen, was Bakterien angeht, irrig und viele unserer Desinfektionspraktiken unangebracht sind. »Die Leute glauben oft, sie desinfizierten etwas, wenn sie in Wirklichkeit nur Gerüche loswerden und durch angenehmere Gerüche ersetzen. Die Begeisterung für das Desinfizieren von Abflußrohren und Toiletten hat mehr mit dem Geruch als einem tatsächlichen Töten von Bakterien zu tun. Nur weil der Geruch weg ist, müssen die Bakterien, die den Geruch hervorbringen, nicht unbedingt tot sein.

Selbst wenn man ein wirksames Desinfektionsmittel benutzt hat, wird die Oberfläche nicht lange frei von Bakterien bleiben.«

Seit Jahrzehnten sind Produkte auf dem Markt, von denen behauptet wird, sie desodorierten, sterilisierten, reinigten und töteten Bakterien, alles auf einen Schlag, speziell im Badezimmer. »Es ist ein Segen für die Gesellschaft«, erklärt 1932 eine Reklame für ein Desinfektionsmittel. »Es beseitigt Geruch und Infektion ... Dieses mächtige Desinfektionsmittel, das wie Blumen duftet.« Das Bild zeigt ein lächelndes Dienstmädchen, das sanft einen Hauch Spray über einer Toilette versprüht – eine Tätigkeit, die auf eine ordentliche, geruchserzeugende Bakterie allerdings keinerlei Wirkung hätte.

Die blinde Furcht vor allen Bakterien, die in so vielen Werbeanzeigen gelehrt wird, ist oft nur furchteinflößender Unsinn. Elizabeth Scott empfiehlt eine gründliche Beschäftigung mit dem, wogegen wir zu Felde ziehen. »Die meisten Bakterien, die im Haushalt vorkommen, sind harmlos und kein Grund zur Sorge, aber es gibt in der Tat potentiell krankheitserregende, die auf Nahrungsmitteln, vor allem auf rohem Fleisch und Geflügel, und an Haustieren sowie in menschlichen Exkrementen und Auswurf vorkommen. Zu diesen gefährlicheren Bakterien gehören die zahlreichen Nahrung vergiftenden Bakterien wie Salmonellen, auch Staphylokokken und Kolibakterien.«

»Was das Putzen angeht, müssen Sie sehr vernünftig sein«, sagt sie. »Sie müssen Risiken einschätzen und Prioritäten setzen. Wenn Ihr kleiner Sohn draußen spielt und händevoll Dreck ißt, hat es keinen Zweck, seinetwegen das Spielzeug und den Küchenfußboden zu desinfizieren. Aber wenn eine Durchfallkrankheit im Haus wütet, dann passen Sie besonders sorgfältig auf, daß die Bakterien sich nicht ausbreiten.« Wie Elizabeth Scott erklärt, kommt es dann darauf an zu verhindern, daß Lebensmittel verunreinigt werden. Um diese Gefahr zu verringern, sollte man sich gewissenhaft die Hände waschen und die Oberflächen in der Küche und im Badezimmer regelmäßig reinigen. »Ich empfehle keine Routine-Desinfektion, außer wo es Kontakt mit roher Nahrung gegeben hat, oder wo Infektionen durch Hand-zu-Mund-Berührungen ausgelöst werden können, oder wo besonders anfällige Personen im Haus sind«, sagt sie.

Die wichtigste Lehre ist, daß keine Bakterien aus der Toilette in die Küche gelangen sollten, ein ziemlich verständlicher Grundsatz, der dennoch oft mißachtet wird. In einer 1971 in Großbritannien vorgenommenen Untersuchung kam heraus, daß ein Drittel aller Mütter das Einweichwasser aus ihren Windeleimern in die Küchenspüle entleerten, eine perfekte Methode, Bakterien aus menschlichen Exkrementen in die Küche einzuführen.

Bis vor kurzem noch fand das meiste Bakterientöten im Badezimmer statt, aber jetzt ist die Küche, wo die Nahrung zubereitet wird, das größte Schlachtfeld. Erst in den letzten zehn Jahren ist das volle Ausmaß und die Gefahr der durch Nahrung übermittelten Krankheiten sichtbar geworden. Angesichts des Überhandnehmens von Salmonellen wird die Sauberkeit in der Küche – vor allem der Arbeitsflächen, Lappen und Tücher – heute viel ernster genommen als je zuvor.

Nachdem man mit rohem Fleisch oder Geflügel hantiert hat, die beide nicht nur Salmonellen, sondern auch andere potentiell gefährliche Bakterien enthalten können einschließlich Campylobacter und Escherichia coli, sollten alle Oberflächen sorgfältig abgewischt werden. Viele Berater für Lebensmittelsicherheit empfehlen eine regelmäßige Desinfektion aller Oberflächen und warnen auch vor der Gefahr, durch Wischtücher und Küchenschwämme Bakterien zu verbreiten. Da alles, was zum Wischen von Oberflächen benutzt wird, rasch gefährliche Bakterien in einer Küche verbreiten kann, falls es auf kontaminierten Oberflächen verwendet und dann wieder anderswo benutzt wird, sollte man diese Wischlappen und Schwämme mit Vorsicht behandeln.

Elizabeth Scott empfiehlt, wie auch viele andere Lebensmittelhygieneexperten, Bleichmittel zur Desinfektion im Haushalt. »Sie sind billig und wirksam. Viele Leute verwenden sie nicht so gern in der Küche – traditionell ist ihre Anwendung auf das Badezimmer und die Wäsche beschränkt gewesen, aber sie werden auch zunehmend für die Küche empfohlen. Weil sie wirken. Ein in eine Bleichmittellösung getauchter Wischlappen wird keine von Salmonellen wimmelnde tödliche häusliche Waffe sein, und mit einem Bleichmittel kann man die Spüle, Küchenmesser und Schneidebretter sicherer desinfizieren.«

Über Schneidebretter hat man sich in den letzten Jahren viele Gedanken gemacht. Woraus sollten sie sein, aus Holz oder Kunststoff? Welche Oberfläche ist hygienischer? Dean Cliver von der University of California in Davis hat sich mit beiden Arten von Schneidebrettern beschäftigt. Bevor er mit seiner Untersuchung begann, hatte er sich in einem Heft über Nahrungsmittelsicherheit für Kunststoffbretter ausgesprochen. Aber dann fragte sich Dean Cliver, wieso Kunststoff bevorzugt wurde, und stellte fest, daß die Gründe bestenfalls fadenscheinig waren. Er begann mit seinen eigenen Forschungen auf dem Gebiet, und seine Resultate sprechen entschieden für Holzbretter. Er stellte fest: Neue Kunststoffbretter lassen sich zwar leicht reinigen und desinfizieren, aber bald werden sie problematisch; in den von Messern hinterlassenen Schrammen, tief im Kunststoff, können sich für beträchtlich lange Zeit lebensmittelverunreinigende Stoffe festsetzen. Andererseits scheinen Holzbretter Bakterien »einsaugen« zu können. Infolgedessen bleiben die Oberflächen frei von Verunreinigung, selbst wenn auf dem Brett eine Schicht Hühnerfett ist. Im normalen Haushalt empfiehlt Dean Cliver, die Schneidebretter einfach mit heißem Wasser und einem Geschirrspülmittel zu reinigen, ganz gleich, was für Bakterien darauf sind. »Wir haben davon Abstand genommen, Haushaltschemikalien zum Reinigen der Bretter zu benutzen. Ich habe einfach kein gutes Gefühl, wenn ich sie mit einem Bleichmittel behandele.« Andere Experten für Haushaltshygiene sind hier anderer Meinung, sie empfehlen fast alle Bleichmittel zum Desinfizieren der meisten Oberflächen.

Jedes starke Desinfektionsmittel, Bleichmittel eingeschlossen, wird mehr zerstören, als wir wollen, wenn wir es in unsere Spülen, Waschbecken und Toiletten schütten. Kein Desinfektionsmittel löst sich, nachdem man es angewandt hat, in Luft auf. Es tötet vielleicht die Bakterien, die es töten soll, aber es macht dann weiter und tötet auch andere Mikroorganismen, während es in die Kanalisation, die Flüsse und Meere geschwemmt wird. »Wenn Sie chemische Produkte benutzen müssen«, sagt Professor Sayed Sattar von der Universität von Ottawa, »denken Sie daran, daß es ein zweischneidiges Schwert ist. Das Produkt bringt vielleicht die Bakterien um, die Sie umbringen wollen, aber es ist wahrscheinlich giftig und verursacht wahrscheinlich Umweltschäden. Ich kenne kein wirklich wirksames Produkt, das sich völlig gefahrlos benutzen oder aufbewahren läßt und trotzdem ein breites Spektrum von Bakterien tötet – und schnell tötet.«

Auf dem Haushaltswarenmarkt verkaufen sich Desinfektionsmittel entsprechend der Wirksamkeit und leichten Anwendbarkeit, die ihm der Hersteller oder die Werbung zuschreibt, oder aufgrund ihres Geruchs. In ihrer Fähigkeit, Bakterien zu töten, variieren sie; manche beschränken sich auf einige wenige Bakterientypen, die stärkeren Mittel greifen ein »breiteres Spektrum« an und töten eine weit größere Vielfalt von Bakterien. In den Regalen der Supermärkte stehend, singen diese vielen verschiedenen Desinfektionsmittel im Chor und versprechen Seelenfrieden und Freiheit von Bakterien oft bei minimaler Anstrengung. Solche Behauptungen enthalten vielleicht ein Körnchen Wahrheit, eine unkritische Akzeptanz verdienen sie aber nicht. Desinfektionsmittel, die rasche Ergebnisse, mühelose Anwendung versprechen und dann auch noch behaupten, nicht giftig zu sein, wirken wahrscheinlich nicht. Das Bakterientöten ist nicht so leicht. Gewöhnlich wird eine Anstrengung und eine längere Einwirkzeit verlangt – und starkes Gift.

Unabhängige Wissenschaftler, die die Bakterien tötenden Eigenschaften von Haushaltsreinigern geprüft haben, sind vorsichtig mit ihrem Urteil. Allgemein gesagt: Um die lose definierten Begriffe »Desinfektionsmittel« und »antibakteriell« zu verdienen, müssen für den Haushalt bestimmte Produkte bei den Herstellern ein internes Prüfverfahren bestehen und außerdem externe Testinstitute befriedigen, um zu beweisen, daß das Produkt in der Tat tut, was es behauptet.

Die Behauptungen auf den Etiketten der Produkte sind insofern zuverlässig, als sie mit den Teststandards der Länder, in denen sie verkauft werden, übereinstimmen.

Diese Standards legt für gewöhnlich in jedem Land eine Behörde fest. Wenn Produkte den Anforderungen der Behörden entsprechen, kommen sie in Amerika und Kanada mit Registriernummern auf den Markt, die ihren Status als »Desinfektionsmittel« anzeigen. In Amerika und Kanada werden diese Registriernummern auf den Etiketts der Hersteller abgedruckt. Eine solche Registrierung ist bezeichnend: Ist ein Produkt in Amerika als Desinfektionsmittel mit einer Nummer registriert, dann wurde es einer beeindruckenden Anzahl von Tests unterzogen und »funktioniert wahrscheinlich«, wie ein Wissenschaftler sich vorsichtig ausdrückte. In der Europäischen Union wird zur Zeit eine neue »Direktive für biozide Produkte« eingeführt. Sie verlangt, daß alle Bakterien tötenden Produkte eine Lizenz benötigen, womit die Standards in den europäischen Ländern aufeinander abgestimmt werden sollen, was bisher noch nicht geschah.

Das eigentliche Problem mit den Desinfektionsmitteln im Haushalt ist aber nicht, welche Behauptungen auf den Etiketten aufgestellt werden. Das Problem ist, daß die Konsumentinnen dieser Produkte sie im Haus und nicht im Labor benutzen. Bei sorgfältig kontrollierten Testbedingungen in den Labors kommen vielleicht die behaupteten Ergebnisse heraus, der Gebrauch zu Hause ist aber eine ganz andere Sache. Die Verbraucherinnen wenden das Produkt oft willkürlich und hastig an; infolgedessen wirkt es oft nicht richtig. Noch schlimmer ist die Gewohnheit der Hausfrauen, beim Desinfizieren einen »Cocktail« anzuwenden – optimistisch und ahnungslos mehrere Produkte miteinander zu kombinieren in der Hoffnung, eine wirksame Mischung dabei herzustellen. Das kann nicht nur gefährlich sein, wenn säure- und alkalihaltige Produkte gemixt werden, wobei manchmal giftige oder sogar explosive Dämpfe entstehen, die betreffenden Desinfektionsmittel neutralisieren einander auch für gewöhnlich bei diesem Verfahren und machen die betreffenden Desinfektionsmittel unwirksam. Kurz gesagt, die Gewohnheiten der Hausfrauen bringen die Hersteller oft zur Verzweiflung.

Ich benutze Desinfektionsmittel im Haushalt nur selten und sparsam. Auf die Anweisungen, die auf dem Etikett stehen, wie man es verdünnen soll, achte ich meistens gar nicht. Ich nehme an, daß die Hersteller zynisch zur Verschwendung ihrer Produkte ermuntern, und deshalb verwende ich im allgemeinen viel weniger als die empfohlene Dosis. Eine solche mutwillige Mißachtung der Anweisungen ist weit verbreitet. Viele andere Verbraucherinnen verhalten sich ebenso oder verirren sich in die entgegengesetzte Richtung – wenn wenig gut wirkt, muß viel ja noch besser wirken, ist ihre Maxime. Beides unterminiert die Wirksamkeit des Produkts. Hierin stimmen die Forscher in der Industrie und ihre unabhängigen Kollegen allesamt überein: Wenn diese Desinfektionsmittel auch nur im geringsten wirken sollen, dann muß man sie genau in der vorgeschriebenen Menge anwenden, nicht mehr und nicht weniger. Selbst dann kann ihre bakterientötende Kraft noch an häuslicher Sabotage scheitern, denn die Wirksamkeit der Erzeugnisse für den Haushalt ist von der Gnade vieler Variablen abhängig: vom verwendeten Wischtuch oder Schwamm, von der Oberfläche, auf der das Mittel angewendet wird, von der Konzentration der Lösung, von der Länge der Zeit, während der das Produkt einwirken kann.

Bakterien lassen sich nicht so leicht verbannen, auch nicht die Mythen und Märchen vom Bakterientöten. Niemand will hören, daß diese oder jene Desinfektionspraxis unwirksam oder unnötig ist oder daß das Produkt, das man so gern benutzt, gar keinen oder nur einen geringen Wert besitzt. Und trotzdem ist das oft der Fall, wie ich zu meinem eigenen Nachteil feststellen mußte, denn viele meiner innig geliebten Vorstellungen und Praktiken wurden von den Profis nicht so sehr gelobt.

Viele Jahre war ich vom Wert des Essigs sehr überzeugt. Da er den ph-Wert verändert, nahm ich an, er töte Bakterien oder behindere zumindest ihre Ausbreitung. Inzwischen, nachdem ich mit einigen Mikrobiologen gesprochen habe, muß ich zugeben, daß Essig wenig mehr tut, als Gerüche zu beseitigen. Nachdem ich immer geglaubt hatte, daß starkes Sonnenlicht Bakterien tötet, mußte ich zu meinem Bedauern erfahren: Zwar töten die ultravioletten Strahlen einige Mikroorganismen, trotzdem ist Sonnenlicht aber kein zuverlässiges Desinfektionsmittel. Ebenso muß ich meinen Kinderglauben aufgeben, daß die Hitze des Wäschetrockners alle Bakterien umbringt – sie tut es nicht –, und daß ein trockener Wischlappen frei von Bakterien ist, stimmt auch nicht. Zwar brauchen die meisten Mikroorganismen Feuchtigkeit, um sich zu vermehren, aber nicht unbedingt, um zu überleben. Salmonellen und Kolibakterien können mehrere Stunden an offensichtlich trockenen Oberflächen fortleben, und andere Typen von Mikroorganismen halten sich mehrere Tage in einem trockenen Wischtuch frisch.

Elizabeth Scott hat mehrere Putzmittel für den Haushalt, darunter auch einige Desinfektionsmittel, getestet. »Manche sind exzellent, vor allem einige der neuen Desinfektionssprays für unterschiedliche Oberflächen, aber man muß schon die Anweisungen befolgen, und es ist unglaublich, wie wenige Hausfrauen das wirklich tun. Man darf nicht erwarten, daß diese Dinger funktionieren, wenn man sie nach Belieben anwendet. Aber wichtiger noch: Man sollte sich klar darüber sein, *warum* man sie anwendet und was man damit erreichen will. Sonst vergeudet man vielleicht eine Menge Zeit und Geld damit, daß man eine völlig unnötige Hausarbeit verrichtet.«

Vor allen Dingen, bei jedem Anti-Bakterien-Feldzug muß einem klar sein, was für das eigene Heim das Richtige ist, und dabei den Gesundheitszustand und das Alter aller, die darin wohnen, in Betracht ziehen. Da Krankenhäuser und Restaurants mehr mit Krankheiten und potentiell kontaminierter Nahrung zu tun haben, als das in einem privaten Haushalt jemals der Fall sein kann, muß man dort sehr viel wachsamer beim Desinfizieren sein. Das gleiche gilt für Kindergärten: Auch wenn in Ihrem alles Spielzeug, das die Kinder miteinander teilen, desinfiziert wird, brauchen Sie das zu Hause noch lange nicht zu tun. Gewiß, Bakterien und Viren können durch Spielzeug übertragen werden, aber in der Wohnung ist dieses Risiko unendlich viel geringer als in einem Kindergarten. Falls Sie das Pech haben, daß dreißig oder mehr Kinder jeden Tag Bakterien auf das Spielzeug Ihres Kindes schmieren, dann müssen Sie wohl schärfer aufpassen. In dem Fall wäre ein Desinfektionsmittel eine gute Idee. Aber, mit Verlaub, ein Beruhigungsmittel täte es vielleicht auch.

Nachdem ich mit vielen verschiedenen Frauen über ihre Praktiken im Haushalt gesprochen habe, stelle ich, was das Töten von Bakterien angeht, eine generelle, vage Angst fest. Das trifft auf fast alle Frauen zu: auf die, die versuchen, alle denkbaren Bakterien in ihren Badezimmern und Küchen zur Strecke zu bringen, und auf die, die das ganze Thema mit einem Lächeln, manchmal sogar einem verächtlichen Lächeln, abtun. Denn sogar die lächelnden Spötterinnen sind sich, wenn man sie näher befragt, nur selten ihrer Sache absolut sicher. Auch bei ihnen setzt sich, wenn es im Haus zu einem ernsten Hygieneproblem kommt – sei es durch eine schwere Krankheit, eine Lebensmittelvergiftung, einen überfluteten Keller, ein gebrochenes Abwasserrohr in der Nähe des Hauses, einen überfüllten Fäkalientank –, gewöhnlich wieder die Konditionierung aus dem 19. Jahrhundert durch.

Oberflächlich betrachtet läßt sich diese Konditionierung, jedenfalls in ihren extremeren Manifestationen, leicht abtun. Weil ein so großer Teil des bakterientötenden Verhaltens im Hause im Zeitalter vor der Entwicklung der Antibiotika aufkam, als ansteckende Krankheiten, sobald man sie einmal hatte, viel öfter als heute tödlich waren, kommen uns mancherlei Praktiken im Haushalt, die in den älteren Ratgeberbüchern diskutiert werden oder von unseren Großmüttern auf uns gekommen sind, unverhältnismäßig obskur vor. Wer käme heute auf den Gedanken, Bilderrahmen zu desinfizieren oder ganze Räume mit Schwefel auszuräuchern? Wahrscheinlich niemand, denn zweifellos hat sich unsere Gefährdung durch gewisse Krankheiten und unser Bedürfnis, uns daheim dagegen zu schützen, durch die moderne Medizin radikal verringert. Gleichzeitig wird aber nur ein unbesonnener – sogar närrischer – Mensch behaupten wollen, die potentiell gefährlichen Bakterien im Haushalt seien ihm absolut gleichgültig.

Besorgte Experten weisen unermüdlich darauf hin: Was die Hygiene im Haushalt angeht, gibt es fortwährend neue Überlegungen. Die Zunahme der durch Lebensmittelvergiftung verursachten Krankheiten und die wachsende Resistenz vieler Mikroorganismen gegenüber den Antibiotika sind zwei sehr beunruhigende Entwicklungen. Durch beide wächst die Verantwortung, ihre Ausbreitung im Haushalt zu verhindern und noch besser auf die persönliche Hygiene zu achten. Ähnlich sieht es bei der zunehmenden Unterbringung der Kinder in Kindergärten aus. Die Folge ist natürlich, daß mehr Kinder in einem kritischen Alter ansteckenden Krankheiten ausgesetzt sein und diese Krankheiten mit nach Hause bringen werden.

Viele von uns tun das ganze Thema des Desinfizierens im trauen Heim natürlich zynisch mit einem Achselzucken ab. Was da den Hausfrauen an Desinfektionsmitteln mit Angstpropaganda aufgenötigt wird, wirkt auf viele abstoßend. Aber die meisten von uns geben doch zu, daß der Zynismus bisweilen unangebracht ist. Wenn wir für einen Haushalt verantwortlich sind, in dem sich kleine Kinder oder gebrechliche ältere Leute befinden; wenn sich jemand in unserer Pflege befindet, dessen Immunsystem stark geschwächt ist; wenn wir wissen, daß wir mit etwas umgehen, das gefährliche Bakterien enthalten könnte, die unsere Nahrung vergiften, dann bleibt uns keine andere Wahl, als unsere Umgebung und uns selbst besonders sauberzuhalten. Und infolgedessen werden wir wohl gezwungen sein, zumindest einige der potentiell gefährlichen Mikroorganismen zu töten. Denn wenn es wirklich hart auf hart geht, dann entwickeln die meisten Haushalte, um sich zu verteidigen, ihre eigenen Aufspür- und Vernichtungsstrategien und fechten die Schlacht gegen die Bakterien aus.

12
Putzen als Purgatorium
Krabbeltiere, Biester und andere Eindringlinge
im trauten Heim

Mit dem Drang, Bakterien zu töten, ist unser Kampf gegen die manchmal erschreckenden Wesen, die in unsere Wohnung einzudringen versuchen, noch nicht hinlänglich beschrieben. Viele von uns, die sich ganzen Armeen von Bakterien gegenüber stoisch geben, reagieren auf andere Invasoren ganz anders. Und die gibt es in großer Zahl: »So sicher und wohl reguliert das zivilisierte Leben auch werden mag, ewig werden im Dunkeln die Bakterien, Protozoen, Viren, infizierten Flöhe, Läuse, Zecken, Moskitos und Wanzen lauern – bereit, zuzuschlagen.«

Dieser Satz des Bakteriologen Hans Zinsser besänftigt das wilde, auf Hausputz sinnende Herz natürlich keineswegs. Das beunruhigende Gefühl, daß da etwas im Dunkeln lauert, das sich auf einen stürzen möchte, stimmt nicht sehr friedlich. Zwar läßt sich wohl eine Art Koexistenz mit einigen dieser lauernden, angriffslustigen Wesen praktizieren, bei anderen ist indessen drastisches Handeln geboten. Die entscheidenden Faktoren sind Gesundheit, Komfort und Ästhetik. Wenn wir überzeugt sind, daß ein Lebewesen eine Gefahr für unsere Gesundheit darstellt, dann ist dieses Lebewesen gewöhnlich zum Untergang verdammt, mag es sich um ein größeres Biest oder kleineres Krabbeltier oder um eine Bakterie handeln. Wenn uns ein Lebewesen unangenehm wird oder wenn etwas abstoßend aussieht oder wenn dessen bloße Gegenwart uns stört, dann ist es ebenfalls verdammt. Unsere Toleranzschwellen sind verschieden hoch, wir empfinden die Bedrohung durch die verschiedenen Insekten, Nager und Bakterien unterschiedlich, und unterschiedlich reagieren wir deshalb auch darauf.

Wenn ich mich daran erinnere, wie ich mich diversen Eindringlingen gegenüber, großen wie kleinen, benommen habe, muß ich an die klassische Definition denken: Dreck ist *Unordnung*. Im großen und ganzen kann ich die Bakterien sich selbst überlassen, denn sie bringen keine sichtbare *Unordnung* in mein Zuhause. Aber wenn ich weiß, daß Flöhe im Teppich sitzen, oder Küchenschaben in den Ecken, oder Mäuse im Küchenschrank, dann ist das für mich echte Unordnung. Meine Wohnung muß saubergemacht werden, und zwar gründlich. Schlimmer noch: Wenn feindliche menschliche Invasoren – Einbrecher und Vandalen – in meinem trauten Heim gehaust haben, was schon vorgekommen ist, dann war meine Empörung über diesen Akt der Entweihung überwältigend. Damit das Haus wieder mein eigenes, vertrautes Heim, diese nur mir gehörende Welt werden konnte, mußte ich das ganze Haus in einem Anfall von Putzteufel-Raserei saubermachen. Putzen als Purgatorium.

In ihrem Buch *The Sacred and the Feminine* theoretisiert Kathryn Allen Rabuzzi ausführlich über die Gefühle »im Herzen der Hausfrau«, wenn Eindringlinge ihr Heim erobert haben – Eindringlinge welcher Art auch immer. Rabuzzi betont: Indem man sich ein Heim schafft und für dessen Erhalt sorgt, schafft man sich eine sichere Welt, einen bekannten Kosmos, und »eine ewige Bedrohung dieses geschaffenen Kosmos ist der Einbruch des Chaos«. Sie fährt fort:

Eine Kakerlakeninvasion ist zum Beispiel vernichtend, wenn man sie als ein Eindringen des Chaos in die Ordnung versteht. Abgesehen davon, daß man Kakerlaken mit Dreck in Verbindung bringt und annimmt, daß sie da sind, weil die Priesterin des häuslichen Herdes ihre Pflicht unzureichend erfüllt, hat dieses Eindringen einen sogar noch viel beunruhigenderen Aspekt. Erstens ist es wahrscheinlich eine schockierende Überraschung – etwas, das jemand anderem zustoßen könnte, aber doch nicht mir. Noch bedrohlicher ist die Tatsache, daß die Küche auseinandergenommen werden muß, damit der Kammerjäger sein übelriechendes Gift versprühen kann. Dann stellt man fest, daß selbst zwei-, dreimaliges Aussprühen der Küche in wöchentlichen Abständen vielleicht noch nicht reicht, und muß zugeben, daß das antagonistische Chaos so stark ist, daß es einen überwältigt.

Rabuzzi beschreibt dann die starken Gefühle der Angst und Empörung, wenn ein Heim von Menschen besetzt wird, die keinen Respekt für die Ordnung des Haushalts haben oder die mit bösen Absichten kommen, um zu stehlen oder zu zerstören. Die Bedrohung der Hausfrau ist furchtbar: »Ihr eigener innerer Raum ist verletzt worden, sie fühlt sich fast körperlich krank dadurch. Es ist, als hätte man sie vergewaltigt. Das unvermeidliche Saubermachen, das auf einen jeden solchen Einbruch des Chaos folgt, hilft ihr ebenso ihre Angst überwinden, wie es das Haus wieder in Ordnung bringt.«

Bevor wir die Wirkung dieser großen, menschlichen Eindringlinge bedenken, lassen Sie uns zuerst die kleinen, nicht menschlichen in Betracht ziehen: die Tierchen nämlich, die sich in so vielen trauten Heimen tummeln. Die Liste dieser Wesen ist lang, opulent und widerlich: Wanzen, Teppichkäfer, deren Larven Teppiche und andere Wollsachen fressen, Flöhe und Staubmilben, Kakerlaken, Fliegen, Käfer, Rüsselkäfer, Ameisen, Silberfische und Motten, ganz zu schweigen von Mäusen, Ratten und, je nachdem, wo Sie leben, diverse Nagetiere und Reptilien, die als Aufenthaltsort Ihr Zuhause wählen.

Was für eine Plage uns auch überfallen mag, wahrscheinlich ist, daß wir putzen werden wie noch nie. Da ich im Laufe der Jahre in Häusern gelebt habe, in denen die meisten, wenn nicht alle der obengenannten kleinen Wesen vorkamen, kenne ich die Raserei und den Wahnsinn des Säuberns und Tötens, der ihrer Entdeckung auf dem Fuße folgt. Es kribbelt mir auf der Haut, wenn ich mich an mein Entsetzen erinnere, als ich nach einem Urlaub heimkehrte und sah, wie Hunderte von Küchenschaben auf der Arbeitsfläche in der Küche herumkrochen, weil ich dort etwas zu essen hatte stehen lassen, aber noch schlimmer war der Anblick großer Ratten auf meiner Türschwelle, die dort tagaus, tagein herumflitzten. Rüsselkäfer im Mehl, Mäusekot im Brotkasten, Ameisen im Küchenschrank, Klumpen von Spinnweben über der Babykrippe, Ohrkneifer im Kühlschrank, Mottenlarven in Zimmerecken, sie alle machen sofort jedwede Nonchalance gegenüber der Sauberkeit im Haushalt zunichte.

Der Drang, diese Eindringlinge zu töten, genügt aber nicht. Zudem macht sich der ermüdende Gedanke breit, daß Vorbeugung die einzige Antwort ist, wenn man sie wirklich loswerden will. Leider hat meine Mutter recht behalten: Wenn man eine Wohnung peinlich sauber hält, haben die meisten dieser widerlichen Tierchen wahrscheinlich keine Chancen. Die Haushaltsratgeber stimmen da alle überein: »Kratzen Sie die Ritzen aus. Wischen Sie auf, was verschüttet worden ist. Waschen Sie den Mülleimer aus. Machen Sie unter dem Herd und dem Kühlschrank und zwischen den Couchkissen sauber ... Saugen Sie oft und gründlich Staub und wischen Sie Staub – in den Ecken, unter den Sachen, hinter den Sachen –, um zu verhindern, daß Ungeziefer sich festsetzt.« Das sagt Mary Ellen in *Mary Ellen's Clean House*.

Wenn Sie sich einmal mit so einer Plage abgegeben haben, wird Ihnen ein derartig ernsthafter und regelmäßiger Hausputz, so trist das auch klingen mag, wie ein riesiger Spaß vorkommen. Sonst bleibt Ihnen nur noch die Möglichkeit, den befallenen Gegenstand, falls er beweglich ist, aus dem Haus zu werfen, professionelle Kammerjäger zu rufen, falls die Plage ernster Art ist, oder in völlige Panik zu verfallen und in ein hübsches, neues Haus umzuziehen, am besten in ein extrem kaltes und trockenes Klima wie die Arktis, wo nur der Eiswurm gedeiht.

Es ist unmöglich, allen zudringlichen Tieren und Tierchen gerecht zu werden; ihre Anzahl ist zu groß. Also betrachten Sie nur wenige ausgewählte Arten, die im Laufe der Jahre großes Unheil im Haus angerichtet haben: Wanzen, Fliegen und Staubmilben. Beginnen wir mit den Wanzen. Von all diesen Eindringlingen hat die Wanze die längste und am besten dokumentierte Geschichte. Was für

Angst und Ekel dieses Tier erregt, ist beeindruckend. Man hat es mit furchtbarer Entschlossenheit getötet und immer wieder getötet.

Die Geschichte des Hausputzes ist von der Bettwanze – *cimex lectularius* – auf dramatische Weise beeinflußt worden; von »jenen Tieren, die man unmöglich beim Namen nennen kann, die aber sehr gräßlich sind«. Die Bettwanze also, etwa einen halben Zentimeter lang, flügellos und glänzend, lebt vom Blut von Säugetieren, vorzugsweise schlafender Menschen, und versteckt sich in allen möglichen Ritzen im Haus, das sie befallen hat. Die Zunahme der Wanzen – wahrscheinlich aufgrund des Außenhandels – hat im 19. Jahrhundert einen großen Einfluß auf das Hausputzen gehabt. Ab 1820 etwa hörte der Hausputz auf, ein peripherer Aspekt der Hausarbeit zu sein, und wurde zu einem von zentraler Bedeutung. Die Wanze war zumindest teilweise dafür verantwortlich.

Nur durch regelmäßiges und peinlich genaues Putzen konnte man der Ausbreitung der Wanzen begegnen. Hatten sie ein Haus erst einmal befallen, dann stand der Hausfrau ein nicht enden wollender, demoralisierender Abwehrkampf bevor. Die allgegenwärtigen Wanzen waren auch durch Gifte, Ausräuchern, Fallen, Kalken und Angriffen mit der Lötlampe nicht auszurotten. Sie lebten in Dielenbrettern und Vorhängen, in Wänden und Decken, in allen Rissen und Spalten der hölzernen Bettstatt, in Matratzen, Kissen und im Bettzeug, hinter Tapeten, in Polstern, in Stukkaturen, im Reisegepäck. Sie sammelten sich in Scharen und fielen von der Decke ins Essen und auf die Köpfe der Leute. Sie verbargen sich in Schubladen, Regalen und Schränken. Sie trieben ganze Haushalte in den Wahnsinn. Dienstmädchen und Herrinnen gleichermaßen, arme Hütten und reiche Häuser, alle waren sie von demselben Entsetzen vor den Wanzen erfaßt. Manch effiziente Hausfrau wurde von ihnen besiegt. Fast ausnahmslos enthalten die Haushaltsratgeber des 19. Jahrhunderts lange, höchst anschauliche Passagen darüber, wie mit den Wanzen umzugehen ist. Die anonyme Verfasserin von *Das Dienstmädchen* schließt mit einem Seufzer:

Alles in der Schöpfung hat seinen Sinn und Zweck, aber es fällt nicht leicht zu erkennen, wozu denn genau dieses schmutzige Insekt dient. Es ist allerdings möglich, daß sein Vorhandensein, besonders in den überfüllten Häusern großer Städte, dazu dient, Akte und Gewohnheiten der Sauberkeit hervorzurufen, auf denen sonst niemand bestanden hätte, und so Ansammlungen von Dreck zu verhindern, die sonst zu noch häufigeren und katastrophaleren Ausbrüchen von Krankheiten führen würden, als sie gegenwärtig schon die Sterbeziffern anschwellen lassen.

Das Vernichten von Wanzen war ein schrecklicher Vorgang. »Ach Gott«, so rief Jane Carlyle 1843 aus und fuhr fort: »Was für eine ekelhafte Arbeit muß ich verrichten!« Und sie beschrieb die verschiedenen Methoden, wie sie durch Ertränken, Vergiften, Überbrühen, Zerquetschen der nicht endenden Wanzenplage in ihrem Haus in Chelsea Herr zu werden versuchte und immer wieder angewidert davor zurückschreckte. Als Mrs. Carlyle im Bett eines Dienstmädchens über zweihundert Wanzen herumkriechen sah, mußte sie die hölzerne Bettstatt loswerden und eine eiserne kaufen, eine Schlußfolgerung, die viele Leute zogen und die die zunehmende Beliebtheit von eisernen und messingenen Bettgestellen im 19. Jahrhundert und die abnehmende Beliebtheit von Wandbehängen, Vorhängen und dergleichen mehr erklärt.

In diesem Kampf gegen die Wanzen war keine Anstrengung zu groß. Im Frühling wurden die hölzernen Bettgestelle Zentimeter für Zentimeter mit starken Giften imprägniert, was den Frühjahrsputz ungemein verlängerte. Manchmal wurde das Bett in all seine Bestandteile zerlegt und tagelang in Wannen voll giftiger Lösungen eingeweicht, bevor man es wieder zusammensetzte. Häufiger trug man das Gift großzügig mittels einer Feder oder eines feinen Pinsels auf, mit dem man in die feinsten Spalten der Bettstatt einzudringen vermochte. So oder so, der Geruch muß überwältigend gewesen sein, da die tödliche Mischung sich gewöhnlich aus Ätzsublimat, Naphthalin, Terpentinöl und Kampfer zusammensetzte. Vor den Gefahren dieser Wanzengifte wurde immer wieder gewarnt. Dienstboten wurden immer verdächtigt, Wanzen ins Haus zu tragen. Regelmäßig ergingen Warnungen an die Damen, sie sollten sich ja vor ihren neuen Angestellten in acht nehmen. Manche Ratgeberbücher verbieten es kategorisch, daß Dienstboten irgendwelches Gepäck ins Haus mitbringen, eine komplette Ausräucherung ihrer Habe wurde verlangt. *The House and Home* (1896) ist in seiner Sorge typisch für viele dieser Bücher:

Die Dienstbotenkammer ist mit größter Sorgfalt zu behandeln. Eine Dienstbotenkammer sollte mindestens einmal im Monat gereinigt werden, jedenfalls bis die Herrin sicher ist, daß das Dienstmädchen in all seinen Gewohnheiten völlig der Sauberkeit huldigt. Keine Kisten, auch keine Bündel sollten unter dem Bett geduldet werden, und es empfiehlt sich, darauf zu bestehen, daß alle Kleidung, wenn die Außentemperatur ein Schließen der Fenster verlangt, mindestens dreimal der Außenluft ausgesetzt wird.

Eine Behausung von anderen Käfern und Insekten zu befreien, war verhältnismäßig leicht. *Das Dienstmädchen* macht das klar: »Flöhe im ganzen Haus kann man rasch loswerden durch gutes Scheuern mit Kalk und Sand, wobei man einen Teil Kalk mit drei Teilen Scheuersand mischt. Nachdem man die Fußböden und alle Holzverkleidungen an den Wänden gründlich mit diesem Kalk gereinigt und die vorhandenen Betten gut abgestaubt, gelüftet und geputzt hat, wird bald kein einziger Floh mehr übrig sein. Aber Wanzen sind sehr schwer zu entfernen.«

Wanzen waren bis ins 20. Jahrhundert in Großbritannien eine große Plage, vor allem in älteren und von der Arbeiterklasse bewohnten Häusern, aber auch andernorts. Mein Vater war während des Zweiten Weltkriegs auf mehreren Schiffen der britischen Handelsmarine, und er erinnert sich, daß die Kojen in den Kabinen unterhalb der Matratzen in giftigem Grün gestrichen waren, um Wanzen abzuschrecken. Allerdings schreckte sie nicht das Grün, sondern diese Farbe enthielt höchstwahrscheinlich Arsen. Nicht, daß diese Farbe immer das gewünschte Ergebnis zeitigte. Bei mehr als einer Gelegenheit mußte mein Vater seine Matratze durch Behandlung mit Kerosin von Wanzen befreien. »Es war mir so peinlich, Wanzen zu haben, daß ich alles getan hätte, sie loszuwerden«, sagt er. »Wenn ich jetzt daran denke, bin ich mir sicher, daß die meisten von uns an Bord sie hatten – wir haben nur einfach nicht darüber geredet.«

Wanzen, so hart und glänzend, sind eine unbefriedigende Beute, schwer zu zerquetschen und riechen so widerlich. Fliegen sind viel dankbarere Opfer – sobald man sie zerklatscht hat, sterben sie sofort. Als es im 19. Jahrhundert in den Städten noch keine Kanalisation, Straßenreinigung und Müllabfuhr gab, waren die Fliegen in ihrem Element und gediehen prächtig in all dem Dreck. Man wußte noch wenig über die potentielle Gefahr, die von ihnen ausging. In einer Erinnerung, die Sandra Gwyn in ihrem Buch *The Private Capital* zitiert, ruft sich Coly Meredith die Fliegenplage ins Gedächtnis zurück, die in seiner Jugend in den 70er Jahren des 19. Jahrhunderts in Ottawa herrschte:

Da es keine Müllabfuhr gab und fast jeder Pferde hielt, vermehrten sich die Fliegen einfach und gediehen. Man nahm sie als eine Selbstverständlichkeit hin, wie man den Regen oder den Schnee hinnimmt; von der Gefahr, die sie als Überträger von Krankheiten darstellten, wußte man nichts. Ich kann mich nicht erinnern, je ein Fliegengitter gesehen zu haben … Selbst in den besten Häusern endeten Fliegen oft in der Suppe oder dem Eintopf oder ertranken in der Milch.

Wenige Jahrzehnte später, im Amerika des frühen 20. Jahrhunderts, war »Kill the Fly« dann aber zu einem Schlagwort geworden. Welche eiskalten Worte richtete doch noch Aunt Polly in dem Buch *Pollyanna* der amerikanischen Autorin Eleanor Porter an das unglückselige Kind: »Fliegen, Pollyanna, sind nicht nur unsauber, sondern eine große Gefahr für die Gesundheit. Nach dem Frühstück werde ich dir eine kleine Broschüre zu diesem Thema geben, die du lesen sollst.« Pollyanna hatte ihre Fenster geöffnet und damit die Gesetze des Hauses gebrochen, weil sie so den Fliegen das Eindringen in das sanitäre Refugium erlaubt, das Polly sich in ihrem Heim geschaffen hatte. Brav liest Pollyanna das Informationsheft und erwähnt später begeistert »diese Bakteriendinger« an den Beinen der Fliegen. Sie erhält einen strengen Rüffel; solche unfeinen Dinge werden nicht in der Öffentlichkeit erwähnt.

Mary Pattison erklärt in ihrem Buch *Principles of Domestic Engineering*, worum es geht: Die Fliege »trägt die krank machende Substanz zu unserer Nahrung. Daraus resultiert eine Reihe von Verdauungsstörungen. Vom Magengrimmen und von der Leichenvergiftung bis zur Darmerkrankung und zu Typhus, und es gibt sogar einen starken Verdacht, daß auch Tuberkulose und Pocken von der gemeinen Hausfliege verbreitet werden, sowie viele andere weniger bekannte und unbekannte Krankheiten.« Sie spricht von der »dreckigen Fliege« als einem Wesen, daß man bald ausgerottet haben wird, ebenso die Stechmücke. Beide Arten werde man dank moderner Gesundheitskampagnen ausrotten.

Ellen Richards beschäftigt sich in ihrem Buch *The Cost of Cleanness* mit der abscheulichen Fliege:

Endlich schließt der Krieg gegen den Dreck auch den gegen die Fliege ein, die sich als ebenso universelle und gefährliche Verbreiterin des Typhus herausgestellt hat, wie die Stechmücke als Trägerin der Malariakrankheit. Die Fliege, die sich nicht die Füße abstreift, läßt sich nicht für den Dreck verantwortlich machen, über den sie läuft. Diese Gefahr hat der Mensch selbst verursacht. Denn der Mensch läßt es zu, daß Exkrete von erkrankten Personen, Stallmist und Abfallhaufen zu Brut- und Futterplätzen von Fliegen werden.

Dank Ellen Richards und anderen damaligen Hauswirtschaftlerinnen wurde den Müttern die Angst vor Fliegen eingeimpft. Um ihrer Kinder willen mußten sie lernen, Verantwortung zu übernehmen; sie mußten Fliegen töten und in Schach halten. Die Werbung bemächtigte sich sogleich dieses gewinnträchtigen Motivs der mütterlichen Sorgen und ritt erbarmungslos darauf herum, welche Gefahr doch die Fliegen für die Kinder darstellten.

1913 verkündet eine Anzeige für Nestlés Babynahrung: »Eine Fliege, die auch nur eine Sekunde lang in der Milch schwimmt, trägt den Tod zu Ihrem Säugling. Passen Sie auf Fliegen auf und achten Sie auf offene Flaschen«, fährt die Anzeige fort und schließt mit der Feststellung, Reinheit sei bei Milch immer zweifelhaft. »Aber auf Nestlés Babynahrung können Sie sich verlassen. Sie ist in einer luftdicht verschlossenen Dose – sauber und rein. Sie wurde laufend überwacht und keine Hände haben sie berührt.«

Die Hersteller von Fliegenpapier priesen ihre Ware laufend an. In einer Anzeige wird der »Krieg gegen die Fliegen« verkündet und man wird eingela-

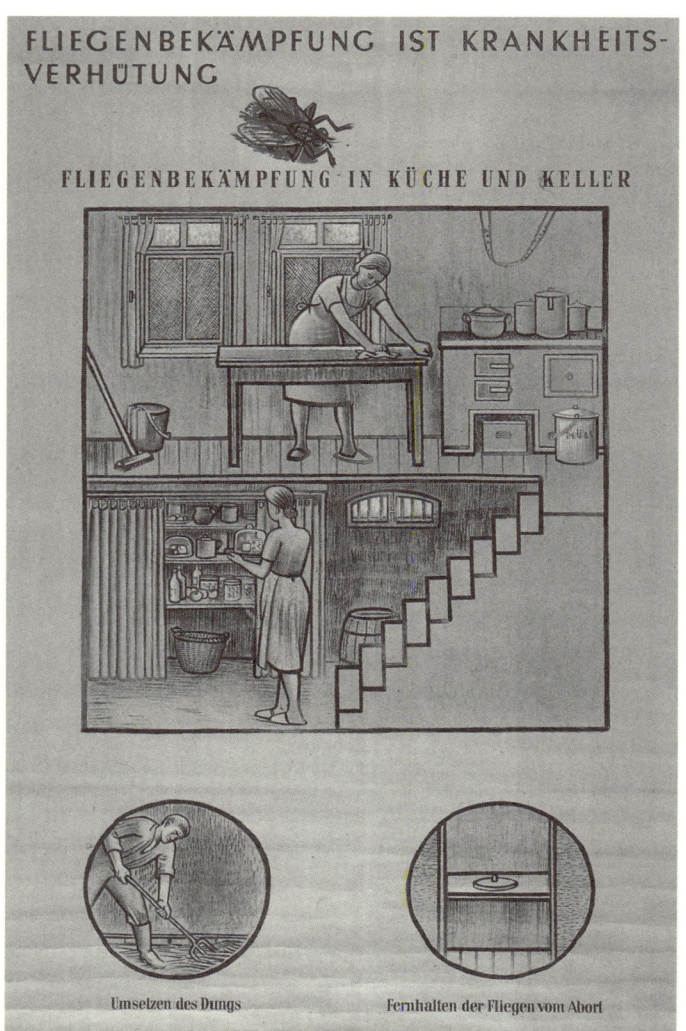

FLIEGENBEKÄMPFUNG IST KRANKHEITS-VERHÜTUNG

FLIEGENBEKÄMPFUNG IN KÜCHE UND KELLER

Umsetzen des Dungs

Fernhalten der Fliegen vom Abort

Die Angst vor Fliegen als Über-träger von Krankheiten war weit verbreitet und wurde durch sol-che Lehrtafeln wie diese von 1947 noch geschürt.

den, »der Invasion mit Tanglefoot« zu begegnen, einem Fliegenpapier, das »*Keime abtötet*. Wenn eine Fliege sich auf Tanglefoot niederläßt, wird sie von einem Lack überzogen, der Keime ebenso zerstört wie die Fliege … *Gifte sind gefährlich*. Gift tötet die Bakterie auf der Fliege nicht. Vergiftete Fliegen fallen in Ihr Essen, in die für den Säugling bestimmte Milch, werden auf dem Teppich zertreten.«

Seit Fliegen als Bakterienträger bekannt waren, wurde es zu einem Volkssport, sie von Wohnung und Nahrung fernzuhalten. Während der spektakulären »Klatsch die Fliege«-Kampagnen zu Beginn des 20. Jahrhunderts in Amerika machte man die Fliege – in einigen Fällen irrtümlich – für die Ausbreitung ge-wisser Krankheiten verantwortlich. Die Leidenschaft des Fliegentötens wurde von der Regierung durch Merkblätter angefacht, in denen man den Bürgern erklärte, was ihre Pflicht sei: »Klatsch die Fliege … Töte sie.« In dem Städtchen Weir in Kansas teilten die Pfadfinder das Gebiet in Bezirke auf und ernannten für jeden Bezirk ein Korps. »Sie bauten Fliegenfallen, verteilten sie unter den Bürgern, deckten Misthaufen zu, brachten vor den Toiletten Fliegendraht an, und bevor die Saison um war, rühmten sie Weir als den saubersten Bezirk in den Vereinigten Staaten von Amerika.« Die Fliegen wurden zum Staatsfeind. Man bezeichnete sie als »Todesbringer« und »Keime mit Beinen«.

Die Idee, etwas Widerwärtiges zu »klatschen«, war offensichtlich populär. Gold Dust Washing Powder lädt seine Käufer ein, »Ihren Kühlschrank mit Gold Dust hygienisch zu machen«. Die Gold-Dust-Zwillinge, zwei kleine Negerpuppen, die in allen Gold-Dust-Anzeigen erscheinen, künden lächelnd »eine landesweite Kampagne« an. Diese Kampagne gehorchte dem Schlachtruf »Klatsch den Dreck« – eine schwierige Aufgabe, selbst wenn die Gold-Dust-Zwillinge dabei helfen.

»Klatsch den Staub« hätte den Kern der Sache besser getroffen. Keine hausfrauliche Tätigkeit wurde unermüdlicher beschrieben als das Staubwischen. Nirgendwo fielen so viele Ratschläge an. Keine Substanz wurde so schlimmer Eigenschaften beschuldigt wie der Staub. Das Staubwischen galt als eine der wichtigsten hygienischen Pflichten der Frau des Hauses. Anna Fischer-Dückelmann schreibt 1905 in *Die Frau als Hausärztin*: »Am schädlichsten für die Lunge ist Staub von Steinen, Knochen, Lumpen, getrockneten Farben, teils ihrer Schärfe, teils ihrer Giftigkeit wegen. Alte, nicht gereinigte Vorratskammern, wo vieles der Verwitterung überlassen wird, sind wahre Brutstätten für solchen gefährlichen Staub. Dies ist ein Wink für Hausfrauen, nirgends in ihrem Hause Winkel zu dulden, wo böse Staubquellen entstehen können.«

Diese Angst vor dem Staub verbreitete sich aber erst, nachdem sich die Bakterien-Theorie in der Bevölkerung durchgesetzt hatte. Zuvor hatte allerdings schon ein großes Mißtrauen gegenüber dem Staub geherrscht.

In *The House and Home* ist ein ganzes Kapitel »Dem schädlichen Besen und Staubwedel« gewidmet. Groß ist das Entsetzen über das Fegen mit trockenem Besen; größer noch über das Schwingen des Staubwedels.

Trockenes Fegen ist schlimm genug, aber die schädlichste aller Haushaltszeremonien ist die als Abstauben bezeichnete. Es wäre für die Menschheit ein großes Glück, wenn der Staubwedel nie erfunden worden wäre, und ein noch größerer Segen wäre es, wenn all diese Geräte zerstört werden könnten. Der Staubwedel tut, wenn Sie mal darüber nachdenken, ja genau das, was er tun soll. Er wedelt, wirbelt und verteilt dadurch den Staub über eine größere Oberfläche.

In den Haushaltsratgebern warnte man vor dem Aufwirbeln und Vermehren von Staub durch Kehren.

Das Staubwischen war Ende des 19. Jahrhunderts eine viel größere Herausforderung als heute. Eine Menge Staub schwebte in den Häusern herum, die mit Kohlenfeuern oder Öfen, in denen man Holz verbrannte, geheizt wurden. Jeder, der einmal eine Kohlenfeuerstelle saubergemacht oder Holzasche aus einem Ofen entfernt hat, kann das nachempfinden. Und all die geliebten verschnörkelten Möbel, Gesimse und Bilderrahmen, Vorhänge und Ornamente und Nippsachen fingen den Staub ein. Dennoch war das Staubwischen mehr als nur ein ästhetisches Unterfangen, um die Möbel und all den Firlefanz besser zur Geltung zu bringen: Staub galt als Krankheitsüberträger, als Quelle gefährlicher Ansteckung.

Ein kleiner Aufsatz im März 1900 im *American Kitchen Magazine*, der den köstlichen Titel »Besen als Bakterienbrüter« trägt, zitiert den *Scientific American*: »Der gemeine Hausbesen ist sowohl Wohnsitz als auch Brutstätte ganzer Bakterienkolonien, und man hat Krankheitsfälle auf diesen scheinbar so harmlosen Gegenstand zurückführen können.« Die Warnung konnte gar nicht kräftig genug ausfallen: »Staub ist die größte Gefahrenquelle, mit der die Hausfrau kämpfen muß. Die Gefahr ist zweifach: Erstens, weil der Staub in seinen Partikeln so oft die infektiösen Bakterien enthält. Und zweitens, weil es so leicht ist, Staub in einem Raum zu verteilen dadurch, daß man ihn ›putzt‹ und sauber aussehen läßt, während das Gegenteil der Fall ist.«

Also stellte ein anderer Aufsatz die Frage: »Wie den Feind Staub besiegen?« Ganz einfach: Durch Verbrennen! »Wenn der durchs Fegen gesammelte Staub verbrannt und die mit dem aufgewirbelten Staub belastete Kleidung in heißer Seifenlauge gewaschen und getrocknet ist, darf, möglichst im Freien und im Sonnenschein, die Hausfrau sicher verweilen in dem Bewußtsein, daß sie zwei Armeen der Streitkräfte des Staub-Feindes besiegt hat.«

In dieser Angst vor dem Staub entdeckten die Werbeleute eine weitere phantastische Absatzchance. »Sehen Sie den Staub in einem Sonnenstrahl!« warnt 1913 eine Anzeige und wirbt für den »staublosen Mop«. Denn: »Das atmen Sie die ganze Zeit ein, wenn Sie auf die alte Art Fegen und Staubwischen. Eine Analyse des Kriegsministeriums zeigt, daß normaler Hausstaub alle Formen von Krankheitskeimen enthält, außerdem Partikel von Sand, Ruß, Asche, Straßenschmutz, Haaren, Schuppen, Pflanzenpollen und -fasern, Fusseln, Reste von Fliegen und Abfallmaterial von unendlicher Vielfalt. Staub verbreitet Tuberkulose. Er ist die gefährlichste Art von Schmutz.« Und Anna Fischer-Dückelmann klassifiziert den Staub sogleich in »dreierlei Arten«: »sichtbare größere Stäubchen, die man mit bloßem Auge wahrnimmt; ›Sonnenstäubchen‹, die man erkennt, wenn die Luft von einem Sonnenstrahl beleuchtet wird, und unsichtbare Stäubchen, die aus Bakterien und Rauch bestehen«.

In Anbetracht dieser Situation blieb der modernen Hausfrau gar nichts anderes

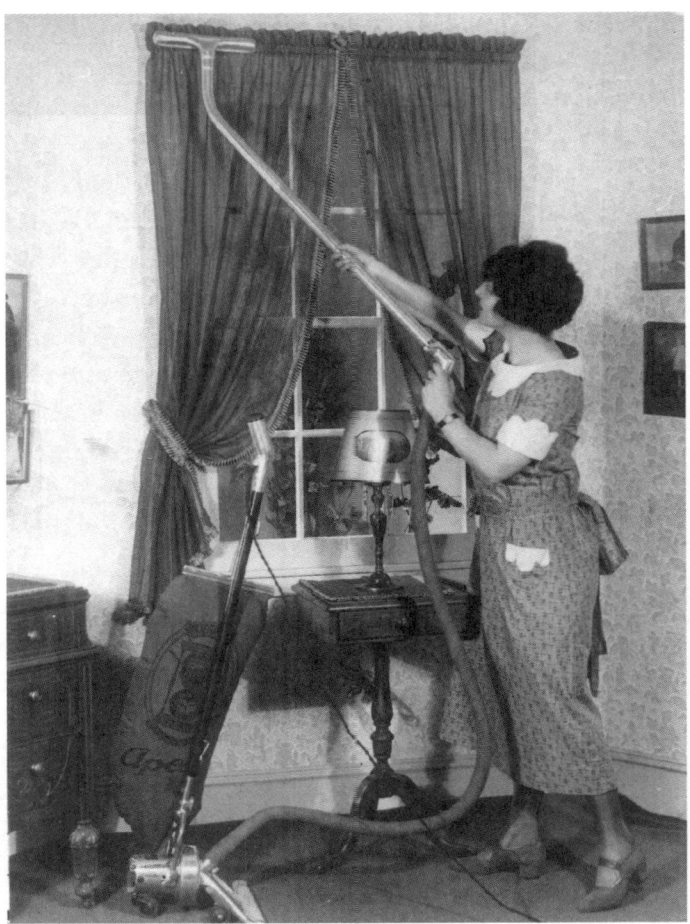

Die Bekämpfung des Staubs nahm zum Teil absurde Formen an, so wurde das Absaugen der Gardinen empfohlen – und offenbar auch praktiziert (1926).

12 Putzen als Purgatorium

183

übrig: Sie mußte die neuen, verbesserten Hausputzmethoden begrüßen. Ellen Richards erklärt in *The Cost of Cleanness* klipp und klar: »Der angefeuchtete Staublappen und der Staubsauger sind die Hilfen des 20. Jahrhunderts, um den feinen Schmutz im Haus loszuwerden. Daß der Staubwedel ein Ding der Vergangenheit ist, zeigt eine kürzliche Anweisung des Kriegsministeriums, die ihn, auf Grund der Theorie, daß Tuberkulose weitgehend auf Staub zurückzuführen ist, verbiete.«

Die vermutete Verbindung zwischen Staub und Tuberkulose ist der eigentliche Schlüssel zum Verständnis der Angst vor dem Staub. So wie die Tuberkulose in den ersten Jahrzehnten des 20. Jahrhunderts zunahm, so nahm auch die Angst vor dem Staub zu. Krankheiten, so wollten es viele Ratgeberautoren ihren Lesern damals weismachen, werden durch Staub verbreitet. In einem Buch wird ein Spezialbesen empfohlen, der in einer mit einem Schraubverschluß versehenen Kammer Kerosin enthält, um die Borsten des Besens zu befeuchten und ein Staubaufwirbeln zu verhindern. Wie in allen Ratgebern dieser Ära löst jede Erwähnung des Staubwedels einen Schwermutsanfall aus.

Diese lebhafte Angst vor dem Staub wurde jahrzehntelang geäußert. Noch 1937 hieß es in einer Werbung für Lifebuoy-Seife in *Woman*: »Staub-Bazillen verbreiten sich wie schlechte Nachrichten.« – »Sind Ihre Türen staubdicht? Sicher nicht, und das wissen Sie auch! Es gibt keine Tür, die vor Staub schützen kann. Können Sie Bakterien von Staub trennen? Sie wissen, daß das nicht möglich ist!« Die einzige Lösung, so heißt es in der Anzeige, ist: Sämtliche Fußböden und alle Oberflächen mit »heißem, antiseptischem Lifebuoy-Seifenschaum abwaschen«. Denn: »Ein Baby ist sicherer, nachdem Lifebuoy die Bakterien in seinem alles reinigenden Schaum weggenommen hat. Die Wissenschaftler, die die Staubgefahr durch Luftzug belegt haben, bewiesen das jetzt auch!«

Diese Art Werbung verschwand, als man der Tuberkulose allmählich Herr wurde und die Ausbreitung der Krankheit besser verstand. Staub war nicht der Hauptschuldige bei der Verbreitung der Tuberkulose – war es nie gewesen. Die Angst vor dem Staub lebte noch ein paar Jahrzehnte lang weiter, genährt von der Werbung für jene Produkte, die den »bakterienbrütenden Dreck« zu besiegen versprachen. Typisch ist die Anzeige für Hoover Staubsauger von 1921, in der beschrieben wird, wie das Gerät »die Gefahr einer Erkrankung minimiert«, von »Gewebe zerstörendem, mit Bakterien beladenem Staub« befreit und ein »für immer sauberes Heim« verspricht.

Als die wiederholten Warnungen vor infiziertem Staub in den Haushaltsratgebern und der Werbung ihre Zugkraft verloren, wurde das Staubwischen – jedenfalls aus ästhetischen Gründen und vorübergehend – wieder erlaubt, als Entseuchungsübung allerdings war es passé. Und wenn wir einigen Zeuginnen glauben dürfen, dann wurde wieder eine angenehme, nachdenkliche Beschäftigung daraus.

Die Wahrheit über den Staub ist recht prosaisch. Obgleich einiger Hausstaub aus dramatischen Quellen wie Vulkanausbrüchen und Meteoriten und einiger von naheliegenden Orten außer Haus wie Bauplätzen, Beton und Straßen stammen mag, wird der meiste doch in unserem Heim selbst erzeugt und rührt von toten Insekten, von unseren Haustieren und Habseligkeiten und von uns selbst her. Alles wirft täglich ein bißchen von sich ab: Farben, Tapeten, Holz, Gips, Ziegelsteine, Kleidung, Papier.

Jede Person nutzt sich auf dieselbe Art und Weise ab und verliert Haare, Schuppen und Haut. Das *stratum corneum*, also die äußerste, leichteste Hautschicht, wird alle drei Tage vollständig abgeworfen, wir verlieren jeden Tag ungefähr sieben Milliarden Hautschüppchen, das entspricht etwa einem Gramm. In jeder Wohnung treiben sich munter unzählige kleine Partikel toter Haut herum und machen einen riesigen Teil des Hausstaubs aus – manchen Schätzungen nach bis zu 90 Prozent.

Und das ist dann leider auch der Auftritt der Hausstaubmilbe. Scharen winziger achtbeiniger Lebewesen, die an haarige Schildkröten erinnern und mit Zickzackscheren-Kiefern ausgestattet sind, futtern glücklich all diese Schuppen menschlicher Haut. Die Hausstaubmilbe, *Dermatophagoides pteronyssinus* geheißen, ist nicht gern allein. In jedem Bett leben durchschnittlich bis zu zwei Millionen dieser Tierchen zusammen; sie siedeln sich aber auch in Polstermöbeln, Teppichen und jeder Art von Matratze an. Das mikroskopisch kleine Wesen kann im Leben eines Asthmakranken oder jedes anderen Menschen, der zu Allergien neigt, Unheil anrichten, denn sein pollen-großer Kot ruft eine allergische Reaktion hervor. Staubmilben lassen sich nicht so leicht vertreiben. Jeder, der allergisch auf den Kot von Staubmilben reagiert, war wohl schon qualvoll bemüht, die Wohnung so staubfrei wie möglich zu halten. Der Kauf kostspieliger Staubsauger, die die Milben und ihren Kot zu entfernen versprechen, ist eine Möglichkeit, der Kauf »staubfreier« Matratzen und Kissenhüllen ein anderer. Wie immer sind dem Angebot keine Grenzen gesetzt.

Obwohl man erst im 20. Jahrhundert, und zwar Ende der 50er Jahre, von den Staubmilben erfahren hat, bestätigt ihr Dasein den schon lange bezüglich des Staubes geäußerten Verdacht, wenn jetzt auch mehr aus anderen Gründen. Das Wissen, daß diese Staubmilben da sind und von den abgeworfenen Hautschuppen leben, bereitet manchen Leuten unsägliche Angst. Wenn sie Asthmatiker sind, ist dies verständlich. Aber als ich mit Frauen über ihre Praktiken im Haushalt sprach, überraschte mich die Anzahl der Frauen, die sich aus anderen Gründen über diese Tierchen Sorgen machen, nicht weil jemand Asthma hat oder wegen irgendwelcher Allergien, sondern weil die Vorstellung, daß Tausende kleiner Lebewesen in ihren Betten herumkriechen, sie einfach anwidert.

»Ich habe das früher nie getan, aber jetzt sauge ich die Matratze jedesmal ab, wenn ich das Schlafzimmer mache. Ich wechsle das Bettzeug öfter als früher, ich werfe die Kissen weg, wenn sie alt werden, weil ich gelesen habe, daß sie voller Milbenkot sind. Ich kann den Gedanken an all diese winzigen Biester in meinem Bett nicht *ertragen*«, erzählte mir eine Frau. »Und ich weiß, daß es lächerlich ist, weil ich vollkommen glücklich war, bevor ich von ihnen erfuhr.«

»Das ist mehr als lächerlich – es ist dumm. Sie machen sich doch nur Arbeit«, sagte eine andere Frau, die diesem Geständnis lauschte. »Hören Sie doch einfach auf, daran zu denken. Sparen Sie sich Ihre Kraft für Dinge, auf die es ankommt.«

»Aber ich weiß, daß sie da sind – ich weiß, wenn ich nichts tue, vermehren sie sich immer weiter«, erwiderte die Frau. »Ich kann nicht einfach *nichts* tun.«

Ein solches Fasziniert- und zugleich Abgestoßensein von unsichtbaren Feinden wie Staubmilben oder Bakterien ist eine erworbene Reaktion, eine kultivierte und differenzierte Reaktion auf eine Nachricht, die schwer zu fassen ist. Bei größeren Lebewesen kommt der Instinkt ins Spiel. Wenn etwas Sichtbares, Summendes oder hastig Flitzendes ins Haus eindringt, und wenn dieses Etwas an mein Essen geht, mich beißt oder erschreckt, dann muß dieses Etwas weg. Ich schlage es tot, zerquetsche, vergifte es oder zeige ihm auf höflichere Art die Tür, aber dieses Etwas muß weg, egal was es ist. Die schlimmstmögliche Invasion ist, wenn mein Zuhause von feindlichen Menschen übernommen, durchwühlt, in Unordnung gebracht wird.

Wird mein Zuhause von Vandalen oder Einbrechern erobert, dann sind das Drama, die Angst und die Entrüstung beispiellos. Nach einem solchen Ereignis aufzuräumen, ist dann für die meisten Opfer eine dringende Notwendigkeit. Eines der wenigen Male, daß ich große Mengen eines Desinfektionsmittels benutzt habe, war, nachdem man bei mir eingebrochen hatte. Meine Wohnung war auf den Kopf gestellt. Alle Zimmer waren – in meinen Augen jedenfalls – auseinandergenommen worden. Alles, was ich besaß, kam mir ruiniert, beschmutzt vor. Es war eine extreme Schweinerei.

Ich machte tagelang sauber, ich konnte gar nicht genug tun, um alle Spuren von »denen« zu beseitigen. Alles an dem Einbruch empörte mich, sogar die Fußabdrücke auf dem Teppich, die die Polizei hinterlassen hatte, und der silberne Staub der Spurensicherung, mit dem man versucht hatte, Fingerabdrücke zu bekommen. Was die Wirkung der Einbrecher selbst betraf, stellte ich mir alle möglichen Gegenstände vor, die sie berührt haben könnten, und ich putzte sie: alle Schubladen, Schränke, Kästen, alle Türpfosten, jede Türklinke und jede Fensterbank. Wochen später, als mein Zorn nachließ und mein Zuhause mir wieder sicher vorkam, öffnete ich ein selten benutztes Nähkörbchen und sah, daß sogar sein Inhalt durchwühlt war. Daß ich bei meiner Säuberungsaktion etwas übersehen hatte, machte mich ganz unglücklich. Trotz meiner Bemühungen gab es in meiner Wohnung immer noch Spuren des Einbruchs.

Nicht ganz so dramatisch war die Situation, wenn ich meine Behausungen von Leuten zurückerhielt, an die ich sie vermietet hatte. In London besaß ich einmal eine Wohnung, die ich vollständig eingerichtet für kürzere Perioden zu vermieten pflegte, und in Kanada hatte ich ein Häuschen auf dem Lande, das ich für längere Zeit vermietete. Gewöhnlich fand ich die Behausungen in einem akzeptablen Zustand, wenn ich zurückkehrte, um sie wieder zu übernehmen, aber ganz gleich, wie sie aussahen, habe ich immer, ohne Ausnahme, einen Tag damit zugebracht, sie zu putzen, bevor ich sie wieder in Besitz nahm. Manchmal verfiel ich beim Putzen in merkwürdige Extreme.

Einmal diskutierte ich die Vor- und Nachteile einer Vermietung meiner Wohnung mit einer Gruppe von Frauen, die sich in meiner Küche versammelt hatten. Ein peinliches Schweigen entstand, nachdem ich beschrieben hatte, wie ich einmal abends sehr müde in meiner Londoner Wohnung eintraf, nachdem ich zwei Monate in Kanada verbracht hatte. Zu meiner Erleichterung hatten die Mieter die Wohnung in einem guten Zustand hinterlassen. Oberflächlich betrachtet war die Wohnung, abgesehen von den unvermeidlichen Kalkablagerungen an allen Badezimmerarmaturen, tipptopp in Ordnung. Nebenbei habe ich mich oft gefragt, wer für die Installierung eines dunkelblauen Badezimmers verantwortlich war – wo doch jeder Tropfen des kalkhaltigen Londoner Wassers einen weißen Fleck hinterläßt. Ein junger Anhänger Margaret Thatchers, wie ich später herausfand. Das überraschte mich nicht. Nur jemand, der nichts vom Putzen von Badezimmern versteht, würde in London ein Badezimmer dunkelblau machen.

Glücklich zurück in meiner Wohnung, setzte ich mich hin, um eine Tasse Tee zu trinken, bevor ich irgend etwas anderes anfing. Als ich die Schublade mit dem Besteck öffnete, um einen Teelöffel herauszunehmen, stöhnte ich laut auf. Von schmutzigen Geschirrtüchern abgesehen, hasse ich schmutziges Besteck am meisten – Löffel mit dunkelbraunen Flecken dort, wo der Stiel beginnt, Gabeln mit Schmodder zwischen den Zinken, Edelstahlbestecke, die von den Überresten Hunderter von Mahlzeiten trübe geworden sind, schwarz angelaufenes, fleckiges Silber. Alles Besteck in meiner Schublade war trübe, schmutzig, für menschliche Lippen eindeutig nicht geeignet. Bevor ich wußte, was ich tat, bevor ich meinen Rucksack auspackte, bevor ich meinen Mantel aufhing, bevor ich meine Post öffnete oder jemanden anrief, machte ich mich über das Besteck her. Ich scheuerte den Edelstahl mit scharfen Putzmitteln und tauchte sie in eine

Bleichmittellösung; ich spülte und polierte all meine versilberten Gabeln und Löffel. Ich wusch alles zweimal in heißem Seifenwasser, rieb es trocken, putzte den Besteckkasten gründlich und tat zuletzt alles wieder an seinen Ort. Als ich fertig war, trank ich endlich eine Tasse Tee, rührte sie mit einem glänzenden Löffel um und setzte mich hin, um meine Post zu lesen.

Eine der Frauen, die die Geschichte hörte, warf mir einen Blick zu: »Ach, komm. So schlimm kann es doch gar nicht gewesen sein, du hast überreagiert.« Ich versicherte ihr, daß es tatsächlich *so* schlimm war. »Aber wenn du müde warst, warum hast du dann nicht erst einmal ein, zwei Löffel und Gabeln gespült und den Rest bis zum nächsten Morgen aufgeschoben?« Diese Frage überraschte mich sehr. Eine solche Lösung wäre mir gar nicht eingefallen. Ich wußte nur, daß ich den Besteckkasten reinigen, mich vom Einfluß des Untermieters befreien mußte und mich in einer Art verbissenem Stumpfsinn ans Werk gemacht hatte. Ich erinnere mich, daß mich diese Tätigkeit besänftigte und beruhigte, nachdem ich so weit gereist war. Durch das Polieren und Scheuern der Bestecke konnte ich mich wieder in meinem Territorium etablieren. Nur ein oder zwei Gabeln und Löffel zu spülen hätte nicht denselben Effekt gehabt, erklärte ich. »Du bist verrückt«, seufzte meine Freundin.

Nein, nicht verrückt. Bestimmt nicht. Nur von einem leichten Putzwahnsinn, einem Purgatoriumsdrang besessen, den viele von uns kennen. Nicht verrückt. Oder – aber das kann nicht wahr sein! – liegt hierin der Wahnsinn?

13

Putz- und Waschzwang

Hausarbeit
auf die Spitze getrieben

»Sie sind ja ein Putzteufel, eh?« Eine jugendliche Besucherin beäugte mich mißtrauisch. Die Waschmaschine funktionierte nicht und aus irgendwelchen unerfindlichen Gründen war ich auf Händen und Knien und schrubbte den Duschvorhang, der vor mir ausgebreitet auf dem Rasen in der Sonne lag. Der Teenager fand zweifellos, daß ich mich damit komplett zum Obst machte. Sie hatte so etwas noch nie gesehen.

»Meine Mama ist kein Putzteufel wie Sie«, sagte sie.

Was sollte das? Putzteufel? Ich? »Aber Sie sind einer«, versicherte sie. »Sie reden andauernd darüber, wie leicht oder wie schwer es ist, etwas zu putzen. Sie drehen durch, wenn das Geschirrtuch dreckig ist. Sie wischen ununterbrochen Ihren Kühlschrank aus.«

Aber ist ein solches Verhalten denn nicht völlig normal? Natürlich kaufe ich Dinge, die sich leicht reinigen lassen. Und was Geschirrtücher angeht, da bin ich absolut im *Recht*, sie zu ersetzen, wenn sie schmuddelig und unhygienisch geworden sind. Und was den Kühlschrank betrifft, gebe ich zu, daß das Eierfach mich ärgert, weil in den kleinen Vertiefungen Krümel und Schmutz lauern. Sie auszuwaschen ist ein regelmäßiges, fast tägliches Ritual. Daß man mich deswegen angriff und einen Putzteufel nannte, war ein Schock für mich.

Andere Frauen erzählen ähnliche Geschichten. Auch Johanna wurde schon oft ein »Putzteufel« genannt. »Es ärgert mich, weil ich nicht mal sicher bin, daß ich *gern* putze, aber ja, ich putze viel. Ich putze, um mich zu entspannen. Mein Job ist manchmal sehr anstrengend. Ich kehre bisweilen nach Hause zurück und räume auf und putze wie ein Wirbelwind, weil ich dadurch etwas zuwege bringe. Ich putze besonders häufig, wenn der Job mir über den Kopf zu wachsen droht – dann putze ich auch zu den ungewöhnlichsten Tageszeiten.« Ihr Mann weist darauf hin, daß sie während dieser Putzorgien sehr unangenehm wird, mit geblähten Nüstern und zusammengepreßtem Mund schrubbt sie mit einer Zahnbürste die Rillen, über die die Schiebetür ihrer Duschkabine läuft, und überprüft Becher und Tassen auf Tee- und Kaffeerückstände.

Kathrin ist auch ein Putzteufel. »Man hat mich immer kritisiert, weil ich so viel putze. Mein voriger Freund sagte einmal, meine Wohnung wäre so sauber – sie sähe aus, als ob niemand drin lebte. Ich habe ihm den Laufpaß gegeben.« Jetzt ist sie mit einem Mann verheiratet, dem ihre Standards zusagten, als sie einander kennenlernten, obwohl er ihre Putzgewohnheiten etwas entnervend fand. Er sagt erstaunt: »Ich traf sie um vier Uhr morgens im Badezimmer beim Putzen an – das Badezimmer war völlig sauber. Und sie sah mich an, als hätte ich sie bei etwas Verbotenem erwischt.« Weil Kathrin sich nicht gern vorwerfen läßt, daß sie so viel putzt, hat sie ihre eigenen Methoden entwickelt. »Ich putze heimlich«, sagt sie. »Ich putze, wenn er weg oder verreist ist, oder wenn ich denke, daß er es nicht macht. Manchmal fällt es mir so *schwer*, etwas nicht zu putzen. Er möchte dasitzen und reden und ich würde viel lieber aufstehen und den Herd putzen oder so was.« Während Frauen wie Johanna und Kathrin vielleicht auf wenig Verständnis stoßen, wenn sie ihre schon sauberen Wohnungen ununterbrochen putzen, stößt anderswo intensives Putzen auf größeres Mitgefühl. Caroline Davidson beschreibt in *A Woman's Work Is Never Done* die verwahrlosten und überfüllten Wohnviertel britischer Städte im 19. Jahrhundert, die manche Frauen zur Verzweiflung trieb:

Ganz gleich, wie hart sie arbeiteten, nie waren ihre Wohnungen sauber. Hausfrauen in diesen elenden Verhältnissen (und selbst in etwas besseren) wurden oft hysterische Sauberkeitsfanatikerinnen. Sie rieben sich ihr Leben lang auf in endlosen Runden des Schrubbens, Scheuerns und Polierens, wobei vieles ganz überflüssig war.

Davidson erzählt von einer Frau, die ihre Kohlenschaufel poliert und jeden Tag den Fußboden ihres Kohlenkellers scheuert, und von einer anderen, die ihre Mülltonne mit einem Metallpoliermittel und ihre Haustür mit Möbelpolitur putzte. Solche tapferen Bemühungen, mitten in einer sehr schmutzigen Umgebung Inseln der Sauberkeit zu schaffen, blieben weitgehend erfolglos, aber in Anbetracht der Verhältnisse zeigen sie eine Art verzweifelten Stolz, den man nicht so einfach abtun konnte.

Wenn die Außenwelt feindlich, chaotisch, ein einziger großer Schweinestall ist, versuchen viele, die Unordnung mit welchen Mitteln auch immer fernzuhalten. Zahlreich sind die Geschichten über angestrengte und klägliche Versuche, die Wohnung in unmöglichen Verhältnissen sauberzuhalten, wie die apokryphe Mär von der Frau, deren Haus in London durch den Blitzkrieg bis auf die Fassade völlig zerstört war, woraufhin man sie aber weiter fleißig den messingenen Türklopfer polieren sah, obwohl jenseits des Eingangs nur noch ein Trümmerhaufen lag. Oder die Geschichte der verarmten Hausfrau in einem

Roman von Peter Høeg, die, nachdem ihre Sozialwohnung im Elendsviertel in einem Meer von Dreck versinkt, mit einem Vergrößerungsglas Staubpartikel jagt.

Wesen wie Simone de Beauvoirs manische Hausfrau in *Das andere Geschlecht* wecken allerdings überhaupt kein Mitgefühl. Sie ist eine bloße Karikatur und in ihr sind alle Putzteufelinnen und verrückten Frauen zusammengefaßt, die Beauvoirs Ansicht nach nur um des Putzens willen putzen. Diese Frau ist so beschäftigt, daß sie ihre eigene Existenz vergißt. Die Frau ist auf der sadomasochistischen Flucht vor sich selbst. Als Konsequenz lehnt Simone de Beauvoir Hausarbeit als erniedrigendes Schicksal der Frauen ab, die, eines besseren Urteils und jedweder Einsicht beraubt, ihre Rolle als Bürde akzeptieren, die Gott und der Mann ihnen auferlegt hat. Ähnlich wie das Kinderkriegen ist auch die Hausarbeit Evas grausame Strafe.

Wenn man's so sieht – wer außer einigen Verrückten oder Wahnsinnigen würde je eine solche Arbeit tun? De Beauvoir hinterläßt bei mir den starken Eindruck, daß ich mir lieber im warmen Badewasser die Pulsadern aufschneiden sollte. Und da ich meine gelegentlichen Ausbrüche eifrigen Putzens kenne, muß ich mich fragen, ob nicht wirklich ein mit den Augen rollender alter Drachen in mir lauern könnte, der meine Nächsten und Liebsten mit antisozialen und unnötigen Sauberkeitsansprüchen bestraft. Spielt da eine sadomasochistische Flucht vor mir selbst eine Rolle? Ein süchtiges, gemeines, halb irres Verhalten, Anzeichen einer verkorksten Persönlichkeit? Ich muß das natürlich verneinen. Aber Fanatiker sind schließlich noch nie für ihre Selbsterkenntnis berühmt gewesen.

Bis vor kurzem nahm ich an, daß mein Putzverhalten völlig vernünftig wäre, vielleicht weil ich selten mit irgend jemandem darüber sprach. Sobald ich meine Erfahrungen aber mitteilte, um andere zu ermutigen, mir von ihren zu erzählen, begriff ich, daß viele Leute meine Gewohnheiten beim Saubermachen entschieden sonderbar finden. Aber ihre sind das auch oft.

Ich glaube zum Beispiel nicht, daß es absolut notwendig ist, die Toilette zweimal täglich zu putzen – und mit Backpulver –, wie Jan das tut. Ich finde es richtig sonderbar, die Lampenschirme jeden Tag abzusaugen, wie meine Nachbarin es macht. Ich glaube auch, daß es mehr als ein bißchen ausgefallen ist, sich so um einen sauberen Backofen zu sorgen wie meine Mutter, so daß sie fast nie etwas darin backt, ohne daß ein Deckel drauf ist. »Ich hasse Sachen, die in meinen sauberen Backofen *spucken*«, sagt sie mit Nachdruck.

Aber nachdem etliche Leute (natürlich nie meine Mutter) mich mehr als einmal beschuldigt haben, ein Putzteufel zu sein, muß ich hier jetzt etwas zu meiner Verteidigung sagen, oder zumindest, daß ungerechte Anklagen wegen Exzessen oft an diejenigen von uns gerichtet werden, die nicht mehr als ein gewisses – und in meinem Fall sporadisches – Vergnügen am Putzen haben. Es mag in *manchem* von dem, was wir *bisweilen* tun, ein unausgeglichenes Verhalten stecken, aber im ganzen gesehen sind wir meistens harmlos. Sonderbar vielleicht, aber harmlos.

Die Feindseligkeit gegenüber eifrigen Hausfrauen ist konstant und auffällig, in Wirklichkeit wie im Roman. In *I, Gloria Gold* ist sie ein Clown, eine blinde Närrin, eine Witzfigur, gefährlich in ihrem Mangel an Selbsterkenntnis und in ihren Kokon häuslicher Sicherheit eingesponnen. Man will sie dazu bringen, den Irrtum ihrer Lebensweise einzusehen.

Der Roman beginnt damit, daß Gloria um Mitternacht den Teppich im Flur einschäumt und darüber nachdenkt, daß der hellbeige Teppich, obwohl schon sieben Jahre alt, noch wie neu aussieht. Dann betrachtet sie zufrieden ihre pfirsichfarbenen Dralonpolstermöbel, die blitzsauber sind, so wie sie auch sein sollten, in durchsichtige Plastikschutzüberzüge gehüllt. Ihr Gatte setzt sich nicht gern auf Plastik, und das wundert Gloria.

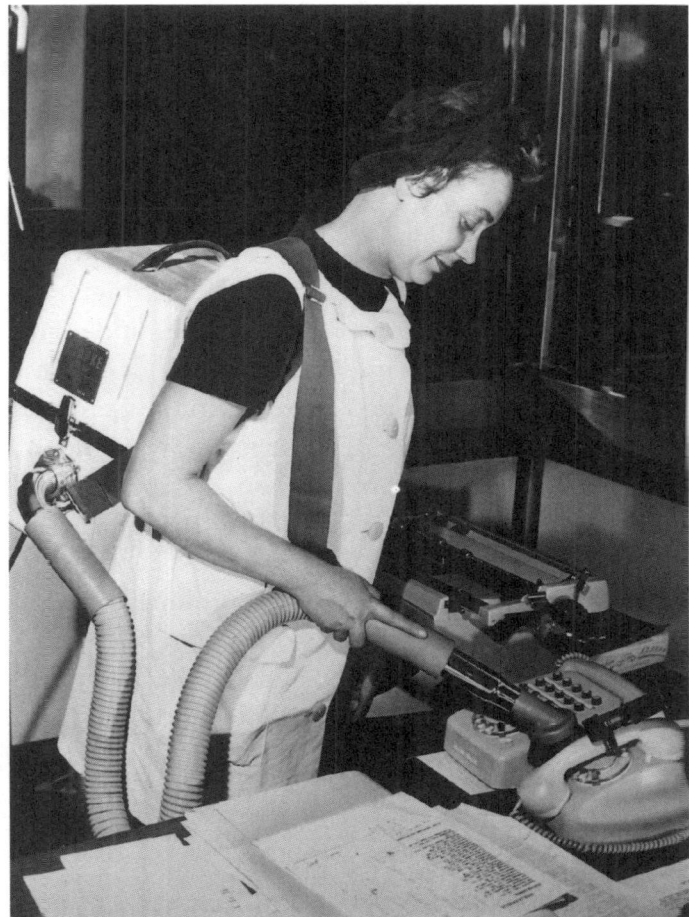

Sind Putzteufel harmlos? Eine berechtigte Frage angesichts dieses auf dem Rücken zu tragenden Staubsaugers, der 1965 in Frankfurt am Main vorgestellt wurde und das Absaugen der verborgensten Winkel und entlegensten Gegenstände ermöglichte.

Ich betrachte mich nicht als fanatische Putzfrau. Ich nehme ganz einfach meine Rolle als Gattin und Mutter so ernst, daß ich mir Sorgen mache, wie ich diejenigen, die ich liebe, vor Krankheit schütze. Gott weiß, was für Bakterien sie auf der Straße aufsammeln könnten, wo jeder Passant von Typhus, Hepatitis oder Schlimmerem befallen sein kann.

Gloria kämpft von ganzem Herzen gegen die Bakterien und die ungesunden Gewohnheiten ihrer Familie. Sie ist überzeugt, daß sie recht hat, wenn sie sich in ihrem täglichen Kampf gegen den Dreck engagiert. Bücher zum Beispiel, jene unsauberen Dinger, die ihr Mann herumliegen läßt, sind für Gloria »Sammelplätze von Bazillen«, und mit perfekter Logik entscheidet sie, daß der einzig für Bücher geeignete Ort ein dunkler Schrank unter der Treppe ist.

Die arme Gloria wird aufgebaut, damit sie einen gewaltigen Sturz erleben kann. Sie muß in ihrem Stolz gedemütigt, ihre Maßstäbe müssen zerbrochen werden. Welches andere Schicksal kann eine komische Heldin erwarten, die putzt? Also beißt Gloria im Verlauf des Romans in die bittere Frucht der Selbst-erkenntnis. Sie begreift reuevoll, daß ihre ganze Existenz sich wahrscheinlich in sechs Worten passend summieren ließe: »Ich kam, ich sah, ich putzte.«

Am Ende des Romans ist Gloria ein anderer Mensch. Durch eine Reihe immer unwahrscheinlicherer Abenteuer entdeckt sie sich selbst, lernt ihre Kinder verstehen und akzeptieren, findet einen Liebhaber, entdeckt den wahren Wert ihres Gatten wieder und nimmt eine Arbeit außerhalb des Hauses an. Sie hört auf zu putzen und zu kochen, gelangt zu großartigen Schlußfolgerungen bezüglich der Natur der Liebe und ihres eigenen Platzes in der Welt, und als der Roman endet, erklärt sie: »Das Leben ist zu kurz und zu aufregend, als daß man es nur mit dem Putzen von Sachen verbringen sollte.« So wird eine ausgemachte Putzteufelin der Romanwelt in ihrer Rolle zusammengestrichen, was ein Jammer ist. Am Anfang des Romans, in ihrem ursprünglichen Zustand, war sie mächtiger, gefährlicher, viel interessanter gewesen als in ihrer späteren korrigierten Gestalt.

Elizabeth Gaskell war so vernünftig, die seltsame kleine Sammlung von Charakteren in ihrem Roman *Cranford* von 1853 nicht zu korrigieren oder zu reformieren. Deren kleine Eigenheiten bleiben intakt. Es sind dies die Damen des Dorfes Cranford, Frauen, die nur über begrenzte finanzielle Mittel verfügen und völlig in den Details der dörflichen Angelegenheiten aufgehen, exakt und penibel wie Nähnadeln in ihren Haushaltsgewohnheiten und sehr genügsam. Die Damen halten sowohl Sparsamkeit als auch Sauberkeit für ungeheuer wichtig.

Als im Haus der Misses Jenkyns ein neuer Teppich eintrifft, verbinden sich die beiden Tugenden Sauberkeit und Sparsamkeit. Nachdem sie Zeitungen auf dem neuen Teppich ausgebreitet haben, um zu verhindern, daß die Farben verbleichen, begeben sich die Frauen von Cranford an die ernste Arbeit, den Teppich vor marodierenden Füßen zu schützen: Sie »nähen Zeitungsteile zusammen, um dadurch schmale Pfade zu bilden, die zu je einem Sessel führen, zu all den Sesseln, auf denen die erwarteten Besucherinnen Platz nehmen sollen, damit ihre Schuhe nicht die Reinheit des Teppichs beschmutzen können«.

In der fiktiven Gemeinde von Avonlea auf Prince Edward Island ist eine Figur von etwas Ähnlichem besessen. L. M. Montgomery schreibt in ihren Anne-Büchern über diese kleine, gottesfürchtige, gesetzestreue Gemeinde. Hier, zu Anfang dieses Jahrhunderts, treffen wir zahllose stolze Frauen an, von denen erhobenen Hauptes und sittenstreng, jede einen noch besseren Haushalt als ihre Nachbarin führt. Aber Mrs. Theodore White, in *Anne of Avonlea* (1909), geht zu weit. Anne und ihre Freundin Diana treffen Mrs. White, als sie gerade für den Bau eines dörflichen Versammlungsraums werben:

Mrs. Theodore erschien an ihrer Haustür, einen Packen Zeitungen unter dem Arm. Demonstrativ legte sie sie, eine an die andere, auf der Veranda und den Treppenstufen aus und dann den Gehweg hinunter bis vor die Füße ihrer verwunderten Besucherinnen.

»Würden Sie Ihre Füße bitte sorgfältig am Gras abwischen und dann auf diesen Zeitungen entlanggehen?« fragte sie besorgt. »Ich habe gerade das Haus gründlich gefegt und kann nicht zulassen, daß jetzt noch irgendwelcher Staub hineingetragen wird.«

Die Zeitungen erstreckten sich quer durch die Hallen und bis in ein blitzsauberes, makelloses Wohnzimmer. Anne und Diana nahmen zaghaft auf den erstbesten Sesseln Platz und erklärten ihr Vorhaben.

Die pingelige Mrs. White weckt keinerlei Sympathien, aber in demselben Buch kommt die hitzköpfige Perfektionistin Mrs. Harrison besser weg. Ihr Mann hat allein in Avonlea gelebt, gab vor, Junggeselle zu sein, und all die ehrenhaften Damen des Städtchens sind ihm auf den Leim gegangen. Aber eines Tages erscheint Mrs. Harrison und nimmt den verlotterten Haushalt ihres Gatten endlich wieder in die Hand. Er ist im Grunde heilfroh, daß er sie wieder hat, trotz der Probleme, die er zuvor mit ihren strengen Maßstäben hatte. Damals, nach einigen derartigen Jahren, hatte sich Mr. Harrison schließlich wie ein zorniger Bär geschüttelt und nach Avonlea getrollt, um dort als Junggeselle zu leben – eine deutliche Warnung an alle manischen Hausfrauen.

Mr. Harrison erzählt Anne ein wenig von seinem früheren Leben als verheirateter Mann und beschreibt den Abend, an dem er und Mrs. Harrison als jung verheiratetes Paar von ihrer Hochzeitsreise heimgekehrt waren.

Wir trafen um zehn Uhr abends zu Hause ein, und ich gebe dir mein Wort, Anne, daß diese Frau innerhalb einer halben Stunde am Hausputzen war. Oh, ich weiß, du denkst, mein Haus hätte das gebraucht ... aber das stimmt nicht, das war nicht so dringend ... Ich hatte eine Frau gehabt, die zum Putzen gekommen war, bevor ich geheiratet hatte, und es war allerhand gestrichen und repariert worden. Ich sage dir, wenn du Emily in einen funkelnagelneuen weißen Marmorpalast gebracht hättest, wäre sie auch sofort in irgendein uraltes Kleid geschlüpft und hätte zu putzen angefangen. Ja, sie hat das Haus an dem Abend bis ein Uhr nachts geputzt, und um vier war sie schon wieder auf und putzte. Und so ging es weiter mit ihr ... Soweit ich sehen konnte, hat sie nie aufgehört. Es war ein ewiges Scheuern und Fegen und Staubwischen, außer am Sonntag, und dann sehnte sie sich nach dem Montag, um wieder damit anzufangen ...

Die meisten Ehemänner in den Romanen müssen länger als Mr. Harrison leiden. Sie bleiben zu Hause, murmeln demütig »Ja, Liebes«, nehmen passiv die

Rolle des malträtierten Eheesels auf sich, streiten sich nie und lassen sich auf das Schicksal bloßer potentieller Verursacher von Unordnung und »Schweinereien« reduzieren, während die enthusiastische Hausfrau alles in einem unerträglichen Ausmaß putzt. Die Ehe wird als eine Institution mit festgelegten Rollen dargestellt, die auf eine Weise ausgespielt werden, die teils komisch, teils tragisch und von einem wütenden häuslichen Terrorismus gekennzeichnet ist. Ein perfektes Beispiel ist Mrs. Ogmore Pritchard in Dylan Thomas' Hörspiel *Unter dem Milchwald*, diese Schreckschraube von einer walisischen Hausfrau, die schon zwei Ehemänner ins Grab getrieben hat und nun schrill verlangt, daß die Sonne sich die Füße abtreten soll, wenn sie in ihr Haus kommt.

Kein Zweifel, solch einseitige Hingabe an den Hausputz kann außer Kontrolle geraten. Humorlose Bakterientöterinnen, Zeitungsausbreiterinnen und jene, die, mit Simone de Beauvoirs Worten, ihre Tage damit zubringen, sich ekstatisch in die Betrachtung polierter Wasserhähne zu versenken, sind einfach keine angenehmen Hausgenossinnen. Sie opfern die Bequemlichkeit und den Komfort eines Hauses, um das zu erreichen, was Ellen Richards ein »picobello sauberes« Heim nennt, und sogar sie, die leidenschaftliche Befürworterin hoher Ansprüche, findet, daß »picobello« ein tödlicher Zustand ist, in dem man gar nicht leben kann. Ebenso achtet auch Christine Frederick trotz ihrer wissenschaftlichen Moralpaukerei, wie der perfekte, effiziente Haushalt zu erreichen ist, in *The New Housekeeping* (1913) sehr darauf, sich von Frauen, die einen unmöglich hohen Standard anstreben, zu distanzieren:

Ich hätte kein sehr gutes Gefühl, wenn mein ernstes Plädoyer für eine effiziente Geisteshaltung nichts anderes als eine noch größere sklavische Hingabe an die Arbeit zur Folge haben sollte ... Aber das wird nicht der Fall sein, glauben Sie mir bitte. Sinn und Zweck ist ja gerade: mehr Freiheit, mehr Muße, eine nüchternere Werteordnung und die Vermeidung unnützer Kraftanstrengungen.

Ich kannte mal eine Frau, die jeden Tag die Rückseiten eines jeden Bildes in ihrem Haus abwischte. Sie hielt das für wahre Effizienz.

Beim Putzen scheint es eine Art unsichtbare Grenze zu geben zwischen dem, was gesellschaftlich akzeptabel und dem, was nicht akzeptabel ist, zwischen dem, was psychologisch gesund und dem, was psychologisch gefährlich ist. Unsere Haltung gegenüber unserer Umgebung reicht in puncto Reinlichkeit von »sehr lax« bis »überängstlich«, von regelrecht schlampig bis peinlich sorgfältig; die meisten von uns leben mehr oder weniger bequem innerhalb dieser Spannbreite, während wir gelegentlich die Augenbrauen hochziehen, weil wir nicht glauben können oder wollen, wie andere sich verhalten. Wer am Rand dieser Zone lebt,

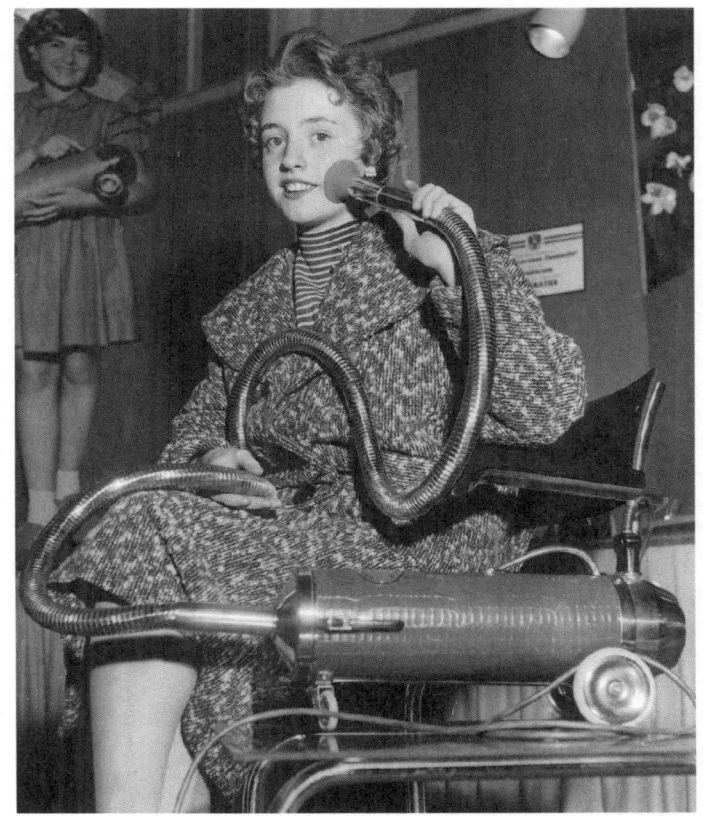

Ab wann ist die Beschäftigung mit Haushaltsgeräten krankhaft? Auf der Frühjahrsmesse in Wien wurde gezeigt, wie man sich mit dem Staubsauger spielend auch eine Gesichtsmassage verpassen kann.

wird »Putzteufel« geschimpft, wahnsinnig oder verrückt geheißen, aber auch er liegt meistens noch innerhalb dieser locker definierten Spannbreite.

Jenseits dieser Grenze findet man eine fanatische Sorge um die Sauberkeit, die das gewohnte Maß übersteigt, hier läuten die Alarmglocken, denn eine echt manische Hygiene- und Reinheitsbesessenheit kann Leben, Gesundheit und Geist und Seele zerstören. Hier sind nicht Hausfrauen gemeint, die ihre Familienangehörigen einfach nur damit quälen, daß sie ihnen unmöglich hohe Standards auferlegen, oder die übermäßig polieren oder den Teppich schampunieren, hier ist eine ungewöhnliche psychologische Störung gemeint, die das Leben von Menschen völlig beherrschen und ruinieren kann, eine furchtbare Angst vor Schmutz, ein alles verzehrendes Lady-Macbeth-artiges Besessensein vom Zwang, die Flecken abzuwaschen, die Reinheit wiederherzustellen. Psychologen definieren das als Zwangsverhalten. Dieses Zwangsverhalten kann vielerlei Formen annehmen.

Eine der häufigeren Manifestationen der Zwanghaftigkeit ist das exzessive Händewaschen oder Reinigen des Körpers. Ein anderer häufiger Ausdruck dieser Störung findet sich beim Saubermachen der eigenen Umgebung. Diesen

Verhaltensmustern gemeinsam ist eine übertriebene Angst vor einer Verunreinigung durch Dreck oder Bakterien, manchmal in einer spezifischen Form als Angst vor Fäkalien oder Angst vor einem jüngeren Bruder oder, bei Müttern, vor Bakterien. Menschen mit Waschzwang können täglich Stunden unter der Dusche oder beim Händewaschen zubringen – in manchen Fällen bis die Hände bluten. Vom Putzzwang Besessene können ihre Tage damit verbringen, daß sie immer wieder Fußböden moppen, Tische abwischen, Spülbecken scheuern, Wäsche waschen. Eine Betroffene schildert das so:

Ich kann nichts anrühren, von dem ich glaube, daß es schmutzig ist. Es ist vor allem die Toilette, aber dann, wenn Sie von der Toilette kommen, tragen Sie den Schmutz und die Bakterien in andere Teile des Hauses. Ich wäre fast gestorben, als einmal ein junger Mann, der in die Wohnung kam, um etwas zu reparieren, meine Toilette benutzte. Er kam einfach heraus und machte weiter und faßte Sachen an und ging herum, als ob alles in Ordnung wäre! ... Als er weg war, habe ich das ganze Haus immer wieder saubergemacht. Was er angefaßt hat, habe ich mit einem Desinfektionsmittel abgerieben, sogar die Dinge, in deren Nähe er gekommen ist. Ich mag es nicht, wenn Leute in meine Wohnung kommen, nicht mal Freunde, ich mag das nicht mehr. Mein Schlafzimmer halte ich irgendwie rein. Alle anderen Teile des Hauses sind sehr schmutzig, so oft ich auch putze ... Alle Kleidung, die ich außer Haus trage, bringe ich nie ins Schlafzimmer, ohne sie vorher gewaschen zu haben. Wenn das Schlafzimmer auch noch schmutzig würde, dann wäre ich am Ende. Wohin könnte ich gehen? Es ist der einzige saubere Platz, den ich habe.

Zwanghaftes Verhalten ist eine ernste und erschreckende Krankheit. Dagegen sind Worte wie »Putzteufel« oder »manische Hausfrau« nur milde Spitznamen. Das zwanghafte Verhalten gehört in einen anderen Bereich, in dem die tägliche Existenz völlig verkrüppelt ist. Ein normales Arbeitsleben ist Menschen, die unter Zwangsverhalten leiden, praktisch unmöglich, weil der Kontakt mit der Außenwelt für sie eine schreckliche Herausforderung ist. Öffentliche Toiletten und Telefone werden zu gefährlichen Quellen einer Ansteckung oder Vergiftung, andere Leute sind Träger von Schmutz und Fäulnis, die Bakterien, die zum offenen Fenster hereingeflogen kommen, können ein ganzes Haus unrettbar verseuchen.

Wenige von uns, so übertrieben unsere Putzgewohnheiten auch sein mögen, kommen auch nur in die Nähe dieses zwanghaften Verhaltens. Im großen und ganzen finden wir uns im normalen Leben zurecht und tun zwischen unseren kleinen Putzorgien auch noch etwas anderes, haben auch noch andere Gedanken. Der schleimige Schmutz in meinem Kühlschrank kann mich an einem Tag furchtbar ekeln, und ich *muß* ihn einfach wegputzen. Aber in der folgenden Woche kann sich neuer Schmutz dort unbeachtet ansammeln und ungestört tagelang vor sich hin schwären, bis ich Zeit habe, mich damit zu befassen. Manchmal sind wir versucht, uns zu fragen, ob nicht die Psyche einer anderen Person – einer *anderen* Person, wohlgemerkt – ernsthaft eine Störung hat, wenn wir Berichte über extreme Reinlichkeit lesen. Nehmen Sie die Geschichten über Joan Crawford.

Wie ihre enttäuschte Tochter Christina in ihrer Biographie *Mommie Dearest* (1978), die auch verfilmt wurde, schreibt, war Miss Joan Crawford, was das Thema Sauberkeit anging, manisch und sogar gefährlich. Die Manie pflegte sie in Flutwellen einer irrsinnigen, fast gewalttätigen Putzwut zu überfallen, wobei es um die Reinheit ihres Körpers und ihrer Wohnung ging. Nicht zufrieden mit wiederholtem Duschen und Händewaschen, attackierte sie alle Winkel und Ritzen ihres Hauses und riß ihre ganze Dienstbotenschar und ihre Kinder mit auf ihren »Reisen in die Sauberkeitsmanie«.

Gemeinsam bewegten wir Tonnen von Büchern, Kisten, Kasten, Schachteln, Möbel und Kleidung. In Teams räumten wir die Wandschränke aus und putzten sie, schrubbten die Gartenmöbel und strichen sie mit frischer Farbe. Wir bewegten Schrankkoffer von einem Keller in den anderen. Wir schleppten und fegten und schoben und zogen und moppten und stellten alles um, bis sie zufrieden war oder bis ihre Verrücktheit endete, je nachdem, was zuerst geschah.

Christina Crawford erzählt uns von den »nächtlichen Angriffen« ihrer Mutter: Unbeherrschte Wutausbrüche, wenn sie in ihr Kinderzimmer zu stürmen und sie aus dem Bett zu zerren pflegte, weil sie sich irgendeine kleine Disziplinlosigkeit hatte zuschulden kommen lassen. Eines Tages war die neunjährige Christina gebeten worden, das Ankleidezimmer ihrer Mutter zu putzen. In der folgenden Nacht, irgendwann nach Mitternacht, wurde sie von ihrer schreienden Mutter geweckt, die sie in das Ankleidezimmer zerrte und Vergeltung verlangte, weil auf dem Fußboden Putzstreifen zu sehen waren. Joan Crawfords Zorn erreichte den Höhepunkt, als sie das kleine Mädchen bizarrerweise mit einer Büchse Scheuerpulver schlug. »Sie schlug mir mit der Dose auf den Kopf, bis die Dose mit einem leichten Knall platzte. Eine Wolke weißen Scheuerpulvers erfüllte den ganzen Raum und setzte sich auf alles, auf Spiegel, Glas und Linoleum.« In diesem Augenblick machte Joan Crawford ihren berühmten Abgang und ließ die kleine Christina zurück, damit sie die Schweinerei saubermachte, wofür sie die ganze Nacht brauchte.

Sauberkeit als eine Form von Terrorismus beherrschte das Leben der

Crawford-Kinder viele Jahre lang. Wie ihre Tochter sagt, war Joan Crawford nie zufrieden, obwohl eine ihrer späteren Wohnungen der Perfektion sehr nahe kam.

Alles war neu und modern und aus Kunststoff. Sogar die Blumen und Pflanzen. Mutter fand Plastikblumen besser, weil man sie immer frisch, glänzend und sauberhalten konnte; sie wurden regelmäßig mit Seifenlauge abgewaschen. Über allen Polstermöbeln lagen Plastiküberzüge, die knisterten und an der Haut festklebten, wenn man sich daraufsetzte. Alle Fenster waren hermetisch verschlossen. Es gab keine frische Luft ...

Ein anderer von Joan Crawfords Biographen, Bob Thomas, bestätigt in seinem Buch, daß sie auf Reinlichkeit bestand: Freunde kamen zu ihr und fanden sie auf Händen und Knien mit einer Scheuerbürste. Eine Freundin bot ihr unüberlegt Hilfe an:

»Klar«, sagte Joan. »Du kannst die Unterseite des Eßtischs putzen.«
   »Die Unterseite? Wozu?«
   »Jemand könnte eine Serviette fallen lassen und sich die Unterseite ansehen. Es wäre mir peinlich, wenn sie schmutzig wäre.«

Seltsam, daß man in einem Zeitalter, in dem so viele Arten sonderbaren menschlichen Verhaltens in ermüdendem Detail aufgezeichnet werden, die Vorliebe für die Sauberkeit nur so selten diskutiert. In klinischen Berichten und in Fachzeitschriften ist zwar von den extremen Problemen der Zwanghaftigkeit die Rede, aber diese Diskussion, wie auch das Problem selbst, liegt außerhalb des alltäglichen Erfahrungsbereichs der meisten Leute. Nüchterner betrachtet: Diejenigen von uns, die sich, zumindest von Zeit zu Zeit, beharrlich mit den normalen Sorgen der Sauberkeit und des Säuberns beschäftigen, werden nicht gerade mit Ratschlägen oder Lebensbeichten in Frauenzeitschriften verwöhnt, auch gibt es nicht viel Quellenmaterial oder Fallgeschichten, wenn wir in Bibliotheken danach suchen.

In Romanen aber begegnen wir unseren Ebenbildern, schattenhaften Schwestern, den Gloria Golds, den Mrs. Harrisons, den Mrs. Ogmore Pritchards. Die Wortführerin von ihnen allen ist Marcia in *Staub*. Marcia erzählt, in der ersten Person, wie eine Frau – mit all dem Dreck – den Tag allein zu Hause verbringt:

Der Teppich wimmelt von Leben, sein Unterholz reich an Gerüchen ... Kleine Wolken bläulichen Gases steigen von faulenden Essensbröckchen auf. Milben kämpfen sich durch den Florwald und suchen nach Fleckenteichen, um daneben zu weiden, winzige Eier werden gelegt und ausgebrütet, und andauernd sinken aus der Luft darüber mehr winzige Staubpartikel herab, um in dem Wald zu landen.

Marcia sieht sich »in einen Raum und Zeit übergreifenden Kampf gegen den Dreck verwickelt«. Dieser Kampf treibt sie in den Wahnsinn, und der Roman führt uns hinein in die Tiefen ihrer wirren Phantasien. Schimmelflecke werden bösartige persönliche Feinde, die sie verhöhnen. Die Enzyme im Waschpulver nehmen heroische Proportionen an, wenn sie Blutflecke vernichten: »Sie hocken sich über das rötlichbraune Zeug, reißen, zerren, beißen, fressen, brechen die Oberfläche des Flecks auf.« Jede Bakterie, jeder Schmutzfleck ist für Marcia eine persönliche Bedrohung, und viele von ihnen sind lebendig und zu Empfindungen fähig. Typisch ist das ausgedehnte Gespräch, das Marcia mit einem Moderfleck führt, der für sie der »Geist der Unreinheit« geworden ist. Sie droht, ihn mit ihrem Teppichschaumreiniger zu töten, und der Fleck droht ihr seinerseits:

Obwohl wir in der Tat nur ein kleiner weißer Fleck sind, sind wir doch erwählt, zu dir im Auftrag des Staubes, der Gärung, der trockenen Fäulnis, des Schimmels, der Motte, des Fetts, der kleineren Flecken, des Rußes, der Fliegen, der Schuppen, der Fusseln, der Exkremente, Wanzen, Milben, der aufsteigenden Feuchtigkeit, des Luftzugs, des Rosts, schaler Gerüche, der Kakerlaken, der Brandflecken, des Rasselns, Knarrens, Quietschens, Knallens, des Kesselsteins, der Lecks, Risse, Mäuse, Ratten, Kratzer – kurz: des ganzen *Drecks* zu sprechen.

Inmitten all dieses imaginierten, entsetzlichen Schmutzes und Verfalls in ihrem eigenen Haus ist Marcias einziger Trost ein Bild an der Wand ihres Wohnzimmers, ein Druck von Pieter de Hoochs *Apfelschälerin*. Dieses saubere, gesunde holländische Interieur aus dem 17. Jahrhundert hält Marcias Haushaltsangst im Zaum. Die *Apfelschälerin*, diese ruhige und zielstrebige Frauengestalt, ist ihre Heldin. Kein Staub tanzt im Lichtstrahl des Gemäldes, der schwarzweiß gefliesste Fußboden ist so sauber, daß man davon essen könnte. Aber dann wird in Marcias Augen der Maler, de Hooch, lebendig. Er weidet sich an der Sauberkeit des Haushalts auf seinem Gemälde und behauptet: »Die holländische Kultur ist keine Bakterienkultur. Dich hingegen kann man vor lauter schmutzigen Bakterien kaum sehen.«

Einem holländischen Maler ist so ein Angriff zuzutrauen, denn der Ruf der Holländer als Sauberkeitsapostel ist legendär und alt. Sie sind ein unheimlich, manchmal fast ein unangenehm sauberes Volk. Die Sauberkeit der holländischen

Hausfrauen wird in Europa seit Jahrhunderten gerühmt. Gut dokumentierte Berichte aus dem 17. Jahrhundert weisen auf das starre Sauberkeitsregime im Haushalt hin, das in allen respektablen holländischen Bürgerhäusern befolgt wurde. Schuhe wurden immer ausgezogen, Rauchen und Spucken war verboten, der Fußboden wurde zentimeterweise nach Insekteneiern abgesucht, und gewaschene Betttücher faltete man so, daß das für die Füße bestimmte Ende niemals zufällig mit dem Kopfende in Berührung kommen konnte. Der Flur, der Weg zum Haus und die Stufen, die zum Haus hinaufführten, wurden täglich feucht aufgewischt, und das Sauberhalten des Gehwegs vor dem Haus war eine gesetzlich verordnete Bürgerpflicht. Reisende, die frisch aus den übelriechenden Straßen von London oder Paris eintrafen, stellten von Ehrfurcht ergriffen fest: »Der geringste Schmutz auf der Straße würde dem, vor dessen Tür er läge, zum Vorwurf gemacht.«

Warum führten die Holländer so starre, außergewöhnlich strenge Sauberkeitsstandards ein? Sicherlich steckt mehr als nur die Angst vor Ansteckung und Krankheit dahinter. Ein Moralkodex, der an Götzendienst grenzt, könnte hier vermutet werden, ein Kodex, durch den sich die Holländer von ihren schmutzigen, unaufgeklärten Nachbarn distanzieren. Sauber zu sein war patriotisch, und Wachsamkeit war das Gebot – eine militante Verteidigung von Nation, Religion und Familie. Demonstrative Reinlichkeit war eine Methode, sich abzugrenzen, ja abzuheben, als die Nation in der holländischen Geschichte als Republik auftauchte und die kalvinistische Doktrin daran ging, akzeptable Normen für soziales Verhalten festzulegen. Äußere Sauberkeit war ein Spiegel innerer Reinheit, und Frauen waren – im Dienste ihrer Familien – die Wächterinnen über beides. Diejenigen, die gut und ausdauernd putzten, bewiesen dadurch ihre Tugendhaftigkeit und Rechtschaffenheit.

Dieses Frauenvolk, nett und sauber von außen, moppt und schrubbt, wäscht und scheuert und poliert und wischt alle Wände, die Balken und die Säulen, die das Gebäude aufrechterhalten. Während ihre Herzen und Seelen von der Begeisterung für diese Arbeit leuchten … *Denn das unreine Herz kann nie vom Schmutz befreit werden.*

Diese Passage stammt aus einer frauenfeindlichen holländischen Satire des 17. Jahrhunderts, *Die Frauenbörse*. Die einzigen Frauen in dieser Satire, die über alle Zweifel erhaben waren, sind die Putzfrauen. Infolge der Tugendhaftigkeit ihrer Tätigkeit ist die Reinheit ihrer Herzen selbstverständlich.

In *Staub* spürt Marcia qualvoll die absolute – äußere und innere – Reinheit der Apfelschälerin in de Hoochs Gemälde. Kein Bild kommt ihrer Meinung nach diesem gleich, nicht mal berühmtere holländische Interieurs wie die von Vermeer. Marcia schätzt Vermeer gar nicht, weil sie spürt, daß seine Interieurs unordentlicher sind, die Tischtücher zerknittert, Becher, Briefe oder halb gegessene Früchte liegen unordentlich herum, und, wie Marcia es ausdrückt, »obwohl das Zimmer perfekt sauber aussieht, vermute ich immer, daß seine Frauen den Dreck unter den Teppich gefegt haben«. Marcia hört nie mit ihren Bemühungen auf, die Standards der Apfelschälerin zu erreichen. Sie klammert sich an den Glauben, daß sie in ihren guten Augenblicken als Schmutzvertreiberin mächtig und effektiv ist und etwas Großartiges, Lohnendes schafft.

Diese geächtete und begrenzte Macht, die das Putzen uns verleiht, gibt uns – so eingeschränkt das auch sein mag – Gelegenheit, der Unordnung eine Ordnung aufzuerlegen. Und während wir machtlos gegenüber der großen Unordnung der uns umgebenden Welt sind, *können* wir Geschirr spülen, Fenster putzen und den Herd polieren. Wir können das größere Chaos um uns her ignorieren, indem wir uns mit Feuereifer darauf konzentrieren, unsere Socken

Eine Oase der Ordnung und Sauberkeit im Chaos der Welt? Tätigkeiten wie das Abwischen der Blätter des Gummibaums bringen uns dieser Idee scheinbar näher.

und Tischdecken wieder weiß zu bekommen. Und obwohl solch ein Verhalten manchmal übertrieben und verrückt ist, kann es in unserem Leben doch zuweilen wirklich eine hilfreiche Rolle spielen, vor allem bei denjenigen, die man die »Herzeleid-Putzerinnen« nennen könnte – jene von uns, die eine Zeitlang fieberhaft, oft sinnlos putzen, wenn etwas in ihrem Leben schiefgegangen ist. Solch ein Putzen hilft, mit jedwedem Herzeleid fertig zu werden.

Viele von uns haben schon eine Phase des Herzeleid-Putzens durchgemacht. Moira zum Beispiel, die einen schwarzweißen Linoleumboden in ihrer Küche hat. Im Laufe der Zeit hat sie eine starke Beziehung zu diesem Boden entwickelt, denn trotz ihrer ständigen Mühen sieht er nie sauber aus. Manchmal macht ihr das tage-, ja wochenlang nichts aus, und dann erlebt sie, was sie einen Küchenbodenanfall nennt. Als ihr Bruder schwer erkrankte, war dieser Anfall spektakulär. Vier Tage lang wischte sie immer wieder diesen Fußboden und wartete währenddessen auf Nachrichten aus dem Krankenhaus. Sie kaufte neue Putzmittel und Fußbodenspezialreiniger, und eines Abends kam ihr Mann sehr spät nach Hause und fand sie in Tränen aufgelöst auf Händen und Knien am Fußboden, wie sie gerade ein weiteres magisches Mittel auftrug, um den ursprünglichen Glanz wiederherzustellen. Zärtlich nahm er ihr den dreckigen Schwamm aus der Hand und sagte: »Weißt du, ich möchte dich wirklich nicht gern nächste Woche in der Psychiatrie besuchen und wissen, daß der Fußboden gewonnen hat.«

Ein solches manisches Verhalten ist nicht ungewöhnlich. Eine Freundin von mir verfiel nach dem Selbstmord ihres Sohns in einen Zustand emotionaler Gelähmtheit. Unfähig, eine Träne zu vergießen, unwillig, mit irgend jemandem zu reden, blieb sie die ganze Nacht vor seiner Beerdigung auf und lenkte sich dadurch ab, daß sie wie eine Wahnsinnige alles mögliche polierte. In dieser Nacht wachste sie nicht nur alle Holzmöbel, sondern auch das Treppengeländer und sämtliche Parkettfußböden ihres Hauses – obwohl man sich in alldem längst schon hätte spiegeln können. Eine ähnliche Geschichte kam von einer Frau, die ihre psychisch kranke Tochter bat, einen Psychiater aufzusuchen – und während sie mit ihr sprach und sie anflehte, doch ja auf sie zu hören, unentwegt die Roste und Bleche des Backofens putzte, scheuerte und daran herumkratzte. Und meine eigene Reaktion, als eine jahrelange Beziehung zerbrochen war? Um Mitternacht fand ich mich in der Küche der Freundin, zu der ich mich geflüchtet hatte, und spülte zuerst die fleckigen Kaffeebecher und schließlich sämtliche Bestecke. Und Annette, die gar nicht mehr aufhören konnte, die Duschkabine zu putzen, als ihr Vater starb. »Ich bekomme sie einfach nicht sauber«, sagte sie zu mir zerstreut, während sie mit einem Zahnstocher in versteckten Winkeln kratzte und noch ein winziges Klümpchen Glibber hervorholte. Solche Putz-

Exzesse haben wenig damit zu tun, daß man seinen Dreck loswerden will. Sie sind Zerstreuungen, die es uns erlauben, uns auf etwas völlig Belangloses zu konzentrieren, weil die größeren Realitäten um uns her zu entsetzlich sind, als daß wir damit fertig werden könnten. Aber wie alles derartige Verhalten erscheint es übertrieben, anti-sozial und in gewisser Weise wahnsinnig.

Es gibt das übertriebene Putzen in vielerlei Abstufungen und Erscheinungsformen. Manche, das Herzeleid-Putzen zum Beispiel, sind unmittelbar begreiflich. Bei anderen ist das nicht der Fall. Aber in allen Fällen sind Ausdrücke wie »Putzteufel«, »verrückte Hausfrau« oder »manische Putzfrau« zu unversöhnlich. Eine solche Sprache hilft nicht weiter, sie ist negativ, es wird nur angeklagt und verdammt. Was bei der einen Person exzessives Putzen ist, ist bei einer anderen normal. Schließlich ist es unsere Sache, wie wir unsere Wohnungen saubermachen, das kann uns niemand abnehmen, und wir wollen uns frei entscheiden. Es mag sein, daß wir einander nicht verstehen, daß wir dem Verhalten einer anderen Person nicht zustimmen oder es mißbilligen, aber im großen und ganzen gesehen lassen wir einander mit einem Achselzucken in Ruhe und geben damit zu, daß die Leute frei sind, sich so seltsam zu benehmen, wie sie wollen. Und normalerweise, *normalerweise* wird so kein Schaden angerichtet.

14

Auf der Suche nach dem Saubermann

Aus Fairneß gegenüber den Männern

Bisher haben Frauen dieses Buch beherrscht; zwangsläufig, denn sie putzen mehr – sehr viel mehr – als Männer. Hier gibt es keinen Streit; alle Statistiken, alle Untersuchungen sind hierin einer Meinung. Trotzdem muß man fairerweise anmerken, daß es einige Männer auf dieser Welt gibt, die glänzen; sie putzen rigoros und oft; keine Aufgabe ist ihnen zu gering, kein Schmutz zu schmutzig. So zum Beispiel Bob, der Held aus Bill Richardsons Gedicht »Königin aller Staubbällchen«:

Einst – vor nicht so langer Zeit und nicht so weit entfernt –
Lebte ein Mann namens Bob, der, bei jedem Morgengrauen,
Die Welt vom Schmutz zu befreien und wie neu zu machen gelobte.
Er betupfte seine zarten Handgelenke und Ohrläppchen mit Vim und Meister Proper
Zog dann seine gestärkten und gebügelten Jeans und sein frisch gestärktes Hemd an
Und schritt hinaus in die Welt der Keime, um Schmutz und Dreck zu besiegen.

Den Bobs dieser Welt kann man keinen Vorwurf machen. Sie bleichen, bohnern, polieren, schrubben; sie bestehen darauf, das Geschirr auf besonders saubere Art zu spülen, benutzen spezielle Bürsten für Glas, andere für Teller und wieder andere für Töpfe und Pfannen; sie fegen die Treppe vorm Haus und putzen ihre Schränke noch öfter als meine Mutter; sie erschaudern beim Anblick von Schimmel oder Schleim, und ihre Wasserhähne müssen strahlen. Solche Männer gibt es wirklich.

Ich muß jedoch zugeben, daß ich hier einige Vorurteile hege, da ich noch nie mit einem solchen Mann gelebt oder auch nur in der Nähe eines solchen geweilt habe. Kein »General« oder »Meister Propper« ist mir je über den Weg gelaufen. Der Versuch, Männer und ihre Art zu putzen – oder dabei zu scheitern – zu verstehen, ist für Frauen eine Herausforderung, die sie aufregt und verärgert. Ebenso schwer – man könnte auch sagen: fruchtlos – sind die unablässigen Bemühungen, das Verhalten von Männern und auch Frauen so zu verändern, daß sich die Hausarbeit gleichmäßiger verteilt. Beim Thema Männer und Hausarbeit bricht ein alter Streit mit zornigen Argumenten los, ein Streit, in dem keiner der Beteiligten, Mann oder Frau, jemals völlig unschuldig ist.

Die Suche nach dem perfekten Saubermann, einem heroischen Lebenspartner mit Wischtucherfahrung, der intuitiv das komplexe Ensemble der weitgehend nicht artikulierten Sauberkeitsregeln versteht, beherrscht und erfüllt, ist keine Lösung, sondern Teil des Problems, Anlaß für reichlich häuslichen Kummer auf seiten der Frauen. Wir begehen immer wieder denselben Fehler, indem wir ohne nachzudenken erwarten, daß die Männer unsere für normal erachteten Haushaltsstandards teilen oder zumindest respektieren. Die Männer, die ich am besten kannte, konnten jedoch meine Maßstäbe weder teilen noch paßten sie sich ihnen an. Ich habe versucht, mich nicht darüber zu ärgern – und bin kläglich gescheitert. Schlachten wurden ausgefochten, Geduldsfäden rissen, Beziehungen gingen kaputt. Männer wie diese können sich entspannt der Lektüre eines Buchs hingeben, von Herzen über lustige Stellen kichern, Unordnung und Dreck dabei glücklichst vergessen und die unterdrückte Wut ihrer Partnerinnen schlichtweg übersehen. »Ich bin nicht dein Dienstmädchen«, habe ich immer wieder erklärt und doch, während ich klagte, die ganze Zeit geputzt. »Wann hast du das letzte Mal die Toilette saubergemacht?« und »Wenn du was verschüttest, wischst *du* es auf«.

Tatsächlich aber putzen Männer – und manchmal gut. Indes ist für viele Frauen, auch für mich, das Problem, daß sie nicht so saubermachen, wie wir es tun, vor allem nicht so oft. Bei mir zu Hause hat zum Beispiel niemals irgend jemand außer mir *regelmäßig* die Toilette gereinigt. Etwa alle drei Monate aber dringt Schaum von Scheuermitteln und Seifenlauge und Putzteufeltugend aus dem Badezimmer, und der ganze Raum wird gnadenlos, bis hinunter auf den Schleim in der Duschkabine, geschrubbt. Und dann und wann hat sich so ein Exzeß von Energie und Rechtschaffenheit auch in der Küche gezeigt und – siehe da! – die Arbeitsflächen in der Küche sind nicht nur gesäubert, sondern auch gebleicht, der Fußboden ist frisch gefeudelt, alle Oberflächen sind spiegelblank poliert und sogar die Fenster geputzt. Und was das Geschirr angeht: »Brauchst mir's nur zu sagen und ich spül's ab«, sagt der geniale Mann der Stunde. Ich beiße die Zähne zusammen und erkläre, daß ich nicht erst darum *bitten* möchte – sieht er denn nicht, daß das Geschirr da gespült werden muß? Und wenn er dann das Geschirr spült, vergißt er immer irgendwas, irgendein Totem-Opfer steht dann neben dem Spülbecken, meist etwas ganz Gewöhnliches wie eine Thermosflasche, ein Joghurtglas oder vielleicht ein großer Krug. Oder er hat den Herd nicht gewischt oder die Pfanne vergessen. In solchen Augenblicken nehmen Männer wie Bob, die alles sehen und alles machen, mythische Proportionen an:

Lauschen wir wieder Bob und der Geschichte, die vor uns liegt:
Seine Aufgabe war's, die Geißel Dreck aus dem Land zu vertreiben
Er reiste quer durchs Land und nahm sich jedes Saustalls an
Er hatte Tausende von Lösungsmitteln, um Leiden zu lindern.
Wenn tapfre Helden und Maiden mit den Staubbällchen nicht mehr fertig wurden,
War nie der geringste Zweifel, daß Bob gerufen werden mußte.

Bob wird mit jeder Aufgabe fertig, er besiegt jeden Saustall, erobert jedes Staubbällchen. Aber da kommt die bullige »Königin aller Staubbällchen«, die ihn zum
tödlichen Kampf herausfordert:

Er roch sie, bevor er sie sah, und riß den Mund auf über das, was er erblickte:
Eine wirre Masse klebrigen Drecks rund um einen Rachen.
Sie schwankte leicht, während sie sich vor ihm wiegte und verächtlich lächelte:
Sie blies sich auf und wurde groß und dann brüllte sie:
»HEY BOB! KOMM HER!«

Der arme Bob ist der Königin nicht gewachsen. Er schlägt sie mit seinem Mop
und begießt sie mit Ammoniak, aber sie gewinnt die Schlacht. Im Verlaufe vieler weiterer Strophen verschlingt sie Bob und beweist damit: »Dem Staub ist
keiner gewachsen.«
    Wie Bob entdeckt, ist es ein undankbares Geschäft, ein Held der Hausarbeit
zu sein. Das Streben nach höchsten Sauberkeitsmaßstäben, ob bei Männer oder
Frauen, wird wenig geachtet. Schlimmer noch: Männer mit derartigen Ambi-
tionen stoßen auf Heiterkeit, Unglauben, Verwunderung, ein leichtes Erschau-
ern. Als eine Familie, in der der Vater die ganze Putzarbeit macht, mich vor
einiger Zeit besuchte, erregten seine hohen Haushaltsstandards, die seine Frau
vor ihrer Heirat noch amüsiert und unterhalten hatten, jetzt bei all seinen Nächsten und Liebsten einschließlich Frau und Kindern nur noch ein Gemisch aus
nervösem Respekt und milder Verachtung.
    »Sie pißt auf den Teppich!« Dieser Schrei kam, durchdringend und ängstlich,
von dem vierjährigen Mädchen, das bei uns zu Besuch war, als es meine nackte
Babytochter fröhlich auf den gerade schaumgereinigten Teppich pinkeln sah.
»Ach – dann kommt halt alles in die Wäsche!« rief ich locker. Ein allzu häufiges
Ereignis. Die Vierjährige starrte mich, steif vor Verwunderung und Besorgtheit,
an. »Mein Papi wird aber echt schockiert sein, wenn ich ihm das erzähle«, sagte
die Kleine nervös.
    Der Papi der Kleinen ist es leid, sich erklären zu müssen. »Ja, ich bin pingelig,
das stimmt«, sagt er. »Aber was ist daran *verkehrt*? Warum habe ich das Gefühl, daß

ich mich verteidigen müßte? Den Leuten kommt's anscheinend komisch vor, daß ich die ganze Putzarbeit mache, und daß sie mir wirklich wichtig ist. Und Pia scheint es überhaupt nicht zu würdigen. Sie regt sich so auf und wird so wütend, wenn ich saubermache.«

»Es ist eine Last – er quält mich und die Kinder damit«, sagt seine Frau müde. »Ehrlich, jeden Abend sieht er Fingerabdrücke an den Wänden und Flecken auf dem Teppich, bevor er auch nur hallo sagt; an manchen Tagen hat er den Staubsauger schon dreißig Sekunden, nachdem er von der Arbeit gekommen ist, herausgeholt. Während ich mit den Kindern in den Ferien war, hat er die Teppiche *zweimal* schaumgereinigt. Jede kleine Krume, jeder verschüttete Tropfen, jeder Handabdruck am Fenster ist eine Riesensache. Er kann sich nicht entspannen, so besessen ist er davon, das Haus sauberzuhalten.«

Eine Frau, die sich derart der übertriebenen Sauberkeit ihres Mannes ausgeliefert fühlt, findet man selten. Häufiger erzählen Frauen, die mit übermäßig pingeligen Ehegatten oder Partnern leben, von einem Putzverhalten, das sich nicht auf den gesamten Haushalt, sondern auf ein bestimmtes Objekt richtet. Hochgeschätzte Objekte wie Autos, Fahrräder, Motorräder, Boote, Computer oder sogar CD-Sammlungen werden von ihren Besitzern regelmäßig mit peinlicher Sorgfalt gepflegt. In einem gewissen Sinn steht das Objekt zu dem betreffenden Mann in einer besonderen Beziehung, ist eine Verlängerung seiner selbst oder soll eine öffentliche Aussage über ihn machen, und daß er's in einwandfreiem Zustand zu erhalten vermag, befriedigt sein Ego.

Innerhalb des Hauses aber können sich viele Männer, die insgesamt nicht gut putzen, mit bemerkenswerter Hartnäckigkeit auf etwas ganz Bestimmtes stürzen. »Der Ausguß in der Küche – ich glaube, mein Mann meint, daß alle denkbaren Krankheiten im Abflußrohr der Küchenspüle lauern. Da sitzen wir bei Tisch und essen Pudding, und Bleichmitteldämpfe wehen vom Ausguß herüber und würgen uns im Hals ...«

»Fugendreck«, erklärt Judith, »bei uns ist es der Dreck in den Fugen der Kacheln. Vielleicht, weil er das Bad selbst gekachelt hat. Das Haus kann völlig verdreckt sein, überall Schmutz auf dem Boden und der Herd klebt vor Essensresten, und Robert kratzt mit seiner kleinen Kachelfugenbürste die kleinen weißen Streifen der Fugen picobello. Ich hatte keine Ahnung, daß es dafür Extrabürsten und -reinigungsmittel zu kaufen gibt ...«

Es gibt zahllose Geschichten über Männer, die Hervorragendes leisten, wenn es darum geht, Spiegel oder Herddeckel oder Gartenwerkzeuge oder sogar Unterwäsche sauberzuhalten. »Haben Sie schon mal Herrenunterwäsche in der Mikrowelle gefunden?« fragte eine Frau atemlos. »Ernsthaft. Mein Bruder reinigt seine Unterwäsche in der Mikrowelle. Er legt sie in eine Schüssel mit Wasser,

Männer zeichnen sich im Haushalt durch große Hartnäckigkeit, aber auch durch Erfindungsreichtum aus. Dieses Gerät ließ Männerherzen sicherlich höher schlagen: Der »Staubsauger-Waschapparat Sawella« preßt Luft vom Staubsauger durch eine Düse und reinigt so angeblich die Wäsche in 20 Minuten blütenrein. »Sawella« wurde 1951 in Frankfurt am Main vorgestellt.

stellt die Mikrowelle an und kocht sie. Er sagt, dabei kommen die Keime um. Als wir zusammenlebten, konnte ich es nicht fassen – jeden Morgen fand ich eine Schüssel voll kalter, nasser Unterwäsche in der Mikrowelle.« Derselbe Bruder ist ein Anhänger des Desinfektionssprays. »Er besprüht *alles*, Türen, Telefone, Computerkeyboards – er hat sogar den Hund des Nachbarn besprüht.«

Fensterputzen scheint vielen Männern zu gefallen. Vielleicht, weil sie sich gern auf Stühlen und Leitern zur Schau stellen, wodurch sie sich für das, was sie tun, ein Quentchen an öffentlicher Bewunderung verdienen. Vielleicht ist etwas vage Machoartiges daran, wenn man in schwindelnder Höhe unerschrocken mit einem Eimer und einem Gummischrubber hantiert. Aber Peter, der allein in einem entlegenen Nest lebt, kann dessen nicht bezichtigt werden. Hauswirtschaft ist sonst nicht sein Ding, der Geruch seines Geschirrtuchs könnte auf fünfzig Meter Entfernung einen Ochsen fällen, und trotzdem putzt er ununterbrochen seine großen, hohen Fenster, für die er eine hohe Leiter und viel Zeit braucht. Die Gründe dafür sind verständlich: Eine wunderbare Aussicht auf die

Formen des Machismo: Männer, so hat man herausgefunden, putzen am liebsten Fenster. Leider brannte der Kristallpalast in London mit seinen Tausenden von Glasscheiben 1936 ab und beraubte so viele begeisterte Fensterputzer ihres aufregenden Arbeitsplatzes.

Küste und das wogende Meer und eine Menge Gischt. »Hier muß man die Fenster sauberhalten«, sagt er. »Es wäre ein Verbrechen, diese Aussicht nicht zu genießen. Wenn ich in einer Wohnung in der Stadt lebte, würde ich mir die Mühe nicht machen.« An Peters Vorliebe fürs Fensterputzen fällt auf, daß er sie nur zu seinem eigenen Vergnügen putzt, nicht in Reaktion auf irgendeinen gesellschaftlichen Druck, nicht, um hohe häusliche Maßstäbe zu erfüllen, nicht, weil irgend jemand möchte, daß er's tut, sondern nur, weil er selbst es will.

»So putzen Männer immer«, stellt Trudi fest. »Sie tun, was sie wollen und wann sie es wollen. Meine beiden Ex-Männer konnten wirklich gut putzen, solange sie selbst bestimmten, wie, was, wann und wo. Ich glaube, das liegt daran, daß sie sich nicht wirklich verantwortlich für den Zustand des Hauses fühlen, es ist etwas, das sie im Vorbeigehen bemerken. Aber *ich* fühle mich verantwortlich; sogar nach einem vollen Arbeitstag finde ich mich bei kleinen Hausarbeiten wieder, wie zum Beispiel dem Putzen des Kühlschrankinneren oder der Badezimmerspiegel. Ich putze *immer*.« Ihre Ehemänner haben sporadisch geputzt. »Nils hat den Wagen, die Garage, die Fenster geputzt. Detlef hat nicht so viel getan, hat sich aber über alberne Sachen wie Spinnweben aufgeregt, die er immer von der Decke gefischt hat. Und er haßte Staub auf dem Fernsehschirm und hat sich sein eigenes fusselfreies antistatisches high-tech Staubtuch dafür gekauft. Aber was die normalen, langweiligen, zeitraubenden, nervtötenden Arbeiten anging, die jeden Tag erledigt werden mußten – vergiß es. Keiner von beiden hat die je wirklich bemerkt.«

Männern die »normalen, langweiligen, zeitraubenden, nervtötenden« Arbeiten aufzuzwingen, ist schwierig. Viele Frauen geben rasch auf und flüchten sich in die Märtyrerinnenposition: Sie erklären, sie täten lieber alles selbst. »So streiten wir uns nie deswegen – ich mache halt alles!« lachte eine gutmütige, resignierte Frau.

Nicht Sarah. Sie, die Veteranin dreier Ehen, von denen jede mit Haushaltsstreit belastet war, befand, daß sie ihre vierte anders angehen müßte. Sie und ihr Mann sind beide Künstler, die unregelmäßig und mit begrenzten finanziellen Mitteln zu Hause arbeiten. »Ich habe Frank von Anfang an gesagt, wir müßten das Thema Hausarbeit vorab klären. Ich hätte das einfach nicht noch mal ausgehalten, wieder so eine Ehe einzugehen und mit all diesen furchtbaren kleinen Streitereien fertig zu werden. Ich mußte was Radikales tun, weil ich weiß, wie destruktiv ich werde, wenn mich etwas stört ...« So erklärte sie Frank schon vor der Hochzeit, sie erwarte von ihm, daß er innerhalb von zwölf Monaten ebensoviel im Haushalt täte wie sie selbst. Sie teilten sich alle Hausarbeiten gleichmäßig auf, mit der stillen Übereinkunft, daß Sarah Frank bitten würde zu gehen, sollte er bis zu dem bewußten Datum seinen Teil nicht schaffen. Es war ihr todernst und Frank wußte das. »Ja, es war ein Schock. In meiner früheren Ehe hatte ich fast nichts getan. Meine Ex-Frau schien alles allein tun zu wollen, oder jedenfalls hat sie nie viel darüber geredet. Das hier war ganz schön beängstigend.« Zwölf Monate später hatte Frank es *fast* geschafft, genug, daß er, in einer Art ehelichen Bewährung, noch ein Jahr bleiben durfte. »Ich glaube, wir kommen klar«, sagt Sarah, »aber die Organisation der Hausarbeit ist die ganze Zeit ein bewußter Willensakt, und ich möchte nicht andauernd die Polizei spielen.«

Schon die Vorstellung, eine solch bewußte Anstrengung zu unternehmen, entsetzt manche Leute. Mark will damit nichts zu tun haben. »Genügt es nicht, daß ich dich liebe?« fragt er seine Frau, Daniela, nach einem Jahr Ehe. »Ich will nicht jeden Abend über Dreck und Unordnung reden und Listen und Aktionspläne aufstellen. Ich möchte nur meine Zeit mit dir verbringen. Nörgele nicht an mir herum wegen all dem Kram.«

»Ich hasse es, gesagt zu kriegen, ich würde nörgeln. Ich hasse den Gedanken, daß ich nörgele. Ich hasse Leute, die nörgeln. Aber wie wär's, wenn *du* mal das verdammte Geschirr spülen würdest? Was ist mit der Wäsche, was ist mit dem Fußboden, mit dem Badezimmer – es ist auch dein Mist! Es macht mich wahnsinnig.« Das ist Danielas Antwort. Immer und immer wieder streiten sie über die Hausarbeit und ihre Aufgaben und das Saubermachen. »Ich bin so enttäuscht von dieser Ehe«, sagt sie. »Ich hätte diesen ganzen Konflikt niemals erwartet. Das alles frißt ununterbrochen an mir.«

Mark und Daniela sind fünfundzwanzig, sie arbeiten beide ganztägig, sie haben keine Kinder. Vor der Ehe haben sie noch nicht zusammengelebt, aber Mark behauptet, Daniela hätte gewußt, auf wen sie sich einläßt. »Dachte ich ja auch«, sagt sie, »aber er ist soviel schlimmer, als es mir damals schien, und es ist *so* eine Belastung für unsere Beziehung. Ich verstehe nicht, wie er so *sein* kann, wie er ist – seine Mutter ist von fast fanatischer Sauberkeit, aber ich glaube, sie hat ihn selbst nie zum Saubermachen angehalten. Wie konnte sie *mir* das antun – das frage ich mich –, denn ich bezahle den Preis.«

Mark verneint das ganze Problem völlig; er sieht darin eine neurotische Übertreibung Danielas. »Ich bin, wie ich bin«, sagt er, »und so schlimm ist es nicht. Ich finde, unsere Wohnung sieht tadellos aus.«

Daniela zufolge ist der Zustand der Wohnung beinahe katastrophal. »Ohne mich wäre es ein totaler Schweinestall. Er nutzt mich aus, das macht mich so wahnsinnig. Indem er nicht an das Saubermachen *denkt*, indem er nicht mal begreift, daß er ja doch erwartet, daß es erledigt wird. Von mir. Seine Haltung ist so respektlos mir gegenüber. Und ich nehme das nicht länger hin, nein, das tu ich nicht.«

In ihrem Haus ist jetzt ein neues System in Kraft. Für den Anfang spült Daniela Marks Geschirr nicht mehr ab. Er stapelt seins auf der einen Seite ihrer Doppelspüle, sie ihres auf der anderen. Sie weigert sich, seines zu spülen, und er tut nichts, bevor es nicht anfängt zu riechen oder bis fast kein sauberes Geschirr mehr da ist. »Er kann eine Woche vergehen lassen, bevor er es spült. Ich hasse diesen Anblick, aber ich rühr's *nicht* an.« Mark macht jetzt auch seine Wäsche selbst; Daniela faßt sie nicht an.

»Und wenn ich allein den ganzen Küchen- und Badezimmerputz machen und alles staubsaugen und die Fußböden wischen soll, dann, denke ich, sollte er mich dafür bezahlen«, sagt sie. »Und außerdem, bevor wir uns nicht über die Hausarbeit geeinigt haben, will ich von dem Gedanken, Kinder zu kriegen, nichts hören. Wenn er jetzt noch nicht mal den Herd putzt oder staubsaugt oder das Geschirr spült, stelle man sich die grauenhaften Szenen vor, wenn wir uns um ein Kind kümmern müßten!«

Fallgeschichten wie die von Mark und Daniela sind, ehrlich gesagt, deprimierend. Die Arbeitsteilung im Haus zwischen Mann und Frau ist trotz der

Bemühungen der Frauenbewegung kein leichter zu bewältigendes und weniger peinliches Thema geworden. Wie man sich die Hausarbeit teilen soll – sollte –, ist genauso ein Minenfeld wie eh und je; ein Hindernisrennen mit lauter Halbwahrheiten, ausweichenden Antworten, schlecht definierten Grenzen und besonders eindringlichen Plädoyers. Es werden immer wieder dieselben müden Witze gerissen und abgedroschene Redensarten gepflegt: »Sie, die auf ihren Ritter wartet, darf nicht vergessen ... Sie wird hinter seinem Pferd saubermachen müssen« und »Wie definieren Männer Hausarbeit? – Er hebt die Füße hoch, damit sie darunter staubsaugen kann« oder »Warum haben Frauen so kleine Füße? – Damit sie näher am Herd stehen können«.

Periodisch bringen Zeitungen und Haushaltumfragen Aufsätze und Statistiken heraus, die noch einmal, wieder einmal zeigen: Ja, Männer machen sehr viel weniger Hausarbeit als Frauen. Grobgeschätzt arbeiten Frauen etwa doppelt soviel im Haushalt wie Männer, gewöhnlich noch mehr. Diese Statistiken weisen stets dasselbe Bild auf, egal, ob beide außer Haus arbeiten oder nicht und ob sie noch eine Putzhilfe haben oder nicht. Ein Institut für Familienforschung kam kürzlich in einem Bericht zu dem gewichtigen Schluß: »Die meisten Ehepartner scheinen den traditionellen Mustern der häuslichen Arbeitsteilung zu folgen.«

Was diese »traditionellen Muster« angeht, hagelt es schon seit längerer Zeit Kritik. Eine empörte Amerikanerin schreibt 1787 außer sich vor Zorn: »Nur die Aufmerksamkeit und der unermüdliche Fleiß der Frauen verhindern, daß die Männer zu Schweinen degenerieren. Wie wichtig sind dann also die Dienste, die wir leisten! Und doch macht man sich dieser selben Dienste wegen über uns lustig und veralbert uns – niedrige Undankbarkeit! Widerliche Kreaturen!« Der Brief schließt zornig: »Wenn man einen gründlichen Hausputz vorhat, ist das erste zu entfernende dreckige Ding der eigene Ehemann.«

Viel zitiert ist die Idee, daß die Frauen auf die Erde entsandt seien, um die Männer vor ihrem schmutzigen Ich zu bewahren. In Edwin Chadwicks Bericht aus dem 19. Jahrhundert über Hygiene wird den Männern dringend geraten, gut zu heiraten, da »die verbesserte Situation des Haushalts« völlig von der Frau abhänge, die sie sich zur Ehe erwählten. Ähnlich beschreibt Reverend J. P. Faunthorpe 1881 »die Wissenschaft der Hauswirtschaft« und erklärt: »Jedes englische Mädchen sollte sie beherrschen, denn von Mädchen und Frauen hängt fast gänzlich die häusliche Glückseligkeit des Ehegatten ab.«

Zweifellos ist diese Haltung immer noch die vorherrschende und wächst, blüht und gedeiht nicht nur bei Männern, sondern auch bei Frauen. Wie viele Mädchen ziehen bis zum heutigen Tag mit ihren Freunden zusammen und übernehmen die Aufgabe, den Haushalt zu schmeißen? Wie viele von uns,

Frauen und Männer gleichermaßen, verfallen – oft gegen bessere Einsicht – in dieses sich gegenseitig bedingende, absurde Putzverhalten? Zumindest haben viele von uns gelernt, ihr Verhalten im Haushalt mißtrauisch zu beäugen, voller Angst vor dem, was sie in einem unbeobachteten Augenblick tun könnten. So muß sich zum Beispiel die Erzählerin in Margaret Atwoods Roman *Katzenauge* stark beherrschen, sich nicht des Drecks und der Unordnung in der Wohnung des Künstlers Jon anzunehmen. Gäbe sie ihren Putzimpulsen nach, wäre ihr bürgerlicher Mangel an Coolness offenkundig.

Sich nicht in Richtung Sauberkeit zu bewegen, kann für Frauen, die zu Hause bei ihren männlichen Partnern zu Besuch sind, eine außerordentliche Willensanstrengung bedeuten. Die zwanzigjährige Elisabeth gab vor einiger Zeit den ungleichen Kampf auf. Über ein Jahr lang besuchte sie regelmäßig ihren Freund in einer achtzig Kilometer entfernten Stadt. Bei ihrer Ankunft erwartete sie schon ein Berg schmutziges Geschirr. Ihr Freund putzte nie das Badezimmer, feudelte nie die Fußböden, wischte nie den Herd oder irgendwelche Küchenarbeitsflächen ab. »Ich habe versucht, nicht sauberzumachen«, sagt sie. »Aber ich hab's nicht ausgehalten. Ich *mußte* die Wohnung saubermachen. An einem Samstag habe ich nur für den Abwasch drei Stunden gebraucht.« Nachdem sie sich ein Jahr lang über die Maßstäbe ihres Freundes in puncto Sauberkeit beklagt hatte, beschloß Elisabeth, zu ihm zu ziehen, wohlwissend, daß *sie*, wahrscheinlich solange ihre Beziehung dauerte, die gesamte Hausarbeit verrichten würde. Irgendwie überzeugte sie sich selbst davon, daß dieser Schritt sie in ihrem Leben weiterbringen würde.

Obwohl bis zu 50 Prozent der Männer angeblich wenig oder gar keine Arbeiten im Haushalt übernehmen, können jene, die tatsächlich putzen, Eindrucksvolles berichten. Manche Männer haben im Haushalt übliche Arbeiten wie Putzen, Geschirrspülen und Wäschewaschen erst mühevoll erlernt, viele erst im fortgeschrittenen Alter. Eheschließung, Pensionierung, die Geburt eines Kindes, die Entscheidung der Frau, wieder zu arbeiten, eine Phase des Alleinlebens, all das sind Gründe dafür, daß Männer mit dem Hausputz klarkommen müssen.

»Ich habe halt nicht gewußt, bevor meine Frau es mir gezeigt hat, daß sich unter dem Bett Staub ansammelt«, sagt Paul, der jetzt in den Vierzigern ist. »In meiner Kindheit hat meine Mutter das ganze Haus geputzt – meine Schwester hat ihr ein bißchen geholfen, aber ich brauchte nie irgendwas sauberzumachen. Ich wohnte bis zu meiner Eheschließung zu Hause, und dann mußte meine Frau mich anlernen, mehr oder weniger. Ich wußte wirklich nicht, was getan werden mußte, abgesehen vom Staubsaugen und Bodenwischen. Ich hatte den Schmutz an den Duschvorhängen nie bemerkt, oder den Geruch in Kühlschränken, oder den schmierigen Kram in der Sprechmuschel eines Telefons. Dieses banale Zeugs interessierte mich nicht. Jetzt kümmere ich mich drum.«

»Du würdest dich wundern, dich wirklich wundern«, erzählte mir ein Ex-Freund am Telefon. »Meine Wohnung ist wirklich sauber. Und du solltest meine Wischlappen und Handtücher sehen, die sind makellos.« Wischlappen und Handtücher hatten uns, während wir zusammenlebten, reichlich Zündstoff für Streitigkeiten geliefert; seine Art, die Schuhe mit dem Wischlappen abzuwischen und den Fußboden mit Geschirrtüchern zu säubern, machte mich wahnsinnig. Gemeinsame Freunde sagen mir, seine Behauptungen träfen zu, der Mann sei wirklich ein guter Hausmann geworden. Nachdem wir uns trennten, hat er noch mit zwei verschiedenen anderen Frauen gelebt und lebt jetzt glücklich allein mit seinem Staubsauger. Eine kleine Offenbarung hat sich in seinem Leben zugetragen. Er hat eingesehen, daß keine Frau in glänzender Rüstung erscheinen wird, um bei ihm sauberzumachen. Wenn er sich also schon selbst um sich und seine Umgebung kümmern muß, dann lieber gleich richtig. Vielleicht waren ich und meine Nachfolgerinnen völlige Trottel; wenn wir nicht so viel getan hätten, wie wir getan haben, wäre ihm die Erleuchtung schon viel früher gekommen. Vielleicht war unser Pech einfach ein Problem der Evolution: Er war noch nicht ganz bereit, aus dem Sumpf seiner Konditionierung und Erwartungen zu kriechen, aber zum richtigen Zeitpunkt war er durchaus fähig, den Schritt zu tun.

Frauen, die mit dem Status quo unzufrieden sind, wollen natürlich mehr und schnellere Veränderungen in der Haltung der Männer gegenüber der Hausarbeit, aber der Wandel, der schon stattgefunden hat, ist bemerkenswert. Das scheint auch in dem bitteren Ton manch feministischer Verlautbarungen durch. In einem Aufsatz von 1976 wird beschrieben, wie ein Ehepaar den Kampf über die Verteilung der Hausarbeit ausgefochten hat. Es ist die übliche, ermüdende Geschichte einer Frau, die ihren Partner zu zwingen versucht, Verantwortung für den Haushalt zu übernehmen:

»Zusammen mußten wir eine gemeinsame Definition von ›schmutzig‹ und ›unordentlich‹ ausarbeiten. Natürlich waren Davids Maßstäbe, wie die der meisten Männer, niedriger als meine ...« Die Autorin beschreibt, wie schockiert ihre Schwiegereltern und Schwager waren, daß sie ihren Mann »zum Putzmann abgerichtet« hatte, wie sie es nannten. Sie wurde beschuldigt, ihren Mann »nicht richtig zu lieben«. Sie gab nicht nach, sie lehrte ihn, wie man eine Waschmaschine benutzt, sie versuchte, an seinem passiven Widerstand während des ganzen Prozesses nicht zu verzweifeln, und seine erklärte Unfähigkeit, dunkle und helle Wäsche auseinanderzuhalten, beachtete sie nicht. »Seine ganze vorgebliche Ignoranz ist meiner Meinung nach eine Übung in Sachen Widerstand und Verachtung. So dumm können Männer gar nicht sein. Er hat es nicht nur geschafft, daß ich mir wie eine Tyrannin vorkam, er hat es auch versäumt, meine Last zu erleichtern.«

Nach einer Weile, irgendwie, arbeitete dieses Paar dann aber doch eine Arbeitsteilung aus, die erträglich gewesen zu sein scheint. Trotzdem ragt aus diesem Artikel, liest man ihn über zwanzig Jahre, nachdem er geschrieben wurde, wie ein Leuchtturm heraus, daß der fragliche Ehegatte sich ungeachtet all der Diskussionen und Konfrontationen kategorisch geweigert hat, jemals – *jemals* – die Toilette zu reinigen. »Ich habe es mit allen möglichen Taktiken versucht«, behauptet die Autorin, »habe ihn gefragt, gebeten, geschmeichelt, beschwatzt, Witze gemacht, ihn gehänselt, ich habe ihn sogar angeschrien, ihn bedroht und gedemütigt – nichts half.« Sie gab's auf. Ihr Gatte hat sich niemals die Hände mit einer Klobürste beschmutzt, ist nie auf Händen und Knien herumgerutscht und hat nie seinen Urin von der Kloschüssel gewischt. *Sie* hat es für ihn getan.

Wenn ich diese Geschichte bei verschiedenen Zusammenkünften von Frauen zum besten gab, provozierte sie lebhafte Diskussionen. »Warum sind die Männer so komisch, was die Toilette angeht?« fragte eine Frau. »Mein Mann putzt sie jetzt, aber ich habe ihm *jahrelang* zugesetzt.« – »Sie glauben vermutlich, sie müßten den Kopf hineinstecken und sie auslecken«, erwiderte eine andere Frau bissig. »Die meisten von ihnen wissen nicht mal, wofür eine Bürste da ist.« – »Ach, kommen Sie, Sie übertreiben«, sagte eine dritte Frau. »Jeder Freund, den ich je hatte, putzte die Toilette.« Sie wurde sofort um deren Adressen und Telefonnummern gebeten.

Zweifellos weigern sich noch immer Legionen von Männern, jemals die Toilette zu putzen, aber sie sind heute eine etwas fremdere Rasse als sie es einst waren. Ein Mann, der von seiner Frau erwartet, daß sie die ganze Drecksarbeit tut, ist heute eine einsamere Kreatur als früher einmal. Ein Aufschrei der Empörung ging durch eine Frauengruppe, als die eine beschrieb, wie ihrem Ehemann übel geworden war, während sie verreist war. Er erbrach sich auf dem Wohnzimmerteppich und überall im Badezimmer und bedeckte dann das Erbrochene mit Zeitungen und ließ es so liegen, bis sie am anderen Tag zurückkam. »Er sagte, er hätte sich zu schlecht gefühlt, um es aufzuwischen, aber es ging ihm schon viel besser, als ich zurückkam. Das ganze Haus stank nach Erbrochenem.«

Unter den Frauen, die dieser Geschichte lauschten, war die feindselige Reaktion deutlich spürbar, und sie war nicht nur gegen den sich erbrechenden Ehemann gerichtet. Mehrere der Zuhörerinnen konnten nicht verstehen, wieso die betreffende Frau die notwendige Reinigung kampflos auf sich nahm. »Aber ich wußte einfach, daß er's nicht tun würde«, sagte sie abwehrend. »Sie hätten eine professionelle Putzkraft anrufen und Ihrem Mann die Rechnung schicken sollen«, sagte eine andere Frau der Gruppe.

Christina Hardyment würde dem vermutlich zustimmen. In ihrem Buch *From Mangle to Microwave* befaßt sie sich mit dem Thema geteilter Hausarbeit. Sie weist darauf hin, daß es in einem Haushalt, in dem beide berufstätig sind und Kinder haben, trotz aller modernen Geräte zu viele häusliche Anforderungen gibt, als daß ein Pärchen allein leicht damit fertig werden könnte. Der Versuch, alle Hausarbeiten selbst zu erledigen, läuft darauf hinaus, daß einer von ihnen beiden, gewöhnlich die Frau, mehr tun muß, als zumutbar ist. Hardyment schreibt: »Müßte man den Männern vielleicht eher gratulieren als an ihnen herumnörgeln, weil sie hellsichtig die Falle umgehen, mehr als eine Person sein zu wollen?« Ihre Schlußfolgerung: Weder der Mann noch die Frau eines Doppelverdiener-Haushalts sollte sich einbilden, allen Anforderungen gerecht werden zu können. Sie sollten die Hausarbeit aus der Hand geben. »Anständig bezahlte Profis können die Plackerei der Haushaltsführung übernehmen und Männern und Frauen genug Zeit lassen, aus ihren Häusern zufriedenstellende Heime für ihre Familien zu machen.« Die strapazierte Idee des alles im Griff habenden Superpaars aufzugeben und sich eine Haushaltshilfe zu engagieren, ist eine naheliegende Lösung für Haushaltsstreitereien, aber sie gelingt nur unter zwei Bedingungen: Daß Haushaltshilfen sowohl verfügbar als auch bezahlbar sind. Bei manchen Paaren trifft das nicht zu.

Trotzdem ist eine solche Lösung viel gesunder und realistischer als die herablassend erteilten Ratschläge, die in den zahlreichen Haushaltsratgebern erteilt werden. Einer nach dem anderen stolpern diese Ratgeber über sich selbst, indem sie etwas Nützliches über die »gemeinsame Hausarbeit« sagen wollen und jämmerlich dabei versagen. Ihre Vorschläge klingen dementsprechend banal: In seinem Buch *Is There Life After Housework?* wirbt Don Aslett um die Gunst der Hausfrau, indem er zeigt, wie gut er ihre Frustriertheit versteht. Unter der Überschrift »Was Sie von Ihrem Mann und den Kindern zu erwarten haben« ist eine volle Seite einer Witzzeichnung vorbehalten: Sie zeigt einen strahlenden Mann und zwei Kinder, die alle Heiligenscheine tragen. Darauf folgen zwei Seiten mit vagen Andeutungen, wie Sie Ihre Lieben ermuntern könnten, Aufgaben zu übernehmen und ihren eigenen Mist selbst aufzuräumen. Aslett gelobt steif und fest, bei der Erziehung der Männer zu helfen: »Es gibt da draußen immer mehr aufgeklärte Männer, die schon immer saubermachen wollten, aber eine effizientere Methode suchten, um das zu schaffen … Putzen ist nicht Frauenarbeit, es ist die Arbeit jener, die das Bedürfnis danach geschaffen haben, und ich verspreche Ihnen, ich werde nicht ruhen, bis diese Wahrheit allen Männern gelehrt und von den meisten praktiziert wird.« Sein Schlußsatz: »Helfen Sie mir;

geben Sie … dem Bräutigam, dem Sportler, dem Sohn, dem Ingenieur, dem Vater … Bücher über das Saubermachen.« Gemeint ist, daß Asletts Bücher über das Saubermachen die Aufklärung der Männer garantieren werden. Ehrlich gesagt zweifle ich daran.

Deniece Schofield hingegen verlangt in ihrem Buch von 1994 nicht die Bekehrung der Männer, sie nimmt an, daß Frauen sich unnötig über Hausarbeit aufregen, weil sie schlecht organisiert sind. Die ganze Frage dreht sich ihrer Meinung nach darum, daß die Frau, der der Haushalt untersteht, diesen Haushalt gründlich organisieren muß. Wenn man ihn wirklich gründlich organisiert habe, ließe sich laut Schofield alles leicht schaffen und nichts, was der Partner tut, kann das Gleichgewicht durcheinanderbringen. »Wenn Sie das nächstemal vor einer Sauerei stehen, treten Sie einen Schritt zurück, holen tief Luft und sagen Sie sich: ›Das ist die Handschrift von jemandem, den ich liebe!‹«

Ähnlich ärgerliche Aussagen finden sich in Shirley Conrans Buch *Superwoman* von 1975: »Offen oder auch anders verachten Männer oft prinzipiell ›niedrige‹ Hausarbeit – nur daß sie nicht niedrig ist, wenn Ehefrauen sie verrichten – dann sind sie ein echter Liebesbeweis. Begreifen müssen Sie, daß er *unbewußt* selbstsüchtig, emotional und unvernünftig ist. Es ist unvernünftig, von einem unvernünftigen Mann zu verlangen, er solle vernünftig sein. Versuchen Sie nicht, diese Situation logisch zu lösen.« Jeder Mann, ob vernünftig oder nicht, könnte verständlicherweise an all diesem herablassenden Quatsch Anstoß nehmen; der einzige gute Zweck, dem er dient, ist, auf die ewig ungemütliche Natur des Themas »gemeinsame Hausarbeit« hinzuweisen.

Unnütze Kommentare zu diesem Thema sind reichlich vorhanden. In *Das andere Geschlecht* äußert sich Simone de Beauvoir en passant bewundernd über Männer, die sich an der Hausarbeit beteiligen. Da diese im Berufsleben produzierend und schöpferisch tätig sind, können sie die Hausarbeit förmlich im Vorübergehen erledigen, ohne große Gedanken darauf zu verschwenden. Hausarbeit ist für sie ein natürlicher Teil des Lebens, kein schöner zwar, aber einer, der nicht viel Raum einnimmt. Für Frauen hingegen, denen die Hausarbeit den Beruf ersetzt, ist sie trostlos, stupide, ohne Sinn.

In jeder Hinsicht ein äußerst ärgerlicher Kommentar. Seit das 1952 geschrieben wurde, sind viel mehr Frauen berufstätig geworden, und als »Produzentinnen und schöpferische Arbeiterinnen« außerhalb des Hauses haben viele von uns entdeckt, daß der Haushalt alles andere als ein »natürlich integrierter« Prozeß in unserem viel beschäftigten Leben ist. Manche von uns wünschen sich vielleicht, daß die Hausarbeit ein »negativer und irrelevanter Augenblick« sei, dem wir entrinnen können, aber ohne Extrahilfe bleibt sie unentrinnbar und anstrengend und erfordert eine Menge Zeit und Aufmerksamkeit. Für viele

Männer jedoch gelten Simone de Beauvoirs Beobachtungen im Grunde noch immer; sie können die Hausarbeit unbesorgt hinter sich lassen.

Im Kern einer jeden Diskussion über die »gemeinsame Hausarbeit« lauert die dornige Frage, ob die Frauen die Konditionierung, daß es sich bei der Hausarbeit um eine spezifisch »weibliche« Form von Arbeit handele, wirklich abschütteln wollen. Elizabeth Roberts zitiert in ihrem Buch *Women and Families: An Oral History 1940–1970* einen Mann, der beschreibt, wie sein Vater in den 40er und 50er Jahren gelegentlich etwas Hausarbeit zu übernehmen versuchte. »Meine Mutter fand's einfach nicht richtig, daß Männer Hausarbeit verrichten … Wenn er ein Staubtuch aufhob, bekam er Ärger … Er durfte im Haus nichts tun. Oft bot er sich an, aber sie lehnte es immer ab. Meine Mutter fand immer, das sei ihr Job, und dabei blieb es.«

Hausarbeit wurde lange als eine für Männer unwürdige Arbeit angesehen. Diese starke und weitgehend unausgesprochene Annahme eignete Männer und Frauen gleichermaßen. Man beachte die Zahl der Mütter, die oft nicht von ihren Söhnen erwarteten – und erwarten –, Hausarbeit zu verrichten. Viele erwachsene Männer erwähnen, daß man von ihnen, als sie klein waren, nie Hilfe im Haushalt erbeten oder erwartet hat. Und während die meisten Mütter heute sicherlich von ihren Söhnen erwarten, zumindest *etwas* im Haus zu tun, scheint eine beeindruckende Anzahl von ihnen viel weniger von ihren Söhnen zu erwarten als von ihren Töchtern. Seinem Sohn das Kochen beizubringen ist heute üblich; seinen Sohn zu bitten, das Geschirr zu spülen oder vielleicht den Teppich zu saugen, scheint ziemlich verbreitet zu sein. Aber wie vielen Jungen bringt man bei, die Toilette, den Kühlschrank und den Backofen zu putzen? Wie vielen bringt man überhaupt nur bei, daß diese Dinge eine Reinigung nötig haben? Nicht vielen.

Das Muster der geschlechtsspezifischen Verteilung von Hausarbeit ist nicht durchbrochen worden, aber es hat einen Sprung. »Männer, die Hausarbeit verrichten, überschreiten einen der tiefsten und ältesten Gräben in der menschlichen Gesellschaft«, schreibt William Beer 1983 in seinem Buch über Hausmänner. Eine umwerfende Aussage und eine, die wütend macht, die aber durch vieles von dem, was wir immer noch um uns her beobachten können, bestätigt wird.

Elizabeth Roberts versteht diesen »uralten Graben« weder als Produkt männlicher Herrschaft noch weiblicher Unterwerfung und Dienstbarkeit. Sie weist darauf hin, daß viele der Frauen, die sie für ihr Buch interviewt hat, gar nicht unterwürfig und ohnmächtig waren. Sie waren im Gegenteil außerordentlich mächtig, indem sie ihre häuslichen Fähigkeiten dazu einsetzten, sich eine dominierende Rolle im Haus zu schaffen, überzeugt davon, daß ihre starke Beherr-

»Männer, die Hausarbeit verrichten, überschreiten einen der tiefsten und ältesten Gräben in der menschlichen Gesellschaft.«

sch...ng der häuslichen Szene die natürliche Ordnung der Dinge reflektierte und daß man ihnen diese Kontrolle hoch anrechnen würde. Anscheinend neigten und neigen so einige Frauen zu der Ansicht, es gäbe so etwas wie eine »natürliche Häuslichkeit« von Frauen, während es für einen Mann »unnatürlich« sei, ein häusliches Leben zu führen.

Eine große Anzahl von Frauen hat die Hausarbeit akzeptiert und sogar genossen – als einen »natürlichen« Teil ihres Lebens und die ihnen vom Schicksal zugewiesene Machtbasis. Viele haben das mit Anstand getan und eine ehrenhafte Befriedigung in der Führung ihres Hauses gefunden. »Wissen Sie, es ist ein großer Segen für eine Frau«, sagte eine ältere, freundliche Dame, »für einen Haushalt verantwortlich zu sein. So haben wir immer Arbeit und etwas Wichtiges zu tun. Hausarbeit erscheint vielleicht nicht besonders wichtig, aber wenn etwas schiefgeht, wenn jemand stirbt, wenn der Ehemann seine Arbeit verliert oder in den vorgezogenen Ruhestand gezwungen wird, dann müssen Frauen ihre Arbeit fortsetzen – andere Menschen sind von uns abhängig und brauchen uns, also leiden wir im Gegensatz zu den Männern niemals an einem Mangel an Arbeit.«

Aber im Laufe der letzten Jahrzehnte, während die ökonomische Abhängigkeit der Frauen von den Männern zunehmend schwächer geworden ist, haben unzählige Frauen unendlich vielseitigere Betätigungsfelder entdeckt, die sie erfüllen und die zu einer neuen Identitätsfindung und einem stärkeren Selbstwertgefühl beitragen. Infolgedessen hat man über die häuslichen Arrangements neu nachdenken müssen, was zu den vorhersehbaren und fortdauernden Spannungen in vielen Haushalten führte. Jede Frau, die alles alleine schaffen will, muß fast zwangsläufig scheitern, es sei denn, sie senkt ihre Ansprüche. Jeder Mann, der erwartet, daß alles für ihn getan wird – vor allem, wenn er so unklug sein sollte, Forderungen zu stellen und Kritik zu äußern –, lädt sich den Zorn der Frauen in seiner Umgebung auf.

Viele Frauen reagieren in diesem Punkt empfindlich, da sie mit Männern zusammengelebt haben oder von Männern aufgezogen wurden, die bezüglich häuslicher Reinheitsgebote auf bedrohliche Art kritisch werden konnten, während sie selbst nie nur einen Finger krümmten. Nicht selten üben kleine Haushaltstyrannen ihre Macht aus, indem sie den angewandten Maßstab von Sauberkeit prüfen und inspizieren und dadurch andere beherrschen, kontrollieren und manchmal demütigen. Jeder neue Rekrut in der Armee, jeder neue Gefangene im Knast lernt blitzschnell, daß ein starres Sauberkeitstraining Teil des Prozesses demoralisierender Unterwerfung ist. Viele tyrannische Väter und Ehemänner bedienen sich bekanntermaßen zu Hause ähnlicher Taktiken, und während Frauen in Sachen Sauberkeit zwar auch erbarmungslos sein können, ist die zusätzliche Androhung physischer Gewalt im großen und ganzen ein spezifisch männliches Merkmal.

»Nicht gut genug« ist die Rüge, an die sich Erika immer noch erinnert; das abwertende Urteil ihres Vaters nach der Inspektion ihrer Hausarbeit zu Teenagerzeiten. »Nicht gut genug«: die Antwort eines Mannes, der viele Jahre bei der Armee verbracht hatte; der darauf bestand, daß Betten so straff gemacht werden mußten, daß eine Münze davon absprang konnte, wenn man sie darauf fallen ließ; der von seiner nervösen Familie militärische Standards forderte: peinliche Sauberkeit, wie Soldaten sie in der Putz- und Flickstunde erlernen. Einmal, als Edna das Haus gesäubert hatte und die unvermeidliche Inspektion erfolgte, lag unter einem Bett immer noch Staub. Ihr Vater schlug sie – hart. »Ich habe lange gebraucht«, sagt sie, »bis ich unverkrampft an den Hausputz denken konnte. Ich stand jahrelang unter Spannung und war voller Angst deswegen – nichts, was ich tat, war je gut genug.«

Ähnlich erinnert sich Georg an die Wut seines Vaters, eines ehemaligen Militärs, wenn es um das Sauberhalten des Hauses ging. »Er selbst hat nie etwas saubergemacht oder aufgeräumt – er hat nur meine Mutter und uns Kinder angebrüllt. Wenn irgendwo Schmutz war, drehte er durch, vor allem, wenn er etwas getrunken hatte. Einmal verlor er wegen etwas Staub auf einem Couchtisch völlig die Selbstbeherrschung – er hob den Tisch auf und warf ihn durch den Raum nach meiner Mutter.«

Nicht Gewaltanwendung, sondern eisige Mißbilligung war die Technik von Janas Vater. Diktatorisch bestimmte er sogar die winzigsten Details des häuslichen Lebens. Wenn er vielsagend schwieg und finster die Stirn runzelte, huschte ihre Mutter wie ein Wiesel los. »Bei uns zu Haus setzte eindeutig mein Vater den Maßstab der Sauberkeit«, erinnert sich Jana. »Er hatte eine ziemlich angsteinflößende Art. Er tat folgendes …« Langsam, drohend, streckte sie den Zeigefinger aus und streifte damit über die gesamte Länge ihres Bücherregals. Sie hielt ein, sah hinab auf ihren Finger, hielt wieder ein, sah mich eiskalt an, hob ihren staubigen Finger, starrte ihn an, sagte nichts: eine Vorführung, die einen frösteln ließ. »So hat er das gemacht. Er hat nie etwas gesagt, aber er hat auf diese Weise die ganze Zeit die Hausarbeit meiner Mutter geprüft.«

In den 50er und 60er Jahren wurde die Idee, daß eine Gattin ihrem Mann und ihren Kindern zuliebe ihr Haus sauberhält, stark durch Bilder der Werbeindustrie unterstützt. Während dieser Zeit entwickelte die Fernsehwerbung etwas, das sie selbst zynisch die Werbung der »zwei Blondchen in der Küche« nannte. Diese Werbung hielt sich sehr lange. Sie zeigte stets zwei Frauen, die sich in albernem, geistlosem Ernst über einen »wachsartigen Gelbschleier« oder die Entfernung hartnäckiger Flecken unterhielten. In den letzten Jahren haben die Werbeleute verschiedene andere Tricks und Maschen entwickelt, um ihre Reinigungsmittel zu verkaufen. Jetzt werden manchmal eine Frau und ihr Mann gezeigt, wie sie gemeinsam den Küchenfußboden säubern, wobei der Mann die – dank dem verwendeten Produkt – leicht gemachte Arbeit verrichtet, wofür ihm die Gattin dann dankbar einen Kuß gibt. Oder die Werbung zeigt überhaupt keine Frau mehr. Ein Mann, ein wenig eindrucksvoller Schwächling, erledigt das Putzen; seine Reinigungskraft entlockt er einzig und allein der säubernden Flüssigkeit.

Manche Werbeleute für Reinigungsprodukte haben sich in ihren Versuchen, den Graben zwischen den Geschlechtern zu überwinden, bewußt weit vorgewagt. So wurde 1993 in den Vereinigten Staaten der Versuch unternommen, das Ajax-Flüssig-Putzmittel durch Abbildung muskulöser und bis zur Taille nackter junger Männer zu verkaufen, die fleißig Küchenoberflächen reinigten. Die Texte lauteten: »Das Putzen geht schneller, wenn Sie nicht zu spülen brauchen. Vor allem, wenn Sie es ihm überlassen.« Und: »Wie sich beim Putzen Zeit sparen läßt. Kaufen Sie ihm das neue Ajax Flüssig.« Die Idee war, daß »echte Männer« mit Muskeln tatsächlich Bad und Küche putzen, nicht nur Frauen und Schwächlinge.

Aber wie jeder begreifen wird, der auch nur einen Funken Verstand hat: Kein muskelbepackter Ajax-Held wird uns aus unserem realen Haushalt erretten. Genauso wie meine eigene vage Hoffnung, der große Saubermann, der ritterliche, heldenhafte Kavalier, werde schwungvoll mit mir die Hausarbeit teilen, ist auch das nur pure Phantasie; ein aufregender Gedanke – solange man nicht so töricht ist, daran zu glauben, oder sich vergebliche Hoffnungen macht. Wenige Frauen sind so dumm; die meisten wissen sehr wohl, daß der perfekte Saubermann, der muskelbepackte Held, nie existiert hat. Desgleichen kapieren immer mehr Männer, daß ihre Partnerinnen sich durchschlagen und mit den jeweiligen Ansprüchen ihrer Jobs, Kinder und Haushalte jonglieren, so gut sie können, und dabei keinerlei Ähnlichkeit mit jener phantasmagorischen Kreatur, der »perfekten Hausfrau«, aufweisen. Die hat's auch nie gegeben.

Wir beschäftigen uns hier mit der Realität, der praktischen Realität, ein Haus so sauberzuhalten, daß es einigermaßen angenehm ist. Das Leben wäre viel leichter und einfacher, wenn jeder, der in einem Haushalt lebt, mithelfen würde, dieselben Maßstäbe hätte und dieselbe Arbeit täte. Gewöhnlich ist dem aber nicht so, wie unzählige Geschichten illustrieren. Wenn also jemand leidet, zuviel Arbeit leisten muß, sich mißbraucht fühlt – normalerweise ist es die Frau des Hauses –, dann sollte sie die Trillerpfeife zücken und die Spielregeln ändern. Alle Leiden der Welt, so wütend sie sich auch beklagt oder so heroisch sie die Lippen aufeinanderpreßt und schweigt, bringen ihr nichts ein. Wenn sie eine Veränderung will, dann muß sie selbst dafür sorgen. Es gibt im Grunde nur zwei Möglichkeiten: Entweder die Ansprüche werden gesenkt, oder man stellt eine Haushaltshilfe ein. Darauf zu warten, daß der Herr des Hauses sich in einen Saubermann verwandelt, ist Zeitverschwendung, ein Rezept für ekelhafte Streitereien und eine sichere Methode, sich zur Märtyrerin zu stilisieren. Natürlich kann der Herr des Hauses sich entwickeln, er kann sich ändern, und wenn er's tut, soll er auch ruhig mehr Macht haben, aber wer damit rechnet und das für eine realistische Möglichkeit hält, auf der sich ein häusliches Leben aufbauen läßt, ist unklug. Die anderen Optionen eröffnen zumindest neue, aufregend andere Schlachtfelder.

15
Für und Wider
Professionelle Putzfrauen und Beraterinnen

Auftritt der Profis und der gemischten Gefühle, die sie hervorrufen. Es gibt in der häuslichen Sphäre zwei verschiedene Arten von Profis. Erstens und am wichtigsten: die Reinigungskräfte selbst, die Hand-Arbeiter, meist Frauen, die ins Haus kommen und »machen«. Die zweite Profi-Art ist eine ganz andere. Diese Profis verrichten nicht die schwere Arbeit, sondern sind selbsternannte Experten, die »von der Seitenlinie aus« Haushaltsberatung erteilen; seltsame Kreaturen, die viele widersprüchliche Botschaften verkünden.

Ohne ihre Putzfrauen – oder manchmal Putzmänner – wären manche Leute völlig verloren. »Ich kann mich nicht erinnern, wann ich das letzte Mal das Haus geputzt habe«, behauptet Sandra. »Nicht *wirklich* geputzt. Nachdem ich eine Putzfrau damit beauftragt hatte, war's das. Ich habe nie zurückgeblickt.« – »Genau«, stimmt Gregor zu. »Ich habe erstmals 1967 jemanden zum Putzen engagiert und seitdem keinen Fußboden mehr gewischt und kein Badezimmer mehr geputzt. Ich bin nicht sehr gut darin, und langsam, und ich hasse es.«

Indem sie sich unentbehrlich machen, verdienen sich Raumpflegerinnen bei ihren Auftraggebern oft eine nervöse Art von Hochachtung, insbesondere wenn ihre Auftraggeber berufstätige Frauen sind, denen nicht ganz wohl bei dem Gedanken ist, für die Hausarbeit jemanden zu engagieren. »Ich bin schließlich zusammengebrochen und habe mir jemanden geholt«, lautet die oft wiederholte Erklärung. »Und ich tue alles, um sie bei Laune zu halten.«

»O ja, natürlich«, sagt Christine eilig. »Ich kaufe, was Margarita verlangt, ich passe mich ihren Arbeitszeiten an, ich bitte sie nie um etwas, das sie nicht gern tut. Ich könnte sie niemals darum bitten, hinter dem Herd zu putzen; einmal habe ich dort eine tote Maus gefunden, und ich bin sicher, daß sie sofort gekündigt hätte, wenn ihr das passiert wäre. Und ich kritisiere ihre Arbeit nie. Ich bin so dankbar, daß ich sie habe.« Diese Putzfrau putzt weder Backöfen noch die Fenster von außen. »Das ist kein Problem«, sagt Christine eifrig. »Den Backofen putze ich selbst, und für die Fenster habe ich noch jemand anderen.« Sie macht eine Pause und fügt atemlos hinzu: »Margarita ist *so* wundervoll.«

Eine Putzfrau zu haben, kann zu sonderbarem Verhalten inspirieren. Zahlreich sind die Geschichten von Frauen, die aufräumen und saubermachen, bevor die Putzfrau kommt. Eine Frau gab zu, eiligst die Toilette zu schrubben, ehe die Putzfrau eintrifft. »Ich kann von ihr nicht erwarten, daß sie das macht. Das kann man von niemandem verlangen.« Ina hörte das, widersprach allerdings. »Ach nein, die Toilette ist kein Problem, das Problem ist, daß ich alles wegräumen muß, vor allem in der Küche. Das schmutzige Geschirr und die Töpfe und Pfannen müssen aus der Spüle heraus und runter vom Herd. Wenn ich es *nicht* tue, wirft sie mir nur einen dieser Blicke zu.« Eine dritte Frau brachte das Thema auf, daß sie jetzt, da sie eine Putzfrau habe, »frei« sei, selbst noch mehr zu putzen. »Natürlich mache ich sauber, bevor Helga kommt. Und jetzt, wo sie die reguläre Reinigung übernommen hat, kann ich all die speziellen Dinge tun, kann den Kalk von den Wasserhähnen und das Fett von den Schränken in der Küche lösen und die Lichtschalter putzen, Arbeiten, mit denen ich mich früher nie befaßt habe und für die Helga keine Zeit hat.«

Manche von uns muß erstmal schlucken, bevor sie zugibt, daß sie Hilfe braucht und jemanden zum Putzen kommen läßt. Viel sicherer und viel ehrenhafter ist es, weiterzuwurschteln und zu versuchen, allein klarzukommen – jedenfalls sieht es manchmal so aus. Anderen Leuten einen Einblick in die eigene Unordnung und die privaten Verhältnisse zu geben, kann zumindest demütigend sein, und manche Leute bringen es einfach nicht fertig, einen fremden Menschen in der eigenen Wohnung schalten und walten zu lassen.

»Unser Schlafzimmer mache ich immer selbst. Ich möchte nicht, daß unsere Putzfrau da hineingeht; es ist irgendwie zu persönlich«, stellt Eva fest. Solche Kommentare führen zu wilden Spekulationen darüber, was in ihrem Schlafzimmer zu sehen sein mag; jede Putzfrau, der ein solches Verbot auferlegt wird, dürfte die Neugier verzehren. Ich würde zweifellos danach fiebern, einen Blick in dieses Schlafzimmer zu werfen, wenn ich dort arbeitete.

Ich habe in meiner Schul- und Studienzeit Häuser geputzt. Ich habe diese Arbeit gründlich genossen; die Unabhängigkeit, die Arbeitszeiten, das seltsame Machtgefühl, während ich durch die Wohnungen anderer Leute streifte und schweigend sie und ihren Besitz abschätzte. Ich habe dabei eine Menge gelernt, vor allem über den sozialen Charme der Arbeitgeber. Manche waren rührend vorsichtig und dankbar: »Hätten Sie etwas dagegen, die Küchenschränke zu putzen? Ich wäre Ihnen so dankbar.« Und: »Ich fürchte, der Hund hat überall auf dem Sofa Haare hinterlassen. Kommen Sie damit klar?« Andere waren so rücksichtslos, daß es schon wieder komisch war: »Einer der Jungs hat sich letzte Nacht stundenlang erbrochen, es ist überall im Badezimmer und auf dem Teppich im Flur.« – »Sie putzen doch Backöfen, nicht wahr? Es ist furchtbar: Ich habe ihn seit sechs Jahren nicht mehr angefaßt.« Dann gab es die ganz eigenen: »Sie haben letzte Woche das falsche Wischtuch im Badezimmer benutzt. Benutzen Sie das karierte, nicht das gestreifte, und wissen Sie, der Toilettenbürstenhalter war nicht richtig sauber.« – »Ich hab's gern, wenn der Küchenfußboden pro Woche zweimal gewachst wird; Sie müssen das Wachs jedesmal gründlich trocknen lassen. Und wachsen Sie bitte keine Haare auf den Fußboden.«

Für die kleinlichen Leute zu arbeiten, machte keinen großen Spaß, vor allem, wenn sie nie aus dem Haus gingen. Eine Arbeitgeberin ließ mich nie einen Augenblick allein und stoppte meine Kaffeepausen. Nichts war jemals gut genug, und ich haßte es, wie sie meine Arbeit überprüfte. Wischte ich den Boden auf? Staubte ich die Glühbirnen ab? Putzte ich hinter dem Kühlschrank? In manchen Wohnungen wurde ich pausenlos beobachtet – ein mißtrauisch beäugter, sozial minderwertiger Eindringling im trauten Heim. In einem Haus sprachen die beiden gutaussehenden Söhne, die in meinem Alter waren, zu meinem größten Kummer nicht ein einziges Mal mit mir. Sie bemerkten einfach nicht die Person hinter dieser Art von Arbeit.

Wenige meiner Arbeitgeber schienen sich dessen bewußt zu sein oder etwas dagegen zu haben, daß ich als ihre Haushaltshilfe bald eine Menge über sie und ihre privaten Gewohnheiten und Vorlieben wußte. Ich war immer wieder erstaunt, was die Leute herumliegen ließen und was in den Schubladen oder Schränken oder unter den Betten lag, wo man mich zu putzen gebeten hatte. »Es stimmt, daß man eine Menge über das Leben seiner Kunden erfährt«, sagt Jan, der einen Haushaltsputzdienst betreibt. »Mich überrascht es immer wieder, wie vertrauensselig sie sind, nicht nur mit ihren Sachen, sondern auch mit den Informationen über sie, die sie offen liegen lassen. Briefe und Arzneimittel und Sachen in Papier- und Abfallkörben. Putzfrauen müssen manchmal sehr diskret sein.«

Die furchtbare Blanche White ist ein definitiver Beweis, daß eine Familie keine Haushaltshilfe und zugleich Geheimnisse haben kann. Jedenfalls haben ihre Kunden keine vor Blanche. Sie ist die schwarze Putzfrau, die Amateurdetektivin und Heldin des Detektivromans *Blanche on the Lam* von 1992. Nichts entgeht ihrer Aufmerksamkeit, denn »Leute zu durchschauen, Zeichen zu deuten und Situationen einzuschätzen war ebenso Teil ihrer Arbeit wie das Fußbodenscheuern und Bettenmachen«. Aufgrund ihrer Fähigkeit, einen Haushalt einzuschätzen und soziale Prätentionen zu durchleuchten, wird Blanche zu einer mächtigen Gestalt; kein Wunder, daß sie als erste Verdacht schöpft, als es zu einem sonderbaren Todesfall kommt. Wie der Klappentext des Buches andeutet: »Die Häuser anderer Leute sauberzuhalten kann Mord sein.«

An jedem neuen Arbeitsplatz macht Blanche als erstes klar, wer dort das Sagen hat. »Ungeachtet der Schloßherrinnen-Phantasien mancher Frauen, für die sie arbeitete, war Blanche in Wirklichkeit ihr eigener Boß, und ihre Kundinnen wußten das. Sie war die Expertin. Sie bestimmte über das Leben ihrer Arbeitgeber, nicht umgekehrt. Sie sagte ihnen, wann sie Platz machen mußten, wann sie arbeiten würde und wann nicht.« Weil sie in ihren Häusern ist, sind die Arbeitgeber Blanche ausgeliefert. Sie tut, was sie will, wann sie es will, obwohl sie manchmal so tut, als täte sie, was man von ihr erwartet: »Sie schleppte den Staubsauger und einen Eimer, in dem der Staubwedel, Möbelpolitur, Fensterleder, ein Schwamm, Reinigungsspray und eine Bürste mit einem langen Griff waren, die Hintertreppe hinauf. Sie beabsichtigte nicht, all diese Dinge zu benutzen, aber es sah gut aus, wenn sie sie dabei hatte.«

Da sie schwarz ist, hat sich Blanche in zynischer Weise mit der rassistischen Haltung ihrer Arbeitgeber abgefunden. »Gewöhnlich brauchte eine neue Arbeitgeberin von der rassistischen Esel-Sorte zwischen drei und fünf Putztage, bis sie aufhörte, in lauten, einfachen Sätzen auf sie einzureden. Noch fünfzehn bis zwanzig weiterer wesentlicher Kontakte bedurfte es, bis sie als ein Mitglied der menschlichen Rasse akzeptiert war.« Mit den Jahren hat Blanche einen »leeren Gesichtsausdruck mit großen Augen« kultiviert, um bei ihren Arbeitgeberinnen den irrigen Eindruck zu erwecken, sie hätten sie in der Hand, während sie in Wirklichkeit für die meisten von ihnen nur beißende Kritik und stumme Verachtung übrig hat.

Jeder neue Haushalt stellt Blanches Geduld auf eine Probe. Sie ist wütend über das Chaos in dem Schlafzimmer ihres neuesten Arbeitgebers, die überall verstreuten dreckigen Kleidungsstücke, Berge feuchter Handtücher, der sich auftürmende Müll auf dem Toilettentisch. »Falls sie diese Leute als reguläre Kunden übernehmen sollte, würde sie ihm was erzählen, von wegen seine schmutzige Unterwäsche überall herumliegen zu lassen. Sie sah es nicht als einen normalen Teil ihrer Arbeit an, die schmuddeligen Unterhosen der Leute vom Boden aufzuheben … Sie stellte sich vor, wie sie ihm seine stinkenden Socken unter die Nase hielt, bis er begriff, daß andere Leute auch noch Rechte hatten.«

So einschüchternd Blanche auch wirken mag, sie bleibt eine liebende, herzliche, menschliche Person, anders als manche ihrer fiktiven Gegenstücke. In einem anderen Krimi von Jill Churchill mit dem Titel *Grime and Punishment* von 1992 engagiert die Protagonistin Jane Jeffrey die unangenehme Edith als Putzfrau. Edith putzt schon in mehreren anderen Häusern in der Nachbarschaft und wird in höchst lobenden Tönen empfohlen. Aber Edith ist nicht nur mürrisch, schweigsam und unattraktiv, sie ist Janes Ansicht nach auch eine ganz miserable Arbeiterin. Jane versteht nicht, warum einige Frauen in der Nachbarschaft Edith so lobpreisen, und sie diskutiert mit einer Freundin darüber, wie verwirrt sie ist.

»Die Leute haben völlig verschiedene Meinungen über sie. Dorothy Wallenberg sagte, sie mochte sie nicht, weil sie nicht sehr gut saubergemacht hat –«

»Das hat Dorothy gesagt? Die Frau, bei der die Gartenparty war und die nicht mal gemerkt hat, daß Hundescheiße unter ihrem Grill war?«

»– und Robbie Jones findet sie wunderbar.«

»Guter Gott. Aus Robbie Jones' Toiletten könntest du essen! Ich habe da mal einen Salat gegessen, der etwas sonderbar schmeckte, und nach 'ner Weile merkte ich, es war Seife. Wenn die Frau Salat wäscht, dann wäscht sie den Salat *tatsächlich*. Und diese Putzfrau ist so gut, daß sie mit ihr zufrieden ist?«

Die schreckliche Wahrheit kommt bald ans Licht: Edith ist eine Erpresserin. Sie schnüffelt herum, bis sie etwas Anrüchiges in den Häusern ihrer Kunden entdeckt, mit dem sie sie dann unter Druck setzen kann, und während sie ihnen Geld abknöpft, zwingt sie sie gleichzeitig, sie in andere Häuser zu empfehlen, in denen sich mögliche Opfer befinden. Edith hat gelernt, daß »in dem saubersten Haus dreckige kleine Geheimnisse versteckt sein können«. Schließlich bekommt Edith ihre gerechte Strafe: Ein häßlicher Tod wird ihr zuteil – mit dem Staubsaugerkabel wird sie erwürgt.

Es gibt für die »Angst vor der Putzfrau« keinen klinisch definierten Begriff, aber diese Angst existiert, manchmal ist sie begründet. Wenn jemand frei im Haus fremder Leute herumstreift, kann er dadurch viel zuviel über dessen Bewohner erfahren und dadurch eine Menge Macht und Einfluß gewinnen. Im Magazin der *New York Times* enthüllt Louise Rafkin, was sie alles über die Wohnungseigentümer weiß. »Als Putzfrau weiß ich, wer mit wem Sex hat und wie oft (Kondome im Badezimmer, Gleitcreme auf dem Nachttisch, fremde Haare auf dem Kopfkissen). Ich weiß, wer keinen Sex hat (getrennte Zimmer, getrennte Betten) … Ich räume Sexspielzeug auf und staube Medikamente ab.« Wie Blanche White frönt auch Rafkin einer herzlichen Verachtung einiger ihrer Kunden. Sie stellt in vernichtenden Worten die Erziehung jenes Ehepaars in Frage, das zugibt, es hätte noch nie im Leben gebohnert oder einen Staubsauger vor sich hergeschoben. Eine andere Sorte ihrer Kunden nennt sie die »anal retentiven Knaben«. Die sehen »jede Delle im Holz, und selbst wenn ein winziges Stück Farbe durch eine schleifende Staubsaugerschnur abgeschlagen ist, sehen sie das«.

Rafkin gibt dann zu, daß Putzfrauen selbst nicht immer ganz tadellos sind. »Als ein Kunde verreist war, hatte ich Sex in dessen Haus, aber ohne Spuren meiner Liebschaft zu hinterlassen. Ich habe sogar etwas gegessen und Schminke ausprobiert (aber nie Kleidung), und auch wenn meine Kundinnen oder Kunden da sind, lese ich manchmal Zeitschriften hinter einer verschlossenen Tür, während ich den Staubsauger laufen lasse … Ich stehle nicht, und nur wenn ich Grund habe, verstecke ich etwas vor ihnen, so daß sie's nicht finden können …«

So braucht man nur ein bißchen zu reden, und schon verlieren manche Arbeitgeber fast den Verstand vor Angst und möchten ihr Leben lang keine Hausangestellten mehr haben. Manch potentielle Arbeitgeber brauchen kaum Gründe, um wieder von der Idee abzukommen. In Robertson Davies' Roman *The Rebel Angels* von 1981 hatte der exzentrische Sammler Francis Cornish eine starke Abneigung gegen Putzfrauen. Nach seinem Tod findet sein Neffe Arthur einen anderen exzentrischen Gelehrten, Urky McVarish, in der Wohnung seines verstorbenen Onkels, wo er das spektakuläre Chaos und den Dreck von Cornishs Wohnung zu durchstöbern versucht. Arthur ist entsetzt.

»Um Gottes willen!« sagte er. »Ich hatte ja keine Ahnung … Wie es hier aussieht!«

»Ich glaube nicht, daß hier je einer saubergemacht hat«, sagte McVarish. »Ihr Onkel Francis hatte dezidierte Ansichten, was Putzfrauen anbetraf. Ich weiß noch, wie er sagte: ›Du hast die Ruinen der Akropolis, der Pyramiden, Stonehenges, des Kolosseums in Rom gesehen? Wer hat sie zu ihrem jetzigen Zustand reduziert? Einmarschierende Heere? Der Zahn der Zeit? Quatsch! Das waren die Putzfrauen!‹ Er sagte, sie hätten immer Staubwedel mit harten Knöpfen daran benutzt, um auf allem, was eine zarte Oberfläche hatte, herumzuprügeln und herumzudreschen.«

Keine Putzfrau, die bei Verstand ist, würde bei einem solchen Herrn arbeiten wollen. Mißtrauische und hektische Leute mit wertvollen und raren Besitztümern sind notorisch schwer zufriedenzustellende Kunden. Sogar die mit wenig wertvoller Habe können eine Plage sein. Anne mußte sich entscheiden. »Annika sagte, sie würde aufhören wegen all dem Familien-Kupfer und Messing; sie weigerte sich, es weiter zu putzen. Sie wußte, daß mir auch nicht viel an dem Zeug lag, also verkaufte ich es. Meine Mutter bekam fast einen Herzinfarkt, aber ich sagte ihr, Annika wäre wertvoller als all das Messing.«

Als ich als Zimmermädchen in einem kleinen Hotel in Schottland jobbte, wurde mir erstmals die Kraft und die Macht bewußt, die von jemandem ausgehen kann, der putzt. Ich arbeitete mit einer älteren Frau zusammen, Alice, sie putzte seit dreißig Jahren in dem Hotel. Sie war, was das Hotel anging, von einem wütenden Stolz besessen; im Herzen glaubte sie wahrscheinlich, daß es ihr gehörte. Das Hotel funkelte. Die kleinen Fenster und die weiße Farbe und das Messing und die polierten Möbel und die Glastüren gaben ein glänzendes Zeugnis ab von Alices täglichen Attacken. Was die Fußböden anging, so hat niemals jemand mit solch einem Stolz schwarzes Linoleum gebohnert wie Alice. »Ich geb ihm gern 'ne ordentliche Abreibung«, sagte sie dann und hockte sich auf

die Hacken, um den Glanz zu bewundern. Sie war so methodisch, gemütlich und gründlich, daß es ihr schwerfiel, mit so einem jungen Füllen wie mir zusammengespannt zu werden. »Das war nicht so gut«, sagte sie vorwurfsvoll, nachdem sie einen meiner Badezimmerfußböden besichtigt hatte. »Du hast'n nicht richtig abgerieben.« Damals, Anfang der 70er Jahre, gab es schon allerlei selbst-glänzende, arbeitssparende Produkte auf dem Markt, wir aber benutzten für die Fußböden noch das alte Bohnerwachs, das auf Händen und Knien auf die Fußböden aufgetragen und dann, wiederum mit der Hand, mit einem weichen Tuch eingerieben wurde. Brutale Arbeit, all die Poliererei, und nicht leicht für die Knie, wenn Sie einen Minirock tragen.

Alice in Aktion zu sehen, verschaffte mir ein ganz anderes Verständnis der Putzarbeit. Ich bewunderte ihre Würde, ihre Entschlossenheit, sich nicht antreiben zu lassen, und besonders ihre unfehlbare Art, unseren Boß um den kleinen Finger zu wickeln. Der Hotelbesitzer kam ihr nie komisch, niemals sagte er ihr, was sie tun solle; schließlich war sie ja schon zwanzig Jahre länger da als er. Sie kannte alle Winkel und Ritzen, jede Fliese und jeden Vorhang im Hotel, und sie hielt alles in Schuß. Niemals fragte sie, was sie tun solle, sie tat einfach immer etwas, ohne zu fragen. Sie brauchte weder Erlaubnis noch Rat. Der Hotelbesitzer ließ Alice in Ruhe und verbrauchte seine Energie damit, bei den jüngeren Angestellten Fehler zu entdecken. Als nordamerikanische Studentin, die ich durch sein Hotel fegte, war ich für ihn genau die Zielscheibe, die er brauchte.

Ich machte alles falsch. »Scheuerpulver wird nicht in der Badewanne verwendet!« brüllte er mich an, als ich gerade mit der falschen Dose in der Hand zum Badezimmer wollte. Er nahm mir das Scheuerpulver ab und überreichte mir eine Flasche des flüssigen Reinigers, des ersten, den ich je gesehen hatte. »Wir benutzen zu Hause immer Scheuerpulver«, sagte ich. »Vielleicht können Sie sich in Kanada alle paar Jahre eine neue Badewanne leisten, wir hier können das nicht«, erwiderte er säuerlich. Mir hatte noch nie jemand gesagt, daß Scheuerpulver Badewannen ankratzt. »Haben Sie denn noch nie einen Kamin gesäubert?« fragte er mich, als er meine schlechten Arbeitsergebnisse in der Halle beim Kohlenfeuer und den Eisen sah. Nein, hatte ich noch nicht. »Wissen Sie, was das hier ist?« fragte er mich und hielt mir eine Flasche Schwärzblei und eine Flasche eines Messingreinigers hin. Nein, noch nicht. »Haben Sie schon einmal eine Treppe staubgesaugt?« fragte er. Nein, noch nicht mit so einer furchtbaren großen aufrechtstehenden Maschine, die bockte und schnaubte wie ein Pferd.

Wenn ich zurückblicke, weiß ich nicht, warum er mich überhaupt eingestellt hat. Es hat nur ein paar Monate gedauert, aber ich lernte, eine sehr hohe Meinung von meinem Job zu entwickeln. Indem ich neben Alice her arbeitete, begriff ich, wie so ein Putzteufel eine mächtige Figur sein kann, die Maßstäbe setzt und aufrechterhält und geringere Sterbliche beherrscht und kontrolliert. Wir fanden sie alle ehrfurchtgebietend.

Von solchen beeindruckenden Personen wie Alice abgesehen, leiden Putzfrauen unter einem beträchtlichen Imageproblem. Das Putzen ist für so viele Leute der letzte Ausweg – eine Beschäftigung, die jemand sucht, wenn alles andere mißglückt ist, eine Arbeit, auf die Leute »reduziert« werden, der einzige Job, den Einwanderer und andere Leute finden können, die keine große Wahl haben. Betty Friedan zitiert einen Marketing Report mit der folgenden Definition des Putzens: »Aufgabe, für die die Gesellschaft die niedrigsten, am wenigsten ausgebildeten, mißachtetsten Individuen und Gruppen engagiert.« Wenn uns jemand eine unattraktive Stelle anbietet – wie oft denken wir dann: »Lieber scheure ich Fußböden.«

Sogar der enthusiastische amerikanische Putzguru Don Aslett warnt Möchtegernputzfrauen: »Der Status, den man Ihnen verpaßt, kann Sie kalt erwischen!« Aslett führt seit Jahren sein großes Reinigungsgeschäft und kämpft immer noch gegen das negative Image des »Putzteufels«. Er beschreibt mit Genuß, wie die Leute der guten Gesellschaft zusammenzucken, wenn er oder ein Mitglied seiner Familie sich als Putzkräfte vorstellen.

»Die meisten Leute kriegen keinen Schlag, aber manche behandeln einen wie einen viertklassigen Dienstboten«, sagt eine Reinigungskraft, die seit über zwanzig Jahren in Birmingham putzt. »Ich arbeite in ein paar großen Häusern, in die

Vom gewandelten Selbstverständnis der Dienstmädchen legen die beiden Fotografien Zeugnis ab. Diese
Scheuerfrau ließ sich 1861 mit dem Ornat ihrer schweren Tätigkeit ablichten ...

... während das Dienstmädchen von
1925, ausstaffiert mit einem neckischen
Staubwedel, schon vom Niedergang seines Berufsstandes kündet.

man durch den Dienstboteneingang gehen muß und in denen man nie in der
Wohnzimmergegend auftauchen darf, außer man hat es lange zuvor verabre-
det.«

»Es stimmt, daß man auf solche Haltungen trifft, aber ich achte gar nicht auf
so was. Ich glaube, Putzen muß Spaß machen, und es muß anständig bewertet
werden.« Über diese selbstbewußte Haltung verfügt eine exquisit gekleidete und
frisierte Dame, die in London ein Putzgeschäft betreibt. »Ich putze einfach gern.
Je schmutziger es ist, um so besser finde ich's. Ich mag's, wenn durch mich die
Dinge sauber werden, und ich beschäftige Leute, die das auch mögen. Man kann
uns nicht als zweitklassig abstempeln, denn wir wissen, daß wir erstklassig arbeiten, wir wissen, daß wir unseren Arbeitgebern wesentlich sind, und wir wissen,
daß sie uns mehr brauchen, als wir sie.«

Die für das Putzen gezahlten Löhne variieren gewaltig. Die Arbeitgeber glauben oft, sie brauchten nur einen minimalen Lohn für diese Art Tätigkeit zu zahlen. Der schändliche Mangel an Großzügigkeit seitens der Arbeitgeber erntet

die ewige Verachtung der schwarzen Detektivin Blanche White. Sie denkt mit müder Geringschätzung an die »angeblich vornehmen weißen Südstaatenfrauen, für die sie gerade tageweise arbeitete. Die meisten dachten, sie könne froh sein, daß sie ihnen für einen Hungerlohn die Toiletten putzen und ihren Müll ausleeren durfte.«

»Es ist lächerlich. Überlegen Sie mal, wieviel Sie kriegen«, erklärt die flotte Londoner Geschäftsfrau. Sie weiß, wieviel ihre Reinigungsfirma bietet. »Viel mehr als ein sauberes Haus. Seelenfrieden, Zeit zum Entspannen, Zeit zum Arbeiten, Freiheit von häuslichem Streit um Hausarbeit. Es wundert mich, daß Arbeitgeber, die so viel bekommen, sich trauen, so geizig zu sein, und daß einige Putzkräfte so wenig Geld verlangen. Ich bin dafür, eine kräftige Gebühr zu fordern – nur so wird man beachtet und geschätzt, und wenn Sie glauben, daß Sie das Geld verdienen, dann wird Ihr Arbeitgeber das auch glauben. Das gilt auch für jeden anderen Beruf, oder? Das Dümmste ist, den eigenen Dienst zu billig einzuschätzen.«

Für Frauen, die schwer und vergeblich gegen die »Doppelschicht«, Arbeit und Haushalt, ankämpfen, bedeutet die Anstellung einer Haushaltshilfe die einzig logische Rettung. Das ist auch das einzig richtige für jene, die aus anderen Gründen von der Hausarbeit überwältigt sind. Viele ältere Damen kämpfen tapfer darum, ihr Haus tipptopp und in Schuß zu halten, und können manchmal doch nicht mehr, weil die Kraft oder die Sehstärke nachläßt, und der Schmutz sich so anstaut, daß die Lösung oft nur noch von einem Außenseiter gebracht werden kann.

Zuzugeben, daß man Hilfe braucht, kann ungeheuer qualvoll sein, weil wir unseren häuslichen Arbeiten unbewußt soviel Selbstvertrauen abgewinnen. Eine ältere Dame erklärte reuevoll, nun, da sie auf ihrem schmierigen Küchenfußboden ausgeglitten sei, sehe sie ein, daß sie eine Putzfrau brauche. Am Tag zuvor hatte ihre Tochter sie besucht und ihr gesagt, all ihre Gläser im Schrank wären schmutzig. Die ältere Dame war durch diese beiden Vorkommnisse am Boden zerstört. »Es war für mich eine solche Niederlage, zugeben zu müssen, daß ich es nicht mehr allein kann. Nachdem ich sechzig Jahre lang meine ganze Hausarbeit selbst gemacht und mich darüber beklagt habe, merkte ich jetzt, daß das Putzen mir sehr viel bedeutete. Und es war so hart, gesagt zu bekommen, daß ich es nicht mehr gut hinkriege und mir helfen lassen sollte.«

»Ich hab das Gefühl, ich sollte eigentlich alles allein schaffen«, sagt Johanna. »Aber mit dem ganztägigen Job, dem großen Haus und drei Kindern kann ich das ganz einfach nicht, und es war eine große Erleichterung, es endlich zuzugeben. Wenn ich jetzt am Donnerstagabend – das ist der Putztag – nach Hause komme, trete ich ein, atme tief durch und fühle mich unendlich erleichtert. Es ist wie Zauberei: Du weißt, das Haus ist sauber, und du warst es nicht. Das nenne ich Befreiung, ich bin so frei, nicht putzen zu müssen – und ich find's toll!«

Die zweite Sorte Putz-Profi ist eine viel entbehrlichere Kreatur als die Putzkraft, aber viel stimmgewaltiger. Es ist der Berater, der Lieferant von Haushaltslehren. Nachdem ich zahlreiche Bücher mit solchen Ratschlägen gelesen habe, ist die einzig richtige Haltung ihnen gegenüber meiner Überzeugung nach eine tiefen Mißtrauens. Aber – Mißtrauen hin, Mißtrauen her – als Barometer der sozialen und häuslichen Ansichten können diese Ratgeber fesselnde Lektüre sein.

Gewisse Ratschläge erregen eine Art benommener Bewunderung – vor allem die geheimnisvollen Hinweise, die eindrucksvolle Feierlichkeit und die ruhige Selbstgewißheit einiger Autorinnen des 19. Jahrhunderts. In erhabener Detailfülle darüber aufgeklärt zu werden, wie man am besten einen Cupido aus Alabaster säubert, kann auf die moderne Frau, die niemals einen solchen besitzen wird, eigenartig besänftigend wirken. Aber wenn man die neueren Ausgaben dieser Ratgeber studiert und im 20. Jahrhundert angelangt, verlieren sie rasch ihren Charme, werden immer erschreckender und verlangen von ihren verwirrten Leserinnen immer mehr. Dreimal täglich sollen plötzlich die Wasserhähne poliert werden; Ausgüsse und Mülleimer sollen mindestens einmal täglich desinfiziert, Wände und Decken jeden Tag abgestaubt, die Kaffeemaschine jeden Morgen von innen gereinigt werden. Und so weiter. Und obwohl die heute erhältlichen Ratgeber fast allesamt behaupten, die von ihnen angebotenen Ansätze wären viel praktischer und vernünftiger als die ihrer Vorgänger, sind sie nichtsdestotrotz schlichtweg deprimierend und erstaunlich unlogisch. Sie versichern dem Leser immer wieder, daß die Hausarbeit tatsächlich eine fürchterliche Last ist, und führen trotzdem ein paar Seiten weiter Gesetze über solche Arbeiten wie das regelmäßige Wachsen der Fußböden ein oder bestehen darauf, daß es auch Ihnen mit wenig Arbeit möglich ist, über glänzende Wasserhähne zu verfügen.

Die Hauswirtschaft beherrscht nicht mehr so das Feld, wie das früher in diesem Jahrhundert der Fall war. Beruhigend gurren die Autorinnen, niemand könne »wegen der täglichen Reinigung verschiedener Räume des Hauses dogmatisch sein«, und geben dann detaillierte und dogmatische Anweisungen für die Reinigung eines jeden dieser Räume mit einer Beschreibung der täglichen, der wöchentlichen und der saisonalen Aufgaben. Der Ton erlaubt keine Kompromisse. Jalousien müssen häufig, Lamelle für Lamelle, gewachst und poliert werden, um die Ansammlung von Staub zu verhindern. Wände gilt es, »regelmäßig und oft« abzustauben, oder sie ziehen »einen Film aus fettigem Staub« an. Jeder Raum sollte täglich in einer bestimmten Reihenfolge geputzt werden, was tägliches Staubsaugen und Staubwischen einschließt. Das Vorwort trompetet:

»Dieses Buch ist einzigartig … Das erste je veröffentlichte Buch, das der Hausfrau als vollständiges Handbuch dient.« Wenn dieses Buch einzigartig wäre, sollte die Leserschaft tief dankbar sein. Leider ist es aber eines von vielen solcher Angebote.

Journalisten, professionelle Raumpflegerinnen, selbststilisierte Karrierefrauen und erklärtermaßen widerwillige Hausfrauen sind jetzt für die meisten Ratgeber auf dem Markt verantwortlich. Die Autorinnen gestehen gewöhnlich, daß sie die Abneigung oder den Widerwillen ihrer Leserinnen gegenüber der Hausarbeit teilen, und behaupten zu wissen, wie sie sich erleichtern ließe. Aufmunternd und frohen Mutes künden sie von erstaunlichen Neuerungen, wie dem Abstauben von Computertastaturen mit Babytupfern oder dem Verteilen von Katzenstreu auf dem Teppich, um Gerüche zu entfernen. Methoden des Putzens werden verraten, dank derer »Sie viel mehr Zeit haben werden, sich Ihres Lebens zu erfreuen«, denn: »Wer möchte schon den Tag mit einem Mop in der einen Hand und einem Staubtuch in der anderen verbringen?« Begriffe wie »bequemer Perfektionismus« tauchen auf, ebenso wie die Versicherung, Sie könnten Zeit, Geld und Kraft sparen und trotzdem ein vor Sauberkeit blitzendes Haus haben, wenn Sie nur gewitzt mit Essig und Waschton umgingen. »Knappe und leicht zu befolgende« Anweisungen werden versprochen, Anweisungen, die nie auftauchen, einnehmende Wege werden vorgeschlagen, wie man die »alte Plackerei« des Putzens vermeidet, gefolgt von detaillierten Anweisungen, wie man Kronleuchter oder bemalte Emaille putzt.

In neueren Ratgebern wird auf verschiedene Art und Weise Druck ausgeübt: Weniger putzen, aber das Haus ebenso sauberhalten, eine positive Einstellung zur Hausarbeit haben, sie in einem Schwung nach einem Achtstundentag erledigen, die ganze glückliche Familie mit einbinden. Ehrlich gesagt: das Unglaubliche zu glauben und das Unmögliche zu tun. Schlimmer noch, scheinen viele der in neuerer Zeit veröffentlichten Bücher von einer besonders abstoßenden Art von Humor gekennzeichnet zu sein.

»Denken Sie daran«, lacht Aslett herzlich in *Is There Life After Housework*, »wo eine Wand ist, da findet sich auch ein Weg!« Das reicht, um einen lebenslänglich vom Wändeweißen abzuschrecken, falls man überhaupt je dazu neigte. »Manche Leute sind besessen von ihrer Hausarbeit, weil sie nur damit glänzen können«, ist einer von Mary Ellen Pinkhams zahlreichen Witzen in *Mary Ellen's Clean House*, ein paar Seiten später gefolgt von: »Wie nennt man eine ›geborene Putzfrau‹? – Mama.« Mit ein paar gutmütigen Späßen kommt man sehr weit. Was Berufsrisiken angeht, ist der Humor in der gegenwärtigen Generation der häuslichen Ratgeber nicht auszurotten.

Das Schlimmste ist aber nicht der Humor, sondern die Vorstellung eines

Wohlfühl-Faktors. Don Aslett verkündet: »Sie haben ein Recht auf ein Leben voll Liebe, Erfüllung und Erfolg … Zeit – Zeit zu lieben, zu wachsen, zu sein – ist das kostbarste Gut der Welt. Keines Menschen Zeit sollte durch nutzloses oder ineffizientes Putzen vergeudet werden.« Immer noch gehören in Haushaltsratgeber, genau wie in den 20er Jahren in die unwahrscheinlichen Ergüsse des Sauberkeitsinstituts, Sätze wie: »Sie können ein glücklicher, lebensbejahender Mensch werden« und »Der Plan funktioniert: … Versprühen Sie den magischen Staub« und »Sie können genauso eine Wunderfrau werden wie jede andere, der Sie begegnen oder von der Sie lesen, wenn Sie Ihre eigenen Ressourcen richtig einsetzen«. Ungeachtet der lächelnden Versicherungen, daß Perfektionismus und eine völlig sterile Umgebung nicht mehr an der Tagesordnung sind, besteht weiterhin das Bild einer Frau, die auch bei Ermüdung auf spektakuläre Weise ihren Haushalt im Griff hat, die kenntnisreich, effizient, ordentlich, sauber, gertenschlank und obendrein noch abstoßend fröhlich sein kann.

Wie so viele Haushaltsratgeber sympathisiert Don Aslett mit Frauen, die gemerkt haben, daß starre Zeitpläne und Putzsysteme und todsichere Tips bei ihnen nicht fruchten. Er schlägt daraufhin gleich seine eigene Art von Tips vor: »Simple Geheimnisse« über das Putzen; detaillierte Listen von Pflichten, die regelmäßige Erfüllung verlangen, darunter die täglichen, halbwöchentlichen, wöchentlichen, monatlichen, vierteljährlichen, halbjährlichen und jährlichen Arbeiten. Eine nur allzu vertraute, klaustrophobische Welt unmöglicher Forderungen drängt sich auf mit seiner Empfehlung, daß Wände jährlich einmal getüncht, Fußböden regelmäßig gewachst, die Tiefkühltruhe zweimal jährlich abgetaut, die Fußmatten einmal monatlich gewaschen werden sollten. Fast jeder andere Haushaltsratgeber verfährt ebenso: Zuerst werden Zeitpläne als Relikte unserer umnachteten Vergangenheit verworfen, dann werden neue, eigene aufgestellt.

Wie die meisten anderen Autorinnen verneint auch die durch *Superwoman* berühmte Shirley Conran zuerst kategorisch die Notwendigkeit eines Frühjahrsputzes, kommt dann aber gleich mit dem duften Einfall, die beste Frühjahrsputzkleidung wäre ein Gymnastikanzug, und man sollte den Frühjahrsputz zusammen mit einem Freund oder einer Freundin machen. Innere Widersprüche bei Haushaltstips sind zahlreich, und Shirley Conran ermöglicht eine besonders reiche Ernte. Sie beginnt mit einem vernünftigen Vorschlag: Die für den Haushalt zuständige Frau solle doch erst einmal vergessen, was sie tun *solle*, und statt dessen überlegen, was zu tun sie nicht vermeiden könne. Conran empfiehlt eine schlichte Einrichtung und das Vermeiden von Extraproblemen: »Halten Sie keine Haustiere. Bohnern Sie keine Fußböden. Trocknen Sie kein Geschirr ab.« Aber zugleich äußert sie sich entschieden zugunsten eines lustig knisternden Holzfeuers im Wohnzimmerkamin, um das Haus attraktiver zu machen, und schlägt das Sammeln »nutzloser Gegenstände« vor, die man »kunstlos auf einem kleinen Tisch oder Regal anordnen« solle, um das Erscheinungsbild des Wohnzimmers zu verbessern. Nichts macht mehr Dreck als ein Holzfeuer im Kamin und zieht mehr Staub an als ein Sammelsurium von dekorativen kleinen Gegenständen im Haus.

Conran wähnt sich mitten unter den Frauen mit all ihren Problemen: »Ich finde die Putzroutine bestenfalls langweilig und in den schlimmsten Augenblicken krankhaft deprimierend.« Darum empfiehlt sie: »Ein Minimum genügt. Passen Sie auf, daß Ihnen die Arbeit nicht über den Kopf wächst. Niemand erwürgt Sie, falls mal Staub auf dem Kaminsims liegt. Ihr Mann liebt Sie nicht dafür, daß Sie den Unterschied zwischen ›am weißesten‹ und ›weißer als weiß‹ kennen. Ihre Kinder werden sich in zwanzig Jahren nicht deshalb liebevoll an Sie erinnern, weil auf Ihren Fußböden keine gelbliche Wachsschicht lag.« Aber wenn sie über den Hausputz schreibt, ergeht sich Shirley Conran in detaillierten Anweisungen über die Freuden eigener Putzmittelherstellung und empfiehlt das Gardinenwaschen per Hand in der Badewanne, die Art von Ratschlag, die schon beim Lesen klinisch depressiv macht.

Der Kult der häuslichen Superfrau bekam von Shirley Conran seinen Namen, es gibt ihn aber schon seit Generationen. Schon seit langem zeigt die Werbung glückliche, produktive Frauen mit blitzblanken Fußböden, aufregenden Frisuren, freier Zeit für die Kinder und, in den letzten Jahren, auch für den Ganztagsjob. Über dasselbe Superfrauen-Image verkaufen sich die Haushaltsratgeber, die Seelenfrieden, Ordnung, Sauberkeit und stubenreine Familien versprechen, falls Sie, als Frau des Hauses, gewisse Mittel und Methoden anwenden. Dieses Zeug ist heimtückisch und gefährlich.

Dutzende solcher Haushaltsratgeber zu lesen, schadet Ihrer geistigen Gesundheit; die kumulative Wirkung ist hypnotisierend und lähmend zugleich. Ob sie Ihnen raten, Musselin in Milch zu kochen, Fußböden mit Essig zu wischen oder Rostflecke mit Citrus-Getränkepulver zu entfernen, unerschütterlich ist bei allen Autorinnen gleichermaßen die Überzeugung, daß Sie, als Frau im Haushalt, sich vor allem mit häuslichen Dingen beschäftigen, daß Sie sich, in einem gewissen Maße, für Flecken und Fußböden und Toiletten und den Kampf gegen Keime verantwortlich fühlen und daß man Sie dazu bringen kann, die für diese Aufgaben nötigen Mittel zu kaufen. Die einzig mögliche Antwort auf solche Anmaßungen ist störrischer Widerstand und tiefes Mißtrauen.

Aber es gibt leuchtende Ausnahmen, Bücher, die simpel, hilfreich und manchmal sogar lustig sind. Was trockenen Humor und praktische Ideen angeht, ist Peg Brackens *The I Hate To Housekeep Book* (1962) bisher unübertroffen. »Tu nicht einfach irgendwas, bleib sitzen!« ist eines ihrer Mottos. Und sie liefert viele Ideen, wie man das, von dem man vielleicht gerade dachte, es müsse geputzt werden, nicht putzt. »Für wen halten Sie denn Ihr Haus in Schuß?« fragt sie und weist darauf hin, daß Sie es nicht für Ihre Freunde oder Nachbarn tun, weil die Sie um so lieber mögen, je mehr Sie ihnen an Dreck voraushaben. »Da bekommen die Leute in ihrem Innern so ein warmes Gefühl … Sie haben doch noch nie eine Frau sagen hören: ›Ich bete Marcia an, sie ist so eine peinlich genaue Hausfrau!‹« Aber sogar Peg Bracken, so durchsichtig und sympathisch sie zuerst wirkt, schreibt einen bestimmten Lebensstil vor: Kein Haus sollte ohne einen Geschirrspüler sein – »er versteckt hundert klebrige kleine Geheimnisse« –, ohne einen sich selbst abtauenden Kühlschrank – »holen Sie sich einen« – und ohne eine große Karaffe Martini – »Wohlsein, Prosit und Skol! Die Party kann beginnen!«

Generation für Generation haben die Leserinnen in den Haushaltsbüchern mehr Ratschläge bekommen, als sie gebraucht hätten. Von Catharine Beecher bis Mary Ellen Pinkham sind es Bücher, die in ihrem scheinbar einfachen Geschäft des Ratgebens oft in mächtiger und heimtückischer Weise Ansichten über das traute Heim und die eigene Rolle darin vermitteln. Wenn man zum Beispiel nur mal wissen will, wie man einen Haufen Schokoladenpudding hinter dem Heizkörper hervorklaubt, können Moralpredigten über die geheiligte Rolle der Hausfrau schockierend wirken, besonders, wenn sie mit verlockender Werbung für alle möglichen Geräte gespickt sind, in welcher die blendend gelaunte Superfrau im praktischen Turnanzug ihren Frühjahrsputz vollführt. Derart sind die unausgesprochenen Subtexte der Haushaltsratgeber; gewissen Bildern sollen wir nacheifern, gewisse Produkte kaufen, zu gewissen Typen werden.

Niemals war die Macht der Haushaltswerbung offensichtlicher, als mit Martha Stewart in Aktion. Diese amerikanische Königin des häuslichen Idealismus der 90er Jahre steht einer riesigen, auf ihren Büchern, Magazinen und ihrer Fernsehshow »Martha Stewart Living« beruhenden Industrie vor. Sie läßt sich selten dazu herab, über das Putzen im Haushalt zu reden; es ist einfach Teil ihres Kults häuslicher Perfektion. Wie man alte Damast-Tischtücher lagern soll, diese Frage kommt auf. Das Polieren von Kristall und Silber ist eine akzeptable Beschäftigung, die irdischen Realitäten des Putzens aber finden nur selten ihr Interesse.

Martha Stewart ist die konzentrierte Version einer Haushaltsberaterin, die Erfolg darin hat, ihrem Publikum eine häusliche Weltanschauung aufzuzwingen. Keiner ist es besser gelungen als ihr, die Frauen zu umgarnen und zu dem Gedanken zu verführen, daß *homekeeping*, wie sie es nennt, eine fast religiöse Berufung darstellt. In ihrer Welt ist keine Anstrengung und kein Kostenaufwand zu groß, um das perfekte Eigenheim, Essen oder Gartenparadies zu zaubern.

Nützlichkeit und Bequemlichkeit werden im Angesicht von Schönheit und hohen Standards verachtet. Sollte sich Martha Stewart doch einmal den Künsten des Hausputzes zuwenden, wird sie sie zweifellos mit dem gleichen unwirklichen Ruhmesglanz übergießen, der all ihre übrigen Haushalts-Aktivitäten auszeichnet. Eine entnervende Aussicht. Und für jeden, der eine Ahnung von der Entwicklungsgeschichte der Haushaltsberatung hat, ein beängstigender Gedanke. Wir haben das alles schon einmal gesehen.

Die Muster der Vergangenheit wiederholen sich: Martha Stewart spricht von einer »Professionalisierung« und Imageverbesserung der Hausfrauen- und Haushaltskünste und sieht sie als Teil einer kostbaren häuslichen Handwerkstradition, die von klugen und professionellen Frauen intelligent aufgenommen werden kann. Vor über einem Jahrhundert wurden die Frauen mit so ziemlich derselben Botschaft beliefert: Werden Sie Profis, bilden Sie sich richtig in hauswirtschaftlichen Dingen aus, schätzen Sie Ihre Rolle im Haushalt. Die Geschichte der Haushaltsratgeber zeigt deutlich, wie Frauen ermutigt wurden, unmöglichen Rollenmodellen zu folgen, und sich so oft und wiederholt von diesen Rollenmodellen befreien mußten. Dabeizusein und zuzusehen, wie wieder einmal ein Klischee – und diesmal ein multimediales – verfertigt wird, ist faszinierend; zu entdecken, wie die Zuschauer und Leser in diese Traumwelt strömen und daran glauben wollen, ist beinahe erschütternd.

Die meisten von uns wissen es besser. Insgeheim ist uns natürlich klar: Unsere Eigenheime werden nie eine Oase gediegenen Reichtums, perfekter Rosengärten, strahlender Tischgedecke und Arbeitsflächen aus italienischem Marmor sein, die Martha Stewart so liebevoll in ihren Veröffentlichungen abbildet. Wir wissen es. Wir wissen es genauso sicher, wie wir wissen, daß wir nicht Shirley Conrans Superfrau, Don Asletts glückliche Dame des Hauses oder das glitzernde hausfrauliche Geschöpf der Ratgeber aus den 40er Jahren sein können, das so begeistert die Wände abstaubt. Alles, was diese Bücher bieten, ist eine Art häuslicher Pornographie: Sie zeigen idealisierte, unmögliche Bilder, Situationen und Tätigkeiten einem Publikum, das ganz genau weiß: Das Leben ist nicht so. Und trotzdem scheinen wir dieses Zeug, Generation für Generation, begierig aufzuschlabbern.

Die immer erfrischende Peg Bracken bringt uns mit ihrer Diskussion über häusliche Sauberkeit wieder auf den Boden der Tatsachen. Zynisch stellt sie sich die Frage: Was mag bloß mit all ihren Vorgängerinnen im Ratgebergeschäft losgewesen sein, den Haushaltsexpertinnen, die »ehrlich helfen möchten, aber zu weit gehen; und die zu viele Strohmänner aufbauen, nur um sie wieder umzuwerfen?« Als Beispiel zitiert sie die ungeheure Menge an verfügbaren Informationen über das Fleckenentfernen. »Den Handbüchern zufolge muß die

Braut über Oxalsäure und vierzig andere sonderbare Dinge Bescheid wissen. Sie braucht auch ein Regal mit Fleckenentfernern, wenn sie ihren Platz behaupten will ... Glücklicherweise muß man nicht alles glauben, was man liest. Nette Leute verschütten schon mal gar nicht so viel, wie diese Bücher Ihnen weismachen wollen.« Sie hat völlig recht; die Aufmerksamkeit, die in Haushaltsratgebern dem Entfernen von Flecken gewidmet wird, ist im Verhältnis zur Bedeutung dieses Themas völlig übertrieben. Der Fleckenentferner ist nur einer der ›Strohmänner‹, die in Haushaltsratgebern aufgebaut werden, einer von vielen, die wir als irrelevant abtun oder mißtrauisch beäugen können. Diese Freiheit, etwas nicht zu glauben, ist wichtig, vor allem wenn die Ratgeber irgendeine häusliche Vision propagieren, von der wir wissen, daß sie mit unserem eigenen Realitätsgefühl nicht übereinstimmt. Folgen wir hingegen dem Ruf der Sirene und streben nach einem unmöglichen häuslichen Ideal, dann haben wir das niemand anderem vorzuwerfen als uns selbst.

16
Pfuschen oder Schrubben

Wie putzen Sie?

Das ganze schmutzige Geschäft des Putzens dreht sich um zwei verschiedene Betätigungsarten, zwei unterschiedliche Haltungen, zwei Versuche, damit umzugehen: Schrubben und Pfuschen. Schrubben ist sorgfältig und gewissenhaft. Pfuschen ist aufs Geratewohl und unüberlegt. Diese beiden Haltungen können sich mischen. Jede für sich kann befreien oder auch einengen. Die Arbeitsabläufe, die durch die jeweilige Methode entstehen, können komisch oder grausam sein. Keine der beiden Haltungen darf übersehen werden, denn zusammen sind sie das, was wir Putzen nennen.

Das Pfuschen ist mehr eine Philosophie als eine Methode – oder ein Mangel an Philosophie. Dieses völlig unmethodische Reinigen geschieht oft aus einer Laune heraus. Das Pfuschen bedarf keiner Intelligenz. Es besteht aus kurzen Ausbrüchen manischer Energie, die oft in seltsamen Augenblicken erfolgen: Man muß, während man sich anzieht, plötzlich entdeckte Spinnweben von der Zimmerdecke fegen und schlägt, auf- und abhüpfend, mit den Jeans danach. Im Vorbeigehen wird mit einem schmutzigen Papiertaschentuch ein Bilderrahmen abgewischt. Die staubigen Sprossen eines Stuhls wischt man mit einer Socke aus dem Wäschekorb. Eine klassische Form des Pfuschens ist der Wahnsinnsanfall kurz bevor die Gäste zur Party eintreffen; man stürzt von einem Zimmer ins andere, räumt auf, reibt gleichzeitig die Weingläser, wischt mal kurz das Waschbecken und den Spiegel im Badezimmer, versteckt schmutzige Töpfe und Pfannen im Backofen und bläst den Staub von den Tellern.

Jede Pfuscherin entwickelt seltsame, interessante Gewohnheiten; man putzt das Badezimmerwaschbecken nur, wenn man Feinwäsche mit der Hand wäscht, und benutzt vielleicht sogar die geliebte Strumpfhose oder den Seidenschal, um das Waschbecken zu wienern. Oder man putzt das Bad mit Gesichtsseife und einem Waschlappen, weil die gerade daliegen, oder putzt den Küchenfußboden zu ungewöhnlicher Stunde mit einem Fensterputzspray und Papiertaschentüchern, oder mit ein paar Klecksen klebrigen Bodenwachses, natürlich ohne zuvor den Fußboden feucht aufgewischt zu haben. Oder man wandert zerstreut im Haus

Mal eben im Vorübergehen eine Spinnwebe von der Wand fegen, aber bloß nichts systematisch machen: die typische Pfuscherin.

umher und sammelt mit der Hand Staubbälle und tote Insekten auf und steckt sie in die Hosentasche. Eine Pfuscherin zu sein ist im allgemeinen keine bewußte Haltung, sondern zur Pfuscherin wird, wer wenig Zeit und andere Interessen hat.

»Du kannst es Pfusch nennen, wenn du willst, *ich* nenne es Krisenmanagement«, sagt Nicole. »Wenn ich mit den Schuhsohlen am Fußboden festklebe, wische ich ihn; wenn die Toilette ekelerregend aussieht, mache ich sie sauber; wenn ich ohne Brille im Badezimmer Schimmel sehe, hole ich die Chlorbleiche raus. Ich stochere immer mit einem Mop oder Tuch in irgend etwas herum, aber ich scheine es nicht zu einem System zu entwickeln. Der Abgrund des Chaos ist immer in der Nähe, aber ich falle trotzdem nie rein.«

Den Dreck gerade mal so unter Kontrolle zu halten, darin sind die Pfuscherinnen am besten, ein geheimnisvoller, persönlicher Vorgang, der nur von der Pfuscherin selbst verstanden wird. Nur sie weiß, wo ihre Grenzen sind; ihr ist klar, was »unter Kontrolle« und »außer Kontrolle« heißt. Pfuschen ist eine eindrucksvoll unsystematische Art, einen Haushalt zu führen, jahrzehntelange rationale Propaganda über das häusliche Wirken wird hier fröhlich ignoriert.

Maria ist eine wunderbare Pfuscherin, die sich periodisch in zerstreuter

Besorgtheit über ihr Haus hermacht. »Du willst doch nicht – du wirst doch nicht etwa wieder um zwei Uhr morgens staubsaugen?« stöhnte ihr Gatte in der Nacht, bevor sie zu einer langen Reise aufbrechen wollten. »Ich putze viel lieber kurz vor der Abreise, als wenn wir hier festsitzen«, gibt sie zu. »Und immer, immer in der letzten Minute. Oder ich beschließe zu putzen, während wir beide unter großem Arbeitsdruck stehen. Ich muß in dem Augenblick irgend etwas putzen – den Ventilator in der Küche oder das Oberlicht, etwas tatsächlich Unnötiges, aber ich finde keine Ruhe, bevor ich's nicht getan habe.« Ihr Mann wäscht seine Hände in Unschuld. Er findet eine solche Tätigkeit richtiggehend lächerlich. Er kann überhaupt nicht begreifen, welch betäubend befriedigende Gefühle eine Pfuscherin erfassen, die hier und da eine verrückte, unangemessene Anstrengung unternimmt. Das stößt allgemein auf wenig Verständnis.

Zahllose Schultexte über Hauswirtschaft verteufeln den Pfusch beim Abstauben, es wird statt dessen ein langsamer, feierlicher Entstaubungsprozeß empfohlen. Schlappe Wurfbewegungen aus dem Handgelenk mit einem Staubwedel, einer alten Socke oder einem Papiertaschentuch werden unter heftigem Aufseufzen abgelehnt.

Meine Mutter ist natürlich keine Pfuscherin. Solche erratischen Putzgewohnheiten sind ihr fremd. Sie putzt regelmäßig und gründlich und begeistert sich für eine Art Nahkampf gegen den Dreck. Keine Ecke, so dunkel und selten frequentiert sie auch sein mag, sammelt in ihrem Haus Staub an. Sie ist eine enthusiastische Abstauberin, eine energische Poliererin, eine Anhängerin des Schrubbens auf Händen und Knien. Sie ist eine Schrubberin.

Die wahre Schrubberin kämpft nicht nur gegen den Dreck, sondern glaubt sogar daran, daß es zumindest ein paar glänzende Augenblicke lang möglich ist zu *gewinnen*, den Dreck zu besiegen, ihn in seine Schranken zu verweisen. Die Werbung hat oft diesen Drang und Wunsch genährt, in einer Art häuslichem Krieg den Dreck auszumerzen. In Frauenzeitschriften tauchten Schlagzeilen auf wie »Erste Hilfe für die Hausfrau« gefolgt von Listen mit »Waffen in der Frühjahrsoffensive gegen den Dreck«. Und in Haushaltsratgebern finden sich rührende Aussagen über den »täglichen Kampf gegen den Schmutz«.

Pfuscherinnen wissen, daß dieser Kampf gegen den Schmutz – falls es ihn gibt – nicht zu gewinnen ist, sehen also auch keinen Grund, überhaupt damit anzufangen. Manchmal hat sich die Pfuscherin diese Haltung abgerungen, denn in vielen Pfuscherinnen lauern Reste einer Schrubberinnen-Mentalität. »Dein Haus ist viel dreckiger, seit mein Vater eingezogen ist«, erklärte mit tiefster Genugtuung eine Zehnjährige der neuen Frau ihres Vaters. »Ich habe das als Kompliment genommen«, lacht die frischgebackene Ehefrau. »Ich habe mir bewußt vorgenommen, weniger zu putzen, als wir zusammenzogen, sonst wäre das Le-

Akribisches Putzen zeichnet die Schrubberin aus. Sie ist der festen Überzeugung, den Kampf gegen den Dreck gewinnen zu können.

ben unerträglich gewesen. Meine Wohnung war früher makellos, allein konnte ich diesen Standard leicht aufrechterhalten. Jetzt, wo wir alle zusammen sind, sehe ich nicht hin und *zwinge* mich, nichts zu tun. Ich sorge dafür, daß ich zu beschäftigt bin, als daß ich mich darüber aufregen könnte.«

Manche fanatischen Schrubberinnen finden das Nicht-Hinsehen unmöglich – selbst wenn sie bei anderen Leuten sind, sehen sie sich mißtrauisch nach Dreck um. »Ich hatte eine Freundin«, erinnert sich Sabine, »die immer ihr Töchterchen in meine Wohnung mitbrachte, und dieses Kind trug immer weiße Strumpfhosen, auf denen man jedes Staubkorn sah. Diese Freundin erzählte mir, sie benutze die weißen Strumpfhosen ihrer Tochter, um die Haushaltsmaßstäbe anderer Leute zu prüfen. Ich glaube, sie meinte das ganz ehrlich. Wenn ich ihr die Tür aufmachte, wollte ich eigentlich immer gleich wegrennen.« Sie macht eine Pause und fügt dann giftig hinzu: »Das Haus dieser Frau war derart sauber, sie hat wahrscheinlich Zeitungen unter ihre Kuckucksuhr gelegt.«

Die Schrubberinnen sind in der Minderheit, aber knapp. Auf jeweils zwei oder drei Leute, die angeben, ihren Hausputz hopplahopp zu erledigen, kommt mindestens eine Schrubberin, die ihnen Geschichten von extremer Gründlichkeit entgegenhält, zumindest was spezifische Praktiken angeht. Ich denke an eine Frau, Mutter von fünf Kindern, die garantiert dreimal täglich ihre Küche und ihren Flur ausfegt. Ich denke an all die Hygienefanatikerinnen, die täglich mit Desinfektionsmittel und Chlorbleiche Toiletten, Türgriffe, Küchenspülen und Ausgüsse behandeln. Ich entsinne mich einer Frau mit zwei kleinen Kindern, die in einem kleinen Bungalow in einem Vorort lebt: Sie ist eines dieser

Pfuscherin oder Schrubberin? Wird hier mit System ein Zimmer geputzt oder planlos herumgewedelt? Wie bei so vielen Dingen liegt die Wahrheit irgendwo in der Mitte.

seltener werdenden Wesen, das so einem starren Putzsystem huldigt (Montags Staubwischen, Dienstags Staubsaugen, jeden zweiten Mittwoch Fensterputzen), daß sie fast nie aus dem Haus geht. Ich denke an all den außerordentlichen Glanz, der auf allem in der Wohnung meiner Nachbarin Kathrin liegt, die sich weigert, eine Klobürste zu benutzen, weil eine Klobürste das Klo nicht gut genug reinigt. Eines Abends spät kam sie zu Besuch und erklärte mit deutlicher Selbstzufriedenheit, sie habe gerade das Innere ihres Kühlschranks mit Chlorbleiche geputzt. Alle im Raum starrten sie stumm und ungläubig an.

»Denkt ihr etwa, ich hätte nichts Besseres zu tun?« fragte sie trotzig. »Aber ich hab's *gern* getan. Ich *hasse* dreckige Kühlschränke.« Schrubberinnen haben gesellschaftlich keinen leichten Stand. Ihre private Putzleidenschaft – wenn sie so unvorsichtig sind, sie zu erwähnen – stößt oft auf blankes Unverständnis.

Pfuscherinnen von Schrubberinnen zu unterscheiden, ist eine Kunst, denn oft übernehmen die einen die Charakteristika der anderen. Bei vielen Frauen wohnen zwei Seelen in der Brust. Pfuscherinnen können vom Kurs abkommen und für eine Weile Schrubberinnen werden, wenn zum Beispiel ein Besuch ihrer Mütter bevorsteht. Manche Schrubberinnen erliegen nur sporadisch und partiell ihren Putzanfällen und verfallen dann wieder in langen Perioden dem Pfusch.

Nichts zeigt diese Kreuzung der beiden Arten besser als eine Überprüfung ihrer jeweiligen Haltung gegenüber Wischlappen, Geschirrtüchern, Schwämmen oder womit auch immer sie in ihren Küchen aufwischen. Gewissenhafte Schrubberinnen können überraschend großzügig damit umgehen, während manche Pfuscherinnen wiederum ihre Freundinnen mit in gedämpftem Ton vorgetragenen Berichten erstaunen, daß sie, speziell für Wischlappen, stets einen Eimer mit einer Bleichmittellösung unter dem Ausguß bereithalten.

　　　　　　　　　　　　　　　　　　　16 Pfuschen oder Schrubben

»Du wischst doch nicht etwa das Gesicht des Säuglings mit dem Spüllappen ab? Und erzähl mir bitte nicht, daß du ihn auch für den Fußboden benutzt.« Barbaras Stimme war voller Empörung. »Das ist so ekelerregend.« Diese Frau behauptet, der Hausputz lasse sie völlig kalt, sie ist stolz auf ihre liberale Haltung und erklärt oft: »Ich putze, um zu leben, ich lebe nicht, um zu putzen.« Trotzdem wäscht sie ihre Spüllappen täglich mit Chlorbleiche aus und benutzt sie niemals, niemals für den Fußboden und findet meine eigene, weniger strenge Haltung schier unerträglich. Mary ist sogar noch strenger. Obwohl ihre Maßstäbe in den meisten Haushaltsdingen gerade mal Durchschnitt sind, hängen doch immerhin *vier* verschiedene Wischtücher über ihrer Küchenspüle: eins für den Tisch und die Arbeitsflächen, eins für das Geschirr, eins für den Fußboden und eins für das Gesicht des Säuglings. Meine Nachbarin Kathrin hingegen, deren Maßstäbe den meisten Sterblichen unerreichbar sind, wischt die Gesichter ihrer Kinder und die meisten Küchenoberflächen mit demselben Spüllappen ab. »Aber ich benutze den natürlich niemals für den Fußboden und wechsle ihn jeden Tag.« Schließlich meine Mutter, die, ihre Leidenschaft fürs Schrubben und Wienern ungeachtet, in puncto Wischtücher und Spüllappen völlig gleichgültig ist; sie benutzt ihre Wischtücher für alles. Als ich ihr erklärte, daß es in meiner Küche *drei* verschiedene Wischtücher gäbe, eines für das Geschirr, eines für den Fußboden und eines für das Gesicht des Säuglings, warf sie mir einen mitleidigen Blick zu und sagte: »Du wirst bald eines für alles benutzen.« – »O nein, ganz sicher nicht, du wirst es sehen«, war meine Antwort. Sie sah es dann tatsächlich. Irgendwann konnte ich die verschiedenen Lappen nicht mehr auseinanderhalten. Jetzt benutze ich nur noch einen – den ich oft wechsle und wasche, aber nur einen, und benutze ihn für alle erdenklichen Oberflächen und verschütteten Substanzen.

Ob wir pfuschen oder schrubben, die Putzaktivitäten signalisieren oft noch etwas ganz anderes als das Vertreiben des Drecks. Jedem, der von Berufs wegen zu Hause arbeitet, geben sie eine unübertroffene Möglichkeit, die Dinge aufzuschieben. »Ich fege den Fußboden gewöhnlich fünf- oder sechsmal am Tag, wenn ich arbeite«, gestand mir eine Kollegin. »Es ist meine Lieblingsmethode, mich vor dem Schreiben zu drücken.« Das beim Putzen erregte Tüchtigkeitsgefühl stellt sich besonders bei einem stillen, gewissenhaften Scheuern und Schrubben ein, wie ich es allerdings nur selten praktiziert habe, außer ich wurde dafür bezahlt. Bei mir zu Hause bin ich gewöhnlich zu abgelenkt, als daß ich mich dem ausgiebigen Putzen als Tugendbeweis hingeben könnte, das ich bei meinem Job als Putzfrau kannte. Die stille Konzentration darauf, in einem fremden Haus auf sich allein gestellt zu sein und methodisch und ohne Unterbrechungen zu putzen, bleibt mir als mächtige Erinnerung im Gedächtnis. Meine besten Augenblicke waren, wenn ich die sauberen Häuser verließ, die Türen hinter mir schloß und wußte, daß ich eine kleine Aufgabe ordentlich erledigt hatte. Hausarbeit zu verrichten kann an und für sich schon einen Sinn haben, und dieser Sinn kann nahezu religiöse Ausmaße annehmen.

»Faire le ménage, c'est Zen«, sagt Céline. Sie stammt aus einer Großfamilie vom Lande bei Quebec, und sie hat den Dreck und die Unordnung in dem engen alten Farmhaus gehaßt. Entschlossen, sich von diesem Hintergrund zu distanzieren, führt sie jetzt einen ziemlich perfekten Haushalt in einem Vorort. Besonderen Wert legt sie auf Einzelheiten: Die Chromringe am Herd glänzen immer. Die Quietsche-Entchen im Badezimmer sind ohne jeglichen Glibber. In den Fugen zwischen den Kacheln sitzt kein Moder. Die Perfektion ihres Wäscheschranks ist enorm. Putzen ist für sie ein beruhigender, konzentrierter Akt, etwas, für das sie sich jeden Tag Zeit nimmt wie für eine Meditation, dann kommen Frieden, Ruhe, Schönheit – und das Ritual – in ihr Haus.

Zen und die Kunst des Hausputzes wurde von einer überraschenden Anzahl von Leuten in einem Atemzug genannt, die bemerkenswerteste davon ist Ruth. Als Alleinerziehende mit nur wenig Geld hatte sie den Acht-Stunden-Blitzkrieg gehaßt, dem sie sich selbst immer unterwarf, wenn ihre Mutter einen Besuch ankündigte. Eines Tages kurz vor einem dieser Besuche rief sie ihre Mutter an, um ihr zu sagen, daß sie dieses Mal nicht vorher putzen könne. Ihre Mutter müsse also ein schmutziges Haus ertragen. Eine Pause am anderen Ende des Telefons, bis ihre Mutter knapp beschloß: »Ich werde dir Geld für eine Putzfrau schicken.«

Derart ausmanövriert, machte sich Ruth wie betäubt auf die Suche nach einer Putzfrau. In einem Café in der Nachbarschaft fand sie ein Kärtchen mit kalligraphischen Buchstaben: »Zen-Putzfrau«. Ruth rief an und erklärte, sie könne die Zen-Putzfrau nur für acht Stunden anheuern. Die Putzfrau, eine sehr angenehme Person, war einverstanden. Zur verabredeten Zeit traf sie ein und brachte Ruth ein selbstgebackenes Brot und ein Glas frische Erdbeermarmelade mit. Sie kamen überein: Die Zen-Putzfrau würde zwei Tage lang jeweils vier Stunden arbeiten, das Wichtigste sei der Herd in der Küche, worauf der Rest der Küche und der Keller folgen würden.

Ruth ging aus dem Haus und kehrte erst nach knapp drei Stunden zurück, in großer Erwartung, nur um ihre Putzfrau in tranceartiger Ruhe vor dem Herd anzutreffen, den sie immer noch putzte. Nach einer weiteren halben Stunde war der Herd immer noch nicht fertig. Als Ruth nervös fragte, wie es denn so stehe, erwiderte die Putzfrau träumerisch: »Der Herd ist jetzt viel ruhiger. Spüren Sie das nicht? Aber Zen ist das noch nicht.«

»Ruhiger?« dachte Ruth. »Der Herd ist ruhiger?« Sie schluckte. »Hören Sie mal«, sagte sie. »Wir müssen miteinander reden.« Es war an der Zeit, die wahre Bedeutung des »Zen-Putzens« herauszufinden.

»Zum Anfang aller Dinge zurückgehen«, sagte die Putzfrau.

»Sie meinen, der Herd sollte aussehen wie frisch aus der Fabrik?« – »Ja«, lautete die Antwort. »Ich glaube, das kann ich mir nicht leisten«, sagte Ruth bescheiden.

»Könnten Sie Ihre Mutter nicht um mehr Geld bitten?« fragte die Putzfrau, die immer Geduld mit ihren Kundinnen übte.

»Ich hatte das Gefühl, ihre religiösen Prinzipien zu verletzen, als ich sie bat, sich zu beeilen«, sagt Ruth. »Aber ich mußte ganz schön pampig werden. Ich sagte ihr, wir müßten Zen jetzt erstmal vergessen, und ich gab ihr eine Liste mit Aufgaben, die sie innerhalb einer bestimmten Zeit schaffen sollte. Noch eine halbe Stunde für den Herd, eine halbe Stunde für den Kühlschrank, zwanzig Minuten für den Fußboden, eine Stunde für die Schränke und so weiter.«

Als die Zeit um war, blieb Ruth mit einer halb sauberen Küche, einem Glas Marmelade und einem halben Brot zurück. Und doch stellte sie zu ihrer Verwunderung fest: Die Begegnung hatte ihre eigenen Putzmethoden verändert. »Ich dachte, was für ein aufgeblasener Unsinn, als sie über diese Ruhe, diese Stille sprach, wenn etwas richtig geputzt sei. Aber wenn ich jetzt etwas putze, kommt es mir fast vor, als hörte ich auf ihre Worte. Neulich schrubbte ich eine dreckige, alte Tür, und als sie sauber wurde, kam die Maserung hervor und ich fing an, die Tür zu streicheln und zu polieren, und ich interessierte mich richtig für sie, und da merkte ich, daß alles still wurde. Die Tür verströmte eine richtige Gelassenheit. Ehrlich, ich glaube, wenn du etwas gut saubermachst, wird es ruhig. Und jetzt verstehe ich meine Mutter besser. Vielleicht hatte ihre ganze Putzerei zu Hause eine uneingestandene spirituelle Qualität. Sie machte die Dinge in gewisser Weise wieder neu, ging zurück zum Anfang, zu einer Art Reinheit. Jetzt nehme ich es meiner Mutter nicht mehr übel, wie sie mich erzogen hat – ich versuche es als Zen zu verstehen.«

Auf nüchternen Magen kommt einem das vielleicht alles unwahrscheinlich vor, aber es hilft Ruth im Umgang mit ihrer Mutter. »Wenn sie jetzt kommt, sage ich kein Wort, wenn sie die Küche putzt. Ich sage ihr nur, sie erreiche gerade eine neue spirituelle Ebene. Das bringt sie allerdings fast völlig zum Durchdrehen.«

Durch Putzen eine höhere Bewußtseinsebene zu erreichen, ist nur wenigen gegeben. Die banale Wiederholung der Putzbewegungen und die schiere Menge sowie unsere eigenen vollen Stundenpläne – das alles läßt keine neue spirituelle Ebene zu. »Während ich älter werde, mag ich Ordnung und Sauberkeit mehr als früher, aber da die Zahl der Leute um mich herum zugenommen hat, wird's immer unordentlicher und schmutziger. Ich gehe das nicht ruhiger an als früher, sondern es macht mich kaputt und ich hab's satt.« Das sagt Eva, eine Frau in den Vierzigern mit Ganztagsjob und Familie. »In meinen Zwanzigern, als ich allein lebte, wischte ich einmal in der Woche den Küchenfußboden naß auf und fand das prima. Jetzt fege ich die Küche nicht mal mehr einmal in der Woche. Wenn ich mal putze, dann mit Reinigungsmitteln voll giftiger Chemikalien, und ich *weiß*, ich sollte es nicht tun, aber sie wirken tatsächlich schnell, und ich versuche nicht dran zu denken, außer wenn ich im Bett liege, nachts, und mich wegen der Umweltverschmutzung schuldig fühle.«

Als wäre die Bürde von Frauen wie Eva noch nicht groß genug, prasseln aus Haushaltsratgebern und Zeitungsspalten Hinweise bezüglich der »richtigen« Putzmittel auf sie ein. Grüne Putz-Enthusiasten versprechen, Socken durch Kochen mit einer Zitronenscheibe wieder weiß zu machen. Auch werden große Mengen Backpulver, Stärke und Essig im Haus gebraucht. Anregende Instruktionen, wie man sich seine eigenen Reinigungsmittel (grüne und andere) herstellt, erscheinen an den unwahrscheinlichsten Stellen.

Shirley Conran fordert in *Superwoman* eisern die Herstellung hausgemachter Putzmittel: »Eine gute Auswahl herzustellen dauert nicht so lange wie einen Kuchen backen«, begeistert sie sich, gibt dann aber immerhin zu, daß es ziemlich lange dauert, alle Zutaten aufzutreiben. Sie verspricht, Sie sparen »packenweise Geld«, wenn Sie sich Ihre Haushaltsreiniger selbst herstellen, und würden »sofort einen Ruf als altmodische, richtige Hausfrau erwerben«. Sie erklärt zwar nicht, wer einen solchen Ruf wollen könnte, aber davon sehen wir jetzt einmal ab.

Conrans Spezialrezepte beinhalten eine Fensterputzlösung, die aus Kerosin, Wasser und Alkohol besteht, sowie ein Mix aus Terpentin, Leinöl und Wasser als Möbelpolitur. »Man muß eine Menge reiben, aber der Glanz lohnt sich«, zwitschert Conran. So abscheulich das auch klingt, diese Rezepte verblassen verglichen mit der Rezeptur für ihren Toilettenreiniger: Natrium-Bikarbonat und Ätznatron. Dazu gehört die Warnung: »Tragen Sie Handschuhe! Das Mittel ist gefährlich.« Noch alarmierender ist die von ihr empfohlene Methode, den Backofen zu reinigen. Hierzu soll man ein dampfendes Gebräu aus Ätznatron, Mehl und Wasser verwenden. Sie muß vermittels eines Mops, mit Handschuhen und vermutlich einer Atemmaske und einer Schutzbrille angewandt werden. Conran betont die Wirksamkeit und potentielle Gefahr der hauptsächlichen Bestandteile der meisten Haushaltsreiniger, die da sind: Seife, Bleichsoda, Trisodium-Phosphat, Ammoniak, Alkohol, Ätznatron, Essig, Kerosin, Terpentin und Paraffin. Das ist eine mächtige, grimmige Liste, vieles davon fand sich schon in den »Rezepten« der Haushaltsratgeber aus dem 19. Jahrhundert.

»Ich tu's nicht!« widersetzte sich eine Frau. »Ich gehe nicht so weit zurück, daß ich wieder diese gräßlichen Mixereien veranstalte und Bleicherde und Bienenwachs und übelriechende, harte, gelbe Seife nehme. Ich kaufe die Sachen lieber in glänzenden Plastikflaschen mit langen Hälsen, wie man sie aus dem Fernsehen kennt. Ich möchte eine Menge von denen haben, die so wunderbar riechen, den Dreck wegzaubern und alles so piekfein sauber machen. Und entschuldigen tue ich mich dafür nicht!«

Ganz gleich ob Pfuscherinnen oder Schrubberinnen – beide ringen sie mit der Frage, welche Haushaltsreiniger sie zum Putzen nehmen sollen. Manch hingebungsvolle Schrubberin mischt sich skrupellos ihre eigene dampfende Ätzlauge als Putzmittel für den Backofen. Backpulver wird hemmungslos verwendet, und weiße Socken werden mit Zitronenscheiben gekocht. Andere Frauen klammern sich mit fast religiösem Eifer an ihre Bleichmittel und an all die verführerischen Produkte aus den verzauberten Gängen der Supermärkte. Pfuscherinnen sind eher verwirrt. Was sie auch versuchen, ob sie sich ihre eigenen Produkte herstellen oder politisch korrekte Substanzen verwenden, Pfuscherinnen verstehen nie genau, *wieviel* Backpulver in der Toilette zu verwenden ist, und stellen dumme Fragen: Ob die Zitronenscheibe beim Kochen kaputtgehen und die winzigen Partikel ihres Fruchtfleischs über die Socken verteilen *soll*. Im allgemeinen fehlt es ihnen an der nötigen Hingabe.

Hybride Hausfrauen, teils Pfuscherin und teils Schrubberin wie ich selbst, entwickeln oft eine hartnäckige Zuneigung zu ganz bestimmten Produkten und benutzen sie immer wieder, ganz gleich, was irgend jemand sagt. Essig zum Beispiel: »Tote Vegetation verwandelt sich schneller in Öl und Gas, als Essig manchmal zum Reinigen braucht. Tun Sie lieber was richtig Nützliches mit Ihrem Essig, bereiten Sie sich damit zum Beispiel eine Worcestershiresoße zu.« So heißt es in einem bissigen Artikel in *Globe and Mail*. Don Aslett stimmt dem in seinem Buch *Is There Life After Housework?* zu: Essig kann, da er sauer ist, Fett nichts anhaben, das auch sauer ist. Essig läßt sich ergo nur zum Nachspülen benutzen. Aber solche Argumente treffen oft auf taube Ohren.

Weil ich Essig gerne benutze und in den letzten zwanzig Jahren eine rührende Anhänglichkeit entwickelt habe, lasse ich mich nicht davon abschrecken. Obwohl ich schon viele ablehnende Berichte gelesen habe, wische ich meine Fenster weiter mit Essig ab, weiche Pfannen darin ein, verwende ihn beim Wäschewaschen und reinige Teppiche damit. Rationale Kritiker können mich widerlegen, mir abzuraten versuchen, aber genauso wie meine Mutter gern jedes Möbelstück poliert – eine rein ästhetische, völlig unnötige Tätigkeit –, so verwende ich Essig. Wahrscheinlich wird sich keine von uns beiden je ändern.

Keine Idee zum Thema Putzen, sobald sie sich in dem Kopf einer Pfuscherin oder Schrubberin festsetzt, läßt sich daraus so leicht wieder entfernen. Eine junge Frau, die ich kenne, stammt aus einem kleinen Dorf mit Kohlenbergbau. Jetzt lebt sie zwar Hunderte von Meilen davon entfernt, reinigt ihr Haus aber immer noch so, als ob dicker Kohlenstaub auf allen Oberflächen läge. »Es kommt mir verkehrt vor, wenn ich die Wände nicht zweimal jährlich tünche«, sagt sie. »Das haben wir damals immer getan – meine Mutter, meine Tanten und all meine Kusinen. Einmal im Frühling und einmal vor Weihnachten. Wir haben immer alle Wände und auch Decken frisch gekalkt. Und vorher alles ausgeräumt – jeden Schrank, jede Schublade, jede Kommode und jedes Regal. Alles wurde geputzt, und nachher kam es wieder ins Zimmer hinein. Ich mache das heute noch so.« Niemand sonst in der kleinen Gemeinde, in der diese Frau jetzt lebt, putzt so wie sie, aber das ist ihr gleich. »Die Leute sagen, das ist hier nicht nötig, aber ich sehe das anders.«

In ihrer Kritik der Hauswirtschaftslehre, *Wasting Girls' Time* (1990), ärgert sich Dena Attar über die auferlegten Routinen und künstlich erzeugten Mühen der Hausarbeit. Es gefällt ihr nicht, wie sich die Frauen, die sie sieht, benehmen. »Meine Horrorgeschichte«, schreibt sie, »sieht so aus: Ich fahre in eine kleine Stadt und sehe eine Frau mittleren Alters die *Land*straße vor ihrem Haus fegen.« Ich kann ihren Horror bei diesem Anblick nicht teilen. Die Frau, die die Landstraße fegte, war vielleicht ganz zufrieden. Vielleicht entstammte sie einem alten Geschlecht von Fegerinnen, das bis ins 17. Jahrhundert nach Holland zurückreicht, wo Frauen stets die Straße vor ihrem Haus gefegt haben. Vielleicht ist sie auch eine entfernte Verwandte meiner Mutter, die mit dem Besen in der Hand am glücklichsten ist – die sogar den steinigen Strand vor dem Haus am Meer zu fegen pflegte, in dem sie und mein Vater lebten. Vielleicht machte es der Landstraßenfegerin Spaß, sich mit einem öffentlichen Verkehrsweg zu beschäftigen, um sich die Zeit zu vertreiben, während alle Welt vorbeikam und sie zusätzlich noch ihre Nachbarinnen im Auge behalten konnte.

Den eigenen Horror oder Verdruß einer einfachen Fege-Szene aufzuzwingen, ist eine übertriebene Reaktion. Viele von uns haben Spaß an ganz gewöhnlichen, sich wiederholenden Tätigkeiten, Tag für Tag, jahrein, jahraus – diese unbedeutenden, manchmal unnötigen, aber anständigen Routineverrichtungen. Mit dem Putzen sind viele solcher Routinen verbunden, sowohl wenn wir uns selbst, als auch wenn wir unsere Habe oder unsere Umgebung reinigen. Man denke nur an die kleinen, automatischen Akte der persönlichen Hygiene: Wir putzen die Zähne, putzen die Brille, bürsten Schmutz von unseren Ärmeln, pflegen unsere Kontaktlinsen. Und dann die kleinen, automatischen Akte des Hausputzens: Wir wischen Arbeitsflächen in der Küche, räumen Tische ab, wischen Verschüttetes auf, spülen Geschirr, waschen Wäsche. Und manche von uns fegen.

Die Frau mittleren Alters, die beim Straßefegen ertappt wird, ist vielleicht eine durchgedrehte Hausfrau, die zuviel Zeit hat. Sie ist möglicherweise eine Frau mit so verzweifelt hohen Maßstäben, daß sie ihre ganze Familie vergrätzt hat und in der Nachbarschaft zu einer Unperson geworden ist, von der man sich fürchterliche Geschichten erzählt. Vielleicht *ist* sie das unglückliche Opfer einer jahrzehntelangen, grausamen und unnatürlichen Konditionierung. Aber sie kann dort auch einfach nur fegen, weil sie fand, daß die Straße dreckig aussah, oder weil sie gern fegt oder weil sie frische Luft schnappen und einen Blick links und rechts die Straße hinunter werfen wollte. So ein Fegen kann einen sehr anständigen Grund haben, aber sicher doch, sogar dann, wenn wir selbst es nicht tun würden.

Viele Hausarbeitskritikerinnen und -beraterinnen sehen jetzt hochnäsig auf begeisterte Fegerinnen und Schrubberinnen herab. Solche einseitige, praktische, altmodische Arbeit straft jahrzehntelange Propaganda, daß die Hausarbeit leichter geworden sei, Lügen. Don Aslett behauptet, wenn man sich während des Putzens die Knie beschmutze, mache man etwas falsch; mit den richtigen Geräten, Bürsten mit langem Stiel, Mops und den richtigen Reinigungslösungen und vor allem der richtigen Einstellung sei solche Mühsal überflüssig. Christine Frederick sagte in den 20er Jahren und sogar vorher schon mehr oder weniger dasselbe. In ihren öffentlichen Vorträgen über effiziente Hausarbeit ließ sie sich auf Hände und Knie fallen und rief dann, mit Eimer und Scheuerbürsten bewaffnet, den Männern im Saal zu: »Muß Ihre Frau wirklich so arbeiten?«

Wahrscheinlich nicht. Mit sorgfältiger Planung, den richtigen Geräten, verbesserter Innenarchitektur und gut gewählten Besitztümern können wir einen großen Teil der schweren Putzarbeit eliminieren. Und doch – eine solche »intelligente Anleitung von innen« fehlt den meisten von uns völlig, wenn wir unseren Hausputz veranstalten. Trotz einer schon eineinhalb Jahrhunderte währenden Haushaltsberatung, trotz der Bemühungen der Hauswirtschaftsbewegung, trotz der neuen, verbesserten Häuser, Geräte und Mittel, die uns zur Verfügung stehen, bleibt der Hausputz und unsere Haltung dazu so unlogisch wie eh und je, während unsere Wohnungen meistens einigermaßen sauber sind. Der Luxus unseres Zeitalters besteht darin, daß die meisten von uns so putzen können, wie es ihnen beliebt – sporadisch, intensiv oder gleichgültig –, ohne eine lebensgefährliche Krankheit zu riskieren, ohne beim Gesundheitsamt angezeigt, ohne von unseren Nachbarn geächtet zu werden.

Wie wir pfuschen oder schrubben, das zeigt eine Hartnäckigkeit, ein inneres Feuer, die Anerkennung und Zelebrierung verlangen. Die Idiosynkrasien des Putzens haben bewiesen, daß sie sich nicht ausrotten lassen, und sie sind viel zu interessant, als daß man sie ignorieren sollte. Sowohl als Pfuscherinnen wie auch als Schrubberinnen verdienen wir Respekt, wie wir uns durchschlagen und durchmogeln und mit den Standards, die wir aufgestellt haben, leben lernen und so gut wir können entweder die harte Arbeit oder den unvermeidlichen Schweinestall in Kauf nehmen.

Quellenangaben

Wer Material über den Hausputz sucht, stellt bald fest, daß dieses Thema schwierig zu recherchieren ist. Das Material ist nicht nur überall verstreut und diffus, sondern auch ungeordnet und vernachlässigt, da sich selten jemand ernsthaft damit befaßt. Haushaltshandbücher und Bücher über Hauswirtschaft verstauben oft ungeliebt in den dunklen Ecken der Bibliotheken und Buchläden; gute Sammlungen von Frauenzeitschriften sind kaum vorhanden; Material zu Haushaltsfragen auf Mikrofiche ist, obzwar von unschätzbarem Wert, oft unvollständig, höchst idiosynkratisch und seltsam katalogisiert.

Während ich natürlich den größten Teil meiner Recherchen in verschiedenen Bibliotheken – von der British Library über die Zeitschriften-Bibliothek in Colindale bis zur Woodward Medical Library der Universität von British Columbia – vornahm, war ein signifikanter Teil meiner Forschungen überhaupt nicht vorhersehbar. Ich habe auf der Suche nach Zeitschriften und Handbüchern viele staubige Stunden in Antiquariaten und, was unterhaltsamer war, allerlei Privathäusern verbracht. Durch dunkle Dachkammern und feuchte Gartenschuppen zu kriechen, um lang vergessene Ausgaben verschiedener Publikationen aufzutreiben, war oft eine willkommene Abwechslung. Ich hatte bei meinen Recherchen auch oft das Glück, unerwartet Hilfe zu erhalten; Freunde und Unbekannte riefen mich an und sandten mir unaufgefordert Briefe, Faxe, Artikel und E-mail-Botschaften, denen ich viele wertvolle Hinweise und Ideen entnahm.

In den folgenden Anmerkungen möchte ich meine Quellen anführen und anderen Autoren meinen Dank abstatten. Da es sich hier um keine akademische Geschichte handelt, habe ich den Text nicht mit Fußnoten belastet. Die folgenden Angaben sind eher eine Art Landkarte, auf der ich, Kapitel für Kapitel, die Linien nachzeichne, denen ich bei meinen Forschungen gefolgt bin; ich zeige hierin die Quellen jener Zitate auf, die im Text selbst nicht nachgewiesen sind.

1. Verleugnung und Abwehr

Wie die folgenden verdankt auch dieses Kapitel viel den Gesprächen und Interviews mit zahlreichen unterschiedlichen Leuten. Feststellungen und Dialoge wurden manchmal redigiert, aber niemals wesentlich verändert.

Die Quellen der kernigeren Zitate in diesem Kapitel sind folgende: Der Ausdruck »staubige Schinderei« wurde von Betty Friedan in *The Second Stage* geprägt (New York, Summit Books, 1981). Catherine Beechers Satz über »gewöhnliche Menschen« aus ihrem *Treatise On Domestic Economy for The Use of Young Ladies at Home and at School* wird von Annegret S. Ogden in *The Great American Housewife From Helpmate to Wage Earner*, 1776–1986 (Westport, Connecticut und London, 1986) zitiert. Die Verurteilung des Putzens als »unbeliebteste Arbeit«, die mit den »niedrigsten und schmutzigsten« Dingen zu tun hat, erfolgte durch Charlotte Perkins Gilman in *Women and Economics: A Study of The Economic Relation Between Men and Women as a Factor in Social Evolution* (London, G. P. Putnam's Sons, 1905, erstmals 1898 veröffentlicht).

Mary Douglas' *Purity and Danger* (London, Pelican, 1970, Erstausgabe 1966) war eine hilfreiche und provokative Quelle, einige meiner Ideen über Dreck und Sauberkeit wurden dadurch verändert und in Frage gestellt. Siehe vor allem Kapitel 1 und 10.

Maria Coffeys Erfahrungen sind in *A Boat in Our Baggage* (Little, Brown, 1994) beschrieben. Quentin Crisps berühmte Bemerkungen über die Sauberkeit stehen in seiner Autobiographie *The Naked Civil Servant* (London, Fontana, 1977, Erstausgabe 1968).

Die »notwendigen« Ermahnungen über das Putzen stammen aus Don Asletts *Is There Life After Housework?* (Cincinnati, Ohio, 1981, revidierte und erweiterte Ausgabe 1992), aus Ellen Richards' *The Cost of Cleanness* (New York, John Wiley and Sons, 1914) und aus Augusta Moll Weiss' Buch über Haushaltsführung, *Le Livre du Foyer* (Paris, 1906), zitiert von Adrian Forty in *Objects of Desire* (London, Thames & Hudson, 1986).

2. Schmutzige Arbeit droht

Angaben zu den in diesem oder den folgenden Kapiteln zitierten Romanen finden sich in der Bibliographie.

In Simone de Beauvoirs Buch *Das andere Geschlecht* stehen etliche wunderbar zornige Passagen über die Hausarbeit.

The Diaries of Hannah Cullwick, Victorian Maidservant, herausgegeben von Liz Stanley (London, Virago, 1984), ist zweifellos eines der wichtigsten Bücher, die ich im Laufe meiner Recherchen für dieses Buch gelesen habe. Es ist nicht nur eine unschätzbare historische Quelle und reich an Informationen, was den Hausputz angeht, die darin dargestellten Personen, vor allem die der Hannah Cullwick selbst, sind unvergeßlich.

3. Mütter und andere Vorbilder

The I Hate to Housekeep Book (New York, Fawcett Crest, 1962) von Peg Bracken ist eines der unverwüstlich-vernünftigsten Bücher über die Hausarbeit, die ich gelesen habe, wenn man über ihre Überzeugung hinwegsieht, daß die Frau eine Karaffe Martini bereithalten sollte, wenn der Gatte von der Arbeit heimkehrt.

Trotz ihres manchmal überwältigenden soziologischen Jargons ist Kathryn Allen Rabuzzis *The Sacred and the Feminine: Towards a Theology of Housework* (New York, Seabury Press, 1982) für mich in diesem und dem nächsten Kapitel eine sehr wertvolle Quelle gewesen. Auf eine ganz andere Art haben mir Elizabeth Roberts' *Women and Families: An Oral History 1940–1970* (Oxford, Blackwell, 1995) und ihr vorhergehendes Buch *An Oral History of Working Class Women: 1890–1940* (1984) immer wieder geholfen, da sie aus so vielen Interviews mit Frauen über deren tägliches Leben zitiert.

4. Strahlend glücklich

Das Gedicht am Anfang ist ursprünglich in der *Chicago Herald Tribune* erschienen und wurde im September 1899 im *American Kitchen Magazine* nachgedruckt.

Quellen der in diesem Kapitel zitierten Werbung sind folgende: Die Wizard Triangle

Mop-Anzeige stammt aus der Märzausgabe 1914 des *Ladies' Home Journal*, nachgedruckt in Jennifer Scanlons *Inarticulate Longings: The Ladies' Home Journal, Gender, and the Promises of Consumer Culture* (New York, Routledge, 1995). Die Masonite Presdwood Products-Anzeige stammt aus der Zeitschrift *Time* vom 3. März 1941. Die Sapolio-Anzeige stammt aus dem *Ladies' Home Journal* vom März 1913. (Sapolio-Anzeigen waren berühmt für ihre Liedchen über »Spotless Town«, die fleckenlose Stadt). Die O-Cedar Mop Polish-Anzeige stammt aus der Dezemberausgabe 1913 des *Ladies' Home Journal*.

Was mein Verständnis der Geschichte der Hausarbeit in Großbritannien angeht, verdanke ich Caroline Davidsons großartigem Buch *A Woman's Work is Never Done: A History of Housework in the British Isles 1650–1950* (London, Chatto & Windus 1982) zahlreiche Einsichten. Es ist ein immens wertvolles Nachschlagewerk voll akribischer Details. Ich habe auch viel aus der Studie über Haushaltsratgeber, *For Her Own Good: 150 Years of Experts' Advice to Women* (New York, Doubleday, 1978) von Barbara Ehrenreich und Deirdre English, vor allem aus dem Kapitel »Microbes and the Manufacture of Housework«, gelernt. Wer die amerikanischen Vorstellungen über Sauberkeit, sowohl die im Haushalt als auch die persönlichen, verstehen will, sollte Suellen Hoys Buch *Chasing Dirt: The American Pursuit of Cleanliness* (New York und Oxford, Oxford University Press, 1995) lesen. Ihre Forschung auf diesem Gebiet wird von keinem anderen Autor erreicht; das Buch ist sowohl unterhaltsam als auch informativ.

Das Buch *The American Woman's Home* von Catharine Beecher und Harriet Beecher Stowe (New York, J. B. Ford and Co., 1869) ist eine fesselnde und einflußreiche Quelle. Spätere Titel von Beecher, die Material aus diesem Buch und aus ihrem früheren *Treatise on Domestic Economy* (1841) enthalten, sind *Principles of Domestic Science* (New York, J. B. Ford and Co., 1870) und *Miss Beecher's Housekeeper and Healthkeeper* (New York, Harper and Brothers, 1876).

Spon's Household Manual: A Treasury of Domestic Receipts and Guide for Home Management (London, E. and F. N. Spon, 1887) ist ein glänzendes Beispiel für einen Haushaltsratgeber vom Ende des 19. Jahrhunderts. Schwerfällig, gründlich, riesig und ohne Index breitet er seine Informationen über Kanalisation, Krankheiten und Waschmethoden zusammen mit zahllosen Rezepten für Fischsoßen und Anweisungen über das Schneiden von Fleisch aus. *The House and Home: A Practical Book* von Dr. Lyman Abbott und L. W. Betts (New York, Charles Scribner's Sons, 1896) ist ein hervorragendes Beispiel für den pragmatischeren amerikanischen Haushaltsratgeber der 90er Jahre des 19. Jahrhunderts.

Adrian Fortys *Objects of Desire* war die ganze Zeit über, während ich an diesem Buch schrieb, außerordentlich nützlich für mich. Ich bin wiederholt auf seine detaillierte Kritik, wie die Werbung die Haltungen des 20. Jahrhunderts geformt hat, und auf seine Analyse, wie die Hausarbeit sich verändert und entwickelt hat, zurückgekommen.

5. Dienstmädchen und ihre Herrschaft

Berichte über die Arbeit der Hausmädchen im Zeitalter von Königin Victoria sind zahlreich vorhanden und unterschiedlicher Art. Unter anderem habe ich die folgenden Bücher hilfreich gefunden: Asa Briggs *Victorian Things* (London, Penguin, 1990), Caroline Davidsons *A Woman's Work is Never Done* (op. cit.), Christina Hardyments *From Mangle to Microwave* (Cambridge, Polity Press, 1988), Frank Huggetts *Life Below Stairs: Domestic Servants in England From Victorian Times* (London, John Murray, 1977) und am wichtigsten *The Diaries of Hannah Cullwick: Victorian Maidservant*.

Zu den in diesem Kapitel direkt zitierten oder benutzten Haushaltsratgebern gehören die folgenden: *Mrs. Beeton's Book of Household Management* (London, Chancellor Press, 1982, Erstveröffentlichung 1861), *Common Sense for Housemaids* (Gesunder Menschenverstand für

Hausmädchen) von »A Lady« (London, T. Natchard, 2. Auflage, 1853), *The Housemaid* (Das Dienstmädchen) (London, Houlston and Sons, ohne Jahreszahl), Florence Caddy: *Household Organization* (London, 1887), zitiert in: Briggs: *Victorian Things*, Florence Stanton: *The Practical Housekeeper and Cyclopedia of Domestic Economy* (Philadelphia, Keeler and Kirkpatrick, 1898), Robert Roberts: *Guide for Butlers And Household Staff* (Ratgeber für Butler und Hausangestellte) (Cambridge, Applewood Books, 1988, Erstausgabe 1827) und Mrs. Mary Eliza Haweis: *The Art of Housekeeping* (London, Sampson Low and Co., 1889).

Das Zitat aus *The Gentlewoman and Modern Life* ist der Ausgabe vom 16. Januar 1926 entnommen. Diese Zeitschrift, eine Art Kreuzung zwischen *Country Life* und *The Lady*, enthält durchgehend köstliche Äußerungen über das »Dienstpersonalproblem«.

Der Artikel aus der *Baltimore Sun*, der glückliche Hauswirtschafterinnen bei ihrer Ausbildung in der Normal School des Staates Maryland schildert, wurde im August 1899 vom *American Kitchen Magazine* nachgedruckt.

Susannah Moodies Leiden am Dienstmädchenmangel in ihrer neuen kanadischen Heimat wird ausführlich in *Roughing It in the Bush* (Toronto, McClelland and Stewart, 1962, Erstausgabe 1852) dargestellt.

Der Artikel »I am Glad my Servant Left!« aus dem *Ladies' Home Journal*, November 1918, wird in *Objects of Desire* zitiert.

First Aid to the Servantless von Lilly Grove (später Lady Frazer; Cambridge, Heffer & Sons, 1913); *The Servantless House* von Randal Philips (London, Country Life, 1920); *Life Without Servants, By a Survivor* von E. H. Begbie (London, Mills & Boon, 1916); *How to Run Your House Without Help* von Kay Smallshaw (London, John Lehman, 1949) – sie alle legen Zeugnis ab von der langsam heraufdämmernden Realität des Einpersonenhaushalts.

Die in diesem Kapitel zitierte Werbung und ihre Quellen sind: »I've just got a maid at fourpence a day!«: eine Hoover-Staubsauger-Anzeige in *Woman*, 5. Juni 1937; »Come to dinner on Sunday«: Dishmaster-Geschirrspüler-Anzeige in *Good Housekeeping*, April 1956. »Now you've this, m'am, I'll stay«: Diese Vortex-Staubsauger-Anzeige ist in *From Mangle to Microwave* abgedruckt.

Weitere Einzelheiten über den fraglichen Punkt, ob wirklich ein Austausch von Dienstmädchen gegen Haushaltsgeräte stattgefunden hat, finden sich in *Objects of Desire*.

6. Öffentliches Interesse

Das Material zu diesem Kapitel habe ich weitgehend Edwin Chadwicks *Report of the Sanitary Conditions and the Labouring Population of Great Britain* (Bericht über die sanitären Bedingungen der arbeitenden Bevölkerung in Großbritannien) (Edinburgh, Edinburgh University Press, 1965, Hg. M. W. Flinn, Erstausgabe 1842) und dem Bericht der Citizens Association of New York, Titel: *Sanitary Condition of the City* (New York, D. Appleton & Co., 1866, Reprint von Arno Press, 1970) entnommen. Ich habe auch Stephen Smiths Bericht »New York The Unclean« benutzt, neu abgedruckt in *Medical America in the Nineteenth Century: Readings from the Literature* (Baltimore und London, John Hopkins Press, Hg. Gert H. Brieger, 1972).

Dr. Southwood Smiths Bericht von der jungen Frau in Rosemary Lane und seine Erklärung über »Ein sauberes, frisches und gut geordnetes Haus« wird in Arthur Swinson: *The History of Public Health* (Exeter, 1965) zitiert. Siehe auch Shirley Foster Murphy: *Our Homes and How to Make Them Healthy* (London, Cassell, 1883).

Als »eine Bibel der Haushalts- wie der Krankenhaushygiene«, wie Arthur Newsholme in *Fifty Years in Public Health* (London, George Allen & Unwin, 1935) schreibt, wurden, zusammen mit ihren anderen Schriften, Florence Nightingales *Notes on Nursing* (Edinburgh, London und New York, Churchill Livingstone, 1980, Erstausgabe 1859) hilfreich. Arthur News-holmes Zitat macht auch klar, wie oft Florence Nightingale in Handbüchern für den Haushalt in Fragen der Sauberkeit und Hygiene zitiert wird.

Mit lebendigen häuslichen Details über das Leben der frühen Bewohner Ottawas ist Sandra Gwyns Buch *The Private Capital: Ambition and Love in the Age of Macdonald and Laurier* (Toronto, McClelland & Stewart, 1984) versehen und zeigt, so gut wie alle anderen Quellen, die ich gelesen habe, was für eine unhygienische Hölle das Leben in den neuen nordamerikanischen Städten war.

Ein bemerkenswerter kritischer Tribut an die karitativen Frauen, die die Armen besuchten, sie aufklärten, speisten und bei ihnen saubermachten, ist Frank Prochaskas Bericht über die philanthropischen Frauen bei ihrer Arbeit in Großbritanniens großen Städten, *Women and Philanthropy in 19th Century England* (Oxford, Clarendon Press, 1980). Er zeigt, daß ihre Arbeit sowohl für die evangelikale als auch die öffentliche Gesundheitsbewegung wichtig war.

Das Moralisieren über Sauberkeit war in Haushaltsratgebern üblich. *The Encyclopedia of Domestic Economy*, obwohl noch etwas schärfer bei diesem Thema als die meisten Bücher, ist dennoch ganz typisch. Caroline Davidson beschreibt in *A Woman's Work Is Never Done*, Kapitel 6: »Cleaning«, auf mehreren Seiten verschiedene Haltungen gegenüber der Sauberkeit im Haushalt, vor allem im 18. und 19. Jahrhundert. Unter vielen anderen Anekdoten zitiert sie u. a. auch Francis Kilverts Reaktion auf das Paar, das in Sünde gelebt hatte.

7. Keime, Bazillen und Bakterien

Sowohl Mary Douglas in *Purity and Danger* als auch Adrian Forty in *Objects of Desire* machen deutlich, wie sehr sich nach der Einführung der Bakterien-Theorie unser Verhältnis zum Dreck verändert hat. Suellen Hoy liefert in *Chasing Dirt* einen Reichtum an farbigen Details über die öffentlichen Kampagnen für eine bessere Sauberkeit in Amerika, die sich aufgrund der zunehmenden Angst vor Bakterien entwickelten.

Die beiden Bücher von Arthur Newsholme – *Fifty Years in Public Health* (1935) und *The Last Thirty Years in Public Health* (London, George Allen & Unwin, 1936) – beschreiben, wie sich innerhalb der Bewegung für öffentliche Gesundheit das Verständnis über die Ausbreitung von ansteckenden Krankheiten in Großbritannien entwickelt hat. Weitere Informationen über die Langsamkeit der Verbreitung der Bakterien-Theorie unter den Ärzten und Gesundheitsbeamten finden sich in Phyllis Allen Richmonds Artikel »American attitudes toward the germ theory of disease (1860–1880)« im *Journal of the History of Medicine*, Bd. 9, 1954, und in Lloyd G. Stevensons »Science Down the Drain«, *Bulletin of the History of Medicine*, Bd. 29, 1955. Siehe auch William Bulloch: *The History of Bacteriology* (London, 1938; Reprint 1960).

Um zu verstehen, wie sehr bei der Bekämpfung der Bakterien die Rolle der Hausfrau betont wurde, braucht man nur *irgendein* Haushaltshandbuch vom Ende der 90er Jahre des 19. Jahrhunderts oder aus den ersten Jahrzehnten des 20. Jahrhunderts durchzublättern. Man entgeht dieser Botschaft nicht. Ähnliches findet sich in fast allen Frauenzeitschriften, in denen unzählige Artikel und Werbeanzeigen das Thema der Keimvernichtung betonen. Das *American Kitchen Magazine* vom Ende der 90er Jahre des vorigen Jahrhunderts war für mich eine besonders lebendige Quelle, als ich dieses Kapitel schrieb; außerdem habe ich hierzu folgende Haushaltshandbücher und Ratgeber konsultiert: *Home Sanitation: A Manual for Housekeepers*, zusammengestellt von The Sanitary Science Club der Association of Collegiate Alumnae (Boston, Ticknor & Co., 1887); Mrs. Harriette Plunketts Women, *Plumbers and Doctors; Or, Household Sanitation* (New York, D. Appleton, 1885); Mrs. S. A. Barnetts *The Making of the Home: A Reading-Book of Domestic Economy* (London, Cassell & Co., ohne Jahr); *Spon's House-*

hold Manual: A Treasury of Domestic Receipts and Guide For Home Management (London, E. & F. N. Spon, 1887); J. Halpenny und Lillian Ireland: *How to be Healthy* (Toronto und Winnipeg, W. J. Gage & Co., 1911); Mary Pattison: *Principles of Domestic Engineering; Or the What, Why and How of a Home* (New York, Trow Press, 1915); Christine Frederick: *Household Engineering* (Chicago, American School of Home Economics, 1920, Erstausgabe 1915) .

Die Quellen der in diesem Kapitel zitierten Werbung sind: Platt's Chloride – »Diphtherie«- und »Schwindsucht«-Anzeigen, beide aus dem *American Kitchen Magazine* vom März 1898; Hoovers Anzeige über »Bazillen ausbrütenden Staub«: aus *Maclean's Magazine*, 15. November 1921; Anzeige über den elektrischen Staubsauger Croydon in: *Good Housekeeping*, März 1922; Anzeige über den Staubsauger Eureka, reproduziert in *Objects of Desire*, aus dem *Ladies' Home Journal*, Oktober 1928. Die Anzeige des Waschpulvers Gold Dust, in der es heißt, es käme »jeder Bakterie auf die Schliche«, erschien im Juni 1913; die Anzeige über die Wandbespannung von Sanitas stammt aus dem *Ladies' Home Journal* vom September 1913, und die über den hygienischen Wischmop namens Sani-genic erschien einen Monat später in demselben Magazin. Im April 1918 brachte das *Ladies' Home Journal* die Lysol-Anzeige vom »Spukhaus«, sie wurde in *Objects of Desire* abgedruckt.

8. Alles auf den Kopf gestellt

Was den Ausdruck »Hohepriesterinnen der neuen Religion« angeht, siehe »The Ethical Value of Domestic Science« von Anna Pollock: *American Kitchen Magazine*, April 1899. »Die Wissenschaft ist ihre Magd ...« findet sich in *The House and Home* (1896), Artikel »The Principles of Housekeeping« von Lillian W. Betts. Ich habe auch die folgenden Artikel ausgewertet: »Foes in our own household« von Anna Barrows, *American Kitchen Magazine*, Januar 1898; »Woman's Point of View: Its Effect upon the Home« von Maude Hanson Lacy, *American Kitchen Magazine*, April 1899; »How can any Woman become a Sanitarian« von Mrs. Harriette M. Plunkett, *American Kitchen Magazine*, Februar 1899.

Zitate von Ellen Richards sind *The Cost of Cleanness* (New York, John Wiley & Sons, 1914) entnommen, außerdem: »The Present Status of Domestic Economy and Home Economics«, *American Kitchen Magazine*, Mai 1899, und »Housekeeping in the Twentieth Century«, *American Kitchen Magazine*, März 1900. In der selben Märzausgabe findet sich auch eine Besprechung von Richards' neuem Buch *The Cost of Living as Modified by Sanitary Science*. Siehe ebenfalls Anna Pollocks oben zitierten Artikel, in dem sie Richards zitiert. Mehr über Richards findet sich in *Chasing Dirt* und *For Her Own Good*.

Zitate von Christine Frederick sind *The New Housekeeping: Efficiency Studies in Home Management* (New York, Doubleday, Page & Co., 1913) entnommen, außerdem den vier Artikeln von Frederick, die 1912 im *Ladies' Home Journal* erschienen sind, und dem Buch *Household Engineering*. Mehr über Frederick findet sich bei Jennifer Scanlon: *Inarticulate Longings* und bei Witold Rybczynski: *Home: A Short History of an Idea* (New York, Viking Penguin, 1986).

Mehr über Charlotte Perkins Gilman findet sich in Dolores Haydens sympathisierender und gut lesbarer Studie, *The Grand Domestic Revolution* (Cambridge und London, MIT Press, 1982). Siehe auch Betty Friedan: *The Second Stage*. Zitate von Gilman stammen aus ihrem Buch *Women and Economics*.

Die Erfindung der »Hausarbeit, wie wir sie kennen«, beschreibt Barbara Ehrenreich in ihrem Essay über Hausarbeit, der in einer Anthologie ihrer Arbeiten, *The Snarling Citizen* (New York, Farrar Strauss & Giroux, 1995), erneut abgedruckt wurden.

9. Verbesserung und Ironie

Ich verdanke in diesem Kapitel etliche Anregungen Fortys *Objects of Desire*, wo er LeCorbusier und das Handbuch der Electrical Development Association von 1914 zitiert. Ich stütze mich auch auf: Rybczynski: *Home, A Short History of an Idea*; Briggs: *Victorian Things*; Roberts: *An Oral History of Working Class Women: 1890–1940* und *Women and Families: An Oral History 1940–1970*; Davidson: *A Woman's Work Is Never Done*; und auf Hardyment: *From Mangle to Microwave* und *Home Comfort: A History of Domestic Arrangements*.

Absorbierende Oberflächen diskutiert Florence Nightingale sowohl in ihren *Notes on Nursing* als auch in ihren *Notes on Hospitals* (London, John W. Parker, 1859). Zitate in diesem Kapitel stammen aus beiden Quellen.

Die Quellen der in diesem Kapitel zitierten Werbung sind: »Welche soll es sein?«, Hoover Pressefoto in *The Electrician*, September 1927, »Schönheit muß makellos sein«, *Ladies' Home Journal*, Mai 1929, allesamt wieder abgedruckt in *Objects of Desire*.

Beschreibungen von Waschtagen sind so zahlreich und abwechslungsreich, daß es schwerfällt, etwas auszuwählen. Fast jeder Ratgeber für den Haushalt propagiert eigene Ideen über das Kochen oder Einweichen oder Spülen oder hat eigene Vorstellungen von dem, was man dem Waschwasser zusetzen sollte; ich habe Material aus vielen solchen Büchern gesammelt, auch aus einem Aufsatz mit dem Titel »Erinnerungen an meine Schwiegermutter« vom November 1974, wieder abgedruckt in *The Spare Rib Reader*, Hg. Marsha Rowe (London, Penguin, 1982). Die beste Zusammenfassung der Waschtechniken findet sich wohl in Davidsons Kapitel über das Wäschewaschen in *A Woman's Work Is Never Done*.

Diskussionen darüber, wieso es nicht gelungen ist, durch arbeitssparende Geräte viel Arbeit zu sparen, findet man in den meisten zu Beginn dieses Kapitels erwähnten Werken, besonders bei Forty, Hardyment und Roberts. Siehe auch Ruth Schwartz Cowan: *More Work for Mother: The Ironies of Household Technology From the Open Hearth to The Microwave* (New York, Basic Books Inc., 1983), Betty Friedan: *The Feminine Mystique* (London, Victor Gollancz, 1963) und *For Her Own Good*. Die zusätzliche Zeit, die durch Wäschewaschen verbracht wird, wird von Joann Vanek in »Time Spent in Housework«, *Scientific American*, November 1974, diskutiert, zitiert in *For Her Own Good*.

Hazel Kyrks Feststellungen über arbeitssparende Geräte werden in *Objects of Desire* zitiert.

10. Käuferinnen und Verkäufer

In *Soft Soap, Hard Sell: American Hygiene in an Age of Advertisement* (Iowa State University Press, 1992) liefert Vincent Vinikas reichhaltige Informationen über die amerikanische Art von Sauberkeit. Ich habe hieraus allerlei Wissenswertes über die Arbeit des Sauberkeitsinstituts und Zitate aus den Publikationen des Instituts gewonnen. Die Feststellung Henry Ward Beechers stammt auch von Vinikas. Aus Fortys Buch *Objects of Desire* erfährt man einiges über die Entwicklung der Werbung im Seifenhandel. Siehe auch: *Advertising the American Woman* (Dayton, Ohio, Pflaum Publishers, 1975) von Joseph E. Dispenza.

Falls nicht anders angezeigt, stammen die Zitate von Christine Frederick in diesem Kapitel aus *The New Housekeeping* (1913) und *Selling Mrs Consumer* (New York, The Business Bourse, 1929). In Jennifer Scanlons Buch *Inarticulate Longings* fand ich wertvolle Kommentare zu Frederick.

Lillian Gilbreth war mit dem Rationalisierungsexperten Frank Gilbreth verheiratet, dessen Buch über das Aufziehen von elf Kindern, *Im Dutzend billiger*, ein Bestseller geworden ist. Zu Mrs. Gilbreths Büchern gehören *The Homemaker and Her Job* (New York und London,

D. Appleton & Co., 1927) und (mit anderen Autoren zusammen) *Management in the Home: Happier Living Through Saving Time and Energy* (New York, Dodd Mead, 1955).

Der Artikel *Sales Management* von 1959 wird in *For Her Own Good* zitiert.

Betty Friedans *The Second Stage* und *The Feminine Mystique* werden beide in diesem Kapitel zitiert. *The Second Stage* enthält eine bemerkenswerte Verdammung Christine Fredericks und Lillian Gilbreths. In meinen Augen strahlt Friedans Einschätzung der Rolle der Hausfrau in *The Feminine Mystique* immer noch die ursprüngliche Energie und Wut aus und wirkt sehr überzeugend. Post-feministische Intellektuelle finden sie meist nicht so überzeugend, siehe zum Beispiel die von Jo Anne Meyerowitz herausgegebene Essay-Sammlung: *Not June Cleaver: Women and Gender in Postwar America 1945–1960* (Philadelphia, Temple University Press, 1994), vor allem Meyerowitz eigenen Aufsatz: »Beyond the Feminine Mystique«.

Es wurden viele Einschätzungen der Konditionierung von Hausfrauen und der Art ihrer Arbeit vorgenommen. Siehe insbesondere *More Work for Mother, From Mangle to Microwave* und Meg Luxton: *More Than a Labour of Love: Three Generations of Women's Work in the Home* (Toronto, Women's Press, 1980).

Die Quelle der hier zitierten Werbung ist: »Gesunde Sauberkeit« – Old-Dutch-Anzeige im *Ladies' Home Journal*, Juli 1928 (reproduziert in *Objects of Desire*).

Mrs. Beechers Rat bezüglich der Wischlappen wird von Molly Harrison in *The Kitchen History* (Reading, Osprey, 1972) zitiert. »Die Vorzüge eines feuchten Lappens« erschien im Mai 1899 im *American Kitchen Magazine*.

11. Aufspüren und vernichten

In *Chasing Dirt* zitiert Suellen Hoy die Aussage, »eine Nadelspitze Staub« enthalte dreitausend Organismen. Die Anzeige für die Internationale Gesundheitsausstellung erschien im September 1898 im *American Kitchen Magazine*. Im Oktober 1899 wird die *Daily Times* im *American Kitchen Magazine* zitiert. Der Artikel über Desinfektion von Bilderrahmen erschien unter dem Titel »Elementary Truths about Home Disinfection« in der Ausgabe des *American Kitchen Magazine* vom Juni 1932.

Der Rat über Desinfektion aus dem *Good Housekeeping Book* (New York, Good Housekeeping Institute, 1947) und aus Lydia Ray Balderstons *Housewifery: A Textbook of Practical Housekeeping* (Chicago, J.B. Lippincott Co., 1936) ist sehr typisch für Bücher aus der ersten Hälfte des 20. Jahrhunderts. Das Thema Desinfektion konnte nicht stark genug betont werden.

Die Anzeige »Es ist ein Segen für die Gesellschaft« des Cromessol Fragrant Disinfectant stammt aus *Good Housekeeping*, Juni 1932.

Dieses Kapitel beruht auf Interviews mit der unabhängigen Beraterin für Lebensmittel- und Umwelthygiene, Elizabeth Scott; mit Joe Rubino von Reckitt and Colman, Zig Vaitusis von der Environmental Protection Agency, Karen McCullagh von Health Canada, Dean Cliver von der Universität von Kalifornien in Davis, Sally Bloomfield vom King's College, Universität London, und Sayed Sattar von der Universität Ottawa. Ihnen allen gilt mein Dank.

Jede Diskussion über Bakterien im Haushalt führt in ein naturwissenschaftliches Forschungsgebiet, das ich nur am Rande berührt habe. Elizabeth Scotts unveröffentlichte Doktorarbeit »Bacterial Contamination in the Domestic Environment and its Control by Disinfectants« (Universität London, 1981) hat mir in diesem Kapitel geholfen. Auch die folgenden Artikel habe ich studiert: Dean O. Cliver, »The Once and Future Cutting Board Study«, *Food Research Institute Newsletter*, Universität von Wisconsin-Madison, September 1994; beide Artikel Dean Clivers über Schneidebretter im *Journal of Food Protection*, 57, Januar 1994; J.G. Davis, »A bacteriological investigation of towels«, *Medical Officer*, 111, 1970; J. G. Davis, J. R. Blake und C. M. Woodall, »A survey of the hygienic condition of domestic dish-cloths and tea-towels«, *Medical Officer*, 120, 1968; C. P. Gerba, C. Wallis und J. L. Melnick, »Microbiological hazards of household toilets: Droplet production and the fate of residual organisms«, *Applied Microbiology*, 30, 1975; Elizabeth Scott, S. F. Bloomfield und C. G. Barlow, »A Bacterial survey of hygiene in the home« in *Disinfectants: Their Use and Evaluation of Effectiveness*, Collins, Allwood, Bloomfield und Fox (Hg.), in *Soc. Appl. Bact. Technical Series* 16.141., 1981; Elizabeth Scott und S. F. Bloomfield, »Investigations of the effectiveness of detergent washing, drying and chemical disinfection on contamination of cleaning cloths«, *Journal of Applied Bacteriology*, 68, 1990; Elizabeth Scott und S. F. Bloomfield, »The survival and transfer of microbial contamination via cloth, hand and utensils«, *Journal of Applied Bacteriology*, 68, 1990. Siehe auch Mary Roachs Artikel »What I learned from Dr Clean« in *Health*, Juli/August 1994.

12. Putzen als Purgatorium

Hans Zinsser wird in *The History of Public Health* zitiert. Zitate und Einzelheiten über »the bugg« (Wanzen etc.) stammen aus *A Woman's Work Is Never Done*, *Common Sense for Housemaids*, *The Housemaid*, *The House and Home*. Jane Carlyles Anmerkungen zitiert Caroline Davidson in *A Woman's Work Is Never Done*.

Mary Ellen's Clean House von Ms Pinkham und Dale Burg (New York, Crown Publishers, 1993) enthält eine amüsante Schatzkammer von Ideen, wie man verschiedenen Plagen begegnet: Borsäure gegen Kakerlaken, Gurken und Zimt gegen Ameisen, Lorbeerblätter, Cayennepfeffer und Pfefferminzkaugummi gegen Käfer, frisches Basilikum gegen Fruchtfliegen, ein Kraut namens Frauenminze gegen Läuse.

In Ratgebern Mitte des 20. Jahrhunderts wird die Anwendung von DDT oft munter empfohlen. *The Good Housekeeping Book* von 1947 enthält mehrere Seiten über die Vorzüge dieser Chemikalie mit lediglich milden Warnungen, es nicht in der Nähe von Nahrungsmitteln zu versprühen und diese nützliche Substanz von Kindern fernzuhalten.

Die Quellen der in diesem Kapitel zitierten Werbung sind: »Eine Fliege in der Milch«: Nestlés Babynahrung; »Krieg gegen die Fliegen«: Tanglefoot Fliegenpapier; »Schlag den Dreck«: Gold Dust Waschpulver – sie alle stammen aus dem *Ladies' Home Journal* vom Juli 1913. »Sehen Sie den Staub in einem Sonnenstrahl«: B-B Staubloser Mop – *Ladies' Home Journal*, März 1913. »Staubbazillen verbreiten sich wie schlechte Nachrichten!«: Anzeige von Lifebuoy-Seife in *Woman*, 5. Juni 1937. »Gewebe zerstörender, mit Bakterien beladener Staub«: Hoover-Anzeige, *Maclean's Magazine*, 15. November 1921.

Weitere Einzelheiten über die »Klatsch-die-Fliege«-Kampagne siehe Suellen Hoy: *Chasing Dirt*. Der Artikel »Wie den Feind Staub besiegen?« stammt aus dem *American Kitchen Magazine* vom März 1899.

Die Zeitschrift *Equinox* enthält in der Ausgabe vom April 1992, S. 34–39, einen glänzenden Artikel über Staubmilben: »Of Mites and Men: Life in the Wee Wild Kingdom« von Kevin Scanlon.

13. Putz- und Waschzwang

Die Aussage der Frau, die unter Putz- und Waschzwang leidet, stammt aus *Obsessive-Compulsive Disorder: The Facts* von Padmal de Silva und Stanley Rachman (Oxford, Oxford University Press, 1992).

Sowohl Simon Schamas *The Embarrassment of Riches* (London, Harper Collins, 1987) als auch Witold Rybczynskis *Home: A Short History of an Idea* (op. cit.) sind hilfreich bei der Erforschung des Phänomens der holländischen Sauberkeit. Anmerkungen von Reisenden sowie die Passage aus *The Stock Exchange of Women* (Die Frauenbörse) entstammen Schamas Buch.

14. Auf der Suche nach dem Saubermann

Bobs poetische Geschichte erzählt Bill Richardson in der Anthologie, die ebenfalls den Titel *Queen of all the Dustballs* (Königin der Staubbällchen) trägt (Vancouver, Polestar Press, 1992).

Den Bericht des Vanier Institute of the Family (Institut für Familienforschung) zitiert am 15. Juni 1996 *The Globe and Mail*. Der empörte Brief aus dem Jahr 1787 von einer Frau, die sich »Nitidia« nennt, stammt aus: Ogden, *The Great American Housewife*, einem Nachdruck in *American Museum*, Bd. 1, Nr. 1 folgend.

Das Buch *Somebody Has to Do It: Whose Work is Housework?* von Penny Kome (Toronto, McClelland & Stewart, 1982) ziert auf dem Umschlag eine charakteristisch feindselige Zeichnung: Wutschnaubend drehen Mann und Frau einander den Rücken zu.

»His and Her Housework« von Wendy Whitfield, erstmals im April 1976 in *Spare Rib* erschienen, wurde im *Reader* von *Spare Rib* wieder abgedruckt.

Von den vielen Diskussionen in der Presse über gemeinsame Hausarbeit ist besonders die diesem Thema gewidmete Sonderausgabe des *Utne Reader*, März/April 1990, mit dem Titel »The Sexual Politics of Housework« zu beachten. Ein klassisches Beispiel für eine spöttelnde Reaktion zu diesem Thema findet sich unter dem Titel »Fusspot Hubby of America« am 21. Juni 1994 im *National Enquirer*, wo zu einem Wettbewerb um den »pingeligsten Ehemann Amerikas« aufgerufen wird.

15. Für und Wider

Louise Rafkins aufschlußreicher Artikel »Dirty Laundry« ist aus dem *New York Times Magazine* vom 28. Januar 1996.

Don Aslett erwähnt die Frage nach dem Status sowohl in *Is There Life After Housework?* als auch in *Cleaning Up for a Living* (White Hall, Virginia, Betterway Publications, 1988).

Die in diesem Kapitel erwähnten oder hierzu konsultierten Ratgeberbücher unserer Tage sind: Don Aslett: *Is There Life After Housework?*; Moyra Bremner: *Supertips to Make Life Easy* (London, Hodder and Stoughton, 1983); Shirley Conran: *Superwoman* (London, Penguin, 1977); Hilary Davies: *The Complete Household Hints* (London, Fontana, 1989); Astrid Derfler: *How to Clean Almost Everything!* (Globe Communications, Mini Mag Series, 1995); Sandra Felton: *The Messies Manual* (New Jersey, Fleming H. Revell, 1981); Cassandra Kent: *Which? Way to Clean It* (London, *Which?* Consumer Guide, 1994); *Mary Ellen's Clean House*; Mary Rose Quigg: *Household Hints* (London, Sunburst Books, 1995); Deniece Schofield: *Confessions of an Organized Homemaker* (Cincinnati, Betterway Books, 1994); Jana Weingarten (Hg.): *Clean It!* (New York, Nelson Doubleday, 1983); Pam Young und Peggy Jones (The Slob Sisters): *Get Your Act Together* (New York, HarperCollins, 1993).

Eine Einführung in Martha Stewarts Weltsicht findet sich in: *Special Occasions: The Best of Martha Stewart* (New York, Crown, 1995); *The Martha Stewart Cookbook* (New York, Crown, 1995); *Martha Stewart's Gardening* (New York, Crown, 1991) oder irgendeinem anderen der über zwei Dutzend Bücher, die ihr zur Zeit zugeschrieben werden.

16. Pfuschen oder Schrubben

Ellen Richards haßte unmethodisches Reinigen, hoffte sie doch auf eine »intelligente Direktion von innen« (in: *The Great American Housewife*). In *The Cost of Cleanness* benutzt Richards den Ausdruck »pizen clean« (etwa: »teuflisch sauber«) im Gegensatz zu »gerade so über der Diphtherie-Ebene« der Sauberkeit.

»Erste Hilfe für die Hausfrau« und »Waffen in der Frühjahrsoffensive gegen den Dreck« erschienen im April 1915 in *The Delineator*. Sarah J. Macleod spricht vom »täglichen Kampf gegen den Schmutz« in *The Housekeeper's Handbook of Cleaning* (New York, Harper & Brothers, 1915). Solche faustkämpferischen Phrasen kommen in den meisten Ratgebern vor.

Anti-Essig-Artikel: Frances Litwin, *The Globe and Mail*, 11. Oktober 1995.

Christine Fredericks Aufschrei »Muß Ihre Frau wirklich so arbeiten?« beschreibt Scanlon in *Inarticulate Longings*.

Auswahlbibliographie

Diese Bibliographie gliedert sich in drei Teile. Erstens die allgemeinen Arbeiten, dann die Haushaltsratgeber und die Bücher über Hauswirtschaft und schließlich die verwendeten Romane und Gedichte. Näheres über die zitierten Zeitschriften, Magazine und Zeitungen möge man bitte meinen Quellenangaben entnehmen.

Allgemeine Arbeiten

Andre, Rae, *Homemakers: The Forgotten Workers*, Chicago, University of Chicago Press, 1981.
Attar, Dena, *Wasting Girls' Time: The History and Politics of Home Economics*, London, Virago, 1990.

Beauvoir, Simone de, *Le deuxième sexe*, 1952, deutsch: *Das andere Geschlecht*, Reinbek, Rowohlt, 1992 (Neuübers.).
Beddoe, Deirdre, *Back to Home and Duty: Women Between the Wars, 1918–1939*, London, Pandora, 1983.
Beer, William R., *Househusbands: Men and Housework in American Families*, New York, Praeger, 1983.
Bourke, Joanna, *Husbandry to Housewifery: Women, Economic Change, and Housework in Ireland 1890–1914*, Oxford, Clarendon Press, 1993.
Brieger, Gert H. (Hg.), *Medical America in the Nineteenth Century: Readings from the Literature*, Baltimore und London, John Hopkins Press, 1972.
Briggs, Asa, *Victorian Things*, London, Penguin, 1990.

Cahn, Susan, *Industry of Devotion: The Transformation of Women's Work in England, 1500–1660*, New York, Columbia University Press, 1987.
Chadwick, Edwin, *Report on the Sanitary Condition of the Labouring Population of Great Britain*, M. W. Flinn (Hg.), Reprint: Edinburgh, Edinburgh University Press, 1965 (erstmals 1842 veröffentlicht).
Citizens' Association of New York, *Sanitary Condition of the City*, New York, Reprint: Arno Press, 1970 (erstmals 1866 veröffentlicht).
Cohen, Daniel, *The Last Hundred Years: Household Technology*, New York, M. Evans & Co., 1982.
Crawford, Christina, *Mommie Dearest*, New York, Berkley Books, 1981 (erstmals 1978 veröffentlicht), deutsch: *Meine liebe Rabenmutter*, München, Goldmann, 1982.
Crisp, Quentin, *The Naked Civil Servant*, London, Flamingo, 1988 (erstmals 1968 veröffentlicht).

Dale, Rodney und Gray, Joan, *Edwardian Inventions*, London, W.H. Allen, 1979.

Davidson, Caroline, *A Woman's Work Is Never Done: A History of Housework in the British Isles 1650–1950*, London, Chatto & Windus, 1982.

Dispenza, Joseph E., *Advertising the American Woman*, Dayton, Ohio, Pflaum Publishers, 1975.

Douglas, Mary, *Purity and Danger*, London, Pelican, 1970 (erstmals 1966 veröffentlicht).

Dudden, F.E., *Serving Women: Household Service in Nineteenth Century America*, Middletown, Connecticut, Wesleyan University Press, 1983.

DuVall, Nell, *Domestic Technology: A Chronology of Developments*, Boston, G.K. Hall & Co., 1988.

Ehrenreich, Barbara und English, Deirdre, *For Her Own Good: 150 Years of Experts' Advice to Women*, New York, Doubleday, 1978.

Fairbanks, Carol und Haakenson, Bergine, *Writings of Farm Women 1840–1940: An Anthology*, New York und London, Garland Publishing, Inc., 1990.

Foa, Edna B, *Stop Obsessing! How to Overcome Your Obsessions and Compulsions*, New York, Bantam, 1991.

Forty, Adrian, *Objects of Desire*, London, Thames & Hudson, 1986.

Frederick, Christine, *Selling Mrs Consumer*, New York, The Business Bourse, 1929.

Friedan, Betty, *The Feminine Mystique*, London, Victor Gollancz, 1963, und New York, W.W. Norton, 1963, deutsch: *Der Weiblichkeitswahn*, Reinbek, Rowohlt.

Friedan, Betty, *The Second Stage*, New York, Summit Books, 1981.

Gilbreth, Lillian, *The Homemaker and Her Job*, New York und London, D. Appleton & Co., 1927.

Gilbreth, Lillian (mit anderen), *Management in the Home: Happier Living Through Saving Time and Energy*, New York, Dodd Mead, 1955.

Gilman, Charlotte Perkins, *Women and Economics: A Study of the Economic Relation Between Men and Women as a Factor in Social Evolution*, London, G.P. Putnam's Sons, 1905 (erstmals 1898 veröffentlicht).

Green, Harvey (mit Mary Ellen Perry), *The Light of the Home*, New York, Pantheon, 1983.

Gwyn, Sandra, *The Private Capital: Ambition and Love in the Age of Macdonald and Laurier*, Toronto, McClelland & Stewart, 1987.

Hardyment, Christina, *From Mangle to Microwave*, Cambridge, Polity Press, 1988.

Hardyment, Christina, *Home Comfort: A History of Domestic Arrangements*, in Zusammenarbeit mit dem National Trust, Chicago, Academy Chicago Publishers, 1992.

Harrison, M., *The Kitchen in History*, Reading, Osprey, 1972.

Hayden, Dolores, *The Grand Domestic Revolution*, Cambridge und London, M.I.T. Press, 1982.

Hoy, Suellen, *Chasing Dirt: The American Pursuit of Cleanness*, New York und Oxford, Oxford University Press, 1995.

Huggett, Frank E., *Life Below Stairs: Domestic Servants in England from Victorian Times*, London, John Murray, 1977.

Kome, Penny, *Somebody Has to Do It: Whose Work is Housework?*, Toronto, McClelland & Stewart, 1982.

Lewis, Jane (Hg.), *Labour and Love: Women's Experience of Home and Family 1850–1940*, Oxford, Blackwell, 1986.

Luxton, Meg, *More Than a Labour of Love: Three Generations of Women's Work in the Home*, Toronto, The Women's Press, 1980.

Lynd, Robert S. und Lynd, Helen Merrill, *Middletown: A Study in Contemporary American Culture*, New York, Harcourt Brace, 1929.

Matthews, Glenna, *Just a Housewife: The Rise and Fall of Domesticity in America*, New York und Oxford, Oxford University Press, 1987.

Meyerowitz, Jo Anne, *Not June Cleaver: Women and Gender in Postwar America 1945–1960*, Philadelphia, Temple University Press, 1994.

Moodie, Susanna, *Roughing It in the Bush*, Toronto, McClelland & Stewart, 1962 (erstmals 1852 veröffentlicht).

Newsholme, Arthur, *Fifty Years in Public Health*, London, George Allen & Unwin, 1935.

Newsholme, Arthur, *The Last Thirty Years in Public Health*, London, George Allen & Unwin, 1936.

Nightingale, Florence, *Notes on Hospitals*, London, Longman, 3. Auflage 1863 (erstmals 1859 veröffentlicht).

Nightingale, Florence, *Notes on Nursing: What It is and What It is Not*, Edinburgh, London und New York, Churchill Livingstone, 1980 (erstmals 1859 veröffentlicht).

Nightingale, Florence, zusammengestellt von Lucy Ridgely Seymer, *Selected Writings of Florence Nightingale*, New York, Macmillan, 1954.

Nightingale, Florence, Einleitung von Sir Harry Verney, *Florence Nightingale at Harley Street: Her Report to the Governors of Her Nursing Home 1853–1854*, London, J. M. Dent & Sons, 1970.

Oakley, Ann, *Woman's Work: The Housewife Past and Present*, New York, Pantheon, 1974.

Ogden, Annegret S., *The Great American Housewife: From Helpmate to Wage Earner 1776–1986*, Contribution in Women's Studies, Nummer 61, Westport und London, Greenwood Press, 1986.

Palmer, Phyllis, *Domesticity and Dirt: Housewives and Domestic Servants in the United States 1920–1945*, Philadelphia, Temple University Press, 1989.

Prochaska, F. K., *Women and Philanthropy in Nineteenth Century England*, Oxford, Clarendon Press, 1980.

Rabuzzi, Kathryn Allen, *The Sacred and the Feminine: Towards a Theology of Housework*, New York, Seabury Press, 1982.

Rendall, Jane, *Women in an Industrializing Society: England 1750–1880*, Oxford, Blackwell, 1991.

Roberts, Elizabeth, *Women and Families: An Oral History 1940–1970*, Oxford UK und Cambridge USA, Blackwell, 1984.

Rowe, Marsha (Hg.), *Spare Rib Reader*, London, Penguin, 1982.

Rybszynski, Witold, *Home: A Short History of an Idea*, New York, Viking Penguin, 1986.

Rybczynski, Witold, *Looking Around: A Journey Through Architecture*, Toronto, HarperCollins, 1992.

Scanlon, Jennifer, *Inarticulate Longings: The Ladies' Home Journal, Gender, and the Promises of Consumer Culture*, New York und London, Routledge, 1995.

Schama, Simon, *The Embarrassment of Riches*, London, HarperCollins, 1987.

Schwartz Cowan, Ruth, *More Work for Mother: The Ironies of Household Technology from the Open Hearth to the Microwave*, New York, Basic Books, 1983.

Scott, Elizabeth, *Bacterial Contamination in the Domestic Environment and its Control by Disinfectants*, unveröffentlichte Doktorarbeit, Universität von London, Mai 1981.

Scott, Elizabeth, Bloomfield, S. F. und Barlow, C. G., »A Bacterial survey of hygiene in the home« in: *Disinfectants: Their Use and Evaluation of Effectiveness*, Herausgeber: Collins, Allwood, Bloomfield und Fox, in: *Soc. Appl. Bact. Technical Series* 16.141., 1981.

Silva, Padmal und Rachman de, Stanley, *Obsessive Compulsive Disorder: The Facts*, Oxford, Oxford University Press, 1992.

Reprints from SING OUT!, The Folksong Magazine, New York, Oak Publishing, 1962.

Stanley, Liz (Hg.), *The Diaries of Hannah Cullwick, Victorian Maidservant*, London, Virago, 1984.

Strasser, Susan, *Never Done: History of American Housework*, New York, Pantheon, 1982.

Swinson, Arthur, *The History of Public Health*, Exeter, Weaton of Exeter, 1965.

Sykes, Ella C., *A Home-Help in Canada*, London, Smith Elder, 1913.

Thomas, Bob, *Joan Crawford: A Biography*, New York, Bantam Books, mit Simon & Schuster, 1978.

Vinikas, Vincent, *Soft Soap, Hard Sell: American Hygiene in an Age of Advertisement*, Ames, Iowa State University Press, 1992.

Wolf Naomi, *The Beauty Myth*, London, Vintage, 1991, deutsch: *Der Mythos Schönheit*, Reinbek, Rowohlt, 1991.

Wright, Gwendolyn, *Building the Dream: A Social History of Housing in America*, New York, Pantheon, 1981.

Wright, Lawrence, *Clean and Decent*, London, Routledge & Kegan Paul, 1960.

Haushaltsratgeber und Bücher über Hauswirtschaft

Abbott, Dr. Lyman, Betts, L. W. und andere, *The House and Home, A Practical Book*, New York, Charles Scribner's Sons, 1896.

»A Lady«, *Common Sense for Housemaids*, London, T. Natchard, 2. Auflage, 1853.

»An Experienced Housewife«, *Washing, Cleaning, and Removing Stains*, London, Griffith Farran & Co., 1892.

Anon, *The Domestic World: A Practical Guide*, vom Autor von »Enquire Within«, New York, George Routledge & Sons, 1872.

Anon, *The Housemaid: Her Duties and How to Perform Them*, London, Houlston & Sons, ohne Jahreszahl.

Anon, *A New System of Practical Domestic Economy*, London, Henry Colburn & Co., 1823.

Aslett, Don und Browning, Mark, *Cleaning Up for a Living: Everything You Need to Know to Become a Successful Building Service Contractor*, White Hall, Virginia, Betterway Publications, Inc., 1988.

Aslett, Don, *Is There Life After Housework?*, Cincinnati, Ohio, Writers' Digest Books, 3. revidierte und erweiterte Auflage (erstmals 1981 veröffentlicht).

Balderston, Lydia Ray, *Housewifery: A Textbook of Practical Housekeeping*, Chicago, J. B. Lippincott Co., 1936.

Barnett, Mrs S. A., *The Making of the Home: A Reading Book of Domestic Economy*, London, Cassell & Co., ohne Jahreszahl.

Beecher, Catharine, *Treatise on Domestic Economy, for the Use of Young Ladies at Home and at School*, 1841.

Beecher, Catharine, *Letters to the People on Health and Happiness*, New York, Harper, 1855.

Beecher, Catharine und Stowe, Harriet Beecher, *The American Woman's Home*, New York, J.B. Ford & Co., 1869.

Beeton, Isabella, *Mrs Beeton's Book of Household Management*, erstmals 1859–1861 als Beilage zu *The Englishwoman's Domestic Magazine* veröffentlicht, erweiterte Ausgabe bei Chancellor Press, 1982.

Bracken, Peg, *The I Hate to Housekeep Book*, New York, Harcourt, Brace & World, Inc., 1962.

Bremner, Moyra, *Supertips to Make Life Easy*, London, Hodder & Stoughton, 1983.

Campbell, Helen, *Household Economics: A Course of Lectures in the School of Economics of the University of Wisconsin*, New York und London, G. P. Putnam's Sons, 1896.

Campbell, Jeff and The Clean Team, *Spring Cleaning*, New York, Dell Publishing, 1989.

Child, Lydia Maria, *The Frugal Housewife*, Boston, Carter Hendee und Babcock, 1831 (6. Auflage).

Conran, Shirley, *Superwoman*, London, Penguin, 1977 (erstmals 1975 veröffentlicht).

Consumer Report Books, *How to Clean Practically Anything*, New York, Consumer's Union, 1986.

Davies, Hilary, *The Complete Household Hints*, London, Fontana, 1989.

Derfler, Astrid, *How to Clean Almost Everything!*, Globe Communications, Mini Mag Series, 1995.

Felton, Sandra, *The Messies Manual: The Procrastinator's Guide to Good Housekeeping*, New Jersey, Fleming H. Revell, 1981.

Fischer-Dückelmann, Anna, *Die Frau als Hausärztin*, Dresden, 1905.

Foods, Nutrition, and Home Management Manual, Home Economics Circular No. 1. Government of the Province of British Columbia, Department of Education, Victoria, B. C., 1950.

Frederick, Christine, *The New Housekeeping; Efficiency Studies in Home Management*, New York, Doubleday, Page & Co., 1913.

Green, Joey, *Polish Your Furniture with Panty Hose*, New York, Hyperion, 1995.

Habeeb, Virginia, *Ladies' Home Journal Art of Housekeeping*, New York, Simon & Schuster, 1973.

Hale, Sarah Josepha, *The Good Housekeeper; or The Way to Live Well and to be Well While We Live*, Boston, Weeks, Jordan and Company, 1840.

Halpenny, J. und Ireland, Lillian B., *How to be Healthy*, Toronto und Winnipeg, Gage & Company, 1911.

Haweis, Mary Eliza, *The Art of Housekeeping*, London, Sampson & Low, 1889.

All New Hints from Heloise: A Household Guide for the 90s, New York, Perigree Books, 1989.

Howard, Mrs B. C., *Fifty Years in a Maryland Kitchen*, Baltimore, Turnbull Brothers, 1873.

Kendall, Helen (Hg.), *The Good Housekeeping Housekeeping Book*, New York, Good Housekeeping Institute, 1947.

Kent, Cassandra, *Which? Way to Clean It*, London, *Which?* Consumer Guide, 1994.

Macleod, Sarah J., *The Housekeeper's Handbook of Cleaning*, Harper & Brothers, 1915.

New York Herald Tribune Home Institute, *America's Housekeeping Book*, New York, 1956 (erstmals 1941 veröffentlicht).

Pattison, Mary, *Principles of Domestic Engineering: or the What, Why and How of a Home*, New York, The Trow Press, 1915.
Peel, Mrs C. S., *The Art of Modern Housekeeping*, London, Warne & Co., 1935.
Peel, Mrs C. S., *How to Keep a House*, London, Constable, 1902.
Peet, Louise Jenison und Sater, Lenore E., *Household Equipment*, New York, J. Wiley & Sons und London, Chapman & Hall, 1940.
Phillips, Barty, *The Complete Book of Cleaning*, London, Piatkus, 1990.
Pinkham, Mary Ellen mit Dale Burg, *Mary Ellen's Clean House*, New York, Crown Publishers, 1993.
Plunkett, Harriette Merrick (Mrs H. M.), *Women, Plumbers and Doctors; Or, Household Sanitation*, New York, D. Appleton & Co., 1885.

Quigg, Mary Rose, *Household Hints*, London, Sunburst Books, 1995.

Richards, Ellen, *The Cost of Cleanness*, New York, John Wiley & Sons, 1914.
Roberts, Robert, *Roberts' Guide for Butlers and Household Staff*, Cambridge, Applewood Books, 1988 (erstmals 1827 veröffentlicht).

The Sanitary Science Club of the Association of Collegiate Alumnae, *Home Sanitation: A Manual for Housekeepers*, Boston, Ticknor & Co., 1887.
Schofield, Deniece, *Confessions of an Organized Homemaker*, Cincinnati, Betterway Books, 1994.
Spon's Household Manual: A Treasury of Domestic Receipts and Guide for Home Management, London, E. & F. N. Spon, 1887.
Stanton, Florence, *The Practical Housekeeper and Cyclopedia of Domestic Economy*, Philadelphia, Keeler & Kirkpatrick, 1898.

Webster, Thomas mit Mrs Parkes, *The Encyclopedia of Domestic Economy*, London, Longman, Brown, Green & Longmans, 1844.
Weingarten, Jana (Hg.), *Clean It!*, New York, Nelson Doubleday, 1983.
Whatman, Susanna, Thomas Balston (Hg.), *The Housekeeping Book of Susanna Whatman, 1776–1800*, London, G. Bles, 1956.

Youmans, Edward L., *The Handbook of Household Science: A Popular Account of Heat, Light, Air, Aliment and Cleansing*, New York, D. Appleton & Co., 1857.
Young, Pam und Jones, Peggy (The Slob Sisters), *Get Your Act Together*, New York, Harper-Collins, 1993.

Romane und Gedichte

Atwood, Margaret, *Cat's Eye*, Toronto, McClelland & Stewart, 1988, deutsch: *Katzenauge*, Frankfurt, Fischer 1992.

Beaton, M. C., *Death of a Perfect Wife*, Ivy Books, 1989.
Bennett, Arnold, *Riceyman Steps*, London, Cassell, 1959 (erste Ausgabe 1923).

Brelis, Nancy, *The Mother Market*, New York und London, Harper & Row, 1966.
Bronte, Charlotte, *Jane Eyre*, London, Penguin, 1966 (erste Ausgabe 1847).

Churchill, Jill, *Grime and Punishment*, New York, Avon Books, 1992.

Davies, Robertson, *Fifth Business*, Signet, 1971 (erste Ausgabe 1970), deutsch: *Der Fünfte im Spiel*, München/Wien, Zsolnay, 1984.
Davies, Robertson, *The Rebel Angels*, London, Allen Lane, 1981, deutsch: *Rebellische Engel*, München/Wien, Zsolnay, 1987.
Duras, Marguerite, *Der Liebhaber,* Frankfurt, Suhrkamp, 1987.

Gaskell, Mrs Ruth, *Cranford*, Oxford, Oxford University Press, 1972 (erste Ausgabe 1853).
Gibbons, Stella, *Cold Comfort Farm*, London, Penguin, 1938.

Irwin, Robert, *Limits of Vision*, London, Viking zusammen mit Dedalus, 1986, deutsch: *Staub. Grenzen des Sichtbaren*, Berlin, Rütten & Loening, 1993.

Kaufman, Sue, *Diary of a Mad Housewife*, New York, Random House, 1967.

Montgomery, Lucy M., *Anne of Avonlea*, Toronto, McGraw Hill und Ryerson, 1969 (erstmals 1909 veröffentlicht).
Montgomery, Lucy M., *Rainbow Valley*, Toronto, McClelland and Stewart, 1923.
Munro, Alice, *Friend of My Youth*, Toronto, McClelland & Stewart, 1990, deutsch: *Glaubst Du, es war Liebe?* Erzählungen, Stuttgart, Klett-Cotta, 1991.

Neely, Barbara, *Blanche on the Lam*, New York, Penguin, 1992.
Norton, Mary, *Bedknobs and Broomsticks*, London, J.M. Dent & Sons, 1962 (erstmals in zwei Teilen 1945 und 1947 veröffentlicht), deutsch: *Die Borger*, Hamburg, Olaf Hille, 1994.

Porter, Eleanor H., *Pollyanna*, Boston, The Page Company Publishers, 1921 (Erstausgabe 1912).

Richardson, Bill, *Bachelor Brothers' Bed and Breakfast Pillow Book*, Vancouver und Toronto, Douglas & MacIntyre, 1995.
Richardson, Bill, *Queen of All the Dustballs*, Vancouver, Polestar Press, 1992.

Silsbe, Brenda, *The Bears We Know*, Toronto, Annick Press, 1989.
Summers, Judith, *I, Gloria Gold*, London, Collins, 1988.

Tey, Josephine, *The Franchise Affair*, New York, Macmillan, 1948.

Wells, H.G., *Kipps*, London, Collins, 1952 (erstmals 1905 veröffentlicht).

Bildnachweis

© Keystone: Seite 80, 123, 132, 133, 149, 203

© Ullstein Bilderdienst: Seite 17, 61, 93, 114, 117, 126, 129, 136, 138, 141, 142, 183, 191, 193, 197, 210, 243, 245, 246

© Archiv für Kunst und Geschichte, Berlin: Seite 51, 63, 69, 71, 75, 79, 140, 233

© Deutsches Historisches Museum, Berlin: Seite 21, 28, 55, 109, 120, 121, 135, 151, 152, 153, 211, 221

© Deutsches Hygiene-Museum, Dresden: Seite 87 (DHM 1995/33 Lehrtafel »Gesundes und ungesundes Wohnen«, Deutsches Hygiene-Museum/Lehrmittelproduktion, um 1925), 180 (DHM 1996/673 Lehrtafel »Fliegenbekämpfung ist Krankheitsverhütung«, Deutsches Hygiene-Museum/Lehrmittelproduktion, 1947)

Sylke Wunderlich, *Emailplakate. Ein internationaler historischer Überblick.* Fotos Sigrid Schmidt. Leipzig 1991: Seite 54, 231

Anna Fischer-Dückelmann, *Die Frau als Hausärztin.* Dresden 1905: Seite 98, 182

Leider ist es uns nicht in allen Fällen gelungen, die Inhaber der Rechte zweifelsfrei festzustellen. Wir bitten daher Rechteinhaber, die hier nicht berücksichtigt wurden, sich an den Verlag zu wenden.